古龙经典

大地飞鹰 上

文汇出版社

目 录

001 / 序　幕

006 / 第一章　食尸鹰

015 / 第二章　怒箭

030 / 第三章　瞎子

045 / 第四章　生死之间

061 / 第五章　网里的鱼

076 / 第六章　一剑穿心

090 / 第七章　箭神的神箭

104 / 第八章　绝顶高手

119 / 第九章　另外一只手

133 / 第十章　惨败

148 / 第十一章　蓝色的阳光

163 / 第十二章　鸟屋疑云

177 / 第十三章　高僧的赌约

192 / 第十四章　爱恨生死一线

207 / 第十五章　抉择

221 / 第十六章　断魂剑断肠人

236 / 第十七章　跪着死的人

251 / 第十八章　胡大掌柜

266 / 第十九章　在山深处

281 / 第二十章　杀机四伏

297 / 第二十一章　又见金手

311 / 第二十二章　儿须成名·酒须醉

序　幕

狂风，风声呼啸，漫天黄沙飞舞。

风沙吹不进这巨大的牛皮帐篷，铁翼正坐在一盏昏暗的羊角灯下，擦他的铁枪。

这场可怕的风暴已经持续了八天，他们的骆驼队也已被困在这里八天，连最倔强的骆驼都已开始委顿，但是铁翼看来却仍然像是他的枪一样，冷酷、尖锐、笔挺，干净得发亮。

他希望带出来的"铁血三十六骑"也能像他一样，绝不受任何事物的影响，绝不在任何一种恶劣的环境下屈服，绝对严守纪律，随时保持警觉。他们已受过他十三年严格训练，凡铁已被炼成精钢。

现在他又要去做他十三年来从未间断过的每日一次例行巡检，虽然风暴这么大，他对他们却还是绝不肯放松一点。

这次他的要求甚至比往常更严格，因为这次他护送的货物，正是千古以来对人类最大的诱惑之一——黄金。

三十万两绝无杂质的纯金，已足够将江湖中所有的巨盗、悍匪全都引到这一片无情的大沙漠上来。

他不能不特别小心。

帐篷外狂风怒吼，飞沙滚滚，沙砾打在帐篷上，就像是苍穹震怒投下的冰雹。

铁翼站起来，瘦削的身子仍如枪杆般笔挺，二十年前，他以掌中这杆七尺长的黑铁枪横扫绿林八大寨的三十二条好汉。永定河边一战，枪挑怒虎谭宣，他的精力和武功，至今丝毫不减。

他对他自己，和他那三十六骑子弟兵都同样充满信心。

就在这时候，狂风中忽然传来一阵凄厉的呼声，是一个替他们看守骆驼的藏人马鲁发出来的。

"石米，柯拉柯罗！"

铁翼虽然听不懂他呼喊的是什么，却听得出他呼声中充满了一种深入骨髓的恐惧。几乎就在这同一刹那，这个坚固结实的牛皮帐篷，忽然奇迹般裂成了碎片，眨眼间就已被狂风卷入了漫天黄沙中。

沙砾箭镞般打在铁翼脸上，他的脸色却一点都没有变，还是枪杆般站在那里。

他眼前一片飞旋的风沙，就像是一道从天上垂落的高墙，使得平常人连十尺外的帐篷都看不到。

他不是平常人。

他一双久经训练的眼睛，已看到他的三十六名子弟就像三排标枪般站在他对面，不管风沙多大，不管变化多惊人，他们都能保持镇静。

在灾祸来临时，在生死决战中，"镇静"永远都是一种最有效的武器。

何况他们每一个人都绝对可以算是江湖中的一流高手，他们在轻功、暗器和兵刃上都下过远比别人艰苦的工夫。

他确信，不管这次来的对手多可怕，他们都绝对有能力应付。

他自己身经大小数百战，从来也没有退缩过一次，更没有怕过任何人。

可是不知道为了什么，在这一瞬间，他心里竟忽然也有了种说不出的恐惧。

一种深入骨髓的恐惧。

凄厉的呼声已被狂风吞噬，飞卷的风沙中，忽然出现了一个人。

其实铁翼看见的并不是一个人，只不过是一条暗灰色的、幽灵般的影子。

这个影子的头上，仿佛长着两只角，猫耳一样的角，魔神一样的角。

铁翼咽喉中仿佛忽然被塞入了一团带着血腥气的冰雹。

"你是谁？"他厉声问。

这人影忽然发出猫一般怪异尖锐的笑声，说出了六个字："石米，柯拉柯罗。"

这正是马鲁刚才呼喊的六个字，这六个字中究竟包含着什么可怕的意思，听起来就像是一种摄人魂魄的魔咒。

铁翼挥枪，指挥他的子弟："拿下来。"

他的命令一向绝对有效，他的子弟一向绝对服从，可是这一次他们居然没有动，连一个人都没有动。

头上有角的人影又发出猫一样的笑声，双手不停地挥动。

标枪般站在那里的三十六个人，忽然一个接一个，慢慢地倒下，就像是一串串被绳子拉倒的木偶。

铁翼冲过去，才发现他的铁血三十六骑呼吸早已停顿，连尸体都已冰冷僵硬。

他们刚才没有倒下，只因为每个人背后都支着一杆枪，每一杆枪下，都藏着一个人，每个人头上都长着猫耳般的角。

铁翼连呼吸都已停顿，忽然凌空跃起，七尺长的铁枪毒蛇般刺了出去。

这一枪比毒蛇更毒，比闪电更快。

这一枪已是"铁胆神枪"所有力量的精粹。可是这一枪刺出时，他对面的人影已飞跃而起，随着一阵阵飞旋的狂风在空中飞旋转动。

他本身似也化作了一阵飞旋的狂风。

风是杀不死、刺不中的。

铁翼忽然觉得有一阵狂风迎面卷来，千百颗尖针般的细沙忽然吹入了他的眼睛，然后他就完全没有感觉了。

这一天是九月十三。

九月十五，暴风已停止。

沙漠上的风暴，就像是善射者的箭、杀人者的刀，来得突然，去得也突然。

卫天鹏打马疾奔。

他的马鞍旁有一壶箭，他的腰畔有一把刀。

他的刀与箭也像是沙漠上的风暴那么可怕！

他是接应铁翼来的。

三十万两黄金，无论对谁来说，都是种很难抗拒的诱惑。

黑道上的朋友，本来就是禁不起诱惑的人。

他和铁翼都属于同一组织的人，他们绝不能让这批黄金落入别人手里。

跟随他同行的，还有他属下的"旋风三十六把刀"和一个叫苏玛的向导。

如果不是被这次风暴阻延，现在他一定早已接应到铁翼。

苏玛是马鲁的族兄，对这片大沙漠，简直比女人对自己的裤子还熟悉。

他也知道马鲁要走哪条路。

他当然能找到由马鲁带路的那一队驼队。

可是他找到马鲁时,马鲁的尸体已经变得像是枚风干了的黑枣。

他也找到了铁翼和铁血三十六骑。

他们的尸体,距离马鲁的尸体都不远,他们的尸体都已像最尊贵的喇嘛一样,大多都已被秃鹰啄食,受到了"天葬"。

幸好还有些人的尸身已经被黄沙掩埋,一层连秃鹰的利喙都啄不透的黄沙。

卫天鹏找到了铁翼的尸身,也找到了他惨死的原因。

他也跟其他十三具从黄沙下挖出的尸身一样,他们身上都没有什么明显的伤口,可是每个人脸上都有三条血痕,就像是被猫的爪子抓出来的。

他们的脸上,都带着一种恐惧至极的表情,一种比"死"更可怕的恐惧。

看到这三条血痕,苏玛脸上忽然也露出一种恐惧至极的表情,忽然跪下来,向天膜拜,嘶声狂呼。

卫天鹏虽然听不懂他说的是什么,却听得出来他每声呼喊都有同样的六个字。

"石米,柯拉柯罗!"

这时候他们头顶上的蓝天又有一群鹰飞来。

食尸的秃鹰。

第一章

食尸鹰

鹰在盘旋，盘旋在艳蓝的穹苍下，在等着食他的尸。

他还没有死。

他也想吃这只鹰。

他们都同样饥饿，饿得要命。

在生存已受到威胁时，在这种威胁已到达某种极限时，一个人和一只鹰并没有什么分别，同样都会为了保全自己而伤害对方。

他很想跃起去抓这只鹰，很想找个石块将这只鹰击落，平时这都是轻而易举的事，可是现在他已精疲力竭，连手都很难抬起来。

他已经快死了。

江湖中的朋友如果知道他已经快死了，一定有很多人会觉得很惊奇、很悲伤、很惋惜，一定也有很多人会觉得很愉快。

他姓方，叫方伟，大家通常都叫他小方，要命的小方。

有时连他自己都觉得自己实在是个很要命的人，奇怪得要命。

他已经在这块没有水、没有生命的干旱大地上挣扎着行走了十几天，他的粮食和水都已在那次风暴中遗失。

现在他身上只剩下了一柄三尺七寸长的剑和一条三寸七分长的伤口，唯一陪伴在他身旁的，只有赤犬。

赤犬是一匹马，是马啸峰送给他的。

马啸峰是关东落日马场的主人，对于马，远比浪子对女人还有研究，就算是一匹最顽劣的野马，到了他手里，也会被训练成良驹。

他送给朋友的都是好马，可是现在连这匹万中选一的好马都已经快倒下去了。

小方轻轻拍着它的背，干裂的嘴角居然仿佛还带着微笑。

"你不能死，我也不能死，我们连老婆都还没有娶到，怎么能死？"

烈日如火焰，大地如洪炉，所有生命都已烤焦了。几百里之内，都看不见人踪。

但是他忽然发现有个人在后面跟着他。

他并没有看见这个人，也没有听到这个人的脚步声，但是他可以感觉得到，一种野兽般奇异而灵敏的感觉。

有时他几乎已感觉到这个人距离他已很近，他就停下来等。

他不知有多么渴望能见到另外一个人，可惜他等不到。

只要他一停下来，这个人也立刻停下来。

他是个江湖人，有朋友，也有仇敌，希望将他头颅割下来的人一定不少。

这个人是谁？为什么跟踪他？是不是要等他无力抵抗时来割他的头颅？现在为什么还不出手？是不是还在提防着他腰畔的这柄剑？

他没有仔细去想。

有时饥饿虽然能使人思想灵活，现在他却饿得连集中思想的力量都没有了。

又挣扎着走了一段路，总算找到了一个可以遮挡阳光的沙丘。

当他在沙丘后的阴影中躺了下去，那只鹰飞得更低了，好像已经把他当作个死人。

他还不想死,他还要跟这只鹰拼一拼,斗一斗,可惜他的眼睛已经渐渐张不开了,连眼前的事都已变得蒙蒙眬眬。

就在这时候,他看到了一个人。

据说沙漠中常常会出现海市蜃楼,一个人快死的时候,也常常会有幻觉。

这不是他的幻觉,他真的看见了一个人。

一个很瘦小的人,穿着一件极宽大的白色袍子,头上缠着白布,还戴着一顶很大的笠帽,帽檐的阴影下,露出一张尖削的脸、一张宽阔的嘴和一双秃鹰般的眼睛。

小方揉了揉眼睛,确定自己绝没有看错。在这片冷酷无情的沙漠上,能看到一个同类的生命,实在是件令人欢喜振奋的事。

小方立刻坐了起来,干裂的嘴角又露出了微笑,这人却长叹了口气,显得很失望。

小方忍不住问:"你心里有什么难过的事?"

"没有。"

"你为什么叹气?"

穿白袍的人叹道:"因为我想不到你居然还能笑得出来。"

很少有人会为了这种理由叹气的,小方又忍不住问:"还能笑得出有什么不好?"

"只有一点不好。"这人道,"还能笑得出的人,就不会死得太快。"

小方道:"你希望我快点死?"

这人道:"越快越好。"

小方道:"现在你应该看得出我连一点力气都没有了,为什么不索性杀了我?"

这人道:"我跟你无冤无仇,为什么要杀你?"

小方道:"你跟我无冤无仇,为什么希望我快点死?"

这人道:"因为你看起来迟早都要死的,不但我希望你快点死,这只鹰一定也希望你快点死。"

鹰仍在他们头顶上盘旋。

小方道:"难道你也跟这只鹰一样,在等着吃我的尸体?"

这人道:"既然你已经死了,你的尸体迟早总要腐烂的。这只鹰来吃你的尸体,对你连一点害处都没有。"

小方道:"你呢?"

这人道:"我不想吃你,我只想要你身上的这把剑。"

小方道:"反正我死了之后也没法子把这柄剑带走,如果给你带走了,对我也没什么害处。"

这人叹了口气,道:"这道理一向很少有人能想得通,想不到你居然想通了。"

小方微笑道:"有很多别人想不通的道理,我都能想得通,所以我活得一向很快乐。"

他忽然解下了腰畔的剑,用力抛给了这人。

这人很意外:"你这是干什么?"

小方道:"我要把这柄剑送给你。"

这人道:"你还没有死,为什么就先把它送给我?"

小方道:"因为我自己活着时很愉快,我也希望别人愉快。"

他笑得的确像是很愉快:"我反正都要死了,这柄剑迟早总是你的,我为什么不早点送给你,让你也愉快些?"

这人道:"我可以等。"

小方道:"等死绝不是件愉快的事。不管是等自己死,还是等别人死,都很不愉快,也不想别人做。"

这人用一双秃鹰般的眼睛盯着他，又叹了口气，道："你这人真奇怪，怪得要命。"

小方笑道："你说对了。"

这人道："可是如果你想用这法子来打动我，让我救你，你就错了，我这一辈子从来也没有被人打动过。"

小方道："我看得出。"

这人又盯着他看了半天，忽然道："再见。"

"再见"的意思，通常都不是真的还想要再见，而是永不再见了。

他走得并不快，他绝不会在没有必要的时候浪费一分体力。

剑还留在地上。

小方道："你为什么不把这柄剑带走？"

这人道："你若死了，我一定会把这柄剑带走。"

小方道："我送给你，你反而不要？"

这人道："我这一辈子从未要过活人的东西。"

这人又接着道："你现在还活着。"

小方道："活人的东西你都不要？"

这人道："绝不要。"

小方道："可是有些东西却是死人绝不会有的，譬如说，友情。"

这人冷冷地看着他，好像从来没有听说过"友情"这两个字。

小方道："你从来都没有朋友？"

这人的回答简短而干脆："没有。"

他又开始往前走，只走出一步，又停下，因为他已听到远方传来的一阵马蹄声，听来就像是战鼓雷鸣，杀气森森。

然后他就看见沙丘后尘头大起，来的显然不止一匹马、一个人。

他尖削冷漠的脸上立刻露出种奇怪的表情，忽然也躺了下去，躺在沙丘的阴影下，看着那只盘旋低飞的食尸鹰。

蹄声渐近，人马却仍距离得很远，忽然间，一阵尖锐的风声破空呼啸而来。

鹰也有种奇异的本能，仿佛也已觉察出一种不祥的预兆，已准备冲天飞起。

可惜它还是慢了一步，疾风划空而过，它的身子突然在空中一抖，就斜斜地落了下来，带着一支箭落了下来。

一支三尺长的雕翎箭，从它的左翼下射进去，右背上穿出来，它的身子一跌下，就再也不能动。

人马还在三十丈外，射出来的一箭，竟能将一只秃鹰射个对穿。

小方叹了一口气："不管这个人是谁，我都希望他来找的不是我。"

艳蓝的苍穹下一片死寂，蹄声远远停住，扬起的尘沙也落下，那只等着要吃别人尸体的秃鹰，只有等着别人食它的尸。

生命中所有的节奏在这一瞬间仿佛都已停顿，可是生命必须继续，这种停顿绝不会太长。

片刻后蹄声又响起，三匹马弩箭般转过沙丘，直驰而来，当先一骑马上的人黑披风、红腰带，鞍旁有箭，手中有弓，腰间有刀。

健马刚停下，他的人已站在马首前，人与马动作的矫捷都让人很难想象得到，他眼神的锐利也令人不敢逼视。

"我叫卫天鹏。"

他的声音低沉，充满了威严与骄傲，他只说出了自己的名字，好像就已足够说明一切，因为每个人都应该听说过他的名字，无论谁听到这个名字后，都应该对他服从尊敬。

可惜现在躺在他面前的两个人却连一点反应都没有。

卫天鹏刀锋般的目光正盯着小方："看来你一定已经在沙漠中行走

了很多天，一定也遇上了那场风暴。"

小方苦笑。

对他来说，那场风暴简直就像是场噩梦。

卫天鹏道："这两天你有没有看到过什么可疑的人？"

小方道："看到过一个。"

卫天鹏道："谁？"

小方道："我。"

卫天鹏的脸沉了下去，他不喜欢这种玩笑："遇到可疑的人，我只有一种法子对付他。"

小方道："我知道。"

卫天鹏道："你知道什么？"

小方道："遇到可疑的人你一定会先割掉他一只鼻子，削掉他一只耳朵，逼问他的来历，然后再一刀杀了他。"

卫天鹏承认："你是不是还要说自己是个可疑的人？"

小方叹了口气，道："我说不说都一样，像我这样的人如果还不可疑，还有谁可疑？"

卫天鹏厉声道："你想要我用这种法子对付你？"

小方道："反正我已经快死了，随便你用什么法子对付都没关系。"

卫天鹏道："但是你可以不必死的，只要有一壶水、一块肉，就能救活你。"

小方道："我知道。"

卫天鹏道："我有水，也有肉。"

小方道："我知道。"

卫天鹏道："你为什么不求我？"

小方道："我为什么要求你？"

卫天鹏道："因为我可以救你的命！"

小方笑了笑："你若肯救我，用不着我求你；你若不肯，我求你也没有用。"

卫天鹏盯着他，全身上下好像连一点动作都没有，但是忽然间他的弓已拉满，箭已在弦，"嗖"的一声，一支箭射了出去。

小方没有动，连眼睛都没有眨，因为他已看出这一箭的目标不是他。

这一箭射的是那尖脸鹰眼的白袍人，射的是他致命的要害。

卫天鹏好像始终没有看过他一眼，但却要一箭射穿他的咽喉。

卫天鹏"怒箭神弓"，百发百中，从来没有失过手。

这一次却是例外。

白袍人只伸出两根手指，就将这可以在四十丈外射穿飞鹰的一箭夹住。

卫天鹏的瞳孔骤然收缩，瞳孔内忽然闪出了刀光。

跟着他来的两骑劲装少年腰畔的旋风刀也已出鞘。

卫天鹏忽然挥手，竟以掌中的铁背弓击落了他们手里的刀。

少年怔住。

卫天鹏冷笑道："你们知道他是谁？凭你们也敢在他面前拔刀？"

他慢慢地转过身，面对白袍人，冷冷地接着道："但是你若以为你躺在地上装死就可以让我认不出你，你也错了。"

小方忍不住问："你认得他？他是谁？"

卫天鹏道："他就是卜鹰！"

卜鹰！

小方的眼睛睁大了。

无论谁看见这个人眼睛都会睁大的，因为江湖中几乎已没有比他更神秘的人。

在他多姿多彩的一生中有许多故事，每一个故事都充满了神秘的传奇。

小方轻轻吐出口气，道："想不到今天我总算见到了卜鹰。"

卫天鹏道："我也想不到。"

小方道："你跟他有仇？"

卫天鹏道："没有。"

小方道："你为什么要杀他？"

卫天鹏道："我只不过要试试他究竟是不是卜鹰。"

小方道："如果他是卜鹰，就绝不会死在你的箭下，如果他死了，就绝不会是卜鹰。"

卫天鹏道："不错。"

小方道："如果他死了，死的只不过是个无足轻重的人，'怒箭神弓斩鬼刀'纵横江湖，杀错个把人有什么关系。"

卫天鹏道："一点关系都没有。"

他冷冷地接着道："为了三十万两黄金，就算杀错三五百个人也没关系。"

小方悚然道："三十万两黄金？哪里来的三十万两黄金？"

卫天鹏道："我只知道黄金是从哪里来的，却不知道到哪里去了。"

这一天是九月十六，距离铁翼惨死、黄金失劫的时候才三四天，这件惊天动地的巨案，江湖中还没有人知道。

小方道："你是不是认为他知道？"

卫天鹏冷笑道："卜大公子是千金之体，若不是为了三十万两黄金，怎么会到这既无醇酒，也没有美人的穷荒之地来？"

第二章

怒　箭

小方道："对。"

卫天鹏道："卜大公子挥手千金，视钱财如粪土，若不是因为常常有这种外快，哪里来的这许多黄金让他挥手散去？"

小方道："对。"他想了想，忽然又道，"只有一点不太对。"

卫天鹏道："哪一点？"

小方道："三十万两黄金究竟有多少，我也不知道，我从来都没有看过这么多的金子，我只知道就算有人肯把这三十万两黄金送给我，我也绝对搬不走的。"

他笑了笑，道："你认为这位卜大公子一个人就能把三十万两黄金搬走？"

卫天鹏冷冷道："你怎么知道他是一个人？"

卜鹰忽然说道："我确实是为了这件事来的。"

卫天鹏的瞳孔又开始收缩。

卜鹰道："我的开销一向很大，这点金子我正好用得着。"

卫天鹏道："是三十万两，不是一点。"

卜鹰居然也承认："的确不是一点。"

卫天鹏道："所以这批黄金无论落在谁手里，要把它藏起来都很难。"

卜鹰道:"的确很难。"

卫天鹏道:"既然没法子藏起来,就绝对没法子运走。"

劫案发生的第三天早上,这地区中已侦骑密布,就算要运三百两黄金出去也不容易。

卫天鹏盯着卜鹰,冷冷道:"所以我看你不如还是把它交出来的好。"

卜鹰忽然用帽子盖住了脸,不理他了。

小方却忍不住道:"你怎能知道这批黄金在他手里?"

卫天鹏道:"护送这批黄金的人是铁翼。"

小方道:"铁胆神枪铁翼?"

卫天鹏点头,又问道:"江湖中能杀他的人有几个?"

小方道:"不多。"

卫天鹏道:"你知不知道黄金失劫,铁翼和他的铁血三十六骑都已惨死?"

小方道:"不知道。"

卫天鹏道:"这位卜大公子怎么会知道的?"

小方不说话了。

卫天鹏一只手握弓,另一只手已握住了他腰畔的刀柄。

他的刀还未出鞘,可是他的瞳孔中已经露出了比刀锋更可怕的杀机。

小方实在很想把卜鹰脸上盖着的帽子掀起来,让他看看这双眼睛。

卫天鹏刀一出手,连鬼都能斩,何况是一个脸上盖着顶帽子的人。

何况他壶中还有箭,比雷霆更威、比闪电更快的怒箭!

帽子还在脸上，刀仍在鞘。

忽然间，沙丘后传来一声凄厉的惨叫声。

"石米，柯拉柯罗！"

小方当然听不懂这六个字的意思，可是他听得出呼声中充满恐惧，一种可以将人的魂魄都撕裂的恐惧。

他听到这声惨呼时，卫天鹏已箭一般蹿了出去，转过了沙丘。

他本来已经连站都站不起来，但是他一向很好奇，"好奇"也是有限几样能激动人心的力量之一，也能激发人类最原始的潜力。

他居然也跳了起来，跟着卜鹰转过沙丘。

一转过沙丘，他就立刻看到了一幕他这一生永远都忘不了的景象。

如果不是他的胃已经空了，他很可能会呕吐。

马在狂奔，人已倒下。

卫天鹏的旋风三十六把快刀，已倒下了三十四个，倒在血泊中。

他们的刀还未出鞘。

他们都是江湖中极有名的快刀手，可是他们来不及拔刀，就已惨死。

他们看来竟不像倒在人手里的，而是倒在一只猫的爪下，因为他们每个人的脸上，都有三条仿佛是猫爪抓出来的血痕。

一个装束奇异的藏人，一张久已被风霜侵蚀得如同败革般的脸，已因恐惧而扭曲，正跪在地上，高举着双手，向天惨呼。

"石米，柯拉柯罗。"

苏玛今年五十一岁，从十三四岁时，就已开始做汉人的向导，除了他的族兄马鲁外，很少有人能比他更熟悉这片大沙漠。

无情的沙漠，就像是一个荒唐的噩梦，有时虽然也会出现些美丽的幻景和令人疯狂的海市蜃楼，但是最后的终结还是死。

对他来说，死已经不能算是件可怕的事，他已见过无数死人白骨。

他从来没有如此害怕过，他怕得全身都在抽筋。

恐惧也是种会传染的疾病，就像是瘟疫，看见别人害怕，自己也会莫名其妙地害怕起来。

何况名震江湖的旋风三十六刀，竟在片刻间几乎全部惨死，这件事本身就很可怕。

小方忽然发觉自己的手脚都已冰冷，冷汗已经从鼻尖上冒了出来。

他跳起来的时候，卜鹰还躺着，脸上还盖着顶帽子，等他转过沙丘时，卜鹰已经在这里了。

卜鹰的脸上连一点表情都没有。

卜鹰身上每根血管流着的好像都不是血，是冰水。

但是小方却听见他嘴里也在喃喃自语，说的也是那魔咒般的六个字："石米，柯拉柯罗。"

小方立刻问："你懂不懂这是什么意思？"

卜鹰道："我懂。"

小方道："你能不能告诉我？"

卜鹰道："能。"

小方道："石米的意思，是不是用石头做成的米？"

卜鹰道："不是，石头不是米，石头不能做米，石头不能吃，石头如果能吃，世上就不会饿死人了。"

小方道："可是我听见他刚才说的明明是'石米'，你刚才也说过。"

卜鹰道："那是藏语。"

小方道："在藏语里石米是什么？"

卜鹰道："是猫。"

小方道："猫？"

卜鹰道："猫！"

猫是种很柔顺、很常见的动物，连六七岁的小姑娘，都敢把猫抱在怀里。

猫吃鱼。

人也吃鱼，吃得比猫还多。

猫吃老鼠。

有很多人怕老鼠，却很少有人怕猫。

小方道："猫有什么可怕？连鱼都不怕猫，鱼怕的是人——抓鱼的人。"

卜鹰道："对。"

小方道："只有老鼠才怕猫。"

卜鹰道："错。"

他秃鹰般的锐眼里忽然露出种奇怪的光芒，仿佛在眺望着远方某一处充满了神、妖异而邪恶的地方。

小方仿佛也被这种神情所迷惑，竟没有再问下去。

卫天鹏还在想法子使苏玛恢复镇静，让他说出刚才的经过，但是就连藏人最喜爱的青稞酒，都无法使他平静下来。

过了很久，卜鹰才慢慢地接着道："故老相传，在大地的边缘，有一处比天还高的山峰，山上不但有万古不化的冰雪，而且还有种比恶鬼更可怕的妖魔。"

小方道："你说的，是不是圣母之水峰？"

卜鹰点点头，道："在峰上的妖魔就是猫，虽然它身子已炼成人形，它的头还是猫。"

小方道："柯拉柯罗是什么？"

卜鹰道："是强盗，一种最凶恶的强盗，不但要劫人的钱财，还要吃人的血肉。"

他接着道："他们大部分都是藏边深山中的'果尔洛人'，他们的生活和语言都与别人不同，而且凶悍野蛮，比哈萨克人更残酷。"

最后他又补充道："'果尔洛'在梵文中还有另外一种意思。"

小方道："什么意思？"

卜鹰道："怪头。"

小方叹了口气，道："猫头人身的妖魔，残酷野蛮的怪头强盗。"

他看看苏玛："难怪这个人怕得这么厉害，现在我都有点怕了。"

卫天鹏忽然拉起苏玛一只不停在抽筋的手，把他的手指一根根扳开。

他手里紧紧握着一面小旗，上面绣着的赫然正是一个猫首人身的妖魔。

苏玛又跪下来，五体投地，向这面旗帜膜拜，嘴里念念有词，每一句话中都有同样六个字："石米，柯拉柯罗。"

现在小方总算已明白这六个字的意思——猫盗！

现在苏玛总算镇静下来，说出了他刚才亲眼看见的事。

这三十四名旋风快刀手，就是倒在"猫盗"手里的。

他们就像是鬼魂般忽然出现，他们的身子是人，头是猫，额上长着猫耳般的角。

他们都有种妖异而邪恶的魔力，所以久经训练的快刀手们，还来不及拔刀，就已惨死在他们手里。

他们留下苏玛这条命，只因为他们要他转告一句话给卫天鹏。

——杀人劫金的都是他们，无论谁再追查这件事，必死无疑，死了后还要将他的魂魄拘在圣母之水山根下的冰雪地狱里，受万年寒风刺骨之苦，永世不得超生。

天色已渐渐暗了，天地间仿佛忽然充满了一种邪恶肃杀的寒意。

小方很想找点青稞酒喝。

旋风快刀手的身上，就算没有酒，至少总带着水，现在对他们已没有用。

可是猫盗不但夺走了他们的性命，连他们的羊皮水袋都已被劫走。

卫天鹏静静地听苏玛说完，忽然转过身，盯着卜鹰："你相信他说的话？"

卜鹰道："我想不出他为什么要说谎。"

卫天鹏冷笑，道："你相信世上真有那种猫头人身的怪物？"

卜鹰道："你不信？"

小方忽然说道："我也不信，可是我相信那三十万两黄金，一定是被猫盗劫走的。"

卫天鹏说道："无论什么人只要戴上一个形式像猫头的面具，就可以自称为猫盗。"

小方道："无论什么人都可以？无论什么人都可以在一瞬间杀死你三十四个旋风快刀手？无论什么人都可以杀死铁胆神枪和他的铁血三十六骑？"

卫天鹏不说话了。

就算这群猫盗不是妖魔，是人，一定也是些极可怕的人。

他们不但行踪飘忽，而且一定还有种诡秘而邪异的武功。

卜鹰忽然道:"我只相信一点。"

小方道:"哪一点?"

卜鹰道:"如果他们要杀一个人,绝不是件困难的事。"

卫天鹏的脸色变了。

卜鹰冷冷地看着他,道:"还有一点你也应该明白。"

卫天鹏道:"你说。"

卜鹰道:"如果我是猫盗,现在你就已是个死人。"

卫天鹏走了。

在他临走前的那片刻间,小方本来以为他会出手的。

他已经握住了他的刀,每一个指节都已因用力而发白。

他的刀法绝对可以名列天下所有刀法名家的前十位,他的斩鬼刀锋利而沉重,而且特别长,他的人也远比卜鹰高大雄壮。

卜鹰却很纤弱,除了那双秃鹰般的锐眼外,其他的部分看来都很纤弱,尤其是他的一双手,更纤弱如女子。

几乎连小方都不信他能接得住名震天下的怒箭神弓斩鬼刀。

但是卫天鹏自己的想法却不同。

所以他走了,带着他的"旋风三十六刀"中仅存的两个人走了,连一句话都不再说就走了。

卫天鹏无疑是个极谨慎的人,而且极冷酷。

他走的时候,连看都没有看一眼躺在地上的那些刀手,他们虽然是他的子弟,可是对他已没有用。

小方却忍不住问他:"你为什么不将他们埋葬了再走?"

卫天鹏的回答就像他做别的事一样,都令人无可非议。

"我已经埋葬了他们。"他说,"天葬。"

卜鹰还没有走。

他又躺了下去，躺在沙丘后的避风处，用那件宽大的白袍将全身紧紧裹住。

沙漠就像是个最多变的女人，热的时候可以使人燃烧，冷的时候却可以使人连血都结冰。

一到了晚上，这片酷热如洪炉的大沙漠就会变得奇寒彻骨，再加上那种无边无际的黑暗，在无声无息中就能扼杀天地间所有的生命。没有人愿意冒这种险。

现在天色已渐渐暗了，卜鹰显然已准备留在这里度过无情的长夜。

小方在他旁边坐下来，忽然对他笑了笑，道："抱歉得很。"

卜鹰道："为什么要抱歉？"

小方道："因为明天早上你醒来时，我一定还是活着的，你若要等我死，一定还要等很久。"

他已经找到了那只曾经想食他尸体的鹰，现在他已准备吃它的尸体。

他叹息道："现在我才知道，到了不得已的时候，一个人和一只食尸鹰就会变得没有什么不同了。"

卜鹰道："平常的时候也没什么不同。"

小方道："哦？"

卜鹰道："你平常吃不吃牛肉？"

小方道："吃。"

卜鹰道："你吃的牛肉，也是牛的尸体。"

小方苦笑。

他只能苦笑，卜鹰说的话虽然尖锐冷酷，却令人无法反驳。

赤犬还没有倒下去。

它能支持到现在,因为小方将最后一点水给了它。因为马虽然是兽,可是马的兽性却比人少,至少它不沾血腥。

它不食尸体。

卜鹰忽然又道:"你不但有把好剑,还有匹好马。"

小方苦笑道:"只可惜我这个人却不能算是个好人。"

卜鹰道:"所以别人才会叫你要命的小方。"

小方道:"你知道?"

现在天色已经看不见他的脸色,他的声音中充满惊讶:"你怎么知道的?"

卜鹰道:"我不知道的事很少。"

小方道:"你还知道什么?"

卜鹰道:"你的确是个很要命的人,脾气怪得要命,骨头硬得要命,有时阔得要命,有时又穷得要命,有时要别人的命,有时别人也想要你的命。"

他淡淡地接着道:"现在至少就有十三个人在追踪你,要你的命。"

小方居然笑了笑,道:"只有十三个?我本来以为来得还要多些。"

卜鹰道:"其实根本用不着十三个,只要其中的两个人来了就已足够。"

小方道:"哪两个?"

卜鹰道:"搜魂手和水银。"

小方道:"水银?"

卜鹰道:"你没有听过这个人?"

小方道:"水银是个人?是个什么样的人?"

卜鹰道:"谁也不知道他是个什么样的人,甚至连他是男是女都不知道。我也只知道他是个杀人的人，以杀人为生。"

小方道："这种人不止他一个。"

卜鹰道："但是他要的价钱至少比别人贵十倍，因为他杀人从来没有失手过。"

小方道："我希望他是个女的，是个很好看的小姑娘，如果我一定要死，能够死在一个美女手里总比较愉快些。"

卜鹰道："他可能是个女的，可能是个很漂亮的小姑娘，也可能是个老头子、老太婆。"

小方道："也可能是你。"

卜鹰沉默着，过了很久，才缓缓道："也可能是我。"

风更冷，黑暗已笼罩大地，两个人静静地躺在黑暗中，互相都看不见对方的脸。又过了很久，小方忽然又笑了："我实在不该怀疑你的。"

卜鹰道："哦？"

小方道："如果是你，现在我已是个死人。"

卜鹰冷冷道："我还没有杀你，也许只因为我根本不必着急。"

小方道："也许。"

卜鹰道："所以你只要一有机会，就应该先下手杀了我。"

小方道："如果你不是水银呢？"

卜鹰道："杀错人总比被人杀错好。"

小方道："我杀过人，可是我从来没有杀错过人。"

卜鹰道："你杀的人都该死？"

小方道："绝对是。"

卜鹰道："可是我知道你至少杀错了一个人。"

小方道："谁？"

卜鹰道："吕天宝。"

他又道："你明明知道他是富贵神仙的独生子，你明明知道你杀了吕天宝后，富贵神仙是绝不会放过你的，你当然也知道江湖中有多少人肯为他卖命。"

小方道："我知道！"

卜鹰道："你为什么要杀他？"

小方道："因为他该杀、该死！"

卜鹰道："可是你杀了他之后，你自己也活不久了。"

小方道："就算我杀了他之后马上就会死，我也要杀他。"

他的声音忽然充满愤怒："就算我会被人千刀万剐，打下十八层地狱去，我也要杀他，非杀他不可！"

卜鹰道："只要你认为是该杀该死的人，你就会去杀他，不管他是谁都一样？"

小方道："就算他是天王老子也一样！"

卜鹰居然也叹了口气，道："所以现在你只有等着别人来要你的命了！"

小方道："我一直都在等，时时刻刻都在等。"

卜鹰道："你绝不会等得太久的。"

无边无际的黑暗，死一般的静寂，没有光，没有声音，没有生命。

小方也知道自己不会等得太久，他心里已经有了不祥的预兆。

水银是无孔不入的，绝不会错过一点机会。

水银流动时绝对没有一点声音。

你只要让一点水银流入你的皮肉里，它就会把你全身的皮都剥下来。

一个人如果叫作水银，当然有他的原因。

小方受的伤很不轻，伤口已溃烂。一只鹰的血肉，并没有使他的体力恢复，在他这种情况下，他好像只有等死。

等死实在是件很可怕的事，甚至比死亡本身更可怕。

卜鹰忽然又在问："你知不知道搜魂手是个什么样的人？"

"我知道。"

搜魂手姓韩，叫韩章。

他并不时常在江湖中走动，但是他的名气却很大，因为他是富贵神仙供养的四大高手之一，他的独门兵刃就叫作"搜魂手"，在海内绝传已久，招式奇特毒辣，已不知搜去过多少人的魂。

卜鹰道："但是还有件事你一定不知道。"

小方道："什么事？"

卜鹰道："他另外还有个名字，他的朋友都叫他这个名字。"

小方道："叫他什么？"

卜鹰道："瞎子。"

瞎子并不可怕。

但是小方听见这两个字，心就沉了下去。

瞎子看不见，瞎子要杀人时，用不着看见那个人，也一样可以杀了他。

瞎子在黑暗中也一样可以杀人。

没有星光，没有月色，在这种令人绝望的黑暗中，瞎子远比眼睛最锐利的人更可怕。

卜鹰道："他并没有完全瞎，但是也跟瞎子差不多了，他的眼睛多年前受过伤，而且……"

他没有说下去，这句话就像是忽然被一把快刀割断了。

小方全身上下的汗毛在这一瞬间忽然一根根竖起。

他知道卜鹰为什么忽然闭上了嘴，因为他也听见了一种奇怪的声音，既不是脚步声，也不是呼吸声，而是另外一种声音。

一种不能用耳朵去听，耳朵也听不见的声音，一种只有用野兽般灵敏的感觉才能听见的声音。

有人来了！

想要他命的人来了。

他看不见这个人，连影子都看不见，但是他能感觉到这个人距离他已越来越近。

冰冷的大地，冰冷的沙粒，冰冷的剑。

小方已握住了他的剑。

他还是看不见这个人，连影子都看不见。

但他已感觉到一种夺人魂魄的杀气。

他忽然往卜鹰那边滚了出去。

卜鹰刚才明明是躺在那里的，距离他并不远，现在却已不在了。

但是另外一定有个人在，就在他附近，在等着要他的命。

他不敢再动，不敢再发出一点声音，他的身子仿佛在逐渐僵硬。

忽然间，他又听见了一阵急而尖锐的风声。

他十四岁时就开始闯荡江湖，就像是一条野狼般在江湖中流浪。

他挨过拳头，挨过巴掌，挨过刀，挨过剑，挨过各式各样的武器和暗器。

他听得出这种暗器破空的风声，一种极细小、极尖锐的暗器，这种暗器通常都是用机簧打出来的，而且通常都有毒。

他没有闪避，没有动。

他一动就死。

"丁"的一声，暗器已经打下来，打在他身旁的沙粒上。

这个人算准他一定会闪避，一定会动的，所以暗器打的不是他的人，而是他的退路，不论他往哪边闪避，只要他一动就死。

他没有动。

他听出风声不是直接往他身上打过来的，他也算准这个人出手的意向。

他并没有十成把握，这种事无论谁都绝不可能有十成把握的。

在这间不容发的一刹那，他也没法子多考虑。

但是他一定要赌一赌，用自己的性命作赌注，用自己的判断来下注。

这一注他下得好险，赢得好险。

第三章

瞎　子

　　但是这场赌还没有结束，他一定还要赌下去，他的对手绝不肯放过他的。

　　这一手他虽然赢了，下一手就很可能会输，随时都可能会输，输的就是他的命，很可能连对手的人都没有看见，就已把命输了出去。

　　他本来就已准备要死的，可是这么样的死法，他死得实在不甘心。

　　他忽然开始咳嗽。

　　咳嗽当然有声音，有声音就有目标，他已将自己完全暴露给对方。

　　他立刻又听到了一阵风声，一阵仿佛要将他整个人撕裂的风声。

　　他的人却已蹿了出去，用尽他所有的潜力蹿了出去，从风声下蹿了出去。

　　黑暗中忽然闪起剑光。

　　在他咳嗽的时候，他已经抽出了他的剑，天下最锋利的七把剑之一。

　　剑光一闪，发出了"丁"一声，然后就是一声铁器落在地上的声音。

　　这一声响过，又是一片死寂。

小方也不再动，连呼吸都已停止。唯一能感觉到的，就是冷汗从他鼻尖往下滴落。又不知过了多久，就像是永恒般那么长久，他才听到另外一种声音。

他正在等待着的声音。

一听见这种声音，他整个人就立刻虚脱，慢慢地倒了下去。

他听到的是一声极轻弱的呻吟和一阵极急促的喘息。

人只有在痛苦已达到极限，已完全无法控制自己时，才会发出这种声音来。

他知道这一战他又胜了，胜得虽然凄凉而艰苦，可是他总算胜了。

他胜过，常胜，所以他还活着。

他总认为，不管怎么样，胜利和生存，至少总比失败好，总比死好。

可是这一次他几乎连胜利的滋味都无法分辨，他整个人忽然间就已虚脱，一种因完全松弛而产生的虚脱。

四周还是一片黑暗，无边无际的黑暗，令人绝望的黑暗。

胜利和失败好像已没有什么分别，睁着眼睛和闭上眼睛更没有分别。

他的眼帘渐渐阖起，已不想再支持下去，因为生与死好像也没什么分别了。

——你不能死！

——只要还有一分生存的机会，你就绝不能放弃。

——只有懦夫才会放弃生存的机会。

小方骤然惊醒，跃起。

不知道在什么时候，黑暗中已有了光。

光明也正如黑暗一样，总是忽然而来，谁也不知道什么时候会来，但是你一定要有信心，一定要相信它迟早总会来的。

他终于看见了这个人，这个一心想要他命的人。

这个人也没有死。

他还在挣扎，还在动，动得艰苦而缓慢，就像是一尾被困在沙砾中垂死的鱼。

他手里刚拿起一样东西。

小方忽然扑了过去，用尽全身力气扑了过去，因为他已看到这个人手里拿着的这样东西是个用羊皮做成的水袋。

在这里，水就是命，每个人都只有一条命。小方的手已因兴奋而发抖，野兽般扑过去，用野兽般的动作夺下了水袋。

袋中的水已所剩不多，可是只要还有一滴水，也许就能使生命延续。

每个人都只有一条命，多么可贵的生命，多么值得珍惜。

小方用颤抖的手拔开水袋的木塞，干裂的嘴唇感觉到水的芬芳，生命的芬芳，他准备将袋里的这点水一口口慢慢地喝下去。

他要慢慢地享受，享受水的滋润，享受生命。

就在这时候，他看见了这个人的眼睛。

一双充满了痛苦、绝望和哀求的眼睛，一双垂死的眼睛。

这个人受的伤比他还重，比他更需要这点水。没有水，这个人必将死得更快。

这个人虽然是来杀他的，可是在这一瞬间，他竟忘记了这一点。

因为他是人，不是野兽，也不是食尸鹰。

他忽然发现一个人和一只食尸鹰，无论在什么情况下，都是有分别的。

人的尊严、人的良知和同情，都是他抛不开的，他忘不了的。

他将这袋水给了这个人，这个一心想要他命的人。

虽然他也曾经想要这个人的命，但是在这一瞬间，在人性受到如此无情的考验时，他只有这么做。

他绝不能从一个垂死的人手里掠夺，不管这个人是谁都一样。

这个人居然是个女人，等她揭起蒙面的黑巾喝水时，小方发现她是个女人，极美的女人。虽然看来显得苍白而憔悴，反而更增加了她的娇弱和美丽。

一个像她这样的女人，怎么会在如此可怕的大漠之夜里，独自来杀人。

她已经喝完了羊袋中的水，也正偷偷地打量着小方，眼睛里仿佛带着歉意。

"我本来应该留一半给你的。"她抛下空水袋，轻轻叹息，"可惜这里面的水实在太少了。"

小方笑笑。

他只有对她笑笑，然后才忍不住问："你是瞎子？还是水银？"

"你应该看得出我不是瞎子。"

经过水的滋润后，她本来已经很美的眼睛看来更明媚。

"你也不是水银？"小方追问。

"我只是听说过这名字，却一直不知道他是个什么样的人。"

她又在叹息："其实我本来也不知道你是个什么样的人，只知道你姓方，叫方伟。"

"但是你却要杀我？"

"我一直要来杀你，你死了，我才能活下去。"

"为什么？"

"因为水,在这种地方,没有水谁也活不了三天。"

她看看地上的空水袋:"我一定要杀了你,他们才给我水喝,否则这就是我最后一次喝水了。"

她的声音充满恐惧:"有一次我就几乎被他们活活渴死,那种滋味我死也不会忘记,这一次我就算能活着回去,只要他们知道你还没有死,就绝不会给我一滴水的。"

小方又对她笑笑。

"你是不是要我让你割下我的头颅来,让你带回去换水喝?"

她居然也笑了笑,笑得温柔而凄凉:"我也是个人,不是畜生,你这么对我,我宁死也不会再害你。"

小方什么话都没有再说,也没有问她他们是谁。

他不必问。

他们当然就是富贵神仙派来追杀他的人,现在很可能就在附近。

卜鹰已走了。

这个人就像大漠中的风暴,他要来的时候,谁也挡不住;要走的时候,谁也拦不住。你永远猜不出他什么时候会来,更猜不出他什么时候会走。

可是赤犬仍在。

旭日已将升起,小方终于开口。

"你不能留在这里。"他忽然说,"不管怎么样,你都要回到他们那里去!"

"为什么?"

"因为只要太阳一升起,附近千里之内,都会变成洪炉,你喝下的那点水,很快就会被烤干的。"

"我知道,留在这里,我也是一样会被渴死,可是……"

小方打断了她的话："可是我不想看着你死，也不想让你看着我死。"她默默地点了点头，默默地站起来，刚站起来，又倒下去。

她受的伤不轻。

小方刚才那一剑，正刺在她的胸膛上，距离她心脏最多只有两寸。

现在她已寸步难行，连站都站不起来，怎么能回得去？

小方忽然又道："我有个朋友可以送你回去。"

她没有看见他的朋友。

"这里好像只有你一个人。"

"朋友不一定是人，我知道有很多人都不是朋友。"

他走过去，轻抚赤犬的柔鬃："我也见过很多有你把他当作朋友的人，都不是人。"

"你的朋友就是这匹马？"她显得很惊异，"你把一匹马当作朋友？"

小方笑了笑："我为什么不能把一匹马当作朋友？"

他的笑容微带苦涩："我浪迹天涯，无亲无故，只有它始终跟着我，生死与共，至死不弃，这样的朋友你有几个？"

她垂下了头，过了很久，才轻轻地问："现在你为什么跟它分手？要它送我回去？"

"因为我也不想要它陪我死。"

他轻拍赤犬："它是匹好马，他们绝不会让它死的，你是个很好看的女人，他们也不会真的把你渴死，我让它送你回去，才是你们唯一的生路。"

她抬起头，凝视着他，又过了很久，才轻轻地问："你有没有替你自己想过？你为什么不想你自己要怎么样才能活得下去？"

小方只对她笑笑。

有些问题是不能回答,也不必回答的。

她忍不住长长叹息,说出了她对他的想法:"你真是个怪人,怪得要命。"

"我本来就是。"

太阳已升起。

大地无情,又变为洪炉,所有的生命都已被燃烧,燃烧的终极就是灭亡,就是死。

小方已倒了下去。

赤犬也走了,背负着那个被迫来杀人的女人走了,也许它并不想跟小方分手,可是它不能违抗他,它毕竟不过是一匹马而已。

附近已看不见别的生命,小方倒在火热的沙砾上,勉强支持着,不让眼睛闭上。

可是大地苍穹在他眼中看来,仿佛都已变成了一团火焰。

他知道自己这一次是真的要死了,因为他已看见了一种只有垂死者才能看得见的幻象。他忽然看见了一行仪从丰都来的轿马,出现在金黄色的阳光下。

每个人身上都仿佛闪着黄金般的光芒,手里都拿着黄金色的水袋,袋中盛满了蜜汁般的甜水和美酒。

如果这不是他的幻觉,不是苍天用来安抚一个垂死者的幻觉,就一定是阴冥中派来迎接他的使者。

他的眼睛终于闭了起来,他已死得问心无愧。

这一天已经是九月十七。

小方醒来时，立刻就确定了两件事。

他还没有死。

他是完全赤裸的。

赤裸裸地躺在一张铺着豹皮的软榻上，这张软榻摆在一个巨大而华丽的帐篷角落里，旁边的木几上有个金盆，盆中盛满了比黄金更珍贵的水。

一个身材极苗条、穿着汉人装束、脸上蒙着纱巾的女人，正在用一块极柔软的丝巾，蘸着金盆里的水，擦洗他的身子。

她的手纤长柔美，她的动作轻柔而仔细，就像是收藏家在擦洗一件刚出土的古玉，从他的眉、眼、脸、唇，一直擦到他的脚趾，甚至把他指甲的尘垢都擦洗得干干净净。

一个人经历了无数灾难，出生入死后，忽然发觉自己置身在这么样一种情况下，他的感觉是惊奇，还是欢喜？

小方的第一种感觉，却好像犯了罪。

在沙漠中，居然有人用比黄金更珍贵的水替他洗涤，这已不仅是奢侈，简直是罪恶。

——这里的主人是谁？是谁救了他？

他想问。

可是他全身仍然软弱无力，喉咙仍然干渴欲裂，嘴里仍然苦涩，连舌头都似将裂开。

这个陌生的蒙面女子虽然用清水擦遍了他全身，却没有给他一滴水喝。

所以他的第二种感觉也不是惊喜，而是愤怒。

但是他的怒气并没有发作，因为他又忽然发现这帐篷里并不是只有他们两个人，另外还有个人正静静地站在对面的角落里，静静地看着他。

一个有自尊的男人,在别人的注视下,完全赤裸着,像婴儿般被一个陌生的女人洗擦。

这是什么滋味,有谁能受得了?

现在这女人居然开始在擦洗他身上最敏感的部分,如果他不是太累、太渴、太饿,他的情欲很可能已经被挑引起来。

那种情况更让人受不了。

小方用力推开这女人的手,挣扎着坐起来,想去喝金盆里的水。

他一定要先喝点水,喝了水才有体力,就算还有别人在这盆水里洗过脚,他也要喝下去。

可惜这女人的动作远比他快得多,忽然捧起了这盆水,吃吃地笑着,钻出了帐篷。

小方竟没有力量追出去,也没法子追出去。他还是完全赤裸的,对面那个陌生的男人还在看着他。

现在他才看清这个人。

以前他从未见过这样的人,以后恐怕也永远不会再见到。

对面那个角落里,有张很宽大、很舒服的交椅,这个人就站在椅子前面,却一直都没有坐下去。

第一眼看过去,他站在那里的样子跟别人也没什么不同。

可是你如果再多看几眼,就会发现他站立的姿势跟任何人都不同。

究竟有什么不同,谁也说不出。

他明明站在那里,却让人很难发现他的存在,因为他这个人好像已经跟他身后的椅子、头顶的帐篷、脚下的大地融为一体。

不管他站在什么地方,好像都可以跟那里的事物完全配合。

第一眼看过去，他是绝对静止的，手足四肢，身体毛发，全身上下每一个地方都没有动，甚至连心跳都仿佛已停止。

可是你如果再多看几眼，就会发现他全身上下每一个地方都仿佛在动，一直不停地动，如果你一拳打过去，不管你要打他身上什么地方，都可能立刻会受到极可怕的反击。

他的脸上却绝对没有任何表情。

他明明是在看你，眼睛也绝对没有任何表情，就好像什么东西都没有看见一样。

他掌中有剑，一柄很狭、很长、很轻的乌鞘剑。

他的剑仍在鞘里。

可是你只要一眼看过去，就会感觉到一种逼人的剑气。他手上那柄还没有出鞘的剑，仿佛已经在你的眉睫咽喉间。

小方实在不想再去多看这个人，却又偏偏忍不住要去看。这个人完全没有反应。

他在看别人的时候，好像完全没有感觉；别人去看他的时候，他也好像完全不知道。

天上地下的万事万物，他好像根本就没有放在心上，别人对他的看法，他更不在乎。

因为他关心的只有一件事——

他的剑。

小方忽然发觉自己手心湿了。

只有在势难两存的生死搏杀之前，他的手心才会发湿。

现在他只不过看了这个人几眼，这个人既没有动，对他也没有敌意，他怎么会有这种反应？

难道他们天生就是对头？迟早总要有一个人死在对方手里？

这种事当然最好不要发生，他们之间并没有恩怨，更没有仇恨，为什么一定要成为仇敌？

奇怪的是，小方心里却似乎已有了种不祥的预兆，仿佛已看见他们之间有个人倒了下去，倒在对方的剑下，倒在自己的血泊中。

他看不见倒下去的这个人是谁。

银铃般的笑声又响起。

那个蒙面的女人又从帐篷外钻了进来，手里还捧着那个金盆。

她的笑声清越甜美，不但显出她自己的欢悦，也可以令别人愉快。

小方却十分不愉快，也想不通她为什么会笑得如此愉快。

他忍不住问："你能不能给我喝点水？"

"不能，"她带着笑摇头道，"这盆水已经脏了，不能喝。"

"脏水也是水，只要是水，就能解渴。"

"我还是不能给你喝。"

"为什么？"

"因为这盆水本来就不是给你喝的。"

她还在笑："你应该知道在沙漠里水有多珍贵，这是我的水，我为什么要给你喝？"

"你宁可用这盆水替我洗澡，却不肯给我喝？"

"那完全是两回事。"

为什么是两回事？

小方完全不懂，她的话实在让人很难听得懂。

幸好她已经在解释。

"我替你洗澡，是我的享受。"

"你的享受？什么享受？"小方更不懂。

"你是个身材很好的年轻男人，从头到脚都发育得很好，替你洗澡，我觉得很愉快，如果让你喝下去，就是另外一回事了。"

她笑得更甜："现在你是不是已经明白了我的意思？"

小方也想对她笑笑，却笑不出。

现在他虽然已经听懂了她的话，却不懂她怎么能说出这种话来的。

这简直不像人话。

她自己却好像觉得很有道理："这是我的水，随便我高兴怎么用它，都跟你完全没有关系，如果你要喝水，就得自己去想法子。"

她笑起来的时候，眼睛就弯弯地眯了起来，像一钩新月，又像是个鱼钩，只不过无论谁都能看得出她想钓的不是鱼，而是人。

"如果你想不出法子来，我倒可以指点你一条明路。"

这是句人话。

小方立刻问："我用什么法子才能找到水，到哪里去找？"

她忽然伸出一只秀白的手，向小方背后指了指："你只要回过头就知道了！"

小方回过了头。

不知道是在什么时候，已经有个人从后面走入了帐篷。

平时就算有只猫溜进来，也一定早已被他发觉，可是他太累、太渴、太想喝水，只等到他回过头，才看见这个人。

他看见的是卫天鹏。

卫天鹏身材高大，态度严肃，气势沉猛，十分讲究衣着，脸上终年难得露出笑容，一双凛凛有威的眼睛里，充满了百折不挠的决心。

无论在任何时候，任何地方，他都能保持别人对他的尊敬。

他做的事通常也都值得别人尊敬。

今年他五十三岁。二十一岁时，他就已是关中最大一家镖局的总镖头，这三十年来，始终一帆风顺，从未遇到过太大的挫折。

直到昨天他才遇到。

黄金失劫，他也有责任。他的亲信弟子，忽然全都惨死。

但是现在他看来仍然同样威严尊贵，那种可怕的打击，竟未能让他有丝毫改变。

小方用软榻上的豹皮围住了腰，才抬起头面对卫天鹏。

"想不到是你救了我。"

"我没有救你。"卫天鹏道，"谁也救不了你，只有你自己才能救自己。"

他说话一向简短直接："你杀了富贵神仙的独生子，本来一定是要为他偿命的。"

"现在呢？"

"现在你应该已经死在沙漠中，死在她的手里。"

他说的"她"，竟是那个蒙面的女人。

卫天鹏居然又问："你知道她是什么人？"

"我知道。"小方居然笑了笑，"她一定认为我已认不出她了，因为今天早上我看见她的时候，她还是个快要死了的可怜女人，被人逼着去杀我，反而中了我一剑，水袋里又只剩下两口水。"

他叹了口气："因为她也知道未必能杀得死我，所以早就留好退路，水袋里的水当然不能带得太多，免得被我抢走，样子一定要装得十分可怜，才能打动我。"

她一直在听，一直在笑，笑得当然比刚才更愉快："那时你就不该相信我的，只可惜你的心太软了。"

卫天鹏忽又开口："可是她的心却绝不软，'水银'杀人时，心绝不会软，手也绝不会软。"

这个女人就是水银，无孔不入的水银！

小方居然好像并不觉得意外。

卫天鹏又问："你知不知道她为什么还没有杀你？"

小方摇头。

卫天鹏道："因为吕天宝已经死了，那三十万两黄金却仍在。"

吕天宝跟那批黄金有什么关系？

"只有一点关系。"

卫天鹏道："那批黄金也是富贵神仙吕三爷的。"

水银道："无论谁死了之后，都只不过是个死人而已，在吕三爷眼中看来，一个死人当然比不上三十万两黄金。"她吃吃地笑着，"否则他怎么会发财？"

卫天鹏道："所以你只要帮我找出那三十万两黄金的下落，我保证他绝不会再找你复仇。"

小方道："听起来这倒是个很好的交易。"

水银道："本来就是的。"

小方道："你们一直怀疑黄金是被卜鹰劫走的，我正好认得他，正好可以去替你们调查这件事。"

水银道："你实在不笨。"

卫天鹏道："只要你肯答应，不管你需要什么，我们都可以供给你。"

小方道："我怎么知道卜鹰的人到哪里去了？"

卫天鹏道："我们可以帮你找到他。"

小方沉吟着，缓缓道："卜鹰并没有把我当朋友，替保镖的人去抓强盗，也不算丢人。"

　　卫天鹏道："不错。"

　　小方道："我若不答应，你们就算不杀我，我也会被活活地渴死。"

　　水银叹了口气，道："那种滋味可真是不好受。"

　　小方道："所以我好像已经非答应你们不可了。"

　　水银柔声道："你确实已经没有别的路可走。"

　　小方也叹了口气，道："看起来好像确实是这样子的。"

　　水银道："所以你已经答应了。"

　　小方道："还没有。"

　　水银道："你还在考虑什么？"

第四章

生死之间

小方道:"我什么都没有考虑。"

卫天鹏道:"你究竟是答应,还是不答应?"

小方道:"不答应。"

他的回答直接而简单,简单得要命。

卫天鹏的脸色没有变,可是眼角的肌肉已抽紧,瞳孔已收缩。

水银眼睛里却露出种复杂而奇怪的表情,仿佛觉得很惊讶,又仿佛觉得很欣赏、很有趣。

她问小方:"你能不能告诉我,为什么不答应?"

小方居然又笑了笑:"因为我不高兴。"

这理由非但不够好,根本就不能成为理由。真正的理由是什么,小方不想说出来,他做事一向有他的原则,别人一向很难了解,他也不想别人了解。

无论做什么事,他觉得只要能让自己问心无愧就已足够。

水银轻轻叹了口气,道:"卫天鹏是不会杀你的,他从不勉强别人做任何事。"

小方微笑,道:"这是种好习惯,想不到他居然有这种好习惯。"

水银道:"我也不会杀你,因为我已经答应过你,绝不再害你。"

她也对小方笑了笑:"守信也是种好习惯,你一定也想不到我会有这种好习惯?"

小方承认:"女人能有这种好习惯的确不多。"

水银道:"我们只不过想把你送回去,让你一个人安安静静地躺在那里等死。"

等死比死更痛苦,更难忍受。

可是小方不在乎。

"我本来就在等死,再去等等也没什么关系。"

"所以你还是不答应?"

"是的。"

他的回答还是如此简单,简单得要命。

帐篷外又刮起风,吹起满天黄沙,白昼很快就将过去,黑暗很快就将带着死亡来临。

在这片无情的大地上,生命的价值本就已变得十分渺小,能活下去固然要活下去,不能活下去死又何妨?

小方又躺了下去,好像已经准备让他们送回风沙中去等死。

就在他刚想闭上眼睛时,忽然听见一个人用奇特而生冷的声音问他:"你真的不怕死?"

他用不着张开眼睛看,就已知道这个人是谁了。

这个人一直静静地站在那里,静静地看着他,目光从未移动过片刻,眼睛里却绝对没有任何表情。

这个人在看着小方时,就好像一只猫在看着一只已经落入了蛛网的昆虫。

他们本就是不同类的。

生命如此卑贱，生死间的挣扎当然也变得十分愚蠢可笑。

他当然不会动心。

但是现在他却忽然问小方："你真的不怕死？"这是不是因为他从未见过真不怕死的人。

小方拒绝回答这问题。

因为这问题的答案，他自己也不能确定。

但是他已经这么样做了，已经表现出一种人类在面临生死抉择时的尊严与勇气。

有些问题根本就用不着言语来回答，也不是言语所能回答的。

这个人居然能了解。

所以他没有再问，却慢慢地走了过来，他走路的姿态也跟他站立时同样奇特。

别人根本没有看见他移动，可是他忽然就已到了小方躺着的那张软榻前。

小方的剑就摆在软榻旁那木几上，他忽然又问："这是你的剑？"

这问题不难回答，也不必拒绝回答。

"是，是我的剑。"

"你使剑？"

"是。"

忽然间，剑光一闪，如惊鸿闪电。

谁也没有看见这个人伸手去拿剑、拔剑，可是木几上的剑忽然就已到了他手里。

剑已出鞘。

一柄出了鞘的剑到了他手里，他这个人立刻变了，变得似乎已跟他手里的剑一样，也发出了惊鸿闪电般的夺目光芒。

可是这种光芒转瞬就已消失，因为他掌中的剑忽然又已入鞘。

他的人立刻又变得绝对静止，过了很久，才一个字一个字地说："世人铸剑千万，能称为利器却只不过其中二三而已。"

"宝剑名驹，本来就可遇而不可求，万中能得其一，已经不能算少了。"

"你的剑是利器。"

小方微笑："你的眼也很利。"

这人又问："你用它杀过人？"

"偶一为之，只杀该杀的。"

"善用利器者，才能杀人而未被杀，你的剑法想必不差。"

"还算过得去。"

这人又沉默良久，忽然道："那么你另外还有条路可走。"

小方也忍不住问："哪条路？怎么走？"

"用你的剑杀了我！"他声音全无情感，"你能杀我，你就可以不死。"

"否则我是不是就要死在你的剑下？"

"是的。"

他慢慢地接着道："有资格死在我剑下的人并不多，你能死在我剑下，已可算死而无憾。"

这句话实在说得太狂，如果是别人说出的，小方很可能会笑出来。

小方没有笑。

这句话不可笑，因为他看得出这个人说的是真话，简简单单的一句真话，既没有炫耀，也不是恫吓，他说这句话时，只不过说出了一件简单的事实。

不管怎么样，能死在这人的剑下，总比躺在那里等死好。

能与这样的高手决一生死胜负,岂非也正是学剑者的生平快事?

小方生命中的潜力又被激发——也许这已是最后一次,已经是他最后一分潜力。

他忽然一跃而起,抓住了他的剑。

"什么时候?什么地方?"

"你说。"

"就在此地,就是此刻。"

"不行?"

"我的人在此,剑也在此,为什么不行?"

"因为你的人剑虽在,精气却已不在。"这人的声音还是全无情感,"我若在此时此地杀了你,我就对不起我的剑。"

他淡淡地接着道:"现在你根本不配让我出手!"

小方看着他,心里忽然对他有了种从心底生出的尊敬。

因为他尊敬自己。

这种尊敬已经超越了生死,超越了一切。

小方忽然说出件别人一定会认为很荒谬的要求,他说:"你给我一袋水、一袋酒、一袋肉、一袋饼、一套布衣、一张毛毡,三天后我再来。"

这人居然立刻答应:"可以。"

卫天鹏没有反应,就好像根本没有听见这句话。

水银好像要跳了起来:"你说什么?"

他转过身,静静地看着她。全身上下都没有任何动作和表情,只是很平静地问:"我说的话你没有听清楚?"

"我听清楚了。"水银不但也立刻安静下来,而且垂下了头,

"我听得很清楚。"

"你有意见？"

"我没有。"

水、酒、肉、饼、衣服、毛毡，对一个被困在沙漠里的人来说，已不仅是一笔财富，它的意义已绝非任何言语文字所能形容。

小方已带着这些东西离开他们的帐篷很久，情绪仍未平静，太长久的饥渴已经使他变得远比以前软弱。软弱的人情绪总是容易激动。

他没有向水银要回他的赤犬。因为他并不想走得太远，免得迷失方向，找不到帐篷。

他也不想让别人认为他要走远，因为他决心要回来。

但是他绝不能留在那里等到体力复原，只要他看见那个人，他就会感受到一种无法抗拒的威胁，永远都无法放松自己。

他一定要在这三天内使自己的精气体力全都恢复到巅峰状态，才有希望跟那个人决一胜负，如果他无法放松自己就必败。

在一个无情剑客的无情剑下，败就是死。

冷风，黄沙，寒夜。

他总算在一片风化了的岩石旁找到个避风处，喝了几口水，几口酒，吃了一块麦饼，一片肉脯，用毛毡裹住了自己。

他立刻睡着了。

等他醒来时，第一眼看见的就是卜鹰。

寒夜又已过去，卜鹰的白衣在晓色中看来就像是幽灵的长袍，已经过魔咒的法炼，永远都能保持雪白、干净、笔挺。

小方并不惊奇，只对他笑笑："想不到你又来了。"

其实他并不是真的想不到，这个人无论在任何时候出现，他都不会觉得意外。

卜鹰忽然问了句很奇怪的话。

"我看起来跟你第一次看见我时有什么不同？"他问。

"没有。"

"可是你却变得不同了。"

"有什么不同？"

卜鹰的声音中带着讥诮："你看起来就像是个暴发户。"

小方笑了，他身旁的羊皮袋，卜鹰的锐眼当然不会错过。

在这块无情的大地上，如果有人肯给你这些东西，当然会要你先付出代价，现在他唯一能付出的，就是他的良知和良心。

卜鹰是不是已经在怀疑他？

小方没有解释。

在卜鹰这种人面前，任何事都不必解释。

卜鹰忽然也对他笑了笑："可是你这个暴发户好像并没有做什么见不得人的事。"

有时不解释就是种最好的解释。

"我只不过遇见了一个人而已。"小方说，"他暂时还不想让我被渴死。"

"这个人是谁？"

"是个准备在三天后再亲手杀我的人。"

"他准备用什么杀你？"

"用他的剑！"

卜鹰的目光扫过小方的剑："你也有剑，被杀的很可能不是你，是他。"

"有可能，却不太可能。"

"你有把好剑,你的剑法不很差,出手也不慢,能胜过你的人并不多。"

"你怎么知道我的剑法如何?"小方问,"你几时见过我出手?"

"我没有见过,我听过。"

"你听过?"

小方不懂,剑法的强弱怎么能听得出。

"昨天晚上,我听见你那一剑出手的风声,就知道来刺杀你的那个人必将伤在你的剑下。"卜鹰淡淡地说,"能避开你那一剑的人也不多。"

"所以你就走了。"

"你既然暂时还不会死,我只有走。"卜鹰的声音冷如刀削,"自己等死和等别人死都同样不是件令人愉快的事。"

他的心是不是也和他的声音同样冷酷?他走了,是不是因为他知道小方已脱离险境?

小方先喝了口酒,含在嘴里,再喝一口水把酒送下去。

他很想让卜鹰也这么样喝一口,这样喝法不但风味极佳,而且对精神体力都很有益。

他没有让卜鹰喝,就正如他不会向一个清廉的官吏施贿赂。

一个人的慷慨施与,对另一个人来说,有时反而是侮辱。

卜鹰无疑也看出了这一点,秃鹰般的冷眼中居然露出温暖之意。

他忽然问:"你以前没有见过那个人?"

小方摇头。

"没有。"他沉思着道,"当今天下的剑法名家,我差不多全都知道,却始终想不出有他这么一个人。"

"你当然想不出。"卜鹰眼中又露出深思的表情,一种已接近"禅"的深思。

过了很久,他才慢慢地接着说:"因为真正的剑客,都是无名的。"

这句话也同样已接近"禅"的意境,小方还年轻,还不能完全领悟。

所以他忍不住要问:"为什么?"

卜鹰也要思索很久才能解释:"因为真正的剑客,所求的只是剑法中的精义,所想达到的只是剑境中至高至深,从来没有人能到达的境界。他的心已痴于剑,他的人已与他的剑连为一体,他所找的对手,一定是能帮助他到达这种境界的人。"

他自觉他的解释还不能令人满意,所以又补充:"这种人既不会到江湖中去求名,甚至会将自己的名字都浑然忘记。"

小方替他补充:"最主要的是,他们根本不希望别人知道他们的名字,因为一个人如果太有名,就不能专心做他自己喜欢做的事了。"

卜鹰忽然长长叹息:"你实在是个聪明人,绝顶聪明,只可惜……"

小方替他说了下去:"只可惜聪明人通常都很短命。"

卜鹰的声音又变得如刀削:"所以三天后我一定会去替你收尸。"

这一天已经是九月十八。

九月二十,晴。

这两天白昼依然酷热,夜晚依然寒冷,小方的体力虽然已渐恢复,情绪却反而变得更紧张、更急躁。

这并不是因为他对这次生死决战的忧郁和恐惧,而是因为他太寂宽。

他实在很想找个人聊聊，卜鹰却已走了，千里之内不见人迹。

紧张、酷热，供应无缺的肉与酒，使得他的情欲忽然变得极亢奋。

他已有很久未曾接近女人。

他时常忍不住会想到那只手，那只纤秀柔美，将他全身每一寸地方都抚摸擦洗过的手。

他觉得自己仿佛已将爆裂。

所以九月十九的深夜，他就以星辰辨别方向，开始往那帐篷所在地走回去。

现在已是九月二十的凌晨，他又看到了那帐篷。

他自己也知道自己现在的情况绝对不适于跟那样的对手交锋。

可是他绝不肯回避，也不会退缩。

有很多人都相信命运，都认为命运可以决定一个人的一生。

却不知决定一个人一生命运的，往往就是他自己的性格。

小方就是这么样一个人，所以才会走上这条路。

他大步走向那帐篷。

巨大而坚固的牛皮帐篷，支立在一道风石断崖下。

小方三天前离开这里的时候，帐篷外不但有人，还有驼马，现在却已全部看不见了。

那些人到哪里去了？

那些为人们背负食物和水，维持人的生命，却终日要忍受人们无情鞭策的驼马到哪里去了？

这帐篷里是不是已经只剩下那无情又无名的剑客一个人在等着

他?

等着要他的命?

烈日又升起。

小方任凭汗珠流下,流到嘴角,又咸又苦的汗珠,用舌头舔起来,就像是血。

他很快就会尝到真正的血的滋味了。

他自己的血。他抛下了他的毛毡、皮袋,和所有可能会影响他动作速度的东西,紧握住他的剑,走入了帐篷,准备面对他这一生中最可怕的对手。

想不到这帐篷里竟连一个人都没有。

剑客无名,拔剑无情,一出手就要置人于死地,这一剑不但是他剑法中的精华,也是他的秘密,他出手时当然不愿有别人在旁边看着。

能看到他这一剑的人就必将死在他的剑下!

所以小方曾经想到卫天鹏和水银都已被迫离开这里。

但是他从未想到那无名的剑客也会走,更想不通他为什么要走。

他们是同一类的人,无论在任何情况下,都绝不会临阵脱逃的。

这里是不是发生过什么惊人的变化?发生过什么让他非走不可的事?

小方看不出。

帐篷所有的一切,都跟他三天前离开时完全一样,金盆仍在木几上,那块豹皮仍在……

小方全身的肌肉忽然抽紧,忽然一个箭步蹿到软榻前。他看见豹皮在动。

他一只手握剑,另一只手慢慢地伸出,很慢很慢,然后忽然用最快的速度将豹皮掀起。

豹皮下果然有个人。

这个人不是水银，不是卫天鹏，更不是那无名的剑客。

这个人是个女人，一个完全赤裸的女人。

小方一眼就可以确定他以前从未见过这个女人，这个女人和他以前所见过的任何女人都不同。

有什么不同？

小方虽然说不出，却已感觉到，一种极深入、极强烈的感觉，几乎已深入到他的小腹。

他是个浪子。

他见过无数女人，也见过无数女人在他面前将自己赤裸。

她们的胴体都远比这个女人更结实、更诱惑。

她看来不但苍白而瘦弱，而且发育得并不好，但是她给人的感觉，却可以深入到人类最原始的情欲。

因为她是个完全无助的人，完全没有抵抗力，甚至连抵抗的意志都没有。

因为她太软弱，无论别人要怎么对付她，她都只有承受。

——任何一个男人，都可以对她做任何事。

一个女人如果给了男人这种感觉，无论对她自己，抑或对别人都是件很不幸的事。

因为这种感觉本身就是种引人犯罪的诱惑。

小方冲了出去，冲出了帐篷，帐篷外烈日如火。

他站在烈日下，心也仿佛有火焰在燃烧。

他已将情感克制得太久。

他不想犯罪。

汗珠又开始往下流,克制情欲有时比克制任何一种冲动都困难得多。

他没有走远,因为有些事他一定要弄清楚。

——这个女人是怎么来的?卫天鹏他们到哪里去了?

他再次走入帐篷时,她已经坐起来,用豹皮裹住了自己,用一双充满惊惧的眼睛看着他。

小方尽量避免去看她。

他不能忘记刚才那种感觉,也不能忘记她在豹皮下还是赤裸的。

可是有些话他一定要问,首先他一定要弄清楚她究竟是什么人。

他问一句,她就回答一句。

她从不反抗,因为她既没有反抗的力量,也没有反抗的意志。

"你是谁?"

"我叫波娃。"

她的声音柔怯,说的虽然是中原常用的语音,却带着很奇怪的腔调。

她看来虽然是汉人,却无疑是在大漠中生长的,她的名字也是藏语。

"你是卫天鹏的人?"

"我不是。"

"你怎么会到这里来的?"

"我来等一个人。"

"等谁?"

"他姓方,是个男人,是个很好很好的男人。"

小方并不太惊异,所以立刻接着问:"你认得他?"

"不认得。"

"是谁叫你来等他的?"

"是我的主人。"

"你的主人是谁?"

"他也是个男人。"提到她的主人,她眼睛立刻露出种几乎已接近凡人对神一样的崇拜尊敬,"可是他比世上所有的男人都威武强壮,只要他想做的事,没有做不到的。只要他愿意,他就会飞上青天,飞上圣母峰,就像一只鹰。"

"一只鹰?"小方终于明白,"他的名字是不是叫卜鹰?"

她在这里,是卜鹰叫她来的。

卫天鹏他们不在这里,当然也是被卜鹰逼走的。

他替小方逼走了卫天鹏和水银,替小方击败了那可怕的无名剑客。

只要他愿意,什么事他都能做得到。

小方忽然觉得很愤怒。

他本来应该感激才对,但是他的愤怒却远比感激更强烈。

那个杀人的剑客是他的对手,他们间的生死决战跟别人全无关系,就算他战败、战死,也是他的事。

他几乎忍不住要冲出去,去找卜鹰,去告诉这个自命不凡的人,有些事是一定要自己做的——自己的战斗要自己去打,自己的尊严要自己来保护,自己的命也一样。

他还有汗可流,还有血可流,那个自大的人凭什么要来管他的闲事!

她一直在看着他,眼中已不再有畏惧,忽然轻轻地说:"我知道你一定就是我在等的人。"

"你知道?"

"我看得出你是个好人。"她垂下头,"因为你没有欺负我。"

人类平等，每个人都有不受欺负的权利，可是对她来说，能够不受欺负，已经是很难得的幸运。

她曾经忍受过多少人的欺压凌侮？在她说的这句话中，隐藏着多少辛酸不幸？

小方的愤怒忽消失，变为怜悯同情。

她又抬起头，直视着他："我也看得出你需要什么，你要的，我都给你。"

小方的心跳加快时，她已站起来，赤裸裸地站起来。

他想逃避时，她已在他怀里。

"求求你，不要抛下我，这是我第一次心甘情愿给一个男人，你一定要让我服侍你，让你快乐。"

他不再逃避。

他不能、不想，也不忍再拒绝逃避，因为她太柔弱、太温顺、太甜蜜。

大地如此无情，生命如此卑微，人与人之间，为什么不能互相照顾、互相安慰，享受片刻温馨？

她献出时，他接受了她。

他接受时，也同时付出了自己。

在这一瞬间，他忽然又有了种奇异的感觉，忽然觉得自己应该好好保护她，保护她一生。

烈日还未西沉，人已在春风里。

"波娃。"他喃喃地说，"这两个字是不是有什么特别的意思？"

"这是藏语。"她喃喃地回答，"波娃的意思就是雪。"

雪，多么纯洁，多么脆弱，多么美丽。

他轻轻地叹了口气:"你的名字就像是你的人一样,完全一样……"

他的眼睛阖起,忽然就落入虽黑暗,却甜蜜的梦乡里——他梦见自己已变成了一条鱼。

不是水里的鱼,是锅里的鱼!油锅!

在烈日下,沙地上,钉着四个木桩,将一个人手足四肢用打湿了的牛皮带绑在木桩上,再用同样的一条牛皮带绑住他的咽喉。

等到烈日将牛皮带上的水分晒干时,牛皮就会渐渐收缩,将这个人活活扼死,慢慢地扼死,死得很慢。

这就是沙漠中最可怕的酷刑。

死在这种酷刑下的人,远比油锅中的鱼更悲惨、更痛苦。

没有人能忍受这种酷刑。

在这种酷刑的逼迫下,就算最坚强的人也会出卖自己的良心。

小方醒来时,情况就是这样子的。

烈火般的太阳正照在他脸上,小方虽然已醒来,却睁不开眼。

他只能听见声音,他听见了一个人在笑,声音很熟悉。

"波娃,她的名字的确就像是她的人一样。"

这是水银的声音:"只可惜你忘了雪是冷的,常常可以把人冷死,就算结成冰时,还可以削成冰刀。以前我有个朋友最喜欢用冰刀割男人,我见过有很多男人都被她用冰刀阉掉。"

她笑得真是愉快极了,远比一个钓鱼的人将亲手钓来的鱼放下油锅更愉快。

鱼是什么感觉?

第五章

网里的鱼

小方第一个感觉是"不相信",他绝不相信波娃会出卖他。

不幸这是事实,事实往往会比噩梦更可怕、更残酷。
现在他终于明白了。
波娃在帐篷里等他,并不是卜鹰叫她去的。
她的主子并不是卜鹰,是水银。
"现在你一定已经明白这是个圈套,这位雪姑娘对你说的根本没有一句是真话,她的声音虽甜如蜜,蜜里却藏着刀——杀人不见血的刀。"
波娃就在她身旁,不管她说什么,波娃都一直静静地听着。
她忽然一把揪住波娃的头发,把她苍白的脸,按到小方面前。
"你睁开眼睛看看她,我敢打赌,直到现在你一定还不相信她会是个这样的女人!"
小方睁开了眼,她的头替他挡住了阳光,她的长发在他脸上,她的眼睛里空空洞洞的,仿佛什么都没有看见,什么都没有想。
她这个人仿佛已只剩下一副躯壳,既没有思想情感,也没有灵魂。
就在这一瞬间,小方已经原谅了她,不管她曾经对他做出过多可怕的事,他都可以原谅她。

水银道:"约你的人已经走了,因为他已发现你根本不配让他出手,卫天鹏想要你替他找回黄金,我却只想要你的命。"

她慢慢地接着道:"我敢打赌,这次绝对没有人来救你了。"

小方忽然笑了笑:"你赌什么?赌你的命?"

水银也对他笑笑:"只要你……"

她没有说完这句话,她的笑容忽然冻结,因为她已发现地上多了条影子。

阳光从她背后照过来,这条影子就在她背后,是个人的影子。

这个人是从哪里来的?是什么时候来的?她完全没有发觉。

影子就贴在她身后,动也不动。

她也不敢动。

她的手足冰冷,额上却冒出了一粒粒比黄豆还大的汗珠。

"是什么人?"她终于忍不住问。

影子没有回答,小方替他说:"你为什么不自己回头看看?"

她不敢回头。

她只要一回头,很可能就会有把利刃割断她的咽喉。

一阵风吹过,吹起了影子的长袍,她看见从她身后吹过来的一块白色的衣角,比远方高山上的积雪还白。

小方又问:"现在你是不是还要跟我赌?"

水银想开口,可是嘴唇发抖,连一个字都说不出。就在别人都认为她已将因恐惧而崩溃时,她已从波娃身上翻出,踩住波娃的头,掠出了三丈,不停地向前飞掠。

她始终不敢回头去看背后这影子一眼,因为她已猜出这个人是谁了。

在远方积雪的圣峰上，有一只孤鹰，在这片无情地上，有一个孤独的人。据说这个人就是鹰的精魂化身，是永远不会被毁灭的。

生存在大漠中的人几乎都听过这传说。她也听过。

卜鹰没有追她，还是动也不动地站在那里，用一双鹰般的锐眼看着小方。

"你输了。"他忽然说，"如果她真的跟你赌，你就输了。"

"为什么？"

"因为她说得不错，这次的确没有人会来救你。"

"你呢？"

"我也不是来救你的，我只不过碰巧走到这里，碰巧站在她身后而已。"

小方叹了口气："你是不是永远都不要别人感激你？"

他也知道卜鹰绝不会回答这问题，所以立刻又接着道："如果你碰巧需要五根牛皮带，我这里碰巧有五根，可以送给你，我也不要你感激我。"

卜鹰眼睛里又有了笑意："这样的牛皮带，我碰巧正好用得着。"

小方吐出口气，微笑道："那就好极了。"

绑在小方手足四肢和咽喉上的牛皮带都已解下，卜鹰将五根皮带结成一条，忽然又问："你知道我准备用这干什么？"

"不知道。"

"我准备把它送给一个人。"

"送给谁？"

"送给一个随时都可能会上吊的人，用这种牛皮带上吊绝对比用绳子好。"卜鹰淡淡地说，"我不杀人，可是一个人如果自己要上吊，我也不反对。"

小方没有再问这个人是谁,他根本没有十分注意听卜鹰说的话。

他一直在看着波娃。

波娃已被那一脚踩在地上,满头柔发在风中丝丝飘拂,脸却埋在沙子里。

她一直都这样躺着,没有动,也没有抬头。

这是不是因为她不敢抬头面对小方?

小方很想就这样走开,不再理她,可是他的心却在刺痛。

卜鹰又在问他:"你的剑呢?"

"不知道。"剑已不在他身旁。

"你不想找回你的剑?"

"我想。"

卜鹰忽然冷笑:"你不想,除了这个女人外,你什么都没有想。"

小方居然没有否认,居然伸出了手,轻抚波娃被风吹乱了的头发。

在卜鹰面前,他本来不想这么做的。

可是他已经做出来了,既不是出自同情怜悯,也不是因为一时冲动,而是因为一种无法描述、不可解释的感情。

他知道这种感情绝不是卜鹰能够了解的,他听见卜鹰的冷笑声忽然远去。

天地间仿佛只剩下他们两个人,可是他已不再孤独。

他扶起她,用双手捧起她的脸,她眼中仍是空空洞洞的没有表情,却有了泪。

泪痕满布在她已被沙粒擦伤的脸上,他忽然下定决心,一定要让她明白他的心意。

"这不是你的错,我不怪你,不管你以前做过什么事,我都不在乎,只要我还能活一天,我就要照顾你一天,绝不让你再受人摆布,被人欺负。"

她默默地听着,默默地流着泪,既没有解释她的过错,也没有拒绝他的柔情,不管他怎么做,她都愿意承受依顺。

于是他挽起了她,大步往前走,能走多远,能活多久,他既不知道,也不在乎。

他还没有走出多远,就听见了一阵驼铃声,比仙乐还悦耳,比战鼓更令人振奋的驼铃声。

然后他就看见了一队他从未见过如此庞大的驼商。

无数匹骆驼,无数件货物,无数人,他第一个看见的是个驼子,跛足、断指、秃顶、瞎了一只眼的驼子,看来却仍然比大多数人高大凶悍。

对这种人说话是用不着兜圈子的。

"我姓方。"他直截了当地说,"我没有水,没有食粮,没有银钱,我已经迷了路,所以我希望你们能收容我,把我带出沙漠去!"

驼子用一只闪着光的独眼盯着他,冷冷地问:"既然你什么都没有,我们为什么要收容你?"

"因为我是人,你们也是人。"

就因为这句话,所以他们收容了他。

驼队中的商旅来自各方,有装束奇异而华丽的藏人,有雄壮坚忍的蒙人,有喜穿紫衫的不丹人,也有满面风尘、远离故乡的汉人。

他们贩卖的货物是羊毛、皮革、硼砂、砖茶、池盐、药材和麝香。

他们的目的地是唐时的吐蕃国,都逻娑城,也就是藏人心目中的圣地——拉萨。

他们的组成虽复杂,却都是属于同一商家的,所以大家分工合作,相处极融洽。有的人照料驼马,有的人料理饮食,有的人医治病患,还有一组最强壮剽悍的人,负责防卫、瞭望、对抗盗匪。

收容小方的驼子,就是这组人其中之一。

小方已听说他们的首领,是个绰号叫班察巴那的藏人,却没有见过他,因为他通常都在四方游弋。

他不在的时候,这一组人就由那驼子和一个叫唐麟的蜀人负责管辖。

要管辖这批人并不容易。

那驼子虽然是个残疾,但是行动敏捷矫健,而且神力惊人,数百斤重的货物包裹,他用一只手,就能轻易提起。

小方已看出他无疑是个身怀绝技的武林高手。

唐麟深沉稳重,手指长而有力,很可能就是以毒药暗器威震天下的蜀中唐门子弟。

可是他们提起"班察巴那"时,态度都十分尊敬。

小方虽然还没有见到过这个人,却已能想象到他绝不是容易对付的。

队伍行走得并不快,骆驼本来就不善奔跑,人也没有要急着赶路。

太阳一落山,他们就将骆驼围成一圈,在圈子的空地上搭起轻便的帐篷,小方和波娃也分配到一个。

晚上小方睡得很熟。

在这么样一个组织守护都非常严密的队伍里,他已经可以安心熟睡。

他希望波娃也能好好地睡一觉,可是直到他第二天醒来时,她还是痴痴地坐在那里,眼中已无泪,却有了表情。

她眼中的表情令人心碎。

虽然她一直都没有说过一句悔恨自疚的话，可是她的眼色已比任何言语所能表达的都多。

小方虽然已原谅她，她却不能原谅自己。

他只希望时间能使她心里的创痕平复。

他醒来时天还没有完全亮，驼队却已准备开始行动。

他走出帐篷时，驼子已经在等着他。

"昨天我已将这里的情况告诉过你，你已经应该明白，这里每个人都要做事。"

"我明白。"

"你能做什么？"

"你要我做什么，我就做什么。"

驼子冷冷地看着他，独眼中精光闪动，忽然闪电般出手。

他的手已经只剩下两根手指，他出手时，这两根手指好像忽然变成了一把剑，一根锥子，一条毒蛇，一下子就想咬住小方的咽喉。

小方没有动，连眼睛都没有眨，直到这两根手指距离他咽喉已不及五寸时，他的身子才开始移动，忽然就已到了驼子的左侧。

这时驼子的右拳已击出，这一拳才是他攻击的主力，他挥拳时带起的风声，已将帐篷震动。

可惜他攻击的目标已经不在他计算中的方位了。

小方已看出他的指剑是虚招，小方动得虽然晚，却极快，小方移动的方向，正是他这一拳威力难及的地方，也正是他防守最空虚之处，只要一出手，就可能将他击倒。

小方没有出手。

他已经让对方知道他是不容轻侮的，他已将"以静制动，以慢打快,后发先至,后发制人"这十六个字的精义表现出来。

驼子也不再出手。

两个人面对面地站着,互看凝视了很久,驼子才慢慢地说:"现在我已经知道你能做什么了。"他转过身,"你跟我来。"

现在小方当然也已知道驼子要他做的是什么。

为了生存,为了要活着走出这片沙漠,他只有去做。

他一定要尽力为自己和波娃争取到生存的权利,不能不死的时候,他一定会全心全意地去求死;能够活下去时,他也一定会全心全意地去争取。

唐麟身高不及五尺,体重只有五十一斤,可是全身上下,每一寸地方都充满了可怕的劲力,每一块肌肉,每一根骨骼,每一根神经,都随时保持着最健全的状况,随时可以发出致命的一击。

他属下的人虽然都比他高很多,可是站在他面前时,绝不敢对他有一点轻视。

他们这一组的人,其中不但有来自关内的武林豪杰,也有关外的力士,异族的健儿。

现在他们又多了一个同伴。

"他姓方。"驼子将小方带到他们每日凌晨的聚会地,"我想用他。"

"他有用?"唐麟问,只问了这一句。

"有。"

唐麟不再开口,他信任这个驼子。他一向不多话。

可惜别人并不是这样子的。

这一组的人飞扬跋扈、野性未驯,谁也没有把别人看在眼里。

几个人交换了个眼色，第一个出头的是马沙。

马沙高大粗壮，一身蛮力，是蒙藏一带出名的勇士，也是数一数二的摔跤好手，要找别人的麻烦，第一个出头的总是他。

"我来试试他有多大本事！"

喝声出口，他一双连蛮牛都能摔倒的大手，已搭上小方的肩。

小方的人立刻被他摔得飞了出去。

马沙大笑，刚刚笑出来，忽然就笑不出了，刚刚明明已经被他摔出去的人，忽然间又回到他面前，还是站在原来的地方，还是原来的样子，好像根本没动过。

"好小子，果然有两手。"

马沙大吼，使出了摔跤中最厉害的一招，据说他曾经用这一招摔死过一头牛。

可是这次小方连动都没有动，两条腿就像生在地上似的。

马沙吐气开声，野兽般嘶吼，将全身气力都使出。

这次小方动了。

他的肩软软一卸，马沙蛮牛般的身子忽然凌空翻了个跟斗，仰天跌倒，几乎把沙地砸出一个坑来。

就在这时，一把寒光闪闪的解腕尖刀已出鞘，一刀刺向小方的腰。

"你再试试这一刀！"

这人先出手，再出声，果尔洛族的战士要杀人时都是这样子的，加答就是他们之中最凶悍的战士之一。

对他们来说，杀人就是杀人，只要能杀得死人，不管用什么法子都同样光荣。

喝声出口，他的刀锋几乎已刺入了小方的腰，可惜他的手腕也已被小方扣住,然后他的刀就到了小方另一只手里。

小方淡淡地说:"你要杀我,我就该杀你,你杀不死我,就该死在我手里。"

他问加答:"这样子是不是很公平?"

加答头上已经痛得冒出了汗,手腕几乎已被折断,却还是咬着牙说:"公平!"

小方笑了,忽然松开了他的手,把他的刀插回他那涂了油的牛皮刀鞘里。

"我不能杀你,因为你是个勇士,不怕死的勇士。"

加答瞪着他,忽然对着他伸出了舌头,伸得很长很长。

他绝不是在做鬼脸,他脸上的表情严肃而恭敬。

然后他从怀中拿出一块月白色的丝巾,用双手捧上放在小方足下。

幸好小方已在这一带走过很多地方,总算没有误解他的意思。

向人吐舌头,就是藏人最高的礼节,表示他对你的尊敬。

那块淡色的丝巾,就是藏人最重视的哈达。如果一个人向你献出哈达,就表示他已经把你看作他最尊贵的朋友。

所以小方在这里至少已经有了一个朋友。

没有别的人再出手,每个人看着小方时,眼色都已跟刚才不同。

小方知道他们已接纳了他。

驼子一直冷眼旁观,这时才开口:"我们这一组的代号是'箭',现在你已是'箭组'的人,也得像别人一样,每天轮班一次,我们这一次带回去的货物很贵重,只要有可疑的人想来动我们的货物,你就可以杀了他。"

他冷冷地接着道:"你甚至可以用刚才加答要杀你的方法杀了他!"

唐麟道:"今天你是在黄昏时当班,我派加答跟你一班,到时他会去跟你联络。"

驼子道:"现在你可以去照顾你的女人了。"

他的独眼中忽然露出笑意:"那个女人看起来是个好女人,这里的女人太少,男人太多,你要特别小心。"

小方默默地听着,默默地走开,走出没多远,就听见唐麟在问驼子。

"这个姓方的武功很不错。你知不知道他的武功来历?"

"不知道。"

"你有没有问过他?"

"没有。"

"为什么不问?"

"因为……"

小方没有听见他们下面说的话,因为驼子的声音忽然压得很低,他也走远了。

队伍蜿蜒前行,走得很慢。

有的人为了表示对圣地的向往、虔诚,三步一拜,五步三叩。

波娃也分配到一匹骆驼,她痴痴地坐在骆驼上,眼中还是一片空洞迷惘,仿佛什么事都没有想,又仿佛想得太多。

小方心里却一直在想着驼子刚才说的那句话。

——我们这次带回去的货物很贵重,只要有可疑的人接近,你就杀了他!

小方不能不怀疑。

难道他们这次带回去的这批货物，就是那三十万两黄金？

难道这些人就是猫盗？

用这种方法来掩饰他们的身份虽然不能算太好，可是要将三十万两黄金运出沙漠，除了这法子外，也没有再好的法子了。

"箭组"中那些来自各方的斗士，如果戴上有猫耳的面具，岂非立即就可以变成猫盗？

他们的行迹虽然可疑，但是其中也有问题。这么庞大的队伍行走在沙漠上，卫天鹏绝不会没有注意到。

卫天鹏为什么没有对他们采取行动？

如果他们真的是猫盗，为什么要接纳小方这么样一个来历不明的陌生人？

小方决定不再想下去。

不管怎么样，这些人总算对他不错，如果不是他们收留了他，现在他很可能已经在秃鹰的肚子里。

食水是被严格管制着的。

负责这件事的人姓严，叫严正刚，他人如其名，刚正公直，一丝不苟。

在旅途中每个人都难免有病痛。

负责照料病患的，是个从关中流浪到这里的落第秀才，瘦弱佝偻，满面病容。虽然他连自己的病都治不好，大家却全都对他十分信任尊敬，都称他为宋老夫子。

小方很快就认得了他们，却一直没有见到那位行踪飘忽的"班察巴那"，也没有再见到卫天鹏。

卫天鹏竟似完全没有注意到沙漠中有这么样一个庞大的队伍。

黄昏。

骆驼又被围成一圈,帐篷又架起。

波娃显得更憔悴、更娇弱,有时虽然会偷偷地看小方一眼,却始终没有开口过。

幸好她还是那么顺从,小方要她吃喝,她就吃喝;要她睡下,她就睡下。

这种态度更令人心酸。

他本来想多陪陪她的,可是加答已经来叫他去当班了。

货物都已从驼背上卸下,集中在一个地方,堆得像个沙丘。

从黄昏到午夜,有十二个人分成六班巡逻,小方和加答就是其中之一,无论谁想要拆开一包货物来看看,都很难不被发现。

小方根本已拒绝去想这件事。

富贵神仙的黄金已经太多了,本来就应该分出一点给别人。

天色渐暗,他们在货物附近巡弋,加答始终故意落后一步,表示他对小方的尊敬。小方不说话,他也绝不开口。

先开口的当然是小方:"我看得出马沙也是个勇士,他是不是你的朋友?"

"是的。"加答的脸色很沉重,"但是我以后恐怕永远看不见他了。"

"为什么?"小方很惊异。

"太阳还在天正中的时候,他要我陪他去放粪,我没有粪,我没有去,他独自去了。"

加答眼中露出了悲伤:"他去了后就没有回来过。"

小方了解他的悲伤。

在沙漠中,造成死亡的原因实在太多,任何人随时都可能忽然像野狗般死在沙砾上，除了他真正的朋友外，谁也不会关心他，更不会为他悲伤。

天色更暗，远处忽然响起一阵呼哨，两匹快马飞驰而来。队伍中也有马匹。

"这是唐麟派出去找马沙的人回来了。"加答精神一振，"马沙一定也回来了。"

快马奔来，他已迎上去。马沙果然也回来了，回来的却不是活马沙。

这个神力惊人的勇士，数一数二的摔跤好手，头颈已被拗断，竟是被人用摔跤的手法活活扼死的。

是谁杀了他？为什么要杀他？没有人知道。

神秘而可怕的死亡阴影，已经像黑夜本身一样，笼罩了这队伍。

马沙只不过是第一个暴死的人，他们回到巡逻的地方时，就发现了第二个。

箭组中的好手如云，有的善用刀，有的善用剑，有的精于角力摔跤，用长鞭的却只有一个。

孙亮用的长鞭是一丈三尺长的蛇鞭。

第二个暴死的人就是他，就是被他自己的蛇鞭活活绞死的。

跟他同班巡逻的冯浩也失踪了，直到第三天凌晨，才找到他的尸身。

冯浩是金刀门的弟子，为了一件命案，逃亡出关。

他用的是一柄金背砍山刀。

他的刀还在，头颅却不在，他的头颅就是被他自己那柄金背刀砍下来的。

一夜中就已有三个人离奇暴死，可是神秘的死亡还只不过是刚开始。

午夜。

小方回到他的帐篷时，不但疲倦，而且沮丧。

暴死的三个人虽然跟他全无关系，但是兔死狐悲，他心里也难免觉得很不好受。

这些日子来，他遭遇到的每件事都令他失望。神秘的劫案，不幸的灾难，暴戾的死亡，仿佛总是在跟随着他。

冥冥中仿佛已有种邪恶的力量，将他和这些不祥的事联结在一起。

帐篷里静寂而黑暗，虽然他希望波娃能够安慰他，但是他也了解她的心情，不管她是不是已经睡着，他都不愿再打扰她。

摸索着找到一张毛毡，他静静地躺了下去，只希望能够很快睡着。

他没有睡着。

波娃光滑柔软的身子已贴近他，他不但能感觉到她的温暖，也能感觉到她一直在不停地颤抖，也不知是因为紧张，还是因为悲伤？

她看得出他需要安慰，所以她就给了他。不管她自己的心情怎么样，只要她能够给他的，用不着他要求，她也会给他。

这世界上从未有一个女人这样对待他。

小方忽然发现自己也开始在颤抖。

他们互相接纳时，已不仅是情欲的发泄，情欲已升华，他从未想到这种事也会变得这么美。

第六章

一剑穿心

等到一切都过去后,他心里仍然充满了甜蜜与温柔。

他有过女人,可是他从未到达过这么美的境界。

又不知过了多久,她忽然轻轻地说:"她是我的姐姐。"

波娃居然开口说话了,可是这句话却说得很奇怪。

"谁是你的姐姐?"小方忍不住问,"难道那个恶毒的女人就是你姐姐?"

波娃轻轻点头:"我从小就是跟着她的,她要我做什么,我就做什么。"

"你从来不反抗?"

"我从来没有想到过。"

她非但不敢反抗,甚至连想都不敢想,所以她才会对他做那种事,她终于向他说出了她的苦衷。

什么事都用不着再解释,什么话都不必再说。

小方忽然觉得心里的沮丧和苦闷都已像轻烟般散去,世上已不再有什么能值得他烦恼的事了。

他紧紧拥抱着她。

"从今以后,只要我活着,就绝不会让你再被人欺负。"

"你现在虽然这么说,可是,将来呢?"

太长久的苦难，已使她对人生失去信心："谁知道将来会发生什么事？说不定你也会变的。"

"不管将来发生什么事，我都不会变，你一定要相信。"

"我相信。"她的脸贴着他的脸，脸上已有冰凉的泪珠，"我相信。"

长夜仍未过去。

最大的一个帐篷里灯火通明，唐麟已将他这一组所有的人都召集到这里来，小方也不例外。

这时距离孙亮的暴死已有四个时辰。小方已睡过一觉，别的人却显然没有他幸运，每个人看来都很劳累疲倦。

唐麟的眼中布满血丝，神情却还是很镇静："我们已分批出去搜查过，附近三十里之内，绝无人迹。"

他说得极有自信，他派出去的每个人，在这方面都是专家，如果他们说这附近三十里内没有人迹，谁也不会找出一个人来。

"所以杀死孙亮他们的凶手，必定就是我们这队伍里的人，现在一定还留在队伍里。"

唐麟的声音冰冷："这队伍中能杀死他们五个人的并不多。"

"五个人？"小方脱口问。

"是五个人。"唐麟冷冷道，"你睡觉的时候，又死了两个，你一定睡得很熟，所以连他们死前的惨呼都没有听见。"

小方不再说话，也无话可说。

唐麟道："他们五个人的来历不同，武功门户也不同，更没有同时与人结仇，所以他们的死，绝对不是仇杀。"

可是杀人一定有原因，有动机。

杀人的动机通常只有两种——财、色。

唐麟道："他们被杀，一定是因为有人想动我们这批货。"

驼子直到这时才开口："货物已经被人动过，而且有十几包货都已被人割开，想必是因为那个人先要看看这些货是不是值得他动手。"

"如果是你，你认为是否值得？"

"绝对值得。"

"这批货一个人虽然搬不走，但是他如果能将我们一个个全都暗杀，货就是他的了。"

唐麟的目光始终没有正视小方："现在我们虽然还不知道这个人是谁，但是我们一定能查出来，因为这队伍中每个人的来历我们都已调查得很清楚。"

其实并不是每个人，还有人是例外。

小方就是唯一的例外。

唐麟道："在凶手还未查出之前，我们暂时留在此处，谁也不准离开队伍。"

他忽然转过头，用一双满布血丝的眼睛盯着小方："尤其是你，你暂时最好不要离开你的帐篷一步。"

小方还是无话可说。

这些事都是在他来到后才发生的，无论谁都难免要对他怀疑。

唐麟也已不再掩饰这一点："你最好现在就回到你的帐篷里去。"

小方刚准备走，想不到居然有人替他说话了。

加答一直想说的。想说，又不敢说，现在才壮起胆子。

"不是他，他不是。"

"不是什么？"

"不是你们说的那个人，我不是瞎子，他杀了人，我看得见。"

"你看得见？"

"我跟他，他跟我，就好像一个人跟一个人的影子，一直在一起。"

唐麟冷笑："你抱着马沙的尸体痛哭流涕时，你也看见他在哪里？"

加答不说了。

他只有一根肠子，一根从嘴巴通到底的肠子，看见了就是看见了，没看见就是没看见。

唐麟用一只青筋已暴出的手揉了揉他那双发红的眼睛。"我的话已经说完了，我的意思你们一定完全都明白。"他挥了挥手，"你们走吧。"

每个人都走了。

小方走得最快，因为他知道有人在等他，可以给他安慰。

他刚走入他的帐篷，刚看见蜷伏在毛毡中的波娃，就听见一声惨呼。

这次他没有睡着，这次他听得很清楚，惨呼声就是从他刚才离开的那帐篷中传出来的，而且就是唐麟的声音。

唐麟已经死了，等他们赶回那帐篷时，唐麟已经死了。

一柄雪亮的剑，从他的前胸刺入，背后穿出。

一剑穿心而过。

帐篷里依旧灯火通明。

一击致命、一刺穿心的那柄剑，依旧留在唐麟的尸体上。

雪亮的剑，亮得就像是眼睛。

初恋少女的梦眼，黑夜中等着捕鼠的猫眼，饥饿时等着择人而噬的虎眼，准备攫鸡时的鹰眼，噩梦中的鬼眼。

如果你能想象到这几种眼光混合在一起时是种什么样的光芒，你才能想象到这柄剑的光芒。

地上也闪着光。

不是这柄剑的亮光，而是一种暧昧的、阴森的、捉摸不定、闪动不停的寒光。

发出这种闪光的，是十三枚花芒般的铁器。刚才被召集的人现在大半都已回来，其中有很多人眼睛都很利。

可是他们虽然能看得出发光的是什么，却看不出它的形状。

其中难免有人想捡起一枚来看看，看清楚些。

驼子忽然大喝："不能碰，碰不得！"

只可惜他说得迟了些，已经有人捡起了一枚。

他刚捡起来，只看了一眼，他的瞳孔就已突然涣散，他的脸就已开始变色，变成一种暧昧的、阴森的死灰色，嘴角同时露出了一种诡秘而奇异的笑容。

每个人都在吃惊地看着他这种变化，他自己却好像完全没有感觉到。

他还在问："你们看我干什么？"

这句话只有七个字，说出了这七个字，他的脸就已完全扭曲变形，他的人就好像一个忽然被抽空了的球，忽然萎缩、倒下。

他倒下时脸色已发黑，死黑，可是那种诡异的笑容却还留在他脸上。

他已经死了，可是他自己好像不知道自己已经死了。

他好像还觉得很愉快。

别的人却已全身发冷，从鼻尖一直冷到心里，从心里一直冷到足底。

有些见闻比较广的人已经看出来他是中了毒，却还是想不到他只不过用手捡起一样东西就会中毒，毒性竟发作得这么快。

只有几个人知道他捡起的这样东西，就是蜀中唐门威震天下，令天下英雄豪杰闻名丧胆的毒药暗器。

小方知道的比任何人都多。

他不但知道这种暗器的可怕，也知道这柄剑的来历。

"这是魔眼。"

驼子拔出了尸身上的剑，剑锋上没有留下一滴血，明亮如秋水般的剑锋上，只有一点瑕疵，看来就像是一只眼睛。

"魔眼？"有人忍不住问，"什么是魔眼？"

"这柄剑的名字就叫作魔眼，是当今天下最锋利的七柄剑之一。"

名剑就像是宝玉，本来是不应该有瑕疵的。

这柄剑却是例外，这一点瑕疵反而更增加了这柄剑的可怕与神秘。

驼子轻抚剑锋，独眼中也有光芒闪动。

"唐麟虽然是蜀中唐门的旁支子弟，却是唐家可以数得出的几位高手之一，他的出手不但快而准，而且还练过峨嵋的仙猿剑。"

唐麟用的是柄软剑，平时如皮带般围在腰上，他拔剑的速度也和他的暗器同样快。

他的手经常都垂在腰畔，只要手一动，腰上的软剑就已毒蛇般刺出。

可是这一次他连剑都没有拔出来，对方的剑就已穿心而过。

这一剑实在太狠、太快。

他们彼此了解，都知道这队伍中的人谁也使不出如此犀利迅速的剑法来。

他们以前也从未见过这柄剑。

凶手是谁？剑是谁的？

驼子忽然转过头，盯着小方。

"我想你一定也听说过这柄剑的来历。"

"我听说过。"小方承认。

"这柄剑是不是已经落入一个姓方的年轻剑客手里？"

"是。"

"这个姓方的人是不是叫方伟？"

"是。"

驼子独眼中的光芒忽然收缩，变得像是一根针、一根刺，他一个字一个字地问："你就是方伟？"

小方道："我就是。"

这句话说出，每个人的瞳孔都已收缩，心跳都已加快，掌心都已沁出冷汗。

帐篷里立刻充满杀气。

小方仍然保持镇静。

"这柄剑是我的，我的出手一向不慢，要杀唐麟也不难。"

心跳得更快，有几只带着冷汗的手，已经悄悄地握起兵刃。

小方却像是没有看见，淡淡地接着道："只不过这次要真是我杀了唐麟，我为什么要将这柄剑留下来？难道我是个疯子？难道我生怕别人不知道是我杀了他？"

他叹了口气："这柄剑我得来并不容易，我绝不会把它留给别人的，不管那个人是死是活都一样。"

驼子忽然大声道："有理。"

他的目光已从小方脸上转开，从他属下的脸上慢慢地扫视过去。

"如果你们有这样一把剑，你们杀人后会不会把它留下来？"

没有人会做这种事，就算是第一次杀人的生手，也不会如此疏忽愚蠢大意。

本来已握紧兵刃的手又放松了。

小方也不禁松了口气，他忽然发觉这驼子不但明理，而且好像一直都是站在他这一边的，一直都在暗暗保护他。

驼子又道："但是凶手也绝不会是我们这队伍中的人，这里没有人能一剑杀死唐麟，也没有人能从你手中夺去这柄剑。"

小方苦笑，道："我已经有两三天没有看到这柄剑了，你应该记得，你第一次见到我的时候，这柄剑并不在我手里。"

驼子立刻问："怎么会不在你手里？在谁的手里？"

小方没有回答。

他想到卫天鹏，想到了水银，想到了那可怕的无名剑客。

他甚至想到了卜鹰。

他们每个人都可能是杀死唐麟的凶手，却又不太可能。

在这片几乎完全没有掩护物的空旷沙漠上，无论谁想要偷偷地侵入这帐篷，杀了人后再偷偷地溜走，都是不可能的。

他也相信这一组人的能力，如果附近有人走动，他们绝不会查不出来。

除非凶手已混入了这队伍，而且完全没有引起别人的注意。

可是这队伍中每个人彼此都很熟悉，别的人要混进来，好像也绝无可能。

这些事小方都不能解释，所以他只有闭着嘴。

驼子居然也没有追问，只告诉他："在凶手还没有查出来之前，你还是不能离开，这柄剑你也不能带走。"

小方叹了口气:"在凶手还没有查出来之前,就算有人赶我走,我也不会走的。"

他说的是真心话。
连他自己都觉得,这些人的暴死,跟他多少总有点关系。
他也想查出凶手是谁。
驼子又在吩咐:"明天我们不走,谁也不能离开队伍,三十五岁以下的男人,不管有没有练过武,都要加入警卫。"
他忽然也叹了口气:"幸好班察巴那明天一定会回来了。"

长夜将尽,帐篷里已经有了朦胧的曙光。
波娃还是像刚才一样蜷伏在那里,用毛毡盖住头。
这次她是真的睡着了,睡得很熟。

一个男人无论在经历过多么可怕的事件之后,回来时能够看见一个这么样的女人在等着他,心里总会充满柔情与安慰。
小方坐下来,想掀起毛毡看看她,又怕将她惊醒,却又偏偏忍不住伸出了手。
就在这时候,加答忽然像一只地鼠般溜进了他的帐篷,手里提着双式样奇特、手工精致的小皮靴。
他的神色看来紧张而慎重,他忽然跪下来,用双手将这双皮靴献给小方。
"这是喀巴沙。"他说,"我只有这一双喀巴沙,就好像你只有一把魔眼。"
小方虽然听不懂"喀巴沙"三个字,却猜得出加答说的就是这双靴子。

他虽然不太了解藏人的民俗，不知道藏人最看重自己的一双脚。

如果你想从藏人的装束上看出他们的贫富，最容易的方法就是看他们脚上穿的靴子，其贵贱的悬殊，绝不是外人所能想象得到的。

小方虽然不知道喀巴沙就是藏人们所穿的靴子中最华贵的一种，甚至在波斯都引以为贵，但却看得出加答对这双靴子的重视，甚至已将这双靴子与那柄威慑江湖的名剑相提并论。

加答又接着说："我没有穿过这双喀巴沙，我的脚有臭汗，我不配穿，可是我本来也绝不会把它留给别人，可是我现在献给你。"

"为什么？"小方当然要问，"我不会把魔眼献给你，你为什么要把这双喀巴沙献给我？"

"因为你要走了，要走很远很远的路，要走得很快很快，你需要一双好靴子保护你的脚。"

"我为什么要走？"

"因为班察巴那就要回来了。"加答说，"别人怀疑你，可是别人不敢动你，别人都怕你，怕你怕得要命。"

加答用衣袖在擦汗："可是班察巴那不怕，班察巴那谁都不怕，班察巴那一回来，你就会像马沙一样死掉。"

他的声音已因恐惧而发抖，像他这样的战士，为什么会对一个人如此害怕？

小方又忍不住要问："班察巴那他……"

他没有说完这句话，波娃已忽然惊醒，忽然从毛毡里钻出来，吃惊地看着他："你刚才说了四个字，你在说什么？"

"班察巴那。"小方道，"我正想问我的朋友，班察巴那是个什么样的人。"

波娃的身子忽然也开始发抖，看来甚至比加答更害怕。

她忽然紧紧拥抱住小方。

"班察巴那要来了,你一定要快走,快走。"

"为什么?"

"你知道不知道圣母峰下第一位勇士是谁?你有没有听说过五花箭神?"波娃的声音都已嘶哑,"班察巴那就是五花箭神。"

在酷热如洪炉的沙漠中,在热得令人连气都透不出的屋子里,你依然可以看到远处高山上的皑皑白雪。

在你已经快热死的时候,远处的雪峰依然在望。

只有在这里,你才能看见这样的奇景,那么就算你不是藏人,你也应该能了解,藏人的思想为什么会如此浪漫,如此神秘,如此空幻。

这种思想绝不是一朝一夕所能造成的,经过了千百代浪漫、神秘而美丽的生活后,其中当然会产生许多神话。

其中最浪漫、最神秘、最美丽的一种神话,就是五花箭神。

五花箭神用藏语来说,就是班察巴那。

在藏人最原始古老的经典文字中记载,班察巴那的箭,是——

"百发百中的,锋利无比的,箭羽上有痛苦的心,箭镞上有相思之心,直射人心。"

班察巴那掌管着人世间最不可抗拒的力量:情与欲。

他的箭上饰满鲜花,他的弓弦是紧密的丝。

他是永远年轻的。

他是天上地下,诸神中最美的一位少年郎。

他有五支锐箭:一支坚强如金,一支温柔如春,一支娇媚如笑,一支热烈如火,一支尖锐如锥。

他的力量没有人能抗拒。

波娃和加答说的这个班察巴那不是神，是人，是他们心目中的第一名战士，第一名勇士。他的力量就像神一样不可抗拒。

只可惜小方就算会听从他们的劝告要走时，也已太迟了。

帐篷外已传来热烈的欢呼声："班察巴那回来了，班察巴那回来了！"

班察巴那牵着他那匹高大神骏的白马，静静地站在那里，接受他的族人们的欢呼。

他已离开他们三天，在这块无情的大地上，过了三天绝对孤寂艰苦的生活，可是烈日、风沙、劳累，都不能让他有丝毫的改变。

他的衣着依旧鲜明华丽，看来依旧像天神般英俊威武。

——没有任何人、任何事能击倒班察巴那，也没有任何危险困难是他不能克服的。

永远都没有。

帐篷里黑暗而安静，外面的欢呼声已停止，甚至连驼马都不再嘶鸣。

因为班察巴那需要休息，需要安静。

虽然他经常都在接受别人的欢呼，但是他却宁愿一个人静静地躺在黑暗里。

他天生就是个孤独的人，他喜爱孤独，就好像别人喜爱荣耀和财富。

他静静地在黑暗中躺下来，现在已经没有别人能看见了。

他英俊发光的脸忽然变得说不出的苍白疲倦。

可是只要有一个人在，他的光彩立刻就会像火焰般燃烧起来。

他绝不让他的族人对他失望。

他是藏人。

虽然他曾经入关无数次,在中原,在淮阴,都曾经生活了很久,甚至连大江南北都曾有过他的足迹。

但他仍是藏人,穿藏人传统的服装,吃藏人传统的饮食,喜爱外地人不能进口的葱泥,喝颜色漆黑如墨汁的酥油茶和青稞酒。

他生而为藏人,他以此为荣。

他的族人也以他为荣。

他在等小方。

这两天发生的事他已知道了,驼子已经简单扼要地向他报告。

他的判断也跟别人一样,唯一可疑的人就是小方。

魔眼就在他手边,他拔出来,轻抚剑锋,忽然问:"这是你的剑?你就是那个要命的小方?"

他还没有看见小方,可是他知道已经有人到了他的帐篷外,来的一定是小方。

终年生活在危险中的人,虽然通常都有种野兽般的奇异反应,可是他这种反应无疑比别人更灵敏。

"这是我的剑。"小方已进来,"我就是那个要命的小方。"

本来静卧着的班察巴那,忽然已标枪般站在他面前,冷眼在黑暗中发光。

"我听说过你,别人还在流鼻涕时,你已在流血。"

"流的通常都不是我的血。"

"能让别人流血的人,自己就得先流血。"班察巴那的声音听来居然异常温柔:"现在唐麟的血已冷了,你呢?"

"我的血仍在,随时都在准备流出来。"

"很好。"班察巴那的声音更温柔,"杀人者死,以血还血。"

他的声音温柔如春水,小方的声音也很平静。

"只可惜没有杀人的人有时也会死的。"小方道,"我若死了,真正的杀人者就将永远逍遥法外。"

"杀人的不是你?"

"不是。"小方道,"这次不是。"

班察巴那静静地看了他很久:"你还没有逃走,也不想逃走,你的态度很镇定,呼吸也很均匀,的确不像是个犯了罪的人。"

他仿佛在叹息:"只可惜就凭这一点,还是不能证明你无罪。"

小方立刻就问:"要怎样才能证明?"

第七章

箭神的神箭

班察巴那沉思着,过了很久,才慢慢地说:"我是藏人,藏人们都很迷信,我们都相信,没有罪的人,是绝不会被冤杀的。"

现在已是黎明,帐篷中有了光,已经可以看见他的一张弓和一壶箭。

他忽然提起弓箭走出去:"你也出来。"

小方走出帐篷时,才发现外面已聚了很多人,每个人都像石像般静静地站着,等着他们的英雄来裁决这件事。

班察巴那用弓梢指着五丈外的一个帐篷。

"你先站到那里去,我再开始数,数到'五'字,我才会出手,我数得绝不会太快,以你的轻功,等我数到'五'时,你已可走出很远。"

他轻拍腰畔的箭壶:"我只有五支箭,如果你真是无辜的,我的箭一定射不中你。"

小方忽然笑了。

"百发百中的五花箭神,要用这种法子来证明一个人是不是无辜,这真是个好主意。"

班察巴那没有笑:"如果你认为这法子不好,另外还有个法子。"

小方问:"什么法子?"

班察巴那另一只手上,还提着小方的"魔眼",他忽然将这柄剑插在小方面前的沙地上。

"用这柄剑杀了我。"他淡淡地说,"只要你能杀了我,就不必再证明你是否无辜了;只要你能杀了我,不管你做过什么事,都绝对没有人再问。"

凌晨,阳光初露。

剑锋在旭日下闪着光,班察巴那的眼睛也在闪着光。

他是人,不是青春永驻的神,他的眼角已经有了皱纹。

但是在这初升的阳光下,他看来还是神。

小方相信他说的话。

他的族人和属下还是静静地站在那里,不管他说什么,他们都会服从的。

拔剑杀人并不难。

小方对自己的剑法一向有自信,应该拔剑的时候,他从不退缩逃避。

班察巴那又在问:"两种法子,你选哪一种?"

小方没有回答,默默地开始往前走,走到五丈外的帐篷前停下。

他已用行动代替回答。

他转过身,面对班察巴那道:"你已经可以开始数了,最好数得快一点,我最怕久等。"

班察巴那只说了一个字:"好!"

所有的人都已散开,在他们之间留下块空地。

"一、二、三、四……"

五花箭神慢慢地抽出了他的第一支神箭，黄金色的箭杆，黄金色的箭镞。

百发百中、直射人心的神箭，温柔如春，娇媚如笑，热烈如火，尖锐如锥，坚强如金。

他数得并不快，可是终于已数到"五"字。

小方居然站在那连动都没有动。

以他的轻功，不管班察巴那数得多快，数到"五"字时，他至少已在数丈外。

可是他连一寸都没有动。

"五！"

这个字说出口，每个人都听见了一阵尖锐的风声响起，尖锐得就像是群魔的呼啸。

每个人都看见班察巴那的第一支箭，可是箭壶忽然已空了。

他的五支箭几乎是在同一刹那发出去的。

小方还是没有动。

急箭破空的风声已停止，五支黄金般的箭并排插在他的脚下。

他根本没有闪避。

也不知道是因为他算准班察巴那只不过是在试探他，所以根本不必闪避，还是因为他知道如果闪避，反而避不开了。

不管他心里是怎么想的，这次他又是在用他的命作赌注。

这一注他又押对了。

可是一个人如果没有钢铁般的意志力，怎么敢像他这样下注？

人群中忽然爆起欢呼，加答忽然冲出去，跪下去吻他的脚。

班察巴那孤独的冷眼也露出笑意。

"现在你总该相信了，一个无辜的人，是绝不会被冤杀的。只要你无辜，这五支箭就绝对射不到你身上，不管我是不是五花箭神都一样。"

这不是迷信，这是种极为睿智的试探，只有无罪的人，才能接受这种考验。

只有小方自己知道，他全身衣服几乎都已湿透了。

他一直在不停地冒冷汗。

班察巴那走过去拍他的肩，手上立刻沾到他的冷汗。

"原来你也有点害怕。"

"不是有一点害怕。"小方叹了口气，"我怕得要命。"

班察巴那笑了，他的族人和属下也笑了，大家都已有很久未曾看过他的笑容。

就在他们笑得最愉快时，忽然又听见一声惨呼，每个人都想不出惨呼声赫然竟是那驼子发出来的。

本来堆得很整齐的货物包裹，现在已变得凌乱，有很多包裹都已被割开，露出了各种货物和珍贵的药材。

——只有货物和药材，没有黄金。

小方已经注意到这一点，割开这些包裹的人，是不是也为了要查明这一点？

卫天鹏他们是不是已经来了？

驼子就倒在一包麝香旁，衣服已被鲜血染红，他自己的血。

致命的一击是刺在他胸膛上的，用的是剑。

小方立刻想到了那无情又无名的剑客。

驼子不但武功极高，从他身上的无数伤痕，也可看出他必定身经百战，能够一剑刺入他致命要害的人，除了那无名的剑客还有谁？

这一剑虽然必定致命，驼子却还没有死。

有种人不但生命力比别人强，求生的意志也比别人强。

驼子就是这种人。

他还在喘息、挣扎，为生命而挣扎，他的脸已因痛苦恐惧而扭曲。

但是他的眼睛里却是另外一种表情，一种混合了惊讶和怀疑的表情。

一个人只有在看见自己认为绝对不可能发生的事却发生了的时候，眼睛里才会有这种表情。

——他看见了什么？

班察巴那俯下身，将一块藏人认为可治百病的臭酥油塞入他嘴里。

"我知道你有话要告诉我。"班察巴那轻拍他的脸，想振作他的生命，"你一定要说出来。"

驼子的眼角跳动，终于说出了几个字。

"想不到……想不到……"

"想不到什么？"班察巴那又问。

"想不到杀人的竟是他。"

"他是什么人？到哪里去了？"

驼子的呼吸已急促，已经没法子再发出声音，没法再说话。

可是他还有一只眼睛，有时眼睛也可以说话的。

他的眼睛在看着最远的一个帐篷。

一个顶上挂着黑色鹰羽的帐篷——黑色的鹰羽，象征的是疾病、灾难和死亡。

这个帐篷里的人，都是伤病极重、已经快死了的人。

除了负责救治他们的那位夫子先生外，谁也不愿进入那帐篷。

——凶手是不是已进入那帐篷去了?

班察巴那没有再问,也不必再问,他的人已像他的箭一般蹿了过去。

小方也跟了过去。

他们几乎是同时蹿入这帐篷的,所以也同时看见了两个人。

小方连做梦都没有想到,会在这个帐篷里,看见这两个人。

他几乎不能相信自己的眼睛。

他第一个看见的人竟是波娃,本来应该在他的帐篷里等候他的波娃。

他第二个看见的赫然竟是卜鹰!

卜鹰静静地站在那里,依然冷酷镇定,依然锐眼如鹰,依然白衣如雪。

波娃蜷伏在他面前,美丽的眼睛里充满了惊骇与恐惧。

他们都不该在这帐篷里的,可是他们都在。

凶手已逃入这帐篷内,帐篷里别无退路,他们之间,必定有个人是凶手。

这两个人之中——谁会杀人?

小方冷冷地看着卜鹰,沉重叹息。

"我也想不到是你,我一直认为你真的从不杀人。"

卜鹰的脸上全无表情:"世上本来就有很多令人想不到的事,金子可以让人做出很多很多连他自己都想不到的事来。"

小方道:"我知道你也在找那批金子,可是你……"

他没有说下去。

波娃已投入他的怀抱,眼睛里已有泪水涌出:"带我走,求求你带我走吧。"

小方轻抚她的柔发:"我一定会带你走,你本就不该来的。"

可是她已经来了。

小方不能不问:"你怎么会来的?"

波娃含着泪摇头:"我不知道,我真的不知道,我只想赶快走。"

班察巴那忽然开口。

"她不能走。"他的声音不再温柔,"谁也不能带她走。"

"为什么?"小方问。

"因为要别人流血的人,自己也得流血。"班察巴那又将他自己说过的话重复一遍,"杀人者死,以血还血。"

这是江湖人的真理,无论在中原、在江南、在沙漠都同样适用。

小方紧紧握住波娃的手:"你应该看得出杀人的不是她。"

班察巴那道:"你看得出?你看出了什么?"

他忽然改变话题:"我们这些人,这些货物,都是属于一个商家的。"

"哪一个商家?"

"鹰记。"

"鹰记?"小方的手已发冷,"飞鹰的鹰?"

飞鹰的鹰,就是卜鹰的鹰,他吃惊地看着卜鹰:"你就是他们的东主?"

"他就是。"班察巴那道,"我们收容你,就因为他是我们的东主,我们信任你,也是因为他,否则你刚才很可能已死在我的箭下。"

小方全身都已冰冷。

班察巴那道:"就算他要搜索那批黄金,也不会搜到他自己的队伍中来;就算他要搜查这批货,也用不着杀人。"

他冷冷地问:"现在你是不是已经应该知道杀人的是谁了?"

波娃的手比小方更冷，泪比手更冷。

她紧紧拥抱住小方，她全身都在颤抖，像她这么样一个女孩子，怎么会是个冷血的凶手？

小方不信。

小方宁死也不愿相信。

"我只知道杀人的绝不是她。"他把她抱得更紧，"谁也没有看见杀人的是谁。"

"你一定要亲眼看见杀人的是谁？你一定要亲眼看见才相信？"班察巴那问。

卜鹰忽然叹了口气："就算他真的亲眼看见了，也不会相信的。"

如果小方是个很理智、很有分析力的人，现在已经应该明白了。

事实已经很明显。

卫天鹏他们早已知道卜鹰是这队商旅的东主，一直都在怀疑卜鹰用这队商旅作掩护，来运送那三十万两失劫的黄金。

可是他们不敢动这个队伍。

卜鹰的武功深不可测，江湖中人都知道他从未败过。

五花箭神班察巴那名震关外，是藏人中的第一位勇士，第一高手。

卫天鹏不但对这两个人心存畏惧，对这队伍中每个人都不能不提防。

因为这队伍中每个人都可能是猫盗，如果真的火并起来，他们绝对没有制胜的把握。

他们只有在暗中来侦查，黄金是不是在这队伍的货物包裹里。

他们本来想利用小方来做这件事。

想不到这个要命的小方偏偏是个不要命的人，他们只有想别的法子。

要查出黄金是否在这些货物包裹里，一定要先派个人混入这队伍中来。

这个人一定要是个绝对不引人注意，绝不会被怀疑的人。

这个人一定要像尺蠖虫般善于伪装，一定要有猫一般灵敏轻巧的动作、蛇一般准确毒辣的攻击、巨象般的镇定沉着，还要有蜜一般的甜美、水一般的温柔，才能先征服小方。

因为小方是唯一能让这个人混入这队伍的桥梁。

他们居然找到了一个这样的人。

波娃。

如果小方还有一点理智，现在就应该看出这件事的真相。

只可惜小方不是这种人。

他并不是没有理智，只不过他的理智时常都会被情感淹没。

他并不是想不到这些事，只不过他根本拒绝去想。

他根本拒绝承认波娃是凶手。

班察巴那当然也看出了这一点。

"没有人看见她杀人，没有人能证明她杀过人。"班察巴那说，"可是你也同样不能证明她是无辜的。"

小方立刻明白他的意思："你是不是又想用刚才那法子证明？"

"是的。"班察巴那说，"五花箭神的箭，绝不会伤及无辜的人。"

小方冷笑。

"只可惜你并不是真的五花箭神，你只不过是个人，你心里已认定了她有罪。"

班察巴那道:"这次你是不是还有什么更好的法子?"

小方没有更好的法子。

世上已没有任何人,能想出任何方法来证明她是无辜的。

波娃忽然挣脱小方的怀抱,流着泪道:"你虽然说过,只要你活着,就不让别人欺负我,可是我早就知道这是做不到的,每件事都会改变,每个人都会改变。"

她的泪珠晶莹:"所以现在你已经可以忘记这些话,就让他们杀了我,就让我死吧!"

她还是那么柔弱,这么温顺,她还是完全依赖着小方。

她宁愿死,只因为她不愿连累小方。谁也没有看见她杀人,可是这一点每个人都看得很清楚。

卜鹰忽然叹了口气:"让她走。"

班察巴那很惊讶:"就这么样放她走?"

"不是这么样放她走。"卜鹰道,"你还得给她一袋水、一袋粮食、一匹马。"

他淡淡地接着道:"最快的一匹马,我要让她走得越快越好。"

班察巴那没有再说话。

他对卜鹰的服从,就好像别人对他一样。小方也没有再说什么,卜鹰做的事,每次都让他无话可说。

他默默地拉着波娃的手,转过身。

卜鹰忽然又说:"她走,你留下。"

"我留下?"小方回头,"你要我留下?"

"你要我放她走,你就得留下。"

"这是条件?"

"是!"

卜鹰的回答简短而坚决，这已是他最后的决定，任何人都不能改变的决定。

小方明了这一点。

他放开了波娃的手。

"只要我不死，我一定会去找你，一定能找到你。"

这就是他对波娃最后说的话，除此之外，他还能说什么？

波娃默默地走了。

她也没有再说什么，小方目送她走出去，看着她柔弱纤秀的背影。

他希望她再回头看看他，又怕她回头。

如果她再回过头，他说不定就会不顾一切，跟着她闯出去。

她没有回头。

班察巴那也走了，临走的时候，忽然对小方说了句很有深意的话。"如果我是你，我也会像你这么做的。"他的声音中绝没有讥诮之意，"像她这样的女人实在不多。"

快走到帐篷外时，他又回过头："可是如果我是你，以后我绝不会再见她。"

小方紧握双拳，又慢慢松开，然后再慢慢地转过身，面对卜鹰。

他想问卜鹰："你既然肯放她走，为什么要我留下？"

他没有问出来。

波娃和班察巴那一走出去，卜鹰的样子就变了。小方面对他时，他已经倒了下去，倒在用兽皮堆成的软垫上，小方从未见过他如此疲倦衰弱。

他苍白的脸上全无血色，可是他雪白的衣服上却已有鲜血渗出。血迹就在他胸膛上，距离他的心口很近。

"你受了伤？"小方失声问，"你怎么会受伤！"

卜鹰苦笑："只要是人，就会受伤。利剑刺入胸膛，无论谁都会受伤的。"

小方更吃惊："江湖中人都说你是从来不败的，我也知道你身经百战，从未败过一次。"

"每件事都有第一次。"

"是谁刺伤了你？"

卜鹰还没有回答，小方已经想到了一个人，如果有人能刺伤卜鹰，一定就是那个人。

——无名的剑客，无情的剑。

小方立刻问："你已经跟他交过手？"

卜鹰沉默了很久，才慢慢地说："当代的七大剑客，我都见过，虽然我并没有跟他们交过手，但是他们的剑法我都见过。"

他在叹息："他们之中，有的人已老，有的人生活太奢华，有的人剑法太拘谨，昔年被江湖公认的当代七大剑客，如今都已成过去，所以我没有跟他们交手，因为我知道我一定能胜过他们。"

这不是回答，所以小方又问："他呢？"

卜鹰当然也知道小方说的"他"是什么人。

"我已经跟他交过手。"卜鹰终于回答，"我敢保证，七大剑客中，绝没有一个人能接得住他这一剑的……"

这一剑，无疑就是刺伤卜鹰的这一剑……

"我从未见过那样的剑法，我甚至连想都没有想到过。"卜鹰慢慢地接着道，"我只能用六个字来形容这一剑。"

"哪六个字？"

"必杀！必胜！必死！"

"可是你还没有死。"小方仿佛在安慰他，又仿佛在安慰自己，"我看得出你绝不会死的。"

卜鹰忽然笑了笑："你怎的看得出我不会死？"

他的笑容中带讥消：“我留下你，说不定就是为了要你在这里等我死，因为我也曾留在你身边，等着你死。”

讥消有时也是种悲伤，悲伤有时往往会用讥消的方式表达。

小方也了解。

除了对自己的感情外，对别的事他通常都能了解。

他慢慢地坐下来，坐在卜鹰身旁。"我等你。"他说，"不是等你死，是等你站起来。"

烈日又升起，帐篷里却显得分外阴暗寒冷。

卜鹰已闭着眼睛躺了许久，也不知是不是睡着了，这时忽然又张开眼，看着小方："有两件事，一定要告诉你。"

"你说。"

"那个无名的剑客并不是真的没有名字，他姓独孤，叫独孤痴，不是痴于情，是痴于剑。"

卜鹰叹息着："所以你千万不能与他交手，痴于情的人，一定会死在痴于剑的人之剑下，这一点你绝对不能不信。"

小方只问："第二件事呢？"

卜鹰又沉默了很久才开口。

"你是个浪子。"他道，"有的浪子多金，有的浪子多情，有的浪子爱笑，有的浪子爱哭，不过所有的浪子都有一点相同。"

"哪一点？"

"空虚。"卜鹰强调，"孤独、寂寞、空虚。"

他慢慢地接着道："所以浪子们如果找到一个可以让自己觉得不再孤独的人，就会像一个溺水者抓到一根木头，死也不肯放手了。至于这根木头是不是能载他到岸，他并不在乎，因为他心里已经有了很安全的感觉，对浪子们来说，这已足够。"

小方当然明白他的意思。

他说的正是小方一直隐藏在心底,连碰都不敢去碰的痛苦。

一个人,一柄剑,纵横江湖,快意恩仇,浪子的豪情,也不知有多少人羡慕。

因为别人永远不会知道他们心底的空虚和痛苦。

卜鹰道:"可是你抓到的那根木头,有时非但不能载你到岸,反而会让你沉得更快,所以你应该放手时,就一定要放手。"

小方握紧双拳,又慢慢松开:"你为什么要对我说这些话?"

卜鹰道:"因为你是我的朋友。"

朋友。

听到这两个字从卜鹰嘴里说出来,小方真的吃了一惊,甚至比看见他白衣上的血迹时更吃惊,只觉得心里忽然有一股热血上涌,塞住了咽喉。

卜鹰坐起,从身旁拿起一个羊皮袋,袋里不是那种淡而微酸的青稞酒。

"这是天山北路的古城烧。"他说,"这种酒比'大麦'还烈得多。"

他自己先喝了一口,将羊皮袋交给小方。

辛辣的烈酒,喝下去就像热血一样。

"你怕不怕醉?"

"连死都不怕,为什么要怕醉?"

卜鹰锐眼中又有了笑意,忽然曼声而歌:

儿须成名,酒须醉。

醉后畅谈,是心言。

第八章

绝顶高手

　　这是西藏诗人密拉勒斯巴的名句,简简单单、普普通通的十四个字里,却带着种说不出的滋味,也像是男儿们的热血一样。

　　卜鹰还没有死,小方也没有走。

　　队伍又开始前行,终于将到距大吉岭二百五十里的圣地拉萨。

　　晴空万里,云淡天青,远处雪峰在望,小方的心情仿佛也开朗了许多。

　　可是他并没有忘记波娃。

　　卜鹰看得出这一点。"还有件事我一定要告诉你。"有一天他对小方说,"不管你信不信,我都要告诉你。"

　　"什么事?"

　　"波娃的意思是雪,雪是水结成的,雪的颜色洁白如银。"

　　卜鹰道:"波娃才是真正的水银。"

　　小方没有反应。

　　他正在眺望远处高峰上的积雪,仿佛根本没有听见卜鹰在说什么。

　　卜鹰又道:"失劫的黄金还没有找到,卫天鹏还是不会放过我;死去的儿子永远不能复生,吕三爷也一定不会放过你。"

他慢慢地接着道:"现在我们'箭组'中的人已伤亡大半,他们绝不会让我们平安回到拉萨去的。"

这两天晚上,队伍歇下时,小方仿佛听见远处隐隐有马蹄奔腾的声音。

卫天鹏是不是已调集了人手,准备跟他们作最后一战?

"前面有个隘口,藏人们都称之为'死颈'。"卜鹰道,"如果我算得不错,他们此刻一定已经在那里等着我!"

死颈。

只听这两个字,小方已可想象到那隘口地势的险峻,四山环插,壁立千仞,如果有人在那里埋伏突击,这队伍中能活着过去的人绝不会多。何况埋伏那里的,必定都是卫天鹏那组织中的精锐。

小方也不禁担心:"你准备闯过去?"

卜鹰冷笑:"他们就想我闯过去,我为什么要让他们称心如愿?"

小方又问:"除了那隘口外,还有没有别的路可走?"

"没有。"卜鹰道,"但是我们并不是一定非要过去不可。"

"不过去又如何?"

"等。"卜鹰道,"我们也可以等,等他们来。"

"他们会来?"

"一定会来,而且很快就会来,因为我们能等,他们不能。"

"为什么?"小方问。

"他们的人手已集中,正是士饱马腾,斗志最旺盛的时候,他们算准了这一战必胜,一击得手后,就可以开宴庆功了,所以他们身上绝不会带着太多粮食和水,因为这一战过后,我们的粮食和水就全都是他们的了。"

卜鹰冷冷地接着道:"所以他们不能等,我们不过去,他们一定会过来。"

"然后呢?"

"我已吩咐过,在那隘口三十里之外扎营。"卜鹰道,"他们等不到我们,斗志已衰,再奔驰三十里来找我们,气力也已弱,我们就在那里以逸待劳,等他们来送死……"

他不仅看得准,而且算无遗策,不仅可以拔剑伤人于五步之内,而且可以运筹帷幄,决胜于千里之外。

小方不能不承认他的确是江湖少见的奇才,只不过小方还是在担心。

"他们就算来了,也未必是来送死的。"

"哦?"

"卫天鹏既然已决心要胜这一战,这一次必定精锐尽出,再加上独孤痴和搜魂手,我们这边能跟他们一决胜负的人有几个?"

卜鹰的白衣上又有鲜血沁出,这一战之后,他的白衣必将被鲜血染红。

但是他的神情却仍然极为镇静,忽然道:"我知道不管这一战我们有多大机会,你都绝不会走的,否则你也不必为我担心了。"

小方的胸口又热了。

一个朋友的了解,总是比任何事都令他感动。

卜鹰看着他,冷酷锐利的目光忽然变得很柔和:"我受了伤,我们的人手的确不够,但是我们并不是完全没有机会。因为我们有一样东西是卫天鹏他们绝对没有的。"

他慢慢地接着道:"我们有生死与共,死也不会临阵脱逃的朋友。"

小方忽然大声道:"不管怎么样,这次你一定要将独孤痴留给我!"

卜鹰又静静地看了他很久，目中又有了笑意。

"这次独孤痴恐怕不会来。"

"为什么？"

卜鹰道："你一定也听过班察巴那最喜欢说的一句话。"

小方知道是那句话。

——要让别人流血，自己也得流血。

卜鹰道："我承认独孤痴是天下无双的剑客，可是他要让我流血，他自己也得付出代价。"

小方立刻问："他也受了伤？"

卜鹰没有回答这句话，只淡淡地说："不管怎么样，如果他来了，我一定把他留给你。"

还未到黄昏，队伍就已停下。

根据加答的报告，这里与"死颈"之间的正确距离是二十九里。

驼马围成了一圈，帐篷扎起，每个人都依旧在做他们应该做的事，和平时完全没有不同，仿佛根本不知道有大敌将临。

小方已有一整天没有见到班察巴那了，这两天他也没有被派出去值勤巡弋，一直都陪着卜鹰留在那顶上悬挂着黑色鹰羽的帐篷里。

负责管制食水的严正刚和照料病患的宋老夫子也来了，是卜鹰请他们来的，请他们来喝酒。

今天卜鹰的兴致居然很好。

他们喝的不是古城烧，是"呛"——青稞酿酒，名曰"呛"。

这种酒虽然不易醉，醉了却不易醒。

黄昏后外面就响起了歌声，对藏人们来说，歌与酒是分不开的。

四下营火处处，每个人都在歌，都在饮，好像故意要让别人认为他们完全没有戒备。

就算他们有所戒备又如何,"箭组"中的勇士,剩下的已不到十人。

根据小方所听到的马蹄声,卫天鹏调集来的人手至少有他们的十倍。

班察巴那回来了。

他证实了小方的想法,他已到"死颈"去过:"此刻已到了那里的,大约有七十匹马。"

七十匹马,就是七十个人,就是七十件兵刃,每一件都必定是杀人的利器。

班察巴那又说:"那些人每一个都是驰术精绝的壮士,其中有一部分人用的是长枪大戟,有一部分人配着弓弩,还有七八个人用的是外门兵刃。"

能用外门兵刃的人,武功绝不会太差。

班察巴那却说:"可是真正可怕的绝不是他们。"

"真正可怕的是谁?"小方在问。

"除了七十匹马外,还有三顶轿子也到了那里。"

沙漠中居然有人坐轿子,在准备突袭强敌时,居然有人要坐轿子去。

小方更惊异:"轿子里有人?"

"有。"班察巴那道,"一顶轿子一个人。"

"是些什么样的人?"

"能够让卫天鹏派轿子去接来的,当然都是了不起的人。"班察巴那迟疑了片刻,才接着道,"我只认得出其中一个。"

"你认得出的是谁?"

"就是你认为绝不会杀人的那个女人。"

小方闭上了嘴。

——波娃真的是个深藏不露的高手？真的能在眨眼间杀人？

他看不出，真的看不出。

他也不相信，也许已经不是不能相信，而是不愿相信。

班察巴那道："除了她之外，另外一个是独臂独腿的残废，左腿上装着根木脚，右手上提着个黄布包袱，分量看来很重。"

小方立刻问："他有多大年纪？"

"我看不出他的年纪。"班察巴那道，"他的头发每一根都白了，亮如银丝，但是一张脸却还是白里透红，看来简直是个小姑娘。"

"小姑娘？"小方又问，"你说的这个人，是个女人？"

"是，是个女人。"

小方的脸色仿佛已变了。

"另外还有一个呢？"

"那个人好像是个瞎子，下轿时都要人搀扶，但是唯一发现我躲在附近的人就是他。"班察巴那苦笑，"我差一点就回不来了。"

小方的心在往下沉。

他已猜出这两个人是谁，在当世的绝顶高手中，这两个人绝对可以名列前十位。

卜鹰也应该知道他们的，但是卜鹰连一点反应都没有，只淡淡地说了句："你累了，来喝杯酒。"

不易醉的酒，醉了就不易醒。最可爱的人，往往就是最可怕的人。

世上有很多事都是这样子的。

天色已暗了，人也将醉了，营火却更亮，歌声也更亮。

卜鹰的锐眼也更亮。

他为什么能如此镇静？难道他已有方法对付即将来的那些人？

小方想不出他能有什么法子。

那瞎子无疑就是搜魂手。

"毒手搜魂，性命无存。"如果他要去找一个人，那人不是赶快逃走，就是赶快为自己料理后事。

能够从他手下逃走的人至今还没有几个。

那个独臂独腿、红颜白发的女人比他更可怕，因为她只有一半是人。

她的另外一半既不是神，也不是鬼，更不是人。

她的另外一半是"魔"。

她这个人仿佛已被一种可怕的魔法分成了两半，一半是玉女，一半是天魔。

"天魔玉女"柳分分，谁也不知道她究竟有多高武功，多大年纪。

可是每个人都知道，她也随时都可以把你一个人分成两半。

严正刚一向滴酒不沾，宋老夫子喝得却不少，不喝酒的一个方正严肃，喝酒的一个也是君子，在一般情况下，他们都是值得尊敬的人。

可是到了拔刀相对、白刃加颈时，他们的价值也许还比不上加答。

加答是战士，也是勇士，可是在面对搜魂手和柳分分这样的高手时，他唯一能做到的，就是死。

死虽然是所有一切的终结，却不能解决任何问题。

就算能解决，也没有人愿意用这种方式解决。

卜鹰已重伤，班察巴那毕竟不是神，他们能有什么法子去对付即将到来的强敌？

小方想得很多，只有一件事没有想。

——波娃是不是会来？来了之后，会用什么样的态度对待他？他又能用什么样的态度对待她？

抵死缠绵的情人，忽然变成生死相搏的仇敌，他将如何自处？

这种情况有谁能应付？这种痛苦有谁能了解？

卜鹰一直在看着他，仿佛已看出了他心里的痛苦，默默地向他举起了酒杯。

就在这时，远处忽然有马蹄奔腾声响起。

七十匹快马飞驰奔腾，蹄声如战鼓雷鸣，天地间立刻充满了杀气。

可是外面的欢唱声并没有停止，卜鹰也仍然安坐不动。

他的杯中仍有酒，满满的一杯酒，连一滴都没有溅出来，只淡淡地对小方说："我知道你最怕等，他们果然没有让我们等得太久。"他又举杯："为了这一点，我们也该喝杯酒。"

蹄声自远而近，仿佛在绕着这队伍的营地奔驰，并没有冲过来。

营火旁的人仍在高歌欢唱，仿佛根本不知道强敌已来，生死已在呼吸间。

这是不是因为他们每个人都信任卜鹰，绝不会将他们带上死路，所以才能如此镇定？

也许就因为他们这种超人的镇定，才使得强敌不敢轻犯！

忽然间，一声尖锐的呼哨响起，响彻云霄。

围绕着营地奔驰的健马，忽然全都停下，蹄声骤止，大地静寂如死。

杀气却更重了。

七十四快马上的七十名战士,想必都已抽箭上弦,拔刀出鞘。

卜鹰仍然毫无举动。

对方不动,他也不动,他比他们更能等、更能忍。

小方很想出去看看外面的情况,卜鹰却又向他举起了酒杯。

"我保证他们绝不会冲过来的,情况未明,他们绝不敢轻举妄动。"

他又举杯一饮而尽:"我们至少还有时间再喝三五杯。"

他只喝了这一杯,又是一声呼哨响起,加答忽然冲入了帐篷,嘶声说:"来了!"

卜鹰的杯中酒又已斟满,滴酒不溅,只冷冷地问:

"谁来了?"

"卫天鹏来了。"加答显得有点紧张,"还有六个人抬着三顶轿子跟着他一起来了,已经从西面进入了营地。"

"来的只有这几个人?"

"其余的人马已经把我们包围住,来的却只有这几个人。"加答道,"他们说要来见你。"

卜鹰浅浅地啜了一口酒:"既然有贵客光临,为什么不请他们进来?"

帐篷外忽然有人冷笑!

"既然知道有贵客光临,主人为什么不出来迎接?"说话的这个人声音尖细,就像是一根根尖针刺入耳里,"卜大老板的架子也未免太大了些。"

卜鹰冷冷道:"我的架子本来就不小。"

他挥了挥手,加答立刻将大幕掀起。帐外灯火亮如白昼,远处闪动着刀枪剑戟的寒光,欢唱声终于停止,驼马不时惊嘶,寒风阵阵吹来,冷如刺骨钢刀。

一匹高头大马、三顶绿绒小轿已到了帐外,卫天鹏高坐马上,腰畔有刀,鞍旁有箭,箭仍在壶,刀仍在鞘,杀气却已尽出。

刚才说话的却不是他。

刚才说话的声音是从第一顶轿子里发出来的,现在人已下轿。

一个独臂独腿的女人,头发白如银丝,面貌宛如少女,左腿上装着丑陋而笨拙的木脚,右腿上却穿着条绿花裤,露出了光滑纤细柔美的足踝,踝上戴着七八枚闪闪发光的金镯。

她的左臂已齐肘断去,右手却美如春葱,手上提着个看来分量极沉重的黄布包袱。

她的木脚着地,姿势丑陋而笨拙,右腿落下后,立刻变得风姿绰约,美如仙子。

她这个人就像是地下诸魔用两个完全不同的人拼凑起来的。拼得虽然很巧妙,却令人一看见就会从心底发冷。

小方本来就听说过天魔玉女柳分分是个怎么样的人。

可是等他亲眼看见时,他才知道所有的传说都不能形容出她的邪异和诡秘。

第二顶轿子上的人也下来了,瘦而黝黑,长如竹竿,身上穿着件黑布长衫,一双眼睛里昏暗无光,一双手始终藏在袖子里,不愿人看见。

小方知道他就是江湖中人闻名丧胆的杀手搜魂,可是并没有十分注意他。

小方一直在注意着第三顶轿子。

——波娃是不是马上就要从这顶轿子里走出来了?

他的心在跳动,在刺痛,跳得很快,痛入骨髓。

他在尽力控制着自己,不让脸上露出一点痛苦的表情来。

想不到第三顶轿子里一直都没有人走出来。

卫天鹏一跃下马,跟着搜魂手和柳分分走入了帐篷。

帐篷上的黑色鹰羽在风中摇动,仿佛正在向人们宣示它所象征的不祥含意:疾病、灾祸、死亡!

但是这些事小方并不在乎,疾病、灾祸、死亡,他都不在乎。

他在乎的只有一件事。

——第三顶轿子里究竟有没有人,如果有人,为什么不出来?如果没有人,他们为什么要把一顶空轿子抬来?

卜鹰仍然端坐不动,苍白的脸上连一点表情都没有。

卫天鹏冷笑。

"卜大老板的架子果然不小。"

"你错了。"柳分分也在笑:"现在我已经看出他并不是真的架子大。"

她的声音忽然变了,变得如少女般温柔娇媚:"他没有站起来迎接我们,只不过因为他受了伤,我们怎么能怪他?"

卜鹰居然承认。

"我不但受了伤,而且伤得很重。"

"可是你也不必太难受。"柳分分的声音更温柔,"能够在独孤痴剑下保住性命的人,除了你之外,好像还没有第二个。"

"我一点都不难受。"卜鹰道,"因为我知道独孤痴现在也未必很好受。"

柳分分居然同意："所以你们那一战也不能算是你败了，所以卜大老板还是永远不败的！"

她柔声接着道："最少直到现在为止，还没有败过，连一次都没有败过。"

搜魂手冷冷地问："下一次呢？"

"下一次他也不会败。"柳分分吃吃地笑着道，"因为这一次他若不肯答应我们的要求，他根本就没有下一次了。"

卜鹰问："你们要的是什么？"

"要的是三十万两黄金和一个人。"

"你们已经派人搜查过，已经应该知道黄金并不在这里。"

卫天鹏又在冷笑："不在这里在哪里？除了你之外，只怕也没有人知道。"

"哦？"

"我们已将这地区完全搜查过。"卫天鹏道，"除了你们外，绝没有别人能从铁翼手上劫走那批黄金，所以黄金就算不在你们要带走的这批货物里，也一定是被你们藏起来了。"

柳分分叹了口气，柔声道："你这么样说，他一定不会承认的。"

卫天鹏道："你有法子让他承认？"

柳分分道："这种事通常只有一种法子解决，这种法子虽然很俗气，却是最古老、最有效的一种。"

她的声音忽然又变了，变得尖锐而冷酷："胜者为强，败者遭殃，如果他们败在我们手里，就算黄金不是被他们劫走的，他们也得想别的法子把三十万两黄金交出来。"

搜魂手冷笑道："这法子听来好像很不错，要卜大老板交出三十万两黄金来，好像并不难。"

柳分分道："我保证他一定能交得出。"

卫天鹏道:"可是我们并不想多伤无辜,所以我们只来了三个人。"

搜魂手道:"我们三阵赌输赢,就赌那三十万黄金和那个人。"

卫天鹏:"只要你们能将我们三个人全都击败,我们从此不再问这件事。"

搜魂手道:"不管你们要找的对手是谁,小方总是我的。"

小方终于转过身。

在刚才那片刻,他有几次都想冲过去,看看那顶轿子里是不是有人,看看波娃是不是在那轿子里。

他几次都忍住。

看见了又如何?又能证明什么?改变什么?

他转身面对搜魂手:"我就是小方,就是你要找的人,你是不是现在就想出手?"

搜魂手没有开口,卜鹰却替他回答:"他不想。"

卜鹰道:"他根本就不是真想找你这个对手,因为他自己也知道,十招之内,你就可以将他刺杀在剑下。"

小方道:"可是他明明已找上了我。"

卜鹰道:"那只不过是他们的战略。"

小方不懂:"战略?什么战略?"

"我受了伤,班察巴那是藏人,他们一向认为藏人中没有真正的高手。"

卜鹰接道:"他们真正提防的人只有你,所以他们要搜魂手先选你做对手,因为他的武功最弱。以最弱的人对最强的人,以下驷对上驷,剩下的两阵,他们就必胜无疑了!"

这是春秋时兵法家的战略,只要运用得当,通常都十分有效。

卜鹰忽又冷笑:"只可惜这一次他们的战略用错了。"

卫天鹏忍不住问："错在哪里？"

"错在你们根本就没有看出这里谁才是真正的绝顶高手。"

"这里还有高手？"

"还有一个。"卜鹰道，"只要他愿意，随时都可以夺下你的刀，拗断你的弓箭，再顺手打你七八个耳光，把你一脚踢出去！"

卫天鹏笑了，大笑。

卜鹰道："你不信？"

卫天鹏道："卜大老板的话，我怎么敢不信？只不过像卜大老板说的这种人我非但没有见过，连听都没有听过。"

卜鹰道："现在你已听过了，你是不是想见见他？"

卫天鹏道："很想。"

卜鹰道："那么你不妨赶快拔刀，只要你一拔刀，就可以见到了。"

卫天鹏没有拔刀。

他的刀在腰，名震江湖的斩鬼刀。

他的手已握住刀柄。

他拔刀的姿态无懈可击，拔刀的动作也同样正确迅速，江湖中很少有人能比得上。

他的刀一拔出来，必定见血。

但是他没有拔刀。

帐篷里除了他们自己三个人，以及小方、卜鹰、班察巴那外，只有两位老先生。

严正刚刻板方正，完全没有一点武林高手的灵气和杀气。

宋老夫子看来只不过是个老眼昏花、老态龙钟的老学究。

这两个人看起来都绝不像是高手。

除了他们还有谁?

卫天鹏看不出,所以他没有拔刀,他这一生中,从未做过没把握的事。

柳分分忽然叹了口气,柔声道:"卜大老板也应该了解他这个人,要他拔刀,并不是件容易的事,我就不同了,要我出手很容易。"

她少女般的脸上又露出甜美的笑容:"我出手是不是也一样能见到?"

卜鹰的回答明确:"完全一样。"

柳分分微笑:"那就好极了。"

帐篷里有两张木几和几个用兽皮缝成的坐垫,柳分分慢慢地坐下,将手里的黄布包袱放在几上,用那只春葱的玉手去解包袱上的结。

她已准备出手,包袱里无疑就是她杀人的利器,一种绝不是属于她"人"那一半的杀人利器!

一种已接近"魔"的杀人利器!

第九章

另外一只手

包袱已解开，包袱里只有十三件闪动着暗黄光芒的铁器。每一件的形状都很怪异，有的看来如环扣，有的看来如骨节。

谁也看不出这是什么兵刃，世上根本没有这样的兵刃。

柳分分解释："这就是我的另外一只手。"

她伸出了她那只纤柔美丽的手："我的这只手跟别人完全没有什么不同，我穿衣、吃饭、洗脸、漱口，都是用这只手，偶尔我也会用这只手去抚摸我喜欢的男人。"

"你另外这只手呢？"卜鹰问。

柳分分笑了，笑容忽然变得说不出的邪恶诡秘："你们都应该看得出，这绝不是一只人的手。"她一个字一个字地接着道，"这是魔手，是用十八层地狱下的魔火炼成的。"

她忽然卷起衣袖，从那条已被齐肘砍断的手臂骨节里，抽出了一根乌黑的钢丝。

然后她就将这十三件铁器全都接在她的断臂上，接成了一条怪异而丑恶的铁臂。

最后一节是个钢爪。

她将断臂中抽出的那条钢丝，结上这最后一节钢爪的机簧环扣。

这条本来明明是用黑铁炼成、没有血、没有肉、没有生命的铁臂，忽然变得有了生命，忽然开始弯曲、扭动，随时都可以从任何一个部位，向任何一个方向弯曲扭动。

最后一节钢爪，也配合着铁臂的动作，忽然弯转，抓住了她自己这条手臂的后肘。

这种动作是任何人都绝对做不到的，可是她能做得到。

因为她这只手，根本不是人的手。

她忽然转身看着小方："你能不能把你的手伸出来给我看看？"

小方伸出了手。

他的手掌宽大、坚实、干燥，他的手指长而有力。

柳分分微笑："你有双很好看的手，而且很有用，你用这双手握剑的时候，任何人都很难将你的剑击落。"

小方淡淡地说："我手里的剑从未被人击落过。"

"可是你手里没有剑的时候呢？"柳分分问："你能不能凭空变出一把剑来？"

小方不能，任何人都不能。

"我能。"柳分分说。

她的铁臂一扭，钢爪弹出："就是这一把剑，我已用这把剑刺穿过二十七个人的咽喉。"

小方冷冷道："二十七个人也不能算多。"

柳分分咯咯地笑道："我杀的人当然不止二十七个，因为我这只手里还藏着迷香、毒汁和另外十三种暗器，随时都可以射出来，要人的命！但是谁也不知道它会在什么时候射出来，从什么地方射出来。"

小方闭上了嘴。

无论谁都不能不承认，她这只手实在是种可怕的武器。

柳分分的铁臂又一扭，钢爪再次弹出，"哧"的一声响，三寸厚的木几，已被刺穿了一个洞，一缕青烟袅袅散出。

"现在你们想必也已看出，我这把剑上还淬了毒，见血封喉，绝对没救。"

她还没有说完这句话，木几上那破洞的四周，竟已完全焦裂。

"现在我已经准备出手了。"

她媚眼中光芒如蛇蝎，慢慢地从小方、卜鹰、班察巴那三个人脸上扫过。

然后她才轻轻地问："你们要我对谁出手？"

"我。"一个人淡淡地说，"我早已在等着你出手。"

说话的这个人竟不是她看着的三个人，而是看来最不可能说出这句话的宋老夫子。

"你？"柳分分也显得很惊讶，"是你？"

宋老夫子叹了口气："其实我也有点怕你这只手，更不想要你用这只手来对付我，只可惜这里偏偏只有我一个人能对付你。"

柳分分盯着他看了半天，又笑了。

"只有你能对付我？"她的笑容又变得十分温柔，"你准备用什么对付我？"

"用我的另外一只手。"宋老夫子道，"你有另外一只手，我也有。"

"你也有？"

柳分分看着他摆在桌上的一双枯瘦干瘪的手："你的两只手好像都在这里。"

宋老夫子微笑："你的另外一只手，是第二只手，我的另外那只手，是第三只手。"

他笑得很愉快："我的这双手，也跟别人没什么不同，我穿衣、吃饭、洗脸、漱口都用这双手，偶尔我也会用这双手去抚摸女人的……"

班察巴那忽然也笑了笑！

"你通常摸的都是女人身子的哪些地方，用不着说出来别人也知道。"

宋老夫子道："可是我另外那只手，用处就不同了。"

他的笑容忽然也变得很诡秘："你想不想看看我那只手？"

柳分分媚笑："我想得要命。"

"好。"宋老夫子道，"你看着。"

他的一双手本来就摆在几上，十根手指平平地伸展出来。

他自己也在看着自己的这双手。

柳分分当然更不能不看，卫天鹏和搜魂手也没法子不去看。

羊角灯在风中摇曳，灯光闪动不停。

他一双干瘪的手忽然变了，不但颜色变了，形状也变了，本来毫无血色的手，忽然变得血红；本来枯瘦无肉的手，忽然变得健壮有力，就好像一对空皮囊中，忽然被塞入了血肉。

看着他这双手的人脸色也变了。

就在这时，忽然有另一只手闪电般伸出，"咯"地一响，柳分分断臂上的铁手已被卸下来。

这只手是从哪里来的？

这只手本来就在，在严正刚身上，每个人都看见了这只手，可是没有人想到这就是宋老夫子的"另外一只手"。

现在柳分分的铁臂已经到了严正刚手里。

柳分分脸色惨变。

"这算什么？"

"算你败了。"宋老夫子眯着眼笑，"三阵赌输赢，第一阵你们已败了！"

"这不能算！"

"为什么不能算？"宋老夫子道，"你的另外一只手在包袱里，我的另外一只手在别人那里，我们的两只手本来都同样不在自己身上。"

"可是你们两个人对付我一个……"

"谁说我们是两个人？出手的是他，我的手根本连动都没有动过。"

柳分分少女般的脸，好像忽然就老了三十岁。

这当然是个圈套，可是现在她已经掉了下去，她还能怎么样？

卫天鹏的脸色铁青，忽然道："我佩服。"

"你佩服我？"宋老夫子笑得更愉快。

"阁下的掌力内功，我当然佩服。"卫天鹏转向严正刚，"阁下出手之快，我更佩服。"

他忽又冷笑，看着卜鹰冷笑！

"但是我最佩服的，还是你！"

"哦？"

"若不是阁下先说了那些话，让我们认定这里有位随时都可以夺下我的刀，把我一脚踢出去的绝顶高手，柳夫人只怕还未必会中他们的计。"

卜鹰也冷冷地笑了笑！

"你还是不信世上有这样的高手？"

"他的人在哪里？"卫天鹏问。

"就在这里！"

"他是谁？"

"我说过，只要你一拔刀，就会知道他是谁了。"卜鹰道，"我保证绝不让你失望。"

卫天鹏一向冷静谨慎，一向最能沉得住气，从不轻易出手，从不做没把握的事。

但是现在他已不能不破例了。

他已不能不拔刀！

"锵"的一声，刀出鞘。

刀光如雪如霜，如奔雷闪电，三尺九寸长的刀锋，带着刺耳的风声，一刀向卜鹰砍了下去。

他从不轻易出手，只要出手，就很少失手。

没有人能形容这一刀的速度和威力，快、准、狠，都不足以形容。

他这一刀已展尽全力，既没有替自己留退路，也不想再留下对方这条命！

高手出招，通常都不会尽全力，因为他们一定要先为自己留下退路，先立于不败之地。

卫天鹏绝对是高手，他这一刀未留退路，只因为他认为根本不必留退路。

卜鹰不但受了伤，而且空拳赤手，用什么来接这一刀？

就算还能闪避，也绝对无力反击。

对方既然无力反击，他又何必要为自己留退路，能够有一分力量使出来，就将这一分力量使出来，刀下绝不留情。

他希望这一刀就能致命！

卫天鹏老谋深算，身经百战，一向看得极准、算得很准。
可惜他这一次算错了。
卜鹰接住了这一刀，用一双空手接住了这一刀。
他的双手一拍，就已将刀锋夹住，他的身子已飞起，双脚连环踢出，第一脚踢卫天鹏握刀的手，第二脚踢他双腿间的要害。
卫天鹏不能不闪避、后退。
第一脚踢来时，他的刀已撒手，第二脚踢来，他只有凌空翻身，才能躲得开。
他的人落下时，已在帐篷外。
他的刀已在卜鹰手里。
卜鹰轻抚刀锋，冷冷道："这一刀还不够快，这把刀也不够快。"
他以拇指扣中指，以中指弹刀锋，"嘣"地一响，刀锋已缺口。
他右手握刀柄，再用左手两指捏住刀尖，又是"嘣"的一响，长刀已被拗断！从刀锋缺口处断成两截。

卫天鹏的脸色惨变，变得比柳分分更惨。
卜鹰冷冷地接着道："我虽然已负伤，可是你们也不该低估我的，因为我还没有死。"
卫天鹏握紧双拳："只要你不死，就没有人能击败你？"
卜鹰的回答和以前同样明确："直到现在还没有。"
他连看都不再去看卫天鹏，他一双秃鹰般的锐眼已盯在搜魂手身上。
"现在，只剩下你了。"卜鹰道，"三阵赌输赢，你们已败了两阵，你是不是想拼一拼？"

"这个人，是我的。"小方的声音虽然很平静，情绪却很不平静。

刚才那两阵对决，实在令人血脉沸腾，动魂惊心。

"这个人当然是你的。"卜鹰道，"只要他出手，三招之内，必将死在你的剑下。"

"刚才你说是十招。"

"现在已不同了。"卜鹰冷冷道，"现在他的胆已寒、气已馁，你要杀他，已经用不着十招。"

小方忽然也冷笑："只可惜他绝不敢出手的。"

"他当然不敢。"

搜魂手站在那里，连动都没有动，他们说的话，他好像根本没听见。

现在他不但是"瞎子"，而且变成了聋子。

柳分分已经很久没有开口，忽然轻轻地叹了口气："无论斗智斗力，卜大老板都无人能及。"

卜鹰接受了她的恭维。

柳分分又道："但是智者千虑，也难免会有所失。"

"哦？"

"我们虽然败了，但是还没有死。"

柳分分站起来，眺望着远处剑戟上闪动的寒光："就在你们的营地外，我们还有七十位久经训练、百战不死的战士。"

卫天鹏接着道："只要我一声令下，他们就会冲过来，片刻间这里就将横尸遍地，血流成渠。"

卜鹰忽然道："你们外面还有轿子，轿子当然不会是空的。"

"不错。"柳分分道，"我们当然不会抬一顶空轿子来。"

她目中又闪出恶毒诡谲的笑意："轿子里很可能坐着位从未败过

的绝顶高手，也可能藏着可以将这方圆五里内的人畜全都炸成灰的火药。"

她用笑眼看着小方："我知道你一直想看看轿子里究竟有什么？但是不到最后关头时，我们是绝不会让你看到的。"

小方沉默。

柳分分接着道："现在还不到最后关头，因为我们还有赌注，还可以跟你们赌一赌。"

她转身面对卜鹰："只看卜大老板是不是愿意用你这么多子弟伙伴的性命，来跟我们赌。"

卜鹰也沉默。

这是一场豪赌，赌注实在太大，败的一方固然会败得极惨，胜的一方也是惨胜。

无论是惨胜，还是惨败，都同样痛苦。

"我知道你很难下决定。"柳分分道，"不到最后关头，我们也同样不愿意跟你赌，只要你答应我们两点小小的要求，我们立刻就走。"

卜鹰仍然沉默。

卫天鹏道："我们想看看你的货，每一包都要看。"

这是他的第一点要求："黄金既然不在这里，你就让我们看看又何妨？"

柳分分道："我们也想把这个人带走。"

她指着小方："他跟你非亲非故，你何必为他跟我们拼命？"

卜鹰终于开口："你们的要求听来好像并不过分。"

"非但不过分，而且很合理。"柳分分媚笑，"我知道你一定会答应的。"

小方忽然也开了口："我愿意跟他们走。"他的语气坚决，毫无犹疑,"随时都可以走。"

卜鹰慢慢地点了点头:"我明白你的意思。"他说,"你一向不愿连累别人,更不愿无辜者为你而死。"

"我本来就不该留在这里。"

"可是你忘了一点。"

"哪一点?"

"你留下来,是我要你留下来的。"卜鹰道,"我既然要你留下来,谁也不能带你走。"

他说得很慢,可是每个字都像是根钉子,他每说一个字,就像是已将一根钉子钉入石头里。

钉子已经钉了下去,话已说出口,小方胸中的热血又涌起。

柳分分叹了口气:"你真的要跟我们赌一赌?"

"不错。"卜鹰淡淡地说,"现在你们已经可以下令,要你们那七十位久经训练、百战不死的战士冲过来了。"

卫天鹏的脸色发青,掌心冒汗。

"你不后悔?"

卜鹰拒绝回答。

拒绝回答,已经是一种回答,绝不容别人误解,也不会被人误解的回答。

"好。"卫天鹏咬牙,"你既然不怕流血,我们为什么要怕?"

他忽然撮口长啸,声音尖锐凄厉,如荒山鬼呼,雪地狼嚎。

这是他们约定的信号。

攻击的信号。

夜寒如刀。

远处剑戟森森，在跳动的火焰照耀下，闪烁着慑人的寒光。

人头在颈子上，热血在胸膛，箭在弦上，刀在手。

攻击的命令已发出了。

尖锐的啸声响彻夜空。

卜鹰居然还是安坐不动，除了心脏与血脉外，全身都没有动。

远处森森然环列的剑戟也没有动，人马并没有冲过来。

卫天鹏的脸色变了。

他们组织严密，号令严明，纪律严肃。

他发出的命令从未失效。

宋老夫子忽然笑了笑："说不定你这次带来的人耳朵都不太好，都没有听见你在叫他们。"

卫天鹏不理他再次长啸，啸声更尖锐、更响亮。

宋老夫子掩起了耳朵，叹了口气："这一次连聋子都应该听见了。"

但是远处的人马仍然没有动。卫天鹏鼻尖上已冒出冷汗。

卜鹰忽又开口，声音冷如针刺剑击刀削。

"他们不是聋子。"

"不是聋子为什么听不见？"

"他们听得见。"

"听得见为什么还不冲过来？"宋老夫子又眯起眼，"刀枪剑戟齐下，把我们一个个剁成肉泥？"

"因为我还没有要他们过来。"

"你要他们过来，他们就会过来？"宋老夫子又问。

卜鹰道："只有我要他们过来，他们才会过来。"

宋老夫子摇头："我不信。"

"你马上就会相信的。"

卜鹰忽然挥手，说出了两个字："过来！"

他的声音既不尖锐，也不响亮，可是这两个字一说出，远处的人马就动了。

动得很慢。

七十匹健马，载着一百四十个人，慢慢地走入火光照耀的营地。

每匹马上都有两个人。

前面的一个人，急装劲服，手持弓箭刀戟，正是卫天鹏属下的战士。

他们的确都已久经训练，但是现在每个人都好像木头人一样坐在马鞍上，身子都已僵硬，脸上都带着恐惧至极的表情。

因为他们后面还有个人。

每个人身后，都有另外一个人，用一把尖刀，抵在他们的腰眼上。

小方忽然发现刚才还在营火旁高歌欢唱、痛饮的那些浪子行商旅客，现在已少了很多，本来有一百多个人的，现在已少了一半。

这一半人都已到了马上，到了卫天鹏属下战士的健马上，像影子般贴在这些战士的背后，用一把尖刀抵住了这些战士的腰眼。

他们才是真正的战士。

他们的行动轻捷如狸猫，迅疾如毒蛇，准确如五花箭神的箭。

卫天鹏属下正在等待着攻击令下时，正在全神贯注准备出击，全部注意力都集中在这个顶上悬挂着黑色的鹰羽的帐篷时……忽然间，每个人都发现自己背后多了一个人，每个人腰眼上都已感觉到尖刀的刺骨寒意，每个人都听见身后有人在说："不许动，一动就死！"

还没有开始赌,他们就已败了。

惨败!

有人曾经用八个字形容卫天鹏——静如山岳,稳如磐石。

但是他现在整个人都已崩溃。

彻底崩溃。他从未经历过这样的惨败。

柳分分少女般的红颜笑靥,现在也已变得如新丧的寡妇般衰老苍白憔悴。

现在她已经不是一半人,而是一个人了,她属于"魔"的那一半,已经在这种无情的惨痛打击下被消灭,彻底消灭。

卜鹰冷冷地看着他们。

"你们虽然败了,却还没有死,你们外面那七十位久经训练、百战不死的战士也还没有死。"

他一个字一个字地问:"你们想不想死?想不想要那七十位战士陪你们一起死?"

这问题根本不必回答,也没有人愿意回答,但是从来不开口的搜魂手却回答了:"我们不想死。"

毒手搜魂,性命无存。

但是杀人的人,却往往比被他杀的人更怕死,杀人者往往就是因为怕死才杀人。

卜鹰冷笑:"现在是不是已经到了最后关头?"

"是。"

"现在你们还有一顶轿子,轿子里可能有位绝顶高手,也可能有足够将我们全都炸成飞灰的火药。"

卜鹰又道:"你们是不是还想赌一赌?"

"我们不想。"搜魂手抢着道,"轿子里没有高手,也没有火药,只有……"

他没有说完这句话。

班察巴那忽然挥拳,痛击在他脸上,封住了他的嘴。

名满江湖的搜魂手竟避不开这一拳,世上恐怕已很少有人能避开这一拳。

第十章

惨　败

这一拳既没有花俏的招式，也没有复杂的变化，只有速度。

惊人的速度，快得令人无法思议，快得可怕。

搜魂手倒下去时，嘴里很可能已没有一颗完整的牙齿，碎裂的鼻梁已移动了位置，鲜血从破裂的嘴唇中涌出，就像是被屠刀割开的一样。

速度就是力量。

每个人脸上都变了颜色，直到此刻，大家才看出班察巴那的力量。

他冷冷地看着搜魂手倒下去时才开口。

"我不是名家弟子，也没有学过你们那些高妙的武功，我只不过是个粗鲁野蛮无知的藏人，在你们眼中，很可能跟野兽差不多。"

班察巴那道："可是我说出来的话一向算数。"

谁都不知道他要说什么，也不知道他为什么不让搜魂手说出那顶轿子里的秘密。

只有卜鹰知道。

"他要说的，就是我要说的。"卜鹰道，"他说的话跟我同样有效。"

他们互相凝望一眼，两个人的眼色已说出他们彼此间的信任与尊敬。

班察巴那说出的话让每个人都很惊讶。

"我们不想知道那顶轿子里有什么，不想听，也不想看！"他的声音冰冷，"如果有人说出了那顶轿子里是什么，如果有人让我看见了那顶轿子里是什么，不管他是谁，我都会杀了他！"

小方吃惊地看着他，想开口，又忍住，任何人都想不通他为什么要这样做。

班察巴那转身面对卫天鹏："现在我们之间的战争已结束，你们已惨败，我们的条件，你都得接受。"

卫天鹏已不再稳如磐石。

他的手已经在发抖，嘴唇也在发抖，过了很久才能问出一句话："你们有什么条件？"

班察巴那却已闭上嘴，退到卜鹰身后。

他有力量，但却从不轻露；他有权力，但却绝不滥用。

到了应该闭上嘴时，他绝不开口。

无论在任何地方，任何组织，发号施令的只有一个人。

现在他已说出了他要说的，他也像别人一样等着卜鹰下令。

卜鹰终于开口："你们可以把那顶轿子带走，但是你们不能这样走。"

他说出了他的条件："你们每个人都得留下点东西来才能走。"

"你要我们留下什么？"卫天鹏问出这句话时，声音已嘶哑。

"留下一样能让你们永远记住这次教训的东西。"卜鹰忽然转向柳分分，"你说你们应该留下什么？"

他是发令的人。

他说出的话就是命令，绝没有任何人敢违抗。

他为什么要问柳分分？为什么不问别人，只问柳分分？

柳分分也很惊讶，可是忽然间她的眼睛就发出了光。

她忽然明白了卜鹰的意思。

她看着卜鹰时，就像一条狡狐看着一只捕狐的鹰。虽然恐惧敬畏，却又带着一种除了他们自己外，别人绝对无法了解的感情。

他们竟似已互相了解。

卜鹰也知道她已完全了解他的用意，才放过了她的目光，淡淡地说道："只要你说出来，我就答应。"

柳分分仿佛还在犹疑，眼中却已闪出了狡黠恶毒的笑意。

"我们是一起来的，我留下了什么，他们也该留下什么。"

她慢慢地接着道："我已经留下了一只手。"

小方也有手，他的手冰冷。

现在他也明白了卜鹰早已算准她会这么说的，所以才问她。

他相信她为了保护自己时，绝对不惜出卖任何人。

卜鹰脸上全无表情。

"这是你说的。"他冷冷地问，"你是不是认为这样做很公平？"

"是。"柳分分立刻回答，"绝对公平。"

卜鹰不再说话，也不再看她。

用两根手指捏住刀锋，将刚才从卫天鹏手里夺过来的断刀，慢慢地送到卫天鹏的面前。

他不必再说什么。

卫天鹏还能说什么？

他已惨败。

一个惨败了的人，除了流泪外，只有流血。

流不完的血!

刀锋冰冷,刀柄也同样冷。

手更冷。

卫天鹏用冰冷的手接过冰冷的刀,凝视着寒光闪动的刀锋。

这是他的刀。

他用这把刀砍下过别人的头颅,割断过别人的咽喉,他也用这把刀砍断过别人的手。

忽然间,他的神情又恢复镇定,已准备接受这件事,因为他已不能逃避。

事实本来就是残酷的,绝不容人逃避。

卫天鹏忽然问:"你要我哪只手?"

他也知道这问题卜鹰必定拒绝回答,他用左手握刀,将右手伸出。

"这是我握刀杀人的手,我把这只手给你,今生我绝不再用刀。"

是不再用刀,不是不再杀人。

卫天鹏一字一字接着道:"但是只要我不死,我一定要杀了你,不管用什么法子,都要杀了你。就算你砍断我两只手,只要我还有一口气在,我也要用嘴咬断你的咽喉,尝尝你的血是什么滋味!"

他的声音极平静,可是每句话、每个字,都带着种令人冷入骨髓的寒意,就像是来自地狱群鬼的毒咒。

卜鹰脸上还是全无表情。

"很好。"他淡淡地说,"我会给你最好的伤药,让你好好地活下去。"

卫天鹏握刀的手上青筋暴起，已准备挥刀砍下去。

卜鹰忽又喝止："等一等！"

"还要等什么？"

"我还要让你看一件事。"卜鹰道，"你看过之后，才会知道你自己这一次来得多么愚蠢！"

卜鹰挥手下令，所有的货物立刻全部都堆积到帐篷前，每一包货物都打开了。

没有黄金。

"黄金根本不在这里。"卜鹰道，"你根本不该来的，这件事你做得不但愚蠢，而且无知，你自己也必将后悔终生！"

卫天鹏静静地听着，全无反应，等他说完了，才冷冷地问："你还有什么话要说？"

"没有了。"

"很好。"卫天鹏忽然冷笑，"其实连这些话你都可以不必说的。"

他挥刀。

刀锋划下时，外面马背上的七十战士忽然同声惨呼。

七十个人，七十条手臂，都已被他们背后的人拧断。

用最有效的手法拧断，一拧就断。

他们本来的确都是久经训练、百战不死的健儿，可是这一次他们竟连还手的机会都没有。

战马惊嘶，奔出营地，轿子也已被抬走，三顶轿子都被抬走。

蹄声渐远渐无，欢饮高歌也不复再有，连燃烧的营火都已将熄灭。

天已快亮了。

黎明前总有段最黑暗的时候，帐篷里的羊角灯仍然点得很亮。

宋老夫子"醉了"，严老先生"累了"，该走的人都已走了。

小方还没有走。

但是他也没有坐下来，他一直静静地站在那里，仿佛根本没有注意到别人的来去，也没有注意到卜鹰和班察巴那的存在。

他的人明明在这里，却又仿佛到了远方，到了远方一个和平、宁静、无恩无怨无情无爱的地方。

卜鹰凝视着他，忽然问："你是不是认为我不该做得这么绝？"

没有回答。

"我不管你怎么想，只要你明白一点。"卜鹰道，"敌我之间，就像是刀锋一样，既无余情，也无余地，我若败了，我的下场一定更惨。"

他慢慢地接着道："何况这一次本来就是他们来找我的，我们既然不能不战，要战，就一定要胜；要战胜，对敌人就绝不能留情。"

这是不变的真理，没有人能反驳。

卜鹰道："这道理你一定也明白。"

小方忽然大声道："我不懂。"

他看来就像是忽然自噩梦中惊醒："你们做的事，我全都不懂。"

班察巴那苍白英俊的脸上已有很久未见笑容："你不懂我们为什么一定要他们将那第三顶轿子抬走？"

"你们为什么？"小方早已想问这句话。

班察巴那没有直接回答这句话。

"你不懂，只因为有很多事你都听不见，有很多事你都看不见。"

他不让小方开口，因为他一定要先将自己应该说的话说出来。

"你不懂，只因为你还年轻，还没有经过我们这么多惨痛的经验。"班察巴那的态度严肃而诚恳，"如果你也跟我们一样，也曾在这块大地上生活了二十年，几乎死过二十次，那么你也会听见一些别人听不见的事，也会看见一些别人看不见的事了。"

他的态度使小方不能不冷静下来。

"我听不到什么？"小方问，"你们又听见了什么？看见了什么？"

"那顶轿子比其他两顶都重了一点。"班察巴那道，"而且轿子里有两个人的呼吸声。"

卜鹰替他接下去说："是两个女人的呼吸声，其中有一个的呼吸已经很微弱。"

小方已经发现自己应该学习的事还有很多，远比他自己本来的想象中多得多。

不过他还是要问："你们怎么知道轿子里是两个女人？女人的呼吸难道也跟男人有什么不同？"

"没有什么不同。"

"我们知道轿子里是两个女人，只因为那顶轿子只比搜魂手坐的那顶重了一点。"

卜鹰又道："我们是从抬轿子人的脚带起的尘沙上看出来的。"

这次是班察巴那替他接着说了下去："轿子的质料和重量都是一样的。"班察巴那道，"搜魂手练的是外功，人虽然瘦，骨头却重，而且他很高，大概有一百二十斤。"

"那两个人加起来最多只比他一个人重二三十斤。"

班察巴那下了个很奇怪的结论："这个重量刚好是她们两个人加起来的重量。"

小方当然立刻就问:"她们两个人?哪两个人?你知道是哪两个人?"

"我知道。"班察巴那道,"其中一定有一个是娇雅。"

"娇雅?"小方从未听过这名字,"娇雅是什么人?"

班察巴那的表情忽然变得很悲伤!

"如果你要了解娇雅这个人,就一定要先听一个故事。"

他说的是个悲伤的故事!

娇雅是个女人,是千百年前,生长在圣母之水峰北麓,古代的廓尔喀族中一个伟大而圣洁的女人,为了她的族人,而牺牲了自己。

在凶恶歹毒强悍无耻的尼克族人围攻廓尔喀部落时,她的族人被击败了。

尼克族的标志是"红",带着血腥的红,他们喜欢猩红和血污。

他们的酋长活捉了娇雅,玷污了她。

她忍受,因为她要复仇。

以牙还牙,以血还血,她终于等到机会,救了同族那个被俘的酋长,救了她的族人。

她自己也不得不牺牲。

等到她的民族复仇大军攻入尼克族酋长的大帐下时,她已化作芳魂。

是芳魂,也是忠魂。

她手里还紧握着她在临死前写给她情人果顿的一首情曲。

是情曲,也是史诗。

请拾得这支歌曲的人。

妥交给我那住在枯溪旁的果顿。

我爱的果顿，你一定要活下去。

你要生存，就该警惕。

时刻警惕，永远记住，记住那些喜欢污腥血红的人。

他们是好杀的。

你遇到他们，也不必留情。

你要将他们赶入穷海，赶入荒塞，重建你美丽的故国田园。

故国虽已沉沦。田园虽已荒芜。

可是只要你勤勉努力，我们的故国必将复兴，田园必将重建。

她的情人没有辜负她，她的族人也没有辜负她。

她的故国已复兴，故国已重建。

她的白骨和她的诗，都已被葬在为她而建的娇雅寺白塔下，永远受人尊敬崇拜。

这是个悲惨的故事，还是个壮烈的故事，永远值得后人记忆警惕。

千千万万年之后的人，都应该为此警惕。

因为真理虽然常在，正义虽然永存，人世间却还是难免有些喜欢血腥的人，每个人都应该像娇雅一样，不惜牺牲自己去消灭他们。

现在班察巴那已说完了这个故事。

小方没有流泪。

一个人如果胸中已有热血沸腾，怎么会流泪？

不过他还是不能不问:"她的白骨既然已埋在白塔下,你们说的这个娇雅是谁?"

班察巴那的回答又让他惊讶。

"我们说的这个娇雅,就是你一直认为她就是水银的那个女人。"

小方怔住。

班察巴那显得更悲伤。

"她是我们的族人,她知道吕三一直在压榨我们,就像是那些血腥的恶汉一直在压榨娇雅的族人一样,所以她不惜牺牲自己。"

卜鹰忽然插口:"因为她不但是他的族人,也是他的情人,她牺牲了自己,到他的敌人那里去卧底,去刺探他们的消息。"

班察巴那握住了小方的手:"我也知道她对你做过的那些事,可是我保证,她一定是被逼做出来的,为了我,为了我们的族人,她不能不这么做。"

小方了解。

他也紧握住班察巴那的手:"我不怪她,如果我是她,我也会这样做。"

班察巴那的手冰冷:"但是现在她的秘密已经被揭穿了,对方已经知道她是我们派出去的人。"

卜鹰又接着说下去:"所以他们派了一个人把她押到这里来,跟她坐在一顶轿子里,到了最后关头,就可以用她来要挟我们。"

"但是他们也想不到他们居然会败得那么快、那么惨,所有的变化完全让他们措手不及。"

班察巴那沉痛而激动:"只不过她还是他们最后一件武器,所以我还是不能看见她,不能让他们利用她来要挟我。"

所以他只有先发制人!

——如果有人让他看见她,他就一定会杀了那个人!这一点他已令他们确信不疑。

"他们也不敢轻举妄动,因为他们以后说不定还能利用她,所以他们一定会让她活下去。"班察巴那黯然道,"所以我也只有让他们把那顶轿子原封不动抬走。"

"轿子里另外还有一个人,就是唯一能揭穿这秘密的人。"卜鹰道,"她也坐在轿子里,她知道自己绝对安全,所以她更不会妄动。"

"我早就认得她。"班察巴那道,"但是我也从未想到她是个这么可怕的女人。"

他们都没有说出"她"是谁。

小方也没有问。

他不愿问,不敢问,也不必问。

他知道他们不说,只因为他们不能说,不忍说,也不必说。

他们都不愿伤小方的心。

每个人心中都有个"死颈",一个很难穿过去的死颈。

如果你一定要穿过去,就一定会伤到这个人的心。

波娃,你真的是个这样的人?

娇雅为什么要如此牺牲?

她付出了这么大的代价,换回来的是什么?

她刺探到什么秘密?是不是和那批失劫的黄金有关系?

这队伍中本来都是平凡的商旅,从来没有人显露出一点武功,怎么能在片刻间制住七十个久经训练的战士?

宋老夫子和严正刚更是身怀绝技的绝顶高手,为什么要如此隐藏自己的武功?

他们究竟是什么来历?有什么秘密?

这些问题小方都没有再问,他觉得自己知道得已够多。

黄金不在他们的货物包裹里。

卜鹰是他的朋友。

黄金的下落小方根本就不关心,他只要知道有人把他当作朋友就已足够。

对一个像他这样的浪子来说,一个真正朋友的价值,绝不是任何事能比得上的。

黎明。

旭日升起,大地一望无际,沙砾闪耀如金。

大地无情,荒寒、冷酷、酷寒、酷热,可是这一片无情的大地,也有它的可爱之处,就像是人生一样。

人生中虽然有许许多多不如意的事,许许多多不能解释的问题。但是人生毕竟还是可爱的。

小方和卜鹰并肩站在帐篷前,眺望着阳光照耀的大地。

卜鹰忽然问:"你有没有别的地方要去?"

"没有。"小方回答,"什么地方我都可以不去,什么地方我都可以去。"

"你有没有去朝拜过藏人的圣地?"

"没有。"

"你想不想去?"

小方的回答使卜鹰的锐眼中又有了笑意。

"我想去的地方也可以不去。"小方说,"我不想去的地方也可以去。"

卜鹰又问："如果我要你去，你去不去？"

"我去。"

队伍又开始前行，能在片刻间制服战士的人，又变成了平凡的商旅。

双峰骆驼的驼峰间，摆着个小牛皮的鞍椅，卜鹰坐在骑上，看着另一匹骆驼上的小方："再走一个时辰，我们就可以到那个地方了。"

"什么地方？"

"死颈。"

群山环插，壁立千仞，青天如一线，道路如羊肠。

一线青天在危岩灰石的狼牙般锐角间，羊肠曲路也崎岖险恶如狼牙。

他们已到了死颈。

队伍走得很慢，无法不慢下来，插天而立的山岩危石，也像是群狼在等着择人而噬。

无论谁走到这里，都难免会惊心动魄，心跳加快。

小方的心跳得也仿佛比平常快了很多。

卜鹰仿佛已听见他的心跳声。

"现在你总该明白我为什么要做得那么绝了。"卜鹰道，"如果我不留下他们一只手，如果他们又回到这里来等着我，这条路就是我们的死路，这地方就是我们的死地！"

死颈，死路，死地。

小方忽然觉得手心冒出了冷汗："你怎么知道他们没有别的人埋伏在这里？"

卜鹰道："他们不可能还有别的人手，在沙漠调集人手并不容易。

班察巴那已经将他们人马调动的情况查得很清楚,何况……"

他没有说完这句话,他的掌心忽然也冒出了冷汗。

因为他已发觉这个死颈,这条死路,这块死地上有人埋伏。

不可能的事,有时也可能会发生的。

心中有死颈,人伤心。

人在死颈中,就不会伤心了。伤心的人有时会想死,可是人死了就不会再伤心,只有死人才不会伤心。

如果这里有人埋伏,他们这队伍就像是一个人的颈子已被一条打了死结的绳索套住。

只要埋伏的人一出击,他们就要被吊起。

颈断,气绝,人死,死颈。

死颈中绝对有人埋伏,他们无疑已走上死路,走入死地。

卜鹰相信自己绝不会听错。

班察巴那也同样听见了他所听见的声音。

——人的呼吸声、心跳声、喘息声,马的呼吸声、心跳声、轻嘶声。

声音还在远处。

别人还听不见,可是他们听得见。

因为他们已在这一片没有同情,没有怜悯,没有水,没有生命,却随时可以夺去一切生命的大沙漠上为了自己的生存奋斗了二十年。

如果他们也听不见别人无法听见的声音,他们最少已死了二十次。

没有人能死二十次,绝对没有。

一个人连一次都不能死。

如果有人说，真正的爱情只有一次，没有第二次，那么他说的就算是句名言，也不是真理。

因为爱情是会变质的，变为友情，变为亲情，变为依赖，甚至会变为仇恨。

会变的，就会忘记。

等到一次爱情变质淡忘后，往往就会有第二次，第二次往往也会变得和第一次同样真，同样深，同样甜蜜，同样痛苦。

可是死只有一次，绝不会有第二次。

人生中所有的事，只有死，才是真正绝对不会有第二次的。

人、马、骆驼，本来都是成单线行走的。一个接着一个，蜿蜒如长蛇。

班察巴那在这个队伍中行走的位置，就正如在一条蛇的七寸上。

卜鹰与小方殿后。

第十一章

蓝色的阳光

　　他们已经看见班察巴那打马驰来，马疾蹄轻，他英俊镇静的脸上，已经露出无法掩饰的惊惶之色。
　　"有人。"他压低了声音，"前面的出口，两边山岩上都有人。"
　　那里是死结上的喉结，一击就可让他致命。
　　下决定的人还是卜鹰，所以班察巴那又问："我们是退走？还是冲过去？"
　　卜鹰额角上忽然凸起一根青筋，青筋在不停地跳动。
　　每到真正紧张时，他这根筋才会跳。
　　他还没有下决定，前面的山岩上一块危石后，忽然出现了一个人。
　　一个年轻的女孩子，身上穿着的衣服比蓝天更蓝，比海水更蓝。
　　她燕子般跃起，站在危石上，站在阳光下，向他们挥手："卜鹰，我想你；班察巴那，我想你；宋老头，我也想你。"
　　她的声音明朗愉快，她高呼："我好想你们。"

　　看见她，卜鹰的眼仿佛也有了阳光。
　　小方从未见到他眼睛这么亮，也从未见到他这么愉快。

这个女孩子本身就像是阳光,总是能带给人温暖、幸福、愉快。

小方忍不住问:"她是谁?"

卜鹰微笑,班察巴那也在笑,刚才的惊虑都已变为欢悦。

"她姓蓝。"卜鹰说,"她的名字就叫作阳光。"

过了死颈,就是一片沃野平原,距离圣地拉萨已不远了。

队伍已停下来,扎起了营帐。

每个人都显得很愉快,是阳光为他们带来的愉快,他们都用藏语在为她欢呼,他们都称她为:"蓝色的阳光。"

她是来接应他们的。

"我是想吓唬吓唬你们。"她的笑声也如阳光般明朗,"可是我又不想把你们吓死。"

她抱住了卜鹰:"像你这样的人,天下再也找不出第二个,万一把你吓死了怎么办?"

小方微笑。

他也从未见过如此明朗、如此令人愉快的女孩子。

她并不能算是个完全无瑕的绝色美人,她的鼻子有一点弯曲,跟卜鹰的鼻子有一点相像。

但是她的眼波明媚,雪白的皮肤光滑柔软如丝缎。

她笑起来的时候,微微弯曲的鼻子微微皱起,这一点小小的缺陷,反而变成了她特殊的美。

小方忽然发现卜鹰很喜欢捏她的鼻子。现在他就正在捏她的鼻子:"你答应过我,这一次绝不出来乱跑的,为什么又跑出来了?"

阳光轻巧地避开了这问题:"你为什么总是喜欢捏我鼻子?"她反问,"是不是想把我的鼻子捏得像你一样?"

小方笑了。

阳光回过头,眨了他一眼道:"他是谁?"

"他叫小方。"卜鹰说,"要命的小方。"

"为什么要叫他要命的小方?"

"因为有时候他跟你一样要命,有时候要把人气死,有时候想把人吓死。"

卜鹰眼中充满笑意:"他自己却又偏偏是个不要命的人。"

阳光又盯着小方看了半天:"我喜欢不要命的男人。"她又开始笑了,"现在我已经开始有点喜欢你了。"

她忽然也像刚才抱住卜鹰那样抱住了小方,在小方的额上亲了亲:"我大哥的朋友就是我的朋友。"她说,"他喜欢的人我都喜欢。"

小方的脸居然没有红,因为她的脸也没有红。

她抱住他时,就像是阳光普照大地一样,明朗而自然。

小方绝不是个扭扭捏捏的男人,很少能把心里想说的话忍住不说。

"我也喜欢你。"他说,"真的很喜欢。"

天色已暗了。

营地中又开始了欢饮高歌,歌声比往昔更欢愉嘹亮。

因为其中又增加了十多个少女清亮的歌声。

她们都是阳光带来的,都是像阳光一样明朗活泼的女孩子。

她们也像她们的兄弟情人一样,骑劣马,喝烈酒,用快刀。

喝醉了,喝累了,她们就跟她们的情人兄弟躺在一起,数天上的星星。

对一个心中本无邪念的人来说，世上有什么邪恶的事？

平常很少喝酒的班察巴那，今天也喝得不少。

他配合着卜鹰，拍手低唱：

> 儿须成名，酒须醉。
>
> 醉后畅谈，是心言。

他们的歌声中，竟似带着一种淡淡的悲伤、淡淡的离愁。

班察巴那忽然推杯而起："你已经快到家了。"他说，"我也该走了。"

卜鹰慢慢地点了点头。

"我知道。"他的神色黯然，"我回去，你走。"

班察巴那什么都没有再说，只用力握一下他的手，就头也不回地走了。

帐外已备好两匹马，一匹是他的马，另一匹马上已装配好他所需要的一切行装。

他一跃上马，便打马而去。

他一直没有再回头。

天还没有亮，只露出了一点曙光。

大地依然寒冷寂寞。

班察巴那迎风走向远方那无边无际的无情大地，那里仍然有无垠无止的寒冷、寂寞、苦难在等着他。

小方忽然觉得胸中也涌起了一股说不出的萧索凄凉，忍不住问："他为什么不跟你回去？为什么要一个人走？"

过了很久卜鹰才回答："因为他天生就是个孤独的人，天生就喜欢孤独。"卜鹰慢慢地说,"他这一生中,大部分岁月都是在孤独中度过的。"

"你知道他要到哪里去?"

"不知道。"卜鹰回答,"没有人知道。"

这时天终于亮了,旭日终于升起,第一线阳光正照在蓝色的阳光身上。

"我不喜欢孤独。"她拉紧卜鹰的手,"我们回家去。"

小方从未想到卜鹰也有家。

卜鹰有家。

卜鹰的家就在藏人心目中的圣地——拉萨,他的家也是他的伙伴子弟心目中的圣地。

他不但有家,而且远比大多数的家都宽大、幽美、华丽。

过了达赖活佛的布达拉宫,有一座青色山岗,一片绿色湖泊。

他的家就在山脚下,青山在抱,绿水拥怀,远处的宫殿和城堞隐约在望,晴空如洗,万里无云,白色的布达拉宫在骄阳下看来亮如纯银。到了夕阳西下时,又变得灿烂如黄金。

小方也从未想到,在塞外的边陲之地,竟有如此美妙的地方,美得辉煌而神秘,美得令人心迷惑,美得令人都醉了。

货物需要清点,盈利必须算清,尽快分给每一个应得的人,让他们去享受应得的欢乐。

所以卜鹰将小方交给了阳光。

他们都年轻,他们彼此相悦,卜鹰希望阳光能够照亮小方心里的阴影。

波娃的阴影。

日出时候,他们漫步在山岗上,卜鹰的宅第园林湖泊在他们脚下,远处的宫殿仿佛近在眼前。

阳光问小方:"你喜不喜欢这地方?"

小方点头,他只能点头,没有人能够不喜欢这个地方。

阳光又问:"你以前来过这地方没有?"

小方摇头。

他以前没有来过,如果来过,很可能就不会走了。

阳光拉起小方的手,就好像她拉着卜鹰的手时一样。

"我带你出去玩。"她说,"他们在做生意,我们去玩。"

"到哪里去玩?"

"我们先到布达拉宫去。"

石砌的城垣横亘在布达拉宫和恰克卜里山之间,城门在一座舍利塔下,塔里藏着古代高僧的佛骨,和无数神秘美丽的传说与神话。

通过圆形的拱门,气势逼人的宫殿赫然出现在他们右方。

宫殿高四十丈,宽一百二十丈,连绵蜿蜒的雉堞,高耸在山岩上的城堡,古老的寺院、禅房、碑碣、楼阁,算不清的窗牖帷帘,看来瑰丽而调和,就像是梦境,像是神话。

小方仿佛已看得痴了。

——波娃呢?

——如果他身边的人是波娃?

为什么一个人在被"美"所感动时,反而更不能忘记他一心想忘记的人?

为什么人们还是很难忘记一些自己应该忘记的事?

太阳照在他身上，阳光在看着他，阳光美丽而明朗。

——波娃呢？

——波娃并不像雪，波娃就像是雨，绵绵的夏雨，剪不断的离愁，剪不断的雨丝。小方忽然说："我们到大昭寺去。"

他知道大昭寺外，围绕着寺院的八角街，是这城里最繁华热闹的地方，所有最大的富家行号，都在那条街上。

卜鹰的鹰记商号也在那条街上。

小方希望"热闹"能够让他"忘记"，哪怕只不过是暂时忘记也好。

大昭寺是为唐代文成公主所建。

在那个时代，西藏还是"吐蕃"，拉萨还是"逻娑城"。大唐贞观十四年，吐蕃的宰相"东赞"，带着珍宝无算、黄金五千两，到了长安，把天可汗的侄女——"面貌慧秀，妙相具足，端庄美丽，体净无瑕，口吐'哈里旃檀香粒'，而且虔诚事佛"的文成公主——带回了逻娑城，嫁给了他们的第七世"赞普"，雄姿英发，惊才绝艳的"弃宗弄赞"。

为了她的虔诚，为了她的美丽，他为她建造了这座雄伟宏丽的寺院。

但是寺院外的街市，却是这城市的另一面。

城市亦如皮革，有光滑美丽的一面，也有粗糙丑陋的一面。

有些街头上垃圾粪便狼藉，成群结队的年老乞丐，穿着破旧褴褛的衣服，剃光头打赤足，匍匐在尘土中，嘴里喃喃不停地念着他们的六字真言"唵嘛呢叭咪吽"，等待着行人香客的施舍。

在沙漠中，在那场大风暴里，小方失去了他的食水和粮食，却没有失去他的银钱。

他将他身上所有的全都施舍给他们,不仅是因为同情和怜悯,还像是被一种奇异的力量所催使感召。

"我不想到大昭寺去了。"小方自己也不知道自己心里为什么会有这种奇异的变化,"我们能不能到你们的商号去看看?"

"你能去。"阳光说,"你是大哥的朋友,你想到哪里去,我都带你去。"

她脸上又露出阳光般美丽明朗的笑:"到了那里,我还要带你去见一个人,你一定也会把他当作朋友的。"

她说的这个人叫朱云。

朱云就是鹰记的大掌柜,大掌柜的意思,就是总管。

朱云今年二十八岁,三年前卜鹰就已将鹰记的商务交给了他。

一个二十五岁的人就能升到如此高位,并不是容易事,也并非侥幸。

他年轻、诚实,生活简朴,做人守本分,说话中肯扼要,虽然至今仍是独身,却从来不近酒色。

卜鹰信任他,他的伙计尊重他,他也从未让别人失望过。

他也没有让小方失望。

他用诚恳的态度和滚烫的酥酒茶招待小方,他经营的商号简朴规矩干净大方。

他告诉小方:"我就住在后面,只要你没事,随时都可以来找我。"朱云说,"我每天都在,日夜都在。"

阳光拉着他的手,就好像她拉着卜鹰、小方的手一样。

"他平时不喝酒,可是,如果你一定要他喝,他也不会比你先醉。"她的笑容如阳光,"只不过,你要找女人,他就没法子了。"

她并没有把"找女人"当作一件丢人的事,她指着自己的鼻子,指着她那个虽然有点弯曲,看起来却还是很漂亮的鼻子说:"你要找女人,就得来求我,我替你找的女孩子保证比你以前见到过的都温柔好看。"

她不是女人,不是属于某一个人的女人。
她是阳光。
阳光是属于大家的,是谁也不能独占的。
——波娃呢?
小方忽然站起来:"你能不能现在就带我去找?"
"现在?"阳光显得有点惊讶,"现在你就要去找女人?"
"不但要找女人,还要喝酒。"

这里是圣地,圣地也像别的地方一样,也有禁地,也有黑暗的地方,有酒,也有女人。
小方忽然发现一个女孩子很像波娃,一个瘦瘦的、弱弱的、静静的女孩子。
这时候他已经醉了。
一个人醉在圣地,跟醉在别的地方也没什么两样。

凌晨。
小方从那条没有柳的柳巷中走出来时,只觉得头疼、干渴、沮丧。这种感觉也跟他在别的地方醉后醒来时没什么两样。
阳光正照上一堵斜墙,是金黄色的阳光,不是蓝色的。
一个衣着褴褛、蓬头垢面的小孩子,手里捧着个铁皮罐子,蹲在斜墙下，低头看着他的罐子，看得聚精会神，就好像世界上再也没什么比他这罐子里的东西更有趣了。

世界上本来就充满了许许多多很无聊的事，现在小方心里也觉得很无聊。

一个无聊的人，做了一夜无聊的事，心情总是这样子。

他忽然想去看看这小孩罐子里装的是什么。

罐子里装的是小虫，装满了各种扭曲蠕动的小虫。

小方居然问他："这些是什么虫？"

"不是虫。"

小方有点惊奇："不是虫是什么？"

"在你眼中看来虽然是虫，可是在我的朋友眼中看来，却是顿丰富的大餐。"

他抬起头，看着小方，脸上虽然脏得要命，一双黑白分明的大眼睛却显得非常机灵狡黠："因为我的朋友不是人，是鸟。"

小方笑了。他忽然觉得这小孩很有意思，说的话也很有意思，他故意问："你明明是个人，为什么要跟鸟交朋友？"

"因为没有人肯跟我交朋友，只有鸟肯跟我交朋友。"小孩说，"有朋友总比没有朋友好。"

他明明是个小孩，可是他说出来的话却不像小孩说的。

他的话竟引起了小方很多感触。

"不错，有朋友的确比没有朋友好。"小方轻轻叹息，"鸟朋友有时候也比人朋友好。"

"为什么？"

"因为人会骗人、害人，鸟不会。"

小方已经准备走了，他不想让这天真的小孩知道太多人心的诡计。

小孩却又问他:"你呢?你对朋友好不好?"他问的话很奇怪,"如果你有个朋友需要你帮助,想要你去看看他,你肯不肯去?"

小方回过头,看着他:"如果我肯去,又怎么样?"

"你肯去,现在就跟我走。"

"跟你走?"小方问,"为什么要跟你走?"

"因为我就是你那个朋友叫我来找你的。"小孩说,"我已经在这里等了你一夜。"

小方更惊讶:"你知道我是谁?"

"我当然知道。"小孩道,"你姓方,别人都叫你要命的小方。"

"我那个朋友是谁?"

"我不能说。"

"为什么?"

"因为他要我替他保守秘密,我已经答应了他。就算你杀了我,我也不会说出来的。"

小方的好奇心无疑已被引起。

一罐小虫,一个小孩,一个需要他帮助的朋友,一件宁死也不能说出的秘密。

他从未想到这些事居然能连在一起,他想不通这其中有什么联系。

"好。"小方忽然下了决心,"我跟你去,现在就去。"

小孩却又用那双黑白分明的大眼睛盯着他看了半天。

"我能替你的朋友保守秘密,你呢?"

他问小方:"你能不能替朋友保守秘密?"

小方点头。

小孩忽然跳起来,用一只脏得出奇的小手,拉起小方的手:"你跟我来。"

远处钟鼓齐鸣,一声声梵唱随风飘来,宝塔的尖顶在太阳下闪着金光。

天空澄蓝,阳光艳丽,充满了神圣庄严肃穆的景象。

肮脏的小巷里,却挤满了各式各样卑贱、平凡、穷困、龌龊的人,他们的神佛好像并没有听到他们的祈求祷告,并没有好好地照顾他们。

但是他们从不埋怨。

小孩拉着小方的手,穿过人群,穿过小巷,来到一座宏大壮丽的寺院。

"这里是什么地方?"

"是大昭寺。"

到大昭寺来干什么?那个神秘的朋友是不是在大昭寺等他?

小孩像故意不让小方再问,很快地拉着他,从无数虔诚的香客中挤了进去。

他明明是个小孩子,可是他做出来的事却不像小孩做的。

壮丽的寺院,光线却十分阴森幽暗,数千支巨烛和用牛油作燃料的青铜灯,在风中闪动着神秘的火焰。

高耸的寺墙上,有无数神龛,供奉着面目狰狞的巨大七色神像,在闪动的烛火中,更显得诡秘可怖。

也许就是这种力量,才能使人们的心神完全被拘摄,完全忘记自我。有的香客脚上甚至拖着沉重的铁镣,在佛堂里爬行。

小方了解他们这种行为,世上有很多人都希望能借肉体上的苦痛,消除心上的愧疚、罪愆。

他自己也仿佛沉浸入这种似真似幻、虚无玄秘的感觉中。他忽然了解到宗教力量的神奇伟大。

空气中氤氲着酸奶和香烛的气味，风中回荡着钟鼓铜钹声，沉重的阴影中灯火摇曳。低沉快速的经咒声随着佛前的祈祷轮响动。

小孩忽然停下来，停在石壁上一个穹形的石窟前。

石窟里有一幅色彩鲜艳，但却恐怖至极的壁画，画的是一个狰狞妖异的罗刹鬼女，正在吸吮着一个凡人的脑髓。

精密细致的画功，看来栩栩如生，小方虽然明知这只不过是幅图画，心里还是觉得很不舒服。

小孩忽又问他："你知不知道这个人是谁？这个罗刹鬼女为什么要吸他的脑髓？"

小方不知道。

"因为他是个不守信的人。"小孩说，"他答应为他的朋友保守秘密，却没有做到。"

小方苦笑。

"你好像不太信任我？"

"我们还不是朋友，我不能信任你。"

小孩的大眼睛闪动着狡黠的光："你要我带你去，一定要在这里先立个誓，如果你违背了誓言，终生都要像这个人一样，受罗刹鬼女恶毒的折磨。"

那个朋友究竟是谁？行踪为什么要如此诡秘？

小方立下了这个毒誓。

他不怕神鬼的报应，他从未出卖过别人，他这一生中，唯一对不起的人，就是他自己。

小孩笑了，真心地笑了。

"你果然是个好人。"他又拉起小方，"现在我真的带你去了。"

"到哪里去?"

"到鸟屋去。"

小孩说:"你的朋友和我的朋友都在那里。"

鸟屋是栋奇怪的木房,建造在一片凸起的山岩上,几棵巨大的树木间。

木房的四周都有栏杆,屋檐鸟翅般向外伸起,檐下排满了鸟笼。

手工精细的鸟笼里,鸟声啁啾,有的鸟小方非但不知名,连看都没看见过。

"这些鸟笼都是我做的。"

小孩的眼中闪着光,显然在为自己而骄傲:"你看不看得出它们有什么特别地方?"

小方已经看出来,这些鸟笼虽然也有"门",却都是开着的。

"我不愿把它们当囚犯一样关在笼子里,只要它们高兴,随时都可以飞出去。"小孩说,"可是飞走的往往又会飞回来。"

他肮脏的脸上露出光辉的笑容:"因为它们也知道我是它们的朋友。"

小方忍不住问:"我那个朋友呢?"

小孩指着一扇很窄很窄的木门:"你的朋友就在里面。"

木屋里宽大空阔,四壁的木板都已很陈旧,有的甚至已干裂,无疑已是栋多年的老屋,远在这小孩出世前就已建起。

宽大的木屋里,只有一张低矮的木桌、一个巨大的火盆和一个人。

火盆上支着烧烤食物的铁架,人就坐在地上,背对着门。

小方进来时，他没有回头，也没有反应。

他的背影很瘦，双肩斜斜下削，带着种说不出的落寞萧索，世上仿佛已很少人能惊动他，引起他的注意。

如果你也是个经验丰富的江湖人，你从一个人的背影，也能看出很多事。

小方的经验虽然并不十分多，可是他一看见这个人的背，就立刻确定了一件事——

他从未见过这个人，更不认得这个人。只要是他认得的人，他只要看见背影，就一定能认得这个人。

他想这个人绝对不是他的朋友。

谁也不会跟一个自己从未见过的人交上朋友。

这个人究竟是谁？为什么要冒称小方的朋友？为什么要个小孩带小方来见他？

小方站住。

他走动时轻捷灵敏，一站住就得很稳，就像是一根石桩钉入大地。

第十二章

鸟屋疑云

他已经有了准备,准备应付任何一种突发的危机。

他没有先发动,只因为这个人看来并不是危险的人,他只说:"我就是小方,我已经来了。"

这个人还是没有回头,过了很久,才慢慢地抬起他的手,指着桌子对面,轻轻地说了一个字:"坐。"

他的声音显得很微弱,他的手上缠裹着白布,隐隐有血迹渗出。

这个人无疑受了伤,伤得不轻。

小方更确信自己绝不认得这个人,但他却还是走了过去。

这个人绝不是他的对手,他的戒备警惕都已放松。

他绕过低矮的木桌走到这个人面前。

就在他看见这个人的那一瞬间,他的心忽然沉了下去,沉到冰冷的脚底。

小方见过这个人,也认得这个人。

这个人虽然是小方的仇敌,但是他如果要将小方当作朋友,小方也绝不会拒绝。

有种人本来就是介于朋友与仇敌之间的。一个值得尊敬的仇敌,有时甚至比真正的朋友更难求。

小方一直尊重这个人。

他刚才没有认出这个人，只因为这个人已经完全变了，变得悲惨而可怕。

绝代的佳人忽然变为骷髅，旷世的利器忽然变为锈铁。

虽然天意难测，世事多变，可是这种变化仍然令人难免伤悲。

小方从未想到一位绝代的剑客竟会变成这样子。

这个人竟是独孤痴！

小方也痴。

非痴于剑，乃痴于情。

剑痴永远不能了解一个痴情人的消沉与悲伤，但是真正痴情的人，却绝对可以了解一个剑痴的孤独、寂寞和痛苦。

剑客无名，因为他已痴于剑，如果他失去了他的剑，心中会是什么感受？

如果他失去了握剑的手，心中又是什么感受？

小方终于坐下。

"是你。"

"是我。"独孤痴的声音平静而衰弱，"你一定想不到是我找你来的。"

"我想不到。"

"我找你来，只因为我没有朋友，你虽然也不是我的朋友，但是我知道你一定会来。"

小方没有再说什么。

有很多事他都可以忍住不问，却忍不住要去看那只手——那只握剑的手。

那只现在已被白布缠着的手。

独孤痴也没有再说什么，忽然解开了手上包缠着的白布。

他的手已碎裂变形，每一根骨头几乎都已碎裂。

剑就是他的生命，现在他已失去了握剑的手——才子已无佳句，红粉已化骷髅，百战成功的英雄已去温柔乡住，良驹已伏枥，金剑已沉埋。

小方心里忽然觉得有种说不出的酸楚，一种尖针刺入骨髓般的酸楚。

独孤痴已经变了，变得衰弱憔悴，变得光芒尽失，变得令人心碎。

他只有一点没有变。

他还是很静，平静、安静、冷静，静如磐石，静如大地。

剑客无情，剑客无名，剑客也无泪。

独孤痴的眼睛里甚至连一点表情都没有，只是静静地看着他那只碎裂的手。

"你应该看得出我这只手是被人捏碎的。"他说，"只有一个人能捏碎我的手。"

只有一个人，绝对只有一个人，小方相信，小方也知道他说的这个人是谁。

独孤痴知道他知道。

"卜鹰不是剑客，不是侠客，也不是英雄，绝对不是。"

"他是什么？"小方问。

"卜鹰是人杰！"独孤痴仍然很平静，"他的心中只有胜，没有败，只许胜，不许败。为了求胜，他不惜牺牲一切。"

小方承认这一点，不得不承认。

"他知道自己不是我的敌手。"独孤痴道，"他来找我求战时，我也知道他必败。"

"但是他没有败。"

"他没有败，虽然没有胜，也没有败。他这种人是永远不会败的。"独孤痴又重复一遍，"因为他不惜牺牲一切。"

"他牺牲了什么？"小方不能不问，"他怎么牺牲的？"

"他故意让我一剑刺入他胸膛。"独孤痴道，"就在我剑锋刺入他胸膛的那一瞬间，他忽然捏住了我的手，捏碎了我的这只手。"

他的声音居然还是很平静："那时我自知已必胜，而且确实已经胜了，那时我的手中剑锋都已与他的血肉交会，我的剑气已衰，我的剑已被他的血肉所阻，正是我最弱的时候。"

小方静静地听着，不能不听，也不想不听。

独孤痴一向很少说话，可是听他说的话，就像是听名妓谈情，高僧说禅。

"那只不过是一刹那的事。"独孤痴忽然问，"你知不知道这一刹那是多久？"

小方不知道。

他只知道"一刹那"非常短暂，比"白驹过隙"那一瞬还短暂。

"一刹那是佛家语。"独孤痴道，"一弹指间，就已六十刹那。"

他慢慢地接着道："当时生死胜负之间，的确只有'一刹那'三个字所能形容，卜鹰抓住了那一刹那，所以他能不败。"

一刹那就已决定生死胜负，一刹那就已改变一个人终生的命运。

这一刹那，是多么动魄惊心！

但是独孤痴在谈及这一刹那时，声音态度都仍然保持冷静。

小方不能不佩服他。

独孤痴不是名妓，不是高僧，说的不是情，也不是禅。

他说的是剑，是剑理。

小方佩服的不是这一点，独孤痴应该能说剑，他已痴于剑。

小方佩服的是他的冷静。

很少有人在这种情况下还能保持冷静，小方自己就不能。

独孤痴仿佛已看穿他的心意。

"我已将我的一生献于剑，现在我说不定已终生不能再握剑，但是我并没有发疯，也没有崩溃。"他问小方，"你是不是觉得很奇怪？"

小方承认。

独孤痴又问："你想不想知道我为什么还没有倒下去？"

他自己说出了答案。

"因为卜鹰虽然捏碎了我握剑的手，却捏不碎我心中的剑意。"独孤痴道，"我的手中虽然已不能再握剑，可是我心中还有一柄剑。"

"心剑？"

"是。"独孤痴道，"心剑并不是空无虚幻的。"

他的态度真诚而严肃："你手中纵然握有吹毛断发的利器，但是你的心中若是无剑，你手中的剑也只不过是块废铁而已，你这个人也终生不能成为真正的剑客。"

"以心动剑，以意伤敌。"

这种剑术中至高至深的境界，小方虽然还不能完全了解，但是他也知道，一个真正的剑客，心与剑必定已融为一体。

人剑合一，驭气御剑，也许只不过是虚无的神话而已。

心剑合一，却是剑客们必须达到的境界，否则他根本不能成为剑客。

独孤痴又道："卜鹰虽然没有败，但是他也没有胜，就在我这只手被他捏碎的那一刹那，我还是可以将他刺杀于我的剑下。"

"你为什么没有刺杀他？"小方问。

"因为我的心中仍有剑。"独孤痴道，"我也跟他一样，我们的心中并没有生死，只有胜负。我们求的不是生，而是胜，我并不想要他死，只想击败他，真正击败他，彻底击败他。"

小方看看他的手："你还有机会能击败他？"

独孤痴的回答充满决心与自信。

"我一定要击败他。"

小方终于明白，就因为他还有这种决心与自信，所以还能保持冷静。

独孤痴又道："就因为我一定要击败他，所以才找你来，我没有别的人可找，只有找你。"

他凝视着小方："这是你我之间的秘密，你绝不能泄露我的秘密，否则我必死。"

"你必死？"小方道，"你认为卜鹰会来杀你？"

"不是卜鹰，是卫天鹏他们。"

独孤痴看看自己的手："他们都认为我已是个无用的废人，只要知道我的下落，就绝不会放过我的，因为我知道的秘密太多了，而且从未将他们看在眼里。"

"所以他们恨你。"小方道，"我看得出他们每个人都恨你，又恨又怕。现在你已经没有让他们害怕的地方，他们当然要杀了你。"

"所以我找你来。"独孤痴道，"我希望你能替我做两件事。"

"你说。"

"我需要用钱，我要你每隔十天替我送三百两银子来，来的时候绝不能被任何人知道。"

独孤痴并没有说出他为什么要用这么多银子，小方也没有问。

"我还要你去替我杀一个人。"

他居然要小方去替他杀人！

"我们不是朋友，身为剑客，不但无情无名无泪，也没有朋友。"独孤痴道，"我们天生就是仇敌，因为你也学剑，我也想击败你，不管你替我做过什么事，我还是要击败你。"

他慢慢地接着道："你也应该知道，在我的剑下，败就是死。"

小方知道。

"所以你可以拒绝我，我绝不怪你。"独孤痴道，"我要你做的事并不容易。"

这两件事的确不容易。

每隔十天送三百两银子，这数目并不小，小方并不是有钱人，事实上，现在他根本已囊空如洗。

小方也不是个愿意杀人的人。

他应该拒绝独孤痴的，他们根本不是朋友，是仇敌。

他很可能会死在独孤痴的剑下，他们初见时他就已有过这种不祥的预感。

但是他无法拒绝他。

他无法拒绝一个在真正危难时还能完全信任他的仇敌。

"我可以答应你。"小方道，"只不过有两件事我一定要先问清楚。"

他要问的第一件事是："你确信别人绝不会找到这里来？"

这地方虽然隐秘，但并不是人迹难至的地方。

独孤痴的回答却很肯定:"这地方以前的主人是位隐士,也是位剑客,他的族人们都十分尊敬他,从来没有人来打扰过他。"独孤痴道,"更没有人想得到我会到这里来。"

"为什么?"

"因为那位隐士剑客就是死在我剑下的。"独孤痴道,"两个月前,我到这里来,将他刺杀于外面的古树下。"

小方深深吸了口气,然后才道:"那个孩子是不是他的儿子?"

"是。"

"你杀了他的父亲,却躲到这里来,要他收容你,为你保守秘密。"

"我知道他一定会为我保守秘密。"独孤痴道,"因为他要复仇,就绝不能让我死在别人的手里,普天之下,也只有我能传授他可以击败我的剑法。"

"你肯将这种剑法传授他?"

"我已答应了他。"独孤痴淡淡地说,"我希望他能为他父亲复仇,也将我同样刺杀于他的剑下。"

小方的指尖冰冷。

他并不是不能了解这种情感,人性中本来就充满了很多这种尖锐痛苦的矛盾。就因为他了解,所以才觉得可怕。

独孤痴一定会遵守诺言,那个孩子将来很可能变成比他更无情的剑客。迟早总有一天会杀了独孤痴,然后再等着另一个无情的剑客来刺杀他。

对他们这种人来说,生命绝不是最重要的,无论是别人的生命还是他们自己的都一样。

他们活过,只不过是为了完成一件事,达到一个目的,除此之外,任何事他们都绝不会放在心上。

门外阳光遍地,屋檐下鸟语啁啾。生命本来如此美好,为什么偏偏有人要对它如此轻贱?

小方慢慢地站起来,现在他只有最后一件事要问了:一件事,两个问题。

"你为什么要我去杀人?"他问,"你要我去杀谁?"

"因为他若不先死,我就永远无法做到我想做到的事。"独孤痴先回答前面一个问题,"只有卜鹰能捏碎我握剑的手,这个人却折断我心中的剑。"

心中本无剑,如果剑已在心中,还有谁能折断?

要折断人的心剑,必定先要让那个人心碎,无情无名无泪的剑客,心怎么会碎?

独孤痴冷漠的双眼中,忽然起了种奇怪的变化,就像是一柄已杀人无算的利器,忽然又被投入铸造它的洪炉中。

谁也想不到他眼中会现出如此强烈痛苦炽热的表情。

"是个女人,是个魔女,我只要一见到她,就完全无法控制自己。虽然我明知她是个这样的女人,却还是无法摆脱她,她若不死,我终生还要受她的折磨奴役。"

小方没有问这个女人是谁。

他不敢问。

他内心深处忽然有了种令他自己都怕得要命的想法。

他忽然想起了古寺幽火闪动照耀下的那幅壁画上,那个吸吮人脑的罗刹鬼女,那张狰狞丑恶的脸,仿佛忽然变成了另一个女人的脸。

一张纯洁美丽的脸。

独孤痴又开始接着说了下去:"我知道她一定也到了拉萨,因为她绝不会放过卜鹰,也绝不会放过我。"

小方听见自己的声音在问:"为什么?"

"因为卜鹰就是猫盗,绝对是!"独孤痴道,"她一定会跟卜鹰到拉萨来,她在拉萨也有个秘密的地方藏身。"

"在哪里?"

"就在布达拉宫的中心,达赖活佛避寒的'红宫'旁,一间小小的禅房里。"

独孤痴道:"只有她能深入布达拉宫的中心,因为喇嘛们也是男人,绝没有任何男人能拒绝她的要求。"

小方已经走出去。

他不想再听,不想听独孤痴说出这个女人的名字。

可是独孤痴已经说了出来。

"她的名字叫波娃。"他的声音中也充满痛苦,"你既然已经答应了我,现在就得去替我杀了她。"

门外依旧是阳光遍地,屋檐下依旧有鸟语啁啾,可是生命呢?

生命是否真的如此美好?生命中为什么总是要有这么多谁都无法避免的痛苦与矛盾?

小方慢慢地走出来,那孩子仍然站在屋檐下,痴痴地看着一个鸟笼,一只鸟,也不知是山雀,还是画眉?

"它是我的朋友。"孩子没有回头看小方,这句话却无疑是对小方说的。

"我知道。"小方说,"我知道它们都是你的朋友。"

小孩忽然叹息，一双黑白分明的眼睛里，忽然充满成人的忧郁。

"可是我对不起它们。"

"为什么？"

"因为我知道迟早总有一天，它们会全都死在独孤痴的剑下。"小孩轻轻地说，"只要等到他的手可以握剑时，就一定会用它们来试剑的。"

"你怎么知道？"小方问。

"我父亲要我养这些鸟，也是为了要用它们来试剑的。"小孩道，"有一次他曾经一剑斩杀了十三只飞鸟，那天晚上，他就死在独孤痴剑下。"

他虽然是个孩子，可是他的声音却已有一种无可奈何的悲伤。

这是不是因为他已了解，死，本来就是所有一切事的终结？

巅峰往往就是终点，一个剑客到了他的巅峰时，他的生命往往也到了终结。

这是他的幸运，还是他的不幸？

风在树梢，人在树下。

小方沉默了很久，才慢慢地说："它们虽然是你的朋友，可是你说不定也有一天会用它们来试剑的。"

小孩也沉默了很久，居然慢慢点了点头："不错，说不定，我也会用它们来试剑的。"

小方道："你亲眼看见他杀了你父亲，明知他要杀你的朋友，却还是收容了他。"

小孩道："因为我也想做他们那样的剑客。"

小方道："总有一天，你一定也会成为他们那样的剑客。"

小孩忽然回过头去，盯着小方道："你呢？"

小方没有回答。

他已走出了古树的浓荫,走到阳光下。他一直往前走,一直没有回头,因为他根本无法回答这个问题。

大昭寺外的八角街上,有各式各样的店铺。

久已被油烟熏黑的阴黑店铺里,有来自四方,各式各样的货物。

豹皮、虎皮、黑貂皮、山貂皮,各种颜色的"卡契"和丝缎,高挂在货架上,来自波斯、天竺的布匹和地毯,铺满柜台。

从打箭炉来的茶砖堆积如山,从藏东来的麝香,从尼泊尔来的香料、蓝靛、珊瑚、珍珠、铜器,从中土来的瓷器、珊瑚、琥珀、刺绣、大米,从蒙古来的皮货和鞍货,换走了各种此地的名产,换来了藏人的富足。

鹰记无疑是所有商号中最大的一家。

——卜鹰就是猫盗,绝对是。

波娃是个魔女!从没有任何男人能拒绝她!

——你既然已答应我,现在就应该去替我杀她!

小方什么都没有想。

他既不能去问卜鹰,也不知道应该用什么方法才能接近布达拉宫的中心,达赖活佛那所避寒的红宫。

他只有先回到鹰记,他想问朱云借三百两银子。

他相信朱云一定不会拒绝。

但是朱云还没有等到他开口,就先告诉他:"有人在等你,已经等了很久。"

"什么人?"小方问,"在哪里?"

"就在这里。"

小方立刻就看见了这个人。

一个很年轻的人,脸色看来虽然有些憔悴,可是服饰华丽尊贵,态度庄重沉着。在他的族人中,他的地位无疑要比大多数人都高得多。

他是藏人,说的是汉语,艰涩而生硬。小方说一句,他才说一句。

"我姓方,我就是小方。"小方问,"你是不是来找我的?"

"是。"

"可是我不认得你。"

"我也不认得你。"这人盯着小方,"你也不认得我。"

小方又问:"你来找我干什么?"

这人忽然站起来,走出了鹰记。走出了鹰记,走出门后才回头。

"你要知道我为什么找你,你就跟我来。"

他站起来之后,小方才发觉他的身材很高大,比一般人都高得多。

外面就是拉萨最繁华的街道,挤满了各式各样的行人。

他走到街道上,就像是一只仙鹤走入了鸡群。有很多人看见了他,脸上都立刻露出种很奇怪的表情,向他恭敬行礼。

有些人甚至立刻就跪下去吻他的脚。

他完全没有反应,显然久已习惯接受别人对他的崇拜尊敬。

——这个人究竟是谁?

小方跟着他走了出去,刚走到一家贩卖酥油和葱泥的食物店铺外,刚嗅到那种也不知道是香是臭,却绝对能引起人们食欲的异味时,就已经有二三十件致命的暗器,打向他的要害!

是二十七件暗器,听起来却只有一道风声,看起来也只有三道光芒。

二十七件暗器，分别打向小方的三处要害——咽喉、心口、肾囊。

暗器歹器，出手更歹毒。

二十七件暗器，绝对是从同一个方向打过来的，就是从走在小方前面，那个装饰华贵、态度高雅，而且非常受人尊敬的年轻人手里打出来的。

这么样一个高尚尊贵的人，为什么要用如此阴狠歹毒的方法暗算一个素不相识的陌生人？

小方没有问，也没有被打倒。

他经历过的凶险暗算已够多了，他随时都在保持着警觉。

暗器打来时，他已扯下刚才走过的一家店铺门外挂着的一条波斯毛毡。

二十七件暗器，全都打在这条手工精细、织法紧密的毛毡上，没有一件暗器穿过毛毡。

走在小方前面的这个年轻人，既没有回头，也没有停步。

第十三章

高僧的赌约

小方也仍然不动声色，回身将毛毡挂在原来的地方，又跟着这个人往前走。

两个人继续往前走，好像什么事都没发生过。

但是小方心里并没有他外表看来那么平静，因为他已看出这个人是高手，很可能就是他入藏以来，遇见的最可怕的一个对手，甚至比卫天鹏更可怕。

卫天鹏的刀虽然可怕，拔刀的动作虽然迅速正确，可是他在拔刀前，右肩总是难免要先耸起。

他的箭虽然可怕，可是他在发箭以前，一定要先弯弓。

纵然是武林中的绝顶高手，在他们发出致命的一击前，通常都难免会有被人看出来的准备动作。

这个人却没有。

他发出那二十七件致命的暗器时，他的头没有回过来，肩也没有动，甚至连手都没有扬起。

他手臂上的骨节、手腕上的关节，好像都能够随意弯曲扭动，从任何人都很难想象到的部位，运用任何人都很难运用出的力量，发出致命的一击，令人防不胜防。

天空澄蓝，远处积雪的山巅在蓝天下隐约可见。他们已走过繁荣的街市，走入了荒郊。

从小方现在站着的地方看过去，看不见别的人，也听不到一点声音。

小方唯一能看见的人，就是现在已停下来，转过身，面对着他的人。

这个人正在用一双充满仇恨的眼睛盯着他。一个互相都不认得的陌生人，本来绝对不应该存有这种眼色。

"我叫普松。"这个人忽然说出了自己的名字，小方从未听过这名字。

普松说出来的第二句话更惊人。

"我来找你，"他说，"因为我要你死！"

他说的汉语生硬艰涩，可是这个"死"字用这种口音说出来，却显得更有决心，更有力量，更令人惊心，也更可怕。

小方叹了口气："我知道你要我死，刚才我差一点就死在你手里。"

"你是剑客，你应该明白。"普松道，"剑客要杀人，只要能杀死那个人就好，随便用什么手段都没有关系。"

他用的词句词汇都很奇怪："你是剑客，随时都可以杀人，随时都可以被人杀。你杀了人，你不会怪你自己；你被人杀，也不应该怪别人。"

小方苦笑。

"你怎么知道我是剑客？"

"我不认得你，但是我听人说过你，你是中土有名的剑客。"普松的态度严肃庄重，绝没有丝毫轻蔑讥诮之意。

他慢慢地接着说:"你是剑客,剑客的剑,就是人的手,每个人的手都应该长在身上;每个剑客的剑也都应该在身上,可是你没有。"

剑客的剑,就像是人的手。

普松的话虽然艰涩难懂,但是谁也不能不承认他说得很有道理。

"你练的是剑,你杀人用剑。"普松道,"我不练剑,我杀人不用剑,我用手就能杀人。"

他伸出了他的手。

他的手伸出来时,还是一只很普通的手,忽然间他的手心就已变为赤红,红如夕阳,红如鲜血,红如火焰。

普松慢慢地接着说:"我还有手,你却没有剑了,所以我不会死,我要你死!"

小方从未听见过任何人能将这个"死"字说得如此冷酷沉郁。

这是不是因为他自己心里已感觉到死的阴影?

他为什么要杀小方?

是他自己要杀小方,还是别人派他来的?

以他的武功和气质,绝不可能做卫天鹏那些人的属下。

他自己根本从未见过小方,也不可能和小方有什么势必要用"死"来解决的恩怨仇恨。

这些问题小方都想不通,小方只看出了一点。

这个人的掌力雄厚邪异,如果不是传说中的"密宗大手印"那一类工夫,想必也很接近。

这种掌力绝不是小方能够用肉掌抵抗的。

他的剑不在他身边,因为他从未想到在这陌生的地方,也有必须用剑的时候。

他能用什么对付普松的这一双血掌?

阳光普照的大地，忽然充满杀机，在死亡阴影下，连阳光都变得阴森暗淡了。

普松向小方逼近。

他的脚步缓慢而沉稳。

有种人只要一下决心开始行动，就没有人能让他停下来。

普松无疑就是这种人。

他已下定决心，决心要小方死在他掌下，他心中的阴影只有"死"才能驱散。

小方一步步向后退。

他无法对付普松的这一双血掌，他只有退，退到无路可退时为止。

现在他已无路可退。

他已退到一株枯树下，枯树阻断了他的道路，树已枯死，人也将死。

就在这一刹那，他心里忽然闪出了一丝灵机——在生死将分的这一刹那，本就是人类思想最敏锐的时候。

心剑。

他忽然想起了独孤痴的话。

——你掌中纵然握有吹毛断发的利器，但是你的心中若是无剑，你掌中的利剑也只不过是块废剑而已。

这是剑术中至高至深的道理，这道理如果用另一种方法解释，也同样可以存在。

——你掌中虽然无剑，但是你的心中如果有剑，纵然是一块废铁，也可以变成杀人的利器。

人已逼近。

普松忽然发出低吼如狮,全身的衣衫忽然无风而动,震荡而起。

他已振起了全力,作致命的一击。

他的血掌已击出。

就在这一刹那,小方忽然反手拗断了一根枯枝,斜斜地刺了出去。

在这一刹那,这根枯枝已不是枯枝,已经变成了一柄剑。

无坚不摧的杀人利剑。

因为他心里已没有将这根枯枝当作枯枝,他已将它当作了一柄剑,全心全意地将它当作了一柄剑,他的全身精气都已贯注在这柄"剑"上。

这"剑"看来虽然空灵缥缈虚无,可是他一"剑"刺出,普松的血掌竟已被洞穿。

他的手乘势往前一送,他的"剑"又刺入了普松的眼。

普松的血掌竟被这一根枯枝钉在自己的眼睛上!

鲜血飞溅,人倒下,一倒下就不再动。

等到有风吹过的时候,小方才发觉自己的衣衫都已湿透。

他自己也想不到,他这一柄"剑"有这样的威力,因为这一"剑"并不是用他的手刺出的,而是用心刺出的。

在这一"剑"刺出的那一刹那,他的心、他的手、他的人,已完全和他的"剑"融为一体。

在这一刹那,他的精气贯通,人神交会,他把握住这一刹那,刺出了必杀必胜的一"剑"。

这就是"心剑"的精义。

但是普松并没有死。

小方忽然听见他在喃喃自语，仿佛在呼唤着一个人的名字："波娃……波娃……"

小方的心抽紧，立刻俯下身，用力抓起了普松的衣襟，问道："是不是波娃要你来杀我的？"他的声音嘶哑，"是不是？"

普松眼睛里一片虚空，喃喃地说："她要我带你去见她，我不能带你去见她，我宁可死。"

他用的词句本来就很艰涩难解："我不能要你死，我自己死，等我死了，你才能去见她。我活着时，谁也不能把她抢走。"

小方的手放松了。

他忽然了解普松心里的阴影是怎么会存在的。

只有最强烈痛苦的爱，才能带来如此沉郁的阴影。

同样的痛苦，同样的爱，同样的强烈，使得小方忽然对这个人生出一种说不出的怜伤。

普松忽然从心的最深处吐出口气："我已将死，你可以去了！"

他挣扎着，拉开刚才已经被小方抓紧了的衣襟，露出了里面的黄色袈裟。

直到此刻，小方才看出他是个僧人。

看他的气度和别人对他的尊敬，他无疑是位地位极高的喇嘛。

但是他也像其他那些凡俗的人一样，宁愿为一个女人而死。

——她不是女人，她是个魔女，没有任何男人能拒绝她。

小方的心在刺痛。

"你要我到哪里去？"

普松从贴身的袈裟里，拿出个金佛。

"你到布达拉宫去，带着我的护身佛去，去求见噶伦喇嘛，就说我……我已经解脱了。"

这就是他的最后一句话。

他心中的阴影只有死才能驱散,他心中的痛苦只有死才能解脱。

——他是不是真的已解脱了?他死时心中是否真的恢复了昔日的宁静?

这问题有谁能回答?

他把这问题留给了小方。

噶伦喇嘛是在雄奇瑰丽的布达拉宫,一个阴暗的禅房中接见小方的。

在这古老而神秘的宗教传统中,噶伦喇嘛不仅必须是位深通佛理的高僧,也是治理万民的大吏,地位仅次于他们的活佛达赖。

但是他的人却像这间禅房一样,显得阴暗衰老、暮气沉沉。

小方想不到这么容易就能见到他,更想不到他居然是这样的人。

他盘膝坐在一张古老破旧的禅床上,接过小方交给他的金佛,默默地听小方说出来意,满布皱纹的瘦脸上,始终带着种正在深思的表情,却又仿佛全无表情,因为他的思想已不能打动他的心。

"我明白你的意思。"等小方说完后,噶伦喇嘛才开口,"我也知道普松的痛苦只有死才能解脱。"

他的声音衰弱、缓慢、迟钝,说出的汉语却极流利准确:"我只问你,是不是你杀了他的?"

"是。"小方道,"我不能不杀他,当时我根本没有选择的余地,他不死,我就要死。"

"我相信你,我看得出你是个诚实的人。"噶伦喇嘛道,"你还年轻，你当然不想死。"

他用一双温和暗淡的眼睛凝视小方："所以你也不该来的。"

小方忍不住要问："为什么？"

"你知不知道普松为什么要你来？"

"他要我来见波娃。"

"你错了。"噶伦喇嘛淡淡地说，"因为你不知道我们的教义和中土不同，我们不戒杀生，因为不杀生就不能降魔，我们对付妖魔、罪人、叛徒、仇敌的方法只有一种，同样的一种。"

"哪一种？"

"以眼还眼，以牙还牙。"噶伦喇嘛的态度还是很平静，"我们相信这是唯一有效的方法，自古以来就只有这一种。"

他慢慢地接着道："所以现在你应该已明白，普松要你来，因为他知道我一定会杀你替他复仇的。"

小方沉默。

他忽然明白了一件事，普松无论是死是活，都不愿让他见到波娃。

噶伦喇嘛仍在凝视着他，眼色还是那么温和，但却忽然说出一句比刀锋更尖锐的话。

他忽然问小方："你信不信我在举手间就能杀了你？"

小方拒绝回答。

他不信，但是他已经历过太多令人无法置信的事。

在这神秘而陌生的国土上，在这神秘而庄严的宫殿里，面对着这么样一位神秘的高僧，有很多他本来绝不相信的事现在都已不能不信。

噶伦喇嘛又道："墙上有剑，你不妨解下来。"

小方回过头就看到墙上悬挂着一柄尘封已久的古剑。

他解下了这柄剑。

形式奇古的长剑，分量极重，青铜剑锷和剑鞘吞口上已生绿锈，看来并不像是柄利器。

噶伦喇嘛道："你为什么不拔出来看看？"

小方拔剑。

剑身仿佛也已锈住，第一次他竟没有拔出来，第二次他再用力，突然间，"锵啷"一声龙吟，长剑脱鞘而出，阴暗的禅房里立刻布满森森剑气，连噶伦喇嘛的须眉都被映绿。

小方忍不住脱口而呼："好剑！"

"这的确是柄好剑。"噶伦喇嘛道，"你能杀普松，练剑至少已有十年，应该能看出这是柄什么剑。"

这是柄很奇怪的剑，分量本来极重，可是剑锋离鞘后，握在手里，又仿佛忽然变得极轻，剑锋本来色如古松的树干，剑光却是碧绿色的，就像是青翠的松针。

小方试探着道："这是不是春秋战国时第一高人赤松子的佩剑？"

"是的，这柄剑就是赤松。"

噶伦喇嘛道："虽然没有列入当世七柄名剑中，但那只因为世人多半以为它已被沉埋。"

"可是故老相传，赤松的光芒本该红如夕阳，现在为什么是碧绿色的？"

"因为它有十九年未饮人血。"

噶伦喇嘛道："杀人无算的利器神兵，若是多年未饮人血，不但光芒会变色，而且会渐渐失去它的锋利，甚至会渐渐变为凡铁。"

"现在它是不是已经到了要饮血的时候？"小方问。

"是的。"

"饮谁的血？"小方握紧剑柄。

"我的血。"噶伦喇嘛道,"佛祖能舍身喂鹰,为了这种神兵利器,我为何不能舍弃这副臭皮囊?"

他的声音和态度都完全没有变化,看来还是那么衰弱,却也温和平静。

小方握剑的手放松了:"你要我用这柄剑杀了你?"

"是的。"

"你本来要杀我的。"小方问,"现在为什么要我杀你?"

噶伦喇嘛淡淡地说:"我已是个老人,久已将生死看得很淡,我若杀了你,绝不会为你悲伤;你若杀了我,我也不会怪你。"

他说的话中仿佛另有深意:"所以我不妨杀了你,你也不妨杀了我。"

小方又问:"你的意思是不是说,我能杀你,就不妨杀了你,不能杀你,就得死在你手里?"

噶伦喇嘛不再回答,这问题根本不必回答。

小方握剑的手又握紧。

噶伦喇嘛忽然叹了口气,喃喃道:"良机一失,永不再来,再想回头,就已万劫不复了。"

说完了这句话,他就闭上眼睛,连看都不再看小方一眼。

小方却不能不看他。

他的确已是个老人,的确已不再将生死放在心上,对他来说,死已不再是个悲剧,因为世上已没有任何事能伤害他,连死都不能。

小方吐出口气,一剑刺了出去!

这一剑刺的是心脏。

小方确信自己的出手绝对准确,刺的绝对是在一刹那就可以置人于死的部分,他不想让这位高僧临死前再受痛苦。

想不到他这一剑竟刺空了。

他明明看见噶伦喇嘛一直都静静地坐在那里,明明已避不开他这一剑。

可是他这一剑偏偏刺空了。

噶伦喇嘛确实没有动,绝对没有动。

他的身子还是坐在原来的地方,两条腿还是盘着,脸还是在那一片阴影里,眼睛还是闭着。

可是就在剑锋刺来的这一刹那,他的心脏的部位忽然移开了九寸。

他全身都没有动,就只这一个部位忽然移开了九寸。

在这一刹那,他身上的这一部分就像是忽然跟他的身子脱离了。

剑锋只差半寸就可以刺入他的心脏,可是这半寸就已远隔天人,远隔生死。虽然只差半寸,却已远如千千万万里之外,可望而不可即的花树云山。

一剑刺空,小方的心也好像忽然一脚踏空,落入了万劫不复的深渊。

噶伦喇嘛已伸出手,以拇指扣中指,以中指跳弹剑锋。

"铮"的一声,火星四溅。

小方只觉得虎口一阵剧震,长剑已脱手飞出,"夺"的一声,钉入了屋顶。

屋顶上有尘埃落下,落在他身上,一粒粒微尘,就像是一柄柄铁锤。

他已被打得不能动。

噶伦喇嘛终于又张开眼,看着他,眼色还是同样温和阴暗。

他又问小方:"现在你是不是已经相信我在举手间就能杀了你?"

小方已经不能不信。

他已发现这个衰老的僧人，才是他这一生中所遇见的第一高手，不但能随意控制自己的精气力量，连每一寸肌肉、每一处关节都能随意变化控制。

小方竟完全不知道自己是被一种什么样的武功所击败的。

神秘的民族、神秘的宗教、神秘的武功。小方还能说什么？

他只能问："你为什么不杀我？"

噶伦喇嘛的回答也和他的武功同样玄秘。

"因为我已经知道你的来意。"噶伦喇嘛道，"你不是来看那个女人的，你是来杀她的。"

"你怎么知道？"

"因为你有杀气。"噶伦喇嘛道，"只有决心要杀人的人，才有这种杀气，你自己虽然看不见，可是你一走入此门，我就已感觉到。"

小方不能再开口。

他整个人都已被震惊。

噶伦喇嘛又接着说下去："我不杀你，只因为我要你去杀了她。"他的声音忽然变得极沉重，"只有她死，你才能生；只有她死，普松的死才有代价。"

他衰老的双眼中忽然射出精光，忽然厉声作狮子吼："拔下这柄剑，用这柄剑去杀了她！用那魔女的血来饮饱此剑！"

噶伦喇嘛厉声道："你一定要切切牢记，这次良机再失，就真的要永沦苦狱，万劫不复了！"

这不是要求，也不是命令。这是个赌约。

高僧的赌约。

——你能杀她，你才能生，否则纵然活着，也与死无异。

这位神秘的高僧非但看出了小方的杀气，也看透了小方的心。

所以他与小方订下这个赌约，只有高僧才能订下的赌约。

这也是一位高僧的苦心。

小方是不是真的有决心去杀波娃？能不能忍心下手？

小方是真的已下了决心要来杀波娃。

独孤痴和普松都绝对不是会说谎的人，说出来的话绝不含丝毫虚假。

他们已经证实了波娃是个什么样的女人，小方不能不信，所以也不能再让她活下去，否则又不知有多少男人要毁在她手里！

现在他已经面对波娃。

他的掌中有剑，剑锋距离她的心脏并不远，只要他一剑刺出，所有的爱恨、恩怨、烦恼、痛苦就全都结束了。就算他还是忘不了她，日子久了，也必将渐渐变得淡如烟云，无迹可寻。

但是这一剑他偏偏刺不下去。

日色已渐渐西沉。

波娃也像那位神秘的高僧一样，静静地坐在一片惨淡的阴影里。

她看见小方进来，看见他手里提着剑，她当然也能看得出他的来意。

杀气虽然无声无影无形，却是绝对没法子可以隐藏的。

如果她还想分辩解说，还想用那种娇楚柔弱的态度来挑起小方的旧情，小方这一剑必定早已刺了出去。

如果她一见小方就投怀送抱，婉转承欢，小方也必定已经杀了她。

可是她没有这么做。

她只是静静地坐在那里，凝视着小方，过了很久，才轻轻叹了口气。

"想不到你居然还没有死。"她第一句说的就是真话，"我要普松去找你，并不是为了要你来看我，而是为了要你的命。"

小方听着，等着她说下去。

真话虽然伤人，却没有被人欺骗时那种痛苦。

"我知道普松一定不会让你来见我，一定会杀你。"波娃道，"如果他不能杀你，就必将死在你手里。"

她淡淡地接着说："他死了之后，你一定会来，噶伦喇嘛一定会杀了你替他报仇的，他们的关系就像是父子般亲密。"

这也是真话。

她已将每一种可能都计算过，她的计划本来无疑是会成功的。

波娃又叹了口气："现在我才知道，我还是算错了一点。噶伦喇嘛远比我想象中更精明、更厉害，居然能看穿我的用心。"

她又解释："他平时从来没有理会我和普松的事，所以我才会低估了他，现在我才知道，他一直都对我痛恨在心，宁可放过你，也绝不肯让我称心如愿的。"

小方又沉默了很久才问："你为什么要告诉我这些事？"

"因为我不想再骗你了。"

她声音忽然露出一点淡淡的哀伤："你也不必再问我对你究竟是真是假，因为你是我的仇敌，我只有杀了你。"

小方也记得她说过同样的话。

敌友之间，绝没有选择的余地，不是朋友，就是敌人。不是你死，就是我死！

波娃又道："所以你随时都可以杀了我，我绝不怪你。"

小方下不了手。

不是不忍下手,是根本不能下手!

因为他根本不知道这件事究竟是谁对谁错,谁是谁非。

如果卜鹰真的是猫盗,如果波娃是为了捕盗而做这些事的,有谁能说她错?

为了达到目的,卜鹰岂非也同样做过一些不择手段的事?

独孤痴是剑客,剑客本无情,普松已出家为僧,更不该惹上情孽,就算他们是被她欺骗了,也只能说他们是咎由自取。

小方没有想到他自己。

每到这种生与死、是与非的重要分际时,他常常都会忘记他自己。

第十四章

爱恨生死一线

波娃凝视着他。

"你杀我也好,不杀我也好,我都不勉强你。"波娃道,"但是有一件事我一定要提醒你。"

"什么事?"

"你不杀我,有人就要杀你!"波娃道,"我若不死,你一走出这间禅房,就必定死在噶伦喇嘛的剑下。"

"我知道。"小方说。

说出了这三个字,他就头也不回地走了出去。

爱与恨,是与非,生与死,本来就像是刀锋剑刃,分别只不过在一线间而已。

小方走出了禅房,就看见噶伦喇嘛已经在外面的小院中等着他。

日色渐暗,风渐冷。

噶伦喇嘛就站在一棵古树下,风动古树,大地不动。

这位高僧也没有动。

他看来虽然还是那么枯瘦老弱,但是他的安忍已能静如大地。

唯一的一点变化是,当他看到小方时,眼睛里仿佛也露出一抹怜悯和哀伤。

这是不是因为他早已算准小方是绝对下不了手的?

小方掌中仍有剑,剑光仍是碧绿色的。

噶伦喇嘛看着他手里的剑,淡淡地说:"名剑如良驹,良驹择主,剑也一样,你不能善用它,它就不是你的。"

"这柄剑本来就不是我的,是你的。"小方说。

噶伦喇嘛慢慢地伸出手:"不是你的,你应该还给我。"

小方丝毫没有犹疑,就将这柄剑还给了他。

这柄剑的锋利,绝不在他的"魔眼"之下,如果他掌中握有这样的利器,未必绝对不是噶伦喇嘛的敌手。

但他却仿佛完全没有想到噶伦喇嘛要他交还这柄剑,就是为了要用这柄剑杀他的。

他也没有……

夕阳已隐没在高耸的城堡与连绵的雉堞后,只剩下惨碧色的剑光在暮色中闪动。

噶伦喇嘛忽然长长叹息:"你本来也是个优秀的年轻人,就好像普松一样,只可惜现在你也死了,我纵然不杀你,你也已和死人全无分别。"

他抬起头,凝视小方:"现在你还有什么话可说?"

小方立刻道:"有,我还有话说,还有事要问你。"

噶伦喇嘛道:"什么事?"

小方逼视着他,一个字一个字地说:"你恨波娃,恨她毁了你最亲近的人,你也恨你自己,因为你完全不能阻止这件事。"

他忽然提高声音，厉声问："你为什么不阻止他们？为什么还要把她留在这里？为什么不亲手杀了她？你究竟怕什么？"

噶伦喇嘛没有回答，没有开口，掌中的剑光却闪动得更剧烈。

难道他的手在抖？世上还有什么事可以使这位高僧震惊颤抖？

小方的话锋更逼人："你明明可以阻止这件事发生的，那么普松根本就不会死。你心里一定隐藏着什么不可告人的秘密，所以非但不敢去杀波娃，甚至连见都不敢去见她。"

噶伦喇嘛忽然开口："你是不是要我去杀了她？"他问小方，"如果我要杀你，是不是就应该先去杀了她？"

"是。"小方的回答直接明确。

他并不想要波娃死，可是他自己也不想死，他出了个难题给噶伦喇嘛。

他确信噶伦喇嘛也跟他一样，绝不会对波娃下手的，否则波娃早已死了无数次。

但是这次他又错了。

他刚说出了那个"是"字，噶伦喇嘛瘦弱的身子已像是一阵清风般从他面前掠过去，掠入那间禅房。

等他跟进去时，噶伦喇嘛掌中那柄惨碧色的长剑，剑锋已在波娃咽喉上。

剑光照绿了波娃的脸。她的脸上并没有一点惊慌恐惧的表情。

她不信噶伦喇嘛会下手。

"你想干什么？"波娃淡淡地问，"难道你想来杀我？难道你忘了我是什么人？忘了我们之间的密约？"

"我没有忘。"

"那么你就该知道，你若杀了我，不但必将后悔终生，你的罪孽也永远没法子洗得清了。"

波娃说得很肯定，肯定得令人不能不吃惊。

她究竟是什么人？

一个魔女和一位高僧间，会有什么秘密的约定？约定的是什么事？

小方想不通，也不能相信。

可是噶伦喇嘛自己并没有否认。

"我知道我不能杀你的，但是我宁可永沦浩劫，也要杀了你。"

"为什么？"

"因为普松是我的儿子。"噶伦喇嘛道，"我二十八年前，也遇到过一个像你这样的女人。"

波娃的脸色变了。

她并不是因为听见了这秘密而吃惊，而是因为她知道噶伦喇嘛既然肯将这秘密告诉她，就一定已经下了决心要置她于死地。

小方的脸色也变了。

他也看出了这一点，他不但惊讶，而且悔恨，因为噶伦喇嘛的杀机是被他逼出来的。

他绝不能眼看着波娃因他而死。

这一剑还未刺下，小方已扑过去，右掌猛切噶伦喇嘛的后颈，左手急扣他握剑的手腕脉门。

噶伦喇嘛没有回头。

他以左手握剑，他的右臂关节忽然扭曲反转，反手打小方的腰。

任何人都绝对不会想到一个人的手臂竟能在这种部位扭转，从这种方向打过来。

小方也想不到。

他看见噶伦喇嘛的手臂扭转时，他的人已被击倒。

剑锋距离波娃的咽喉已不及两寸。

噶伦喇嘛这一剑刺得很慢，抑制多年的情感和爱心忽然涌发，他对波娃的仇恨也远比别人恨得更深。

他要看着这个毁了他儿子的魔女慢慢地死在他的剑下。

现在已经没有人能挽回波娃的性命了。

小方几乎已不忍再看，想不到就在这一刹那，他忽然又看见了一道剑光闪电般飞来，直刺噶伦喇嘛后颈上的大血管。

这一剑来得太快，刺得太准。

噶伦喇嘛不得不救。

他的剑反手挥去，迎上了这道凌空飞击的剑光，双剑相击，声如龙吟，飞激出的火星，就像是元宵夜时放出的烟花。

接着，又是"夺"的一声响，一柄剑斜斜地钉入了横梁。

只有剑，没有人。

这一剑竟是被人脱手飞掷出来的。人还在禅房外，脱手掷出的一剑，竟有这种声势，这种速度，噶伦喇嘛虽然还未见到这个人，已经知道他的可怕。

小方却已经猜出这个人是谁了，虽然他从未想到这个人会来救波娃，但是他认得这柄剑。

斜插在横梁上的剑，赫然竟是他的魔眼。

阴暗的禅房，雪白的窗纸，窗户半开，剑自窗外飞来，人呢？

魔眼钉入横梁时，噶伦喇嘛已穿窗而出，小方只看见一道碧绿的剑光飞虹般穿出窗户。

他的人已不见了。

他枯瘦的身子已融入剑光中,他的人已与剑相合,几乎已达到传说中"身剑合一"的无上妙境。

他的"赤松"也是剑中的神品。

卜鹰如果还在禅房外,用什么来挡这一剑?

小方忽然跃起,去摘梁上的剑,希望能及时将这柄剑交给卜鹰。

他的手还没有伸出去,横梁上的屋瓦忽然碎裂,一只手从破洞中伸下来,攫去了这柄剑。

一只瘦削而有力的手,指甲修剪得非常整齐干净。

小方认得这只手,他也曾经握过这只手。

来的人果然是卜鹰。

卜鹰为什么要来救波娃?是为了小方,还是为了另一种至今没有人知道的原因?

小方还没有想到这一点,外面又响起了一声龙吟。

赤松与魔眼双剑再次相击,龙吟声还未停歇,小方也已到了禅房外。

暮色已深沉。

小方看不见卜鹰的人,也看不见噶伦喇嘛,只看见两道剑光游龙般盘旋飞舞。森森的剑气中,古树上的木叶萧萧而落,小方的衣袂也已被振起。

这是小方第一次看见卜鹰的剑术。

他练剑十余年,至今才知道剑术的领域竟是如此博大。

他痴痴地看着,只觉得手足冰冷,心也开始发冷,直冷到趾尖足底。

这一战谁能胜?

碧绿的剑气看来仿佛更盛于魔眼的寒光，飞旋转折间仿佛更矫捷灵动。

但是小方却忽然发觉胜的必是卜鹰。

因为赤松的剑气虽盛，却显得有些焦躁急进。

急进者必不能持久。

他果然没有看错，赤松剑上的光华虽然更鲜艳翠绿，剑风中却已没有那种凌厉的杀气了。

然后又是"锵"的一声龙吟，双剑三次拍击。

龙吟声歇，满天剑光也忽然消失，古树上的木叶已秃，禅院中忽又变为一片死寂。

噶伦喇嘛不知何时已坐下，盘膝坐在落叶上，暮色中，又变得和小方第一眼看见他时那么平静、阴暗、衰弱。

赤松已不在他手里。

他的掌中无剑，心中也已无剑。

他已经不是刚才那位能以气催剑杀人于眨眼间的剑客。

他放下他的剑时，就已重入禅境，又变为一位心如止水的高僧。

他心里的戾气和杀机、情与仇、爱与恨，都已随着他的剑气宣泄而出，就在小方觉得他剑风中已无杀气时，他心中的禅境又进了一层。

卜鹰静静地站在他面前，静静地看着他，神色严肃恭谨，眼中充满尊敬，忽然合十顶礼："恭喜大师！"

"为何恭喜？何喜之有？"

"大师已在剑中悟道。"卜鹰道，"恭喜大师的修为又有精进。"

噶伦喇嘛微笑，慢慢地合上眼睛。

"你好。"他从容挥手，"你去。"

卜鹰还没有走，噶伦喇嘛忽又张开眼，大声作狮子吼！

"为何要你去？为何我不能去？"

这两句话说出，他阴暗的脸上忽然露出一层祥和的神色。

卜鹰再次合十顶礼，噶伦喇嘛已踏着落叶，走入深沉的暮色里。

夜空中忽然有星升起。

赤松还留在地上，光华碧绿的剑锋，已变得暗淡无光。

名剑正如剑客，也是不能败的。

卜鹰目送噶伦喇嘛的背影消失，忽然轻轻叹息。

"他没有败。"卜鹰道，"就是败了，也不是败在我的剑下。"

"不是？"

"绝对不是。"卜鹰道，"他败，只因为他根本没有杀我的意思，只不过想用我激发他的剑气，泄出他心中的戾气与杀机。"

卜鹰慢慢地接着道："他根本没有胜我之意，又怎么能算是败？"

小方明白他的意思。

安忍多年的高僧，忽然发觉心中竟有激情无法抑制时，往往在一瞬间就会坠入魔劫。

"魔"与"道"之间的距离，也正如爱与恨一样，仅在一线间。

现在剑客已败，高僧却已悟道了。

卜鹰凝视着小方，眼中又露出欣慰之色，他看得出小方能够明白他的意思。

小方的心却很乱。

他有很多话要问卜鹰，他已觉察到波娃和卜鹰之间，也有种至今还没有人知道的神秘关系。

他没有问，只因为他不知道该如何问。

卜鹰没有说,是不是也因为不知道该如何说?

半开的窗户已阖起,禅房里没有燃灯,也没有动静,只有波娃一个人静坐在黑暗中。

她为什么还要留在这里?

卜鹰慢慢地转过身,面对夜空中第一颗升起的大星,沉默了很久,才慢慢地说:"我知道你心里有个打不开的结。"

小方承认。

卜鹰又沉默了很久:"如果你真想知道其中的秘密,就跟我走,可是我劝你,有些事还是不知道的好。"

这次小方没有接受卜鹰的劝告。

他跟着卜鹰走了,走向东方的小屋。

星光在沙漠中看来仿佛更明亮,他们已经在沙漠中奔驰了三天。

小方想不到卜鹰为什么又将他带入沙漠来,他也没有问。

他相信卜鹰这次一定会给他一个明确完整的答案,让他能解开心里的这个结。

他们快马奔驰,休息的时候很少,这三天中他们走的路,已经比上次十天中走的更多。

无情的沙漠还是同样无情,第三天的黄昏,他们又回到那一片风化的岩石间。

小方永远忘不了这地方,因为这里正是他初遇波娃的地方,也正是卫天鹏他们的驻扎地,现在那帐篷虽然已不知哪里去了,但那帐篷中发生的事,却是小方这一生永难忘怀的。

卜鹰已下马,和小方分享一块干牛肉和一袋青稞酒。

这三天他一直很少开口,但是每当酒后,小方就会听见他又在低唱那曲悲歌,那种男子汉的情怀,那种苍凉中带着豪迈的意境,总是比酒更令人醉。

"我们什么时候再往前走?"

"我们不再往前走了。"卜鹰回答,"这里就是我们的地头。"

"你带我到这里来干什么?"小方又问。

这里既然是他们的目的地,难道所有问题的答案都在这里?

卜鹰还是没有把答案给他,却从马鞍旁的一个革囊里拿出了两把铁锄,抛了一把给小方。

他要小方跟他一起挖地。

难道他已将问题的答案埋藏在地下?

夜渐深。

他们挖得也渐深,已经挖过了一层松软沙砾,又挖过了一层风化的岩石。忽然间,"丁"的一声响,小方突然感觉到自己手里的锄头挖到了一层坚硬的金属。

然后他就看见了岩石中有金光在闪动。

是黄金!

这一片岩石间,地下全都是黄金。

卜鹰抛下锄头,面对小方道:"现在你总该明白我为什么要带你到这里来了。"

他的声音还是很平静,"富贵神仙吕三失劫的那三十万两黄金,全都在这里。"

"是你埋在这里的?"

"是我。"卜鹰道,"我就是猫盗。"

小方虽然早已想到这一点,却还是不能不吃惊。

卜鹰凝视着他，慢慢地接着说："我们那队伍里，每个人都是猫盗，他们才真正是久经训练、百战不死的战士，卫天鹏属下那些人跟他们比起来，只能算是初学刀剑的孩子。"

他声音中并没有讥诮之意，因为他说的是事实："卫天鹏找不到这批黄金，因为他想不到我们根本不想将这批黄金运出沙漠。"

"永远都不想运出去？"

"永远！"

卜鹰的回答极肯定，小方却更想不通了。

他们费尽苦心，盗劫这批黄金，当然是为了黄金的价值。

如果把黄金永远埋在地下，黄金岂非也变得和沙石尘土无异？

卜鹰不等小方问出来，已经先回答了这问题："我们并不想要这批黄金，我们截下来，只不过因为我们也不能让吕三他们利用这批黄金去对付别人。"

"别人？"小方忍不住要问，"别人是些什么人？"

"就是这两天你天天都能看得见的那些人。"卜鹰道，"也就是波娃、班察巴那他们的族人和姐妹兄弟。"

"吕三为什么要对付他们？"小方又问，"准备怎么样去对付他们？"

卜鹰先要小方将挖掘出的沙石重新埋好，才开始叙说这件事："他要推翻藏人已信奉百年的宗教，要刺杀他们心目中的活佛，要在这里建立他自己的宗教。"

这是个极庞大的计划，吕三不择手段来做这件事，只因为——

"他信奉的是拜火教，他父亲是波斯人，是个狂热的拜火教徒。"卜鹰道，"所以他要用拜火教去取代喇嘛在西藏的地位。"

他的态度极严肃："但是这种宗教信仰已在藏人心中根深蒂固，所以吕三这计划如果实现了，西藏必将永无宁日。"

"所以你们不能让他的计划实现。"

"绝不能。"卜鹰说得更坚决,"为了阻挠他,我们也不择一切手段,不惜牺牲一切。"

小方沉默,卜鹰又道:"第一个牺牲的就是波娃。"他说,"牺牲最大的就是她。"

"她才是班察巴那说的那个为了族人而牺牲自己的女人?"小方问,"不惜牺牲一切潜伏到吕三那组织内部去做奸细?"

"不错,她是的。"

卜鹰道:"这秘密我们绝不能让别人知道,所以在那不祥的'黑羽之帐'中,我只有让你误会她,在'死颈'外那一战中,我们也绝不能让她走出第三顶轿子。"

小方也已渐渐明白。

"所以噶伦喇嘛才肯让她住在布达拉宫里,所以你才会去救她。"

"因为我绝不能让她死在噶伦喇嘛手里,又不能让噶伦喇嘛抱憾终生。"卜鹰道,"为了噶伦喇嘛的宗教,她的牺牲已太大。"

他声音中充满悲伤:"她非但不惜牺牲自己,甚至不惜牺牲她所爱的人。"

——波娃最爱的这个人是谁?

小方没有问,也不必再问。

吕三当然要为自己的独生子复仇,为了取得吕三的信任,波娃只有牺牲小方,她自己不忍下手,只有要普松去替她做这件事。

一个女人,为了一种更伟大的爱和信仰,竟不惜牺牲自己心爱的男人,虽然这个男人是完全无辜的,她也置之不顾。

她这么样做,有谁能说她错?

小方什么话都没有再说，只是慢慢地躺了下去，静静地躺在星光下。

遥远的星光，寒冷无情的大漠之夜，如果他有泪流出，也一定结成了冰。

他没有流泪。经过这件事之后，他这一生恐怕都不会再流泪。

卜鹰并没有解释为什么要将这秘密告诉他。"因为你是我的朋友"，这种话是用不着再说第二次的。

"现在我已将我的事全都告诉你。"

卜鹰只简单地说明了一点："你可以考虑，是留下来跟我在一起，还是走？"

"我会考虑。"小方说。

"随便你要考虑多久，但是你决定的时候，一定要先来告诉我。"

小方答应。

星光遥远暗淡，夜色寒冷凄清，他们彼此都看不见对方脸上的表情。

过了很久，小方才说："你做事一向极谨慎，可是这次却做得太冒险了。"

"冒险？"

"你不怕有人跟踪我们到这里来？不怕别人发现这些藏金？"

卜鹰没有说话，黑暗中却传来一阵笑声："他不怕有人跟踪，因为他知道这一路上我都在你们的附近，就算有条狐狸想跟踪你们，我也已抓住了它，剥下了它的皮。"

这是班察巴那的声音。

小方跃起时，班察巴那已站在他面前，距离他已不及五尺。

这个人的行动远比沙漠上最狡黠的狐狸更难被人发现，他的动作比风更骤，他的眼睛比夜色更深沉，他凝视着小方。

"他当然也不怕你会泄露他的秘密。"班察巴那淡淡地说，"从来没有人能泄露我们的秘密。"

他在笑，但是他的笑容却像是这凄凉的大漠之夜一样神秘、冷酷无情。

他们又回到了拉萨，灿烂的晴天、跃动的生命和那美丽开朗的蓝色阳光都在等着他们。

卜鹰又将小方交给了她。

"他要到哪里去，你就带他到哪里去！"卜鹰吩咐，"他要什么，你就给他什么。"

听到他说的话，想到班察巴那冷酷的笑容，使人很容易联想到一个死刑犯在临刑前，无论作什么要求也都会被答应的。

他将这绝不容任何人泄露的秘密告诉了小方，在某方面说也无异宣判了小方的死刑。

小方没有这么想，他好像什么都没有想。

阳光还是笑得那么愉快开朗，她没有问他这几天到哪里去，只问他："你想要什么？想要我陪着你到哪里去？"

三天之后，小方才回答她这个问题。

"我要一万两银子。"小方说，"我要到一个你绝不能陪我到的地方去。"

这三天里，他们几乎朝夕都在一起，她陪着小方去做一切别的女人绝不肯陪男人做的事。

她陪他豪赌，陪他痛饮；有时喝醉了，他们甚至睡在一起。

有一天小方酒醒时，发现她竟睡在他身旁。

她睡着的时候远比醒时更温柔、更美丽，更像一个女人。她的身材柔美，皮肤雪白，气味芳香。

宿醉初醒时那种烈火焚烧般的强烈欲望，使得小方几乎忍不住要占有她。

他忍住了，他用冷水冲淋了将近半个时辰，他们之间还是清白的。

可惜他们的清白非但没有人知道，可能也没有人相信。

阳光竟完全不在乎，不管别人对他们怎么想，她都不在乎。

第十五章

抉 择

这种事本来是一个女孩子最在乎的事,除非她已准备接受那个男人。阳光不在乎,是不是因为她已准备接受他?

但是三天后,小方却忽然提出这要求,而且还要她答应:"你绝不能问我要到哪里去,更不能在暗中跟踪我,否则我说不定会杀了你!"

这要求多么不近人情,他说的话多么绝,连他自己都认为阳光会生气的。

她没有生气。

她立刻就答应了:"你去,我等你。"

小方要的这一万两银子,竟然是准备给独孤痴的。

他绝没有忘记他的诺言,他又回到了那孩子带他去过的鸟屋。

鸟屋仍在,屋檐下的鸟笼也仍在,但是鸟笼却已空了。

笼中的飞鸟已被斩落在地上,每一只都被一剑斩成了两半。

地上的血迹已干,屋里寂无人声。

小方忽然觉得手足冰冷。

上一次他来的时候,难道已经有人跟踪他到这里?

他本来一向认为自己的耳目都极灵敏,无论谁要跟踪他都很难,但在那个大漠之夜里,班察巴那忽然出现在他眼前之后,他的信心已动摇。

——是谁跟踪他到这里来过？是谁以这种狠毒的剑法斩杀了这些无辜的飞鸟？独孤痴和那孩子是不是也已死在他的剑下？

陈旧的鸟屋，一走上去，木板就会被踩得咯吱作响。

小方走上去，推开门。

屋里没有人，也没有尸体，只有一幅图，仿佛是用鲜血画成的图画，画在迎门的木板墙上，画的是一个魔女，在吸吮着一个男人的脑髓。

魔女的容貌是波娃。

被她吸吮着脑髓的男人赫然就是小方自己。

只有这幅画，没有别的字。

但是小方却已完全明白它的意思，仿佛忽然又回到那阴森沉郁的庙宇中，又回到那穿形石龛的壁画前。

他耳畔仿佛又听到那孩子的声音："……如果你违背了誓言，终生都要像这个人一样，受尽罗刹鬼女恶毒的折磨。"

小方并没有违背他的誓言，也没有泄露过任何人的秘密。

但是他也没有杀死波娃。

独孤痴一定已查出了波娃没有死，一定以为小方已将他出卖了，所以立刻带着那孩子离开了这鸟屋。被斩杀的飞鸟、壁上的图画，都是他特地留下来给小方看的，特地要让小方知道他的仇恨和怨毒。他还有一只手，还可以握剑，还有刺杀飞鸟的力量。

他这个人本来就充满了一种令人永远无法预测的可怕潜力，何况"仇恨"本身也是种可怕的力量！

现在他第一个要杀的人已经绝对不是卜鹰,而是小方!

小方静静地站在这幅壁画前,站了很久,慢慢地将他带来的一万两银票放在地上。

然后他就大步走了出去,走到蓝天之下。

天气虽然还是同样晴朗,可是他心里却已有了个驱不散的阴影。

他知道独孤痴绝不会放过他的。

从今以后,他这一生中,时时刻刻都要提防着那致命的一剑刺来。

他第一次见到独孤痴时就知道了,他们彼此间,迟早总有一个要死在对方手里的。

阳光果然还在等着他,他看到她之后,第一句话就说:"卜鹰现在哪里?我要去见他,现在就要去见他!"

宽大洁净的厢房,新鲜充足的阳光,每一样东西都是精选的,既不会有多余,也不会缺少什么。

酒是甜美醇厚的波斯葡萄酒,盛在透明的水晶杯里,闪动着琥珀色的光。

卜鹰倒了一杯给小方,自己低斟浅酌,喝完了小半杯,然后才问:"你是不是已决定要走?"

"是!"

小方的回答还是和以前他回答别的问题时同样简单明确,好像根本不知道这问题比他以前回答过的任何问题都严重很多。

卜鹰没有再问,也没有再说什么,他们都没有再开口。

远处的白云在天,风在树梢,积雪的山巅在晴朗的蓝天下。平凡的人在为自己的生活挣扎,不平凡的人在为自己的生命奋斗。

可是这些事都距离他们很远，屋子里安静得像是一个死人的心脏。

然后暮色就渐渐来临了，就像是一瞬间的事，夜色忽然就已笼罩大地。

屋子里有灯，可是谁也没有去点燃它，两个人静静地坐在黑暗中。窗外有星升起，有月升起，直到星光、月色照入窗户，卜鹰才开口。

"我很了解你，你已经决定了的事，就绝对不会更改的。"

"我已经决定了。"小方显得出奇的平静，"我非走不可。"

卜鹰并没有问他为什么，却忽然问："你还记不记得班察巴那说过的那句话？"

"我记得。"小方道，"他说，从来都没有人能泄露你们的秘密。"

"我相信你绝不会泄露别人的秘密，但是他不同，他从不相信任何人。"卜鹰道，"他总认为只有死人才能保守秘密。"

小方的手握紧："你呢？"

卜鹰没有直接回答这问题，只告诉小方："有些事，我也不能做主的。"他慢慢地接着道，"譬如说，你要走，我也没法子留住你。"

小方忽然明白卜鹰的意思了，因为他忽然想起了卜鹰说过的两句话：

——不是朋友，就是仇敌。

——对付仇敌，绝不能留情。

朋友变为仇敌，拥抱变为搏击，鲜血像金樽中的美酒般流出。

奇怪的是，在这一瞬间，小方所想的并不是这些，不是杀戮不是死亡不是毁灭。

在这一瞬间，他忽然想到了他的故乡江南，宁静美丽的江南，杏花烟雨中的江南,柔橹声里多桥多水多愁的江南。

卜鹰的声音也变成像是江南般遥远。

"我早就知道你要走的。"卜鹰说,"你回到拉萨,没有再去看波娃,我就已知道你决心要离开我们,因为你自己知道你永远都无法了解我们,也无法了解我们所做的事。"

他忽然打断他自己正在说的话,忽然问小方:"你在想什么?"

"江南。"小方道,"我正在想江南。"

"你在想江南?此时此刻,你居然在想江南?"

卜鹰的声音里没有讥诮惊异,只有一点淡淡的伤感:"你根本不是我们这一类的。你是个诗人,不是战士,也不是剑客,所以你才要走,因为现在你居然还在想着江南。"

小方抬起头,看着他:"现在我应该怎么想?想什么?"

"你应该想想严正刚,想想宋老夫子,想想朱云,想想他们是些什么人。"

"我为什么要想他们?"

"因为他们绝不会让你走的。"卜鹰道,"如果世上只有一个法子能留住你,他们一定就会用那个法子对付你。如果他们认为一定要割断你的咽喉才能留下你,他们的刀就绝不会落在别的地方。"

"他们都是这种人?"

"他们都是的。"卜鹰道,"他们不但能把人的咽喉像割草般割断,也能把刀锋上的人血当作水一样擦干。"

小方凝视着他,过了很久才慢慢地说:"你应该知道有时候我也会这样做的。"

卜鹰的锐眼中忽然透出魔眼般的寒光,掌中的水晶杯忽然碎裂,忽然站起来,推开窗户:"你看那是什么?"

从窗子里看出去,可以看到一根很高的旗杆,旗杆上已挂起一盏灯。

"那是一盏灯。"小方说。

"你知不知道那是什么意思？"

小方不知道。

卜鹰遥望着远处高挂的红灯，眼睛里忽然露出一种从未有的痛苦之色。

"那意思就是说，他们也知道你要走了，已准备为你饯行。"

他忽然伸手，弹指，弹出了一片水晶杯的碎片，疾风破空声尖锐如鹰啸。

三十丈外的红灯忽然熄灭，卜鹰眼中的寒光也已消灭。

"所以现在你已经可以走了。"他没有回头再看小方，只挥了挥手，"你走吧。"

小方走出门时，就看见了阳光。

阳光正站在院子里一棚紫藤的阴影下，脸上那种阳光般开朗愉快的笑容已不见了。

她虽然还在笑，笑容看来却已变得说不出的阴郁哀伤。

小方走过去，走到她面前："你也是来为我饯行的？"

"我不是。"她忽然握住小方的手，她的手冰冷，"你知不知道他们准备用什么来为你饯行？"

小方点了点头："用我的人头，还是用我的血？"

他也握住阳光的手："你要说的我都知道，可是随便他们要用什么，我都不在乎。"

阳光吃惊地看着他："你不在乎？真的不在乎？"

"反正我已决心要走了。"小方道，"随便用什么法子走都一样。"

活着也是走，死了也是走，既然已决心要走，就已没有把死活放在心上。

阳光终于放开了他的手，转过头去看花棚阴影下一枝枯萎的紫藤。

"好了，你走吧！"她指着角落里一个小门，"你从这道门走，第一个要为你饯行的是严正刚，你要特别注意他的手。"

小方看见过严正刚出手。

在那悬挂着黑色鹰羽的帐篷中，在那快如电光石火的一刹那，他就已卸下了柳分分的魔臂。

他用的是左手。

"我知道。"小方说，"我会特别注意他的左手。"

阳光的声音忽然压得很低："不但要注意他的左手，还要注意他的另外一只手。"

"另外一只手？"小方道，"右手？或……"

"不是右手！"

难道严正刚也有另外一只手，第三只手？

小方还想再问时，她已经悄悄地走了，就像是日暮崦嵫时阳光忽然消失在西山后。

只不过太阳明日还会升起，小方这一生可能永远见不到她了。

无论你在什么时候、什么地方看见严正刚，他看来都好像是在庙堂中央行大典一样，衣着整齐洁净，态度严肃恭谨。

现在他看来也是这样子的，当他一刀割断别人咽喉时，态度也不会改变。

小方走过去，连一句不必要说的话都没有说，一开口就问："你准备用什么替我饯行？"

"用我的左手。"

严正刚的回答也同样直接干脆："这里是盗窟，入了盗窟，就像是入了地狱，想离开只有再世为人。你要走，我就只有杀了你，用我的左手杀你。"

他一直将他的左手藏在衣袖里。

"我从来不用武器，我这只手就是杀人的武器。"严正刚道，"江湖中善用左手的人，出手绝没有比我更快的，所以你一定要特别注意。"

"我见过你出手，我会注意的。"小方问，"可是我不懂，你既然要杀我，为什么要提醒我注意？"

"因为我要你死得心服口服。"严正刚道，"我要你死而无怨。"

小方叹了口气："严正刚果然人如其名，刚直公正，绝不肯做欺人的事，所以你如果偶尔做一次，谁也不会怀疑的。"

严正刚的脸色没有变，眼神却已变了。

小方又接着说："如果我真的全神贯注，注意你的左手，今天我就死定了。"

他忽然笑了笑："幸好我还没有忘记柳分分。"

"柳分分？她怎么样？"

"连她都没有怀疑你，连她都上了你的当，何况我这个初出道的小伙子？"小方道，"你能做宋老夫子的第三只手，当然也可以用他的手做你的第三只手，用第三只手来杀我。"

他又叹了口气："那时我死得虽然心不服口不服，心里就算有一肚子怨气，也发不出来了。"

严正刚的脸色也已改变了："想不到你居然还不太笨。"

他已准备出手，他的眼睛却在看着小方身后的那道小门，宋老夫子无疑就在小门后，只要他一出手，两人前后夹击，小方还是必死无疑，江湖中几乎已没有人能避得开他们的合力一击。

小方却又笑了笑："还有件事你一定也想不到。"

"什么事？"

"我另外也有只手。"小方道，"第三只手。"

严正刚冷笑："你也有第三只手？我怎么看不见？"

"你当然看不见，你永远都看不见的。"小方道，"但是你却绝对不能不信。"

"为什么？"

"因为你的第三只手，现在已经被我的第三只手绑起来了。"小方悠然道，"如果你不信，不妨自己去看看。"

严正刚当然不会去看的，他笑了。

他很少笑，有时终月难得一笑，可是这次他真的笑了。

因为这件事真的很可笑，他从来都没有遇到过这么可笑的事。

一个初出道的年轻小伙子，居然想用这种法子来骗一个像他这样的老江湖。

他少年时就已成名；壮年时纵横江湖，杀人无算；中年后虽然被仇家逼得改名换姓，亡命天涯，智慧却更成熟，经验也更丰富。他怎么会上这种当！

就在他开始笑的时候，他藏在衣袖里的那只手已闪电般击出。

他出手时，宋老夫子也一定会配合他出手的。

他们并肩作战多年，出生入死、身经百战他们的配合从未有一次出过意外，从未有一次失过手。

这一次却是例外。

严正刚已出手，场外的宋老夫子却完全没有反应。

他一击不中，再出手。

门外还是完全没有动静。

严正刚不再发出第三击,忽然凌空跃起,掠出那道小门。

宋老夫子果然在门外,却已倒在墙角下,只能看着他苦笑。

严正刚笑不出了。他终于发觉这件事一点都不可笑。

小方已经走了。

他确信严正刚绝不会再追来,击倒了宋老夫子,就无异也击倒了严正刚。

他当然不是用他的"第三只手"击倒宋老夫子,他没有第三只手。

可是他有第二双眼睛——阳光就是他的第二双眼睛。

如果不是阳光的暗示,他绝不会想到宋老夫子会躲在暗处等着和严正刚前后夹击。

阳光说得虽然并不太明显,却已使他想起了他们联手对付柳分分时所用的诡计。

他先找到了宋老夫子,先用客气的微笑,有礼的态度稳住了宋老夫子,就在宋老夫子已认为他已经完全丧失斗志时,他忽然出手了,以最快的手法,点住了宋老夫子三处穴道。

宋老夫子不是他的朋友,是他的仇敌,对付仇敌是可以不择手段的。

小方对自己这次行动觉得很满意。

下一个要为他"饯行"的人是谁?

他记得卜鹰曾经提起过朱云的名字,也记得朱云就是鹰记商号的总管,是个非常诚恳、非常规矩的年轻人。

小方从未想到他也是个身怀绝技、深藏不露的武林高手。

但是卜鹰提到他名字时，却好像把他的分量看得比严正刚还重，要掌管鹰记商号也绝不是一个普通人所能做得到的，如果他没有特别的武功和才能，卜鹰也绝不会将这么重要的职位交给他。

小方相信卜鹰绝不会看错人，他对朱云已经有了戒心。

就在这时候，他看见了朱云。

朱云看来还是和平时一样老实规矩，唯一不同的地方是，他手上多了一柄剑。

一柄很普通的青钢剑，剑已出鞘。

朱云双手抱剑，剑尖下垂，向小方恭敬行礼。

"晚辈朱云，恭请方大侠赐招。"

小方笑了笑："我不是大侠，你也不是我的晚辈，你不必太客气。"

他刚才对宋老夫子的态度也和朱云对他同样客气，现在宋老夫子已倒在墙角里。

这些日子来，他又学会很多事。

他也明白朱云的意思——晚辈求前辈赐招，就不必太公平了，前辈的手里没有剑，晚辈也一样可以出手的。

朱云果然已出手。

他虽然出手并不快，招式间的变化也不快，事实上，他的招式根本就没有什么精妙复杂的变化，只不过每一招都用得很实际、很有效。

这种剑术虽然也有它的优点，可是用来对付小方就不行了。

小方虽然赤手空拳，可是施展出每个练武者都必学的"空手入白刃"的功夫，应付这柄剑已游刃有余。

他甚至已经在怀疑，卜鹰对朱云是不是估计得太高了些，朱云是不是还没有将真功夫使出来？

小方正想增加压力，逼他使出全力，朱云却已后退了十步，再次用双手抱剑，剑尖下垂，向小方恭敬行礼："晚辈不是大侠敌手，晚辈已经败了。"

现在就认输未免过早，卜鹰属下本不该有这种人的。

卜鹰属下都是战士，不奋战到最后关头，绝不会轻易放弃。

朱云忽然笑了笑："方大侠一定会认为晚辈还未尽全力，还不该放手的。"

小方承认这一点，朱云微笑道："晚辈不愿血战，只因为晚辈已不忍再与方大侠缠斗下去了。"

小方忍不住问："你不忍？为什么不忍？"

"因为大侠已中了奇毒，已经绝对活不过半个时辰了。"朱云道，"如果晚辈再缠斗二十招，方大侠的毒性一发作，就必死无救了。"

小方也在笑。

朱云说的话，他根本就不信，连一句都不信。

"我中了毒？你看得出我中了毒？"

小方故意问："是什么时候中的毒？"

"就在片刻之前。"

"卜鹰给我喝的酒中有毒？"

"没有，酒里绝对没有毒。"朱云道，"他要杀你，也不必用毒酒。"

"毒不在酒里，在哪里？"

"在手上。"

"谁的手?"

朱云反问:"你刚才握过谁的手?"

小方又笑了。

他刚才只握过阳光的手,他绝不相信阳光会暗算他。

朱云却在叹息:"其实你应该想得到的,她也是为你钱行的人,第一个为你钱行的就是她,只不过她用的方法和我们不同而已。"

"有什么不同?"

"她的方法远比我们温和。"朱云道,"但是也远比我们有效。"

"她用的是什么法子?"

"你们最近常在一起,你应该看见她手上一直戴着个戒指。"

小方看见过那个戒指,纯金的戒指,式样仿佛很好,手工也很好。

究竟是什么式样,小方却已记不清了。在拉萨,每个女人都戴着金饰,在每一条河流的滩头,都可以看到人们用最古老原始的方法就能捞取到大量的金沙。

手上戴着一个纯金的戒指,在这里绝不是件能够引人注意的事。

"可是她戴的那个戒指不同。"朱云道,"那个戒指虽然只有几钱重,却远比几百两黄金更珍贵。"

"为什么?"小方问,"是不是因为它的手工特别精细?"

"不是!"

"是为了什么?"

"是因为戒指上的毒。"朱云道,"是用三十三种剧毒淬成的,先将这三十三种剧毒淬入黄金,再打成这么样一个戒指。戒指上有一根刺,比针尖还细的刺,刺入你的皮肤时,你连一点感觉都没有,可是半个时辰内,你已必死无救。"

小方已经不笑了,但是也没有特别的反应。朱云却仿佛在为他惋惜:"本来我们都已经把你当作朋友,如果你不走,这里绝对没有人会伤害你,阳光更不会。"

他叹息着说:"不幸现在我们已经不是朋友了。"

小方忽然打断他的话。

"我知道你想说什么。"小方道,"不是朋友,就是仇敌,所以她才会用这种方法对付我,你们对付仇敌本来就是不择手段的。"

朱云并不否认。

小方又道:"她先把严正刚和宋老夫子的杀招告诉我,为的就是要稳住我,要我对她完全信任,她才能在我不知不觉中把毒刺刺入我的掌心。"

他忽然问:"可是你为什么要把这件事告诉我呢?"

朱云还没有回答。小方又问他:"毒蛇噬手,壮士断腕,你是不是要我斩断自己这只手?"

第十六章

断魂剑断肠人

"不是。"朱云好像完全没有听到他话中的讥诮之意,"但是你不妨先看看你自己的这只手,看看你手上是不是已经有了个好像被毒蜂蜇过的伤口。如果伤口还没有发生变化,也许你还有的救。"

"我还有救?"小方道,"谁会来救我?"

"只要你肯留下来,每个人都会救你的。"

小方对阳光的信心无疑已开始动摇了,忍不住转过身,面对刚刚升起的明月,伸出了那只曾经被阳光握住的手。他的身子刚刚转过去,朱云的左手已经有七点寒星暴射而出,不是用腕力发出的,是用一种力量极强的机簧筒射出来的。江湖中人用的暗器种类虽然多,"奔命七星针"永远都是其中最可怕的一种。

机簧"嘣"的一响,朱云右掌中的青铜剑也已闪电般刺出。

他的出手已经不像刚才那么慢了,一剑刺出,闪动的剑光就已将小方所有的退路全都封死。

就在这片刻,他好像就已经变成了另外一个人,从一个平庸的剑手,变成了个非凡的剑客。如果他一开始就使出这种剑术,小方绝不会躲不开的。

但是现在他已将小方的信心摧毁。

无论谁发现自己被一个自己绝对信任的朋友出卖了时,情绪都会变得十分低落、沮丧,何况小方正在看他手上的伤口。

无论谁要在月光下查看一个比针还小的伤口,都不是件容易事。

他已经将全副精神都集中在他自己的手上,他的信心已经被摧毁,情绪也已沮丧。他怎么能避开这一剑?

朱云一剑刺出时,就算准小方已经死定了。

如果小方真的相信了朱云说的话,真的去看手上是不是有个伤口,他就真的死定了。

他没有死。

因为他对阳光有信心,对人类有信心。

因为他的信心绝不是别人几句话就可以摧毁的,所以他没有死。

朱云对自己这一剑太有把握了,对他的七星针也太有把握了。

所以他一剑刺出,已尽全力,只记得攻而忘了守。

这一剑的攻势虽然凌厉霸道,却有空门,也有破绽。他以为小方的退路全都已被封死,却忘了小方还有一条路可走,还可以以攻为守,从他的空门破绽中攻出去,攻他的心脏,攻他的命脉,攻他的必救处。

小方没有杀朱云。

他先以左掌斜切朱云握剑的腕,横步躲入朱云的空门,屈肘打朱云的肋部,并中指食指无名指做指锋,猛戳朱云的咽喉。

他攻的都是要害,朱云不能不闪避自救。小方右手五指忽然化鹰爪,抓朱云的面门,乱朱云的眼神,左掌已斜切在朱云右肩上。

右肩被击,青铜剑必然脱手。

小方乘机夺剑,剑光一闪,剑锋已在朱云咽喉。

但是他没有杀朱云。

"我不杀你,只因为你虽然不是我的朋友,也不是我的仇敌。"小方道,"你要杀我,只不过是在做一件你认为应该做的事。"

剑锋下的朱云居然还能保持镇静,却忍不住要问小方:"你真的相信阳光绝不会害你?"

"我相信。"

"你为什么如此信任她?"

小方的回答很简单:"因为我从未欺骗过她。"

朱云忽然长叹:"我佩服你,你的确是个好朋友。"朱云道,"只可惜你的朋友倒未必都是好朋友,所以我劝你最好将我的剑带走。"

"我既然不要你的命,为什么要你的剑?"

"因为你很快就会用得着的。"朱云道,"也许并不是用来杀人。"

"用来干什么?"

朱云看着小方,眼睛里忽然露出种很奇怪的表情,过了很久才说:"这柄剑也跟别的剑一样,除了杀人外,另外还有种用处。"

"什么用处?"

"自刎。"朱云又叹口气,"不管怎么样,自刎至少比死在别人剑下好。"

小方还没有开口,黑暗中忽然又有个人冷冷地说:"就算他要自刎,也不必用你的剑,他自己也有剑,他的剑远比你的剑锋利。"

黑暗中忽然有剑光一闪,一柄剑仿佛忽然自天外飞来,斜插在小方足下。

森寒的剑光,剑锋上仿佛有一只邪恶的魔眼在冷冷地看着他,这正是他的魔眼。

这柄剑一直在卜鹰那里，小方从未提起过，就好像已经忘了这柄剑的存在。

　　但是现在他的剑又飞回来了，当然不是从天外飞来的。

　　是从一个人手里飞来的。

　　小方回过头，就看见了这个人，秃鹰般的锐眼，幽灵般的白衣，刀锋般的冷酷，山岳般的镇定。

　　这个人是卜鹰。

　　小方的心沉了下去。

　　最后一个要为他饯行的，竟是卜鹰。

　　朱云交给他这柄青钢剑，的确不是要他用来杀人的，在卜鹰剑下，他根本全无机会。

　　他们本来已经可以算是很接近的朋友，现在却已好像是两个世界中的人了。

　　小方忽然笑了笑，他这一生中从未笑得如此沉痛。

　　"想不到你也会来为我饯行。"小方道，"你既然来为我饯行，又何必把这柄剑还给我？"

　　"因为这本来就是你的剑。"

　　卜鹰的声音里全无感情："你应该记得我曾经说过，我从来不要活人的东西。"

　　小方当然记得。

　　也许卜鹰根本就没有接受过他任何一样东西——他的剑、他的友情，都没有接受过。

　　卜鹰又说道："现在你已经有了自己的剑，为什么还不将你手里的剑还给朱云？"

　　小方将剑还给了朱云，剑柄缠着的青绫已经被他掌心的冷汗湿透。

卜鹰忽又冷笑:"现在你为什么还不走?是不是还想亲眼看着我杀他?"

这句话是对朱云说的。

朱云只有走,虽然不想走,也不能不走。

小方忽然也冷笑:"你为什么一定要他走?"小方问卜鹰,"你杀人时为什么怕被人看见?"

他没有等卜鹰回答这句话,他知道卜鹰一定不会回答的。

他已经拔起了他的剑。

这柄剑跟随小方已多年,每次他握起它的剑柄时,心里都会有种充实的感觉,就好像握住了一个好朋友的手一样。

但是这次他握剑时,却好像握住了一个死人的手,冰冷僵硬的手,就好像在跟一个死去的朋友最后一次握手诀别。

——这就是一个学剑的人最后一次握剑时的感觉。

如果他肯留在这里,如果他肯将这柄剑留在地上,卜鹰绝不会出手的。

但是他不肯。

他从地上拔起这柄剑时,就等于已经将自己埋入地下。

卜鹰还是幽灵般站在那里,冷冷地看着他。

卜鹰的手里没有剑。

卜鹰不用剑也一样可以杀人。

他用一双空手就能接住卫天鹏闪电般劈杀过去的快刀,现在他当然也同样能用这双手接住小方的剑。

小方的剑已刺出。这一剑刺的是卜鹰心脏,也是小方自己的心脏。他一剑刺出时，就等于已经将自己刺杀于剑下！

他已经从闪动的剑光中看到死！

闪动的剑光忽然停顿，停顿在卜鹰的心脏之前，剑锋已经刺穿卜鹰的白衣。

卜鹰根本没有出手，根本连动都没有动。

小方在最后一刹那才勒住这一剑，小方自己也怔住。

他忍不住问卜鹰："你为什么不出手？"

他问卜鹰时，卜鹰也在问他："你为什么不杀了我？"

两个人都没有回答对方的问题，因为他们彼此都已知道答案。

朋友！

这就是唯一的一个答案。

在这一刹那，不但剑锋停顿，世上所有的一切变动仿佛都已停顿。

因为他们都已发现，不管别的人别的事再怎么变，他们还是没有变。

他们还是朋友。

真正的朋友，永远都不会变为仇敌。

高竿上的灯笼又亮起。

卜鹰忽然转过身，看着这一点遥远如星辰的灯光，过了很久，才慢慢地说："你去吧，到那盏灯下去，那里有个人在等你。"

小方没有再说什么。

卜鹰也没有再说什么。

有些事是用不着说出来的，世上所有最美的事都是用不着说出来的。

他的梦在江南。
江南在他的梦里。

灯光也遥远如江南,在灯下等着他的有一个人、两匹马。
人是阳光,马是赤犬,人和马都是他的朋友,永远不变的朋友。
阳光只说了一句话,三个字:"我们走。"

星光比江南更远,可是星光能够看得见,江南呢?

他的梦在江南,他的梦中充满了浪子的悲伤和游子的离愁。
他永远忘不了挥手离别江南时的惆怅、悲伤、痛苦。现在他就要回到江南了,他心里为什么也有同样的痛苦、悲伤、惆怅?
阳光一直在他身畔,忽然问他:"你在想什么?"
"江南。"

江南,也只不过是两个字而已,可是听到这两字,阳光眼里也露出种梦一样的表情,忽然曼声低唱:

> 重湖叠翠清嘉,有三秋桂子,十里荷花。
> 羌管弄晴,菱歌泛夜,嬉嬉钓叟莲娃。
> 千骑拥高牙,乘醉听箫鼓,吟赏烟霞。
> 异日图将好景,归去凤池夸。

这是柳永柳屯田的词,据《钱塘遗事》上说,孙何督帅钱塘时,柳屯田作这首《望海潮》赠之,却被金主完颜亮在无意中看见了。

于是完颜亮特地令画工至江南绘《风物图》进呈,而且在上面题了两句诗:

<blockquote>
移兵百万西湖上,
立马吴山第一峰。
</blockquote>

据说这就是金兵入侵江南来的主要原因。

这是首美丽的词,听的人不觉醉了,唱的人自己也仿佛醉了。

过了很久,小方叹了口气:"没有到过江南的人,都想到江南去,可是如果你到了江南,你就会怀念拉萨了。"

"我相信。"

"我回到江南后,如果有人要到拉萨来,我一定会托他带一点江南的桂花糕和荷叶糖给你。"小方勉强笑了笑,"你虽然看不见江南的三秋桂子和十里荷花,吃一点桂花糕和荷叶糖,也聊胜于无了。"

阳光沉默了很久,忽然也笑了笑:"你用不着托人带给我。"她笑得很奇怪,"我会自己去买。"

"你自己去买?"小方还没有听懂她的话,"到哪里去买?"

"当然是到江南去买。"

小方吃了一惊。

"到江南去买?你也要到江南去?"

阳光慢慢地点了点头,眼中俨然已有了江南的梦,也有了剪不断的离愁。

小方松了口气。

"你不会去的。"小方道,"我看得出你绝对舍不得离开拉萨,更舍不得离开那些朋友。"

"我是舍不得离开他们。"阳光道,"可是我一定要到江南去。"

"为什么?"

"鹰哥要我送你,要我把你送到江南。"阳光幽幽地说,"你应该知道,不管他要我做什么,我都会听他话的。"

小方又勉强笑了笑。

"他为什么要你送得那么远?难道他以为我已经忘了回家的路?"

"我也不知道他为什么要我送你。"阳光道,"可是他既然要我送你,我就要把你送到江南,你用鞭子赶我都赶不走的。"

她也在笑,笑得很勉强,因为她也和小方一样,也明白卜鹰的意思。

卜鹰要她送小方,只不过因为他想成全他们,每个人都认为他们已经是一双两情相悦的情侣。

小方沉默了很久,忽然又问:"到了江南,你还会不会回来?"

"会。"阳光毫不考虑就回答,"不管到了什么地方,我都一定会回去的。"

她忽然问小方:"你知不知道卜鹰是我的什么人?"

"是你的大哥。"

"他是我的大哥,他当然是我的大哥。"阳光轻轻地叹息,"可我却不是他的妹妹。"

"你不是?"小方很意外,"你是他的什么人?"

"我是他未婚的妻子。"阳光道,"我们已经有了婚约。"

小方怔住。

阳光也沉默了很久才说:"他一直不让你知道这件事,因为他一直认为你很喜欢我，他不愿让你再受刺激。"

小方苦笑。

阳光又道："而且他一直觉得自己老了，觉得自己配不上我，一直希望我能找个更好的归宿，所以……"

小方替她说了下去："所以他才要你送我，送到江南。"

"他就是这么样一个人，总是先替别人着想，从来不肯替自己想想。"阳光也苦笑，"可是他的外表却偏偏冷得像冰一样。"

她的笑容虽暗淡，却又充满骄傲，为卜鹰而骄傲。

"他为了你，不惜跟他的伙伴争吵，甚至不惜以他自己的性命来保证你绝不会泄露他们的秘密。"阳光叹了口气，"可是这些事他宁死也不会对你说，因为他不愿让你心里有负担，不愿让你感激他。"

小方也没有再说什么。

他生怕自己胸中的热泪会忍不住要夺眶而出。

他的泪不轻流，他心里的感激也从不轻易向人叙说。

又过了很久，阳光才接着道："不管他怎么对我，我对他却不会变的。"

"所以不管你到了什么地方，都一定会回来。"小方说。

阳光看着他，轻轻地问："你明白我的意思？"

"我当然明白。"

阳光笑了，真的笑了，笑容又变得像阳光般灿烂辉煌。

她又握住了小方的手，握得比以前更紧。

"我知道你一定会明白的。"她说，"我也知道他没有看错你，你的确是他的好朋友。"

就在他们笑得最开朗、最愉快时，他们忽然听到一种痛苦的声音。

不是呻吟，也不是喘息，而是一个人只有在痛苦已到极限时才会发出的声音。

声音很低、很远，如果不是在这死寂的大漠之夜中，他们很可能听不见。

现在他们听见了。

这是沙漠的边缘，是个已干涸了的绿洲。

绿洲已干涸，正如美人已迟暮，再也无法留住任何人的脚步了。

阳光带小方走这条路，不但因为这里行人已少，也因为别人想不到一个像她对沙漠如此熟悉的人，会到一个没有水的绿洲来。

没有水，就没有生命。旅人远避，绿树枯死，只剩下一座土丘仍然顽强如昔，冷眼坐视着人间的沧桑变化。

他们听到的声音，就是从这座土丘后面传来的。

土丘后有棵枯树，树上吊着一个人——一个本来早就已经应该死了的人。

无论谁受过像她这么多折磨酷刑之后，都很难活到现在。她能活到现在，也许只因为她只有一半是人，另一半是魔。

这个人赫然竟是天魔玉女柳分分。

如果不是因为她的衣服，连小方都几乎认不出她就是柳分分。

她已被折磨得不成人形，连呻吟声都发不出，只能用一双布满血丝的眼睛，乞怜地看着小方。

她不是要小方救她，她自己也知道自己是绝对活不下去的。

她只求速死。

小方明白她的意思,小方也知道,如果给她一刀,对她反而是种仁慈的行为。

但是他没有出手,因为他也不知道应该怎么做才是对的。

不管怎么样,这个人毕竟还没有死,谁也没有权力决定她的死活。

阳光已经扭过头,不忍再看她。

"我们走吧。"

小方不肯走。

阳光叹了口气:"你既然救不了她,又不忍杀她,为什么还不肯走?"

小方自己也说不出理由。

人性中本来就有很多种情感是无法解释的,所以每个人都常常会做出一些连自己都说不出理由来的事。

小方只想先把她从树上解下来。

阳光却拉住了他的手:"你绝对不能动她。"

"为什么?"

"因为你只要一动她,别人就知道我们来过这里,就知道我们走的是这条路了。"

"别人?"小方又问道,"别人又是谁?"

阳光没有回答,因为"别人"已经替她回答了:"别人就是我。"

声音是从小方身后传来的。

小方连一点感觉都没有,这个人就已幽灵般到了他身后。

——从没有人知道他什么时候会来,也没有人知道他什么时候要走。

小方握紧双拳,连指尖都已冰冷。

但是他并不觉得意外,因为他早已知道班察巴那绝不会放过他的!

班察巴那脸上已没有温柔如春的微笑,神态却仍然坚强如金,眼神也仍然尖利如锥。

他的手上仍有弓,腰畔仍有箭。

——箭羽上有痛苦之心,倒钩上有相思之情,充满欲望直射人心,百发百中的五花神箭。

阳光又在叹息:"我以为你想不到我会带他走这条路的,想不到你还是找到了。"

她苦笑:"难怪每个人都说,如果班察巴那要追踪一个人,就好像猎犬要追一只鸡,从来没有一次追不到的。"

班察巴那仿佛根本没有听见她在说些什么,一直都在看着吊在树上的柳分分,忽然问道:"你们知不知道是谁对她下的毒手?"

"你知道?"阳光问,"是谁?"

班察巴那沉默了很久,才说出一个名字:"是金手。"

"金手?金手是什么人?"

"金手不是一个人,是一个组织,是吕三用黄金收买的组织。"班察巴那道,"金手就是他们用的代号。"

"以前我们为什么没听见过?"

"这也是我最近才知道的。"班察巴那道,"铁翼、卫天鹏、柳分分,都是这组织中的人。"

"柳分分既然也是这组织中的人,他们为什么要这样对付她?"

阳光不知道其中的原因,小方却知道。

"因为她曾经出卖过他们!"

在那挂着黑色鹰羽的帐篷中,她要她的同伙每个人都留下了一只手。

现在小方明白，那次卜鹰为什么会轻易放过柳分分了。

他算准她的同伙一定会对付她的。

班察巴那的瞳孔在收缩，眼神更锐利，忽然冷笑："想不到他们居然还留在这里没有走。"

阳光又问："他们故意把柳分分吊在这里，是不是故意向我们示威？"

她自己替自己回答："一定是的，所以你应该赶快去找他们，给他们一点颜色看。"

她又拉住小方的手，拉着小方往他们歇马的地方走。

"我们也应该走了。"

班察巴那却已横出金弓，拦住了他们的去路。

"你走，他留下。"

"你要他留下来干什么？"阳光故意装作不懂，"是不是要他陪你喝酒？"

"不是！"

这问题本来不必回答的，班察巴那却回答了，回答得严肃而慎重。

阳光叹了口气："我也知道你当然不是要他陪你喝酒，你要杀人时从不喝酒。"

班察巴那承认，他的眼中已露出杀机："你明明知道，为什么还要问？"

"因为我希望你只不过是要他陪你喝杯酒而已。"阳光的态度也变得同样严肃慎重，"因为你是绝对杀不了他的。"

班察巴那冷笑："我明白你的意思。"他冷笑道，"你们两个人不妨一起出手，只要能杀了我，你可以带他走。"

他一字一字接着道："只有杀了我，你才能带他走。"

阳光又叹了口气："你错了,你根本不明白我的意思,我根本不想杀你,但是你也绝不能杀他,否则……"

"否则怎么样?"

班察巴那道:"他要走时,谁也拦不住他;我要杀人时,也同样没有人能拦住我。"

他右手握金弓,用左手食中两指拈起一根羽箭:"除非他这次还能避开我这五支箭。"

他的金弓已拉满,箭已在弦,百发百中的五花神箭。

阳光忽然大声道:"我也不知道他能不能避开你的箭,但是我知道,你这一箭射出,射死的绝对不止他一个人。"

班察巴那冷笑道:"你想陪他死?"

第十七章

跪着死的人

阳光道:"我不想。"

她居然笑了笑:"但是我也知道,你若杀了他,另外有个人一定会陪他死的。"

班察巴那不能不问:"谁?另外那个人是谁?"

"是波娃。"

她淡淡地接着道:"卜鹰要我告诉你,你若杀了小方,波娃也得死,你今天杀了他,波娃绝对也活不到明天。"

班察巴那的金弓仍在手,羽箭仍在弦,但是他全身都已僵硬,连扣箭的手指都已僵硬。

他了解卜鹰。

没有人比他更了解卜鹰。

卜鹰说出来的话,就像是他射出去的箭,卜鹰的话已出口,他的箭还未离弦。

但是箭已在弦,又怎么能不发?

忽然间,"嘣"的一声响,金弓弹起,弓弦竟已被他拉断。

班察巴那的杀气也已随着断弦而泄。

"你们果然是好朋友。"他叹息,"我从未想到你们竟是这么好的朋友。"

夜深，更深。

说完了这句话，班察巴那就慢慢地转过身，走向黑暗。

无边无际的黑暗，永无尽期的寂寞。

看着他的背影，阳光也忍不住叹息："你从未想到他们是这么好的朋友，也许只因为你自己从来没有朋友。"

班察巴那慢慢地点了点头。

"也许是的……"这句话还没有说完，他的身子忽然如弓弦般绷紧，忽然伏倒在地上，用左耳贴地，星光照在他脸上，他脸上露出极奇怪的表情。

他又听见了一些别人听不见的声音。

阳光忍不住悄悄地问："你听见了什么？"

"人。"

"人？"阳光又问，"有人来了？"

"嗯。"

"是到这里来的？"

"嗯。"

"来了多少人？"

班察巴那没有回答，也用不着回答，因为这时小方和阳光一定也能听到他刚才听见的声音了。

一阵非常轻的马蹄声，来得极快，眨眼间他们就已能听得很清楚，人马正是往他们这方向来的，来的最少有三四十个人，三四十匹马。

班察巴那身子已跃起，低声道："你们跟我来。"

小方的赤犬和阳光的马，都躲在干涸的水池旁一棵枯树下。

班察巴那飞掠过去,轻拍马头,解开马缰,带着两匹马转入另一座比较低矮的沙丘后,忽然将赤犬绊倒,用自己的胸膛,压住赤犬的头。

一向桀骜不驯的赤犬,在他的手下,竟完全没有挣扎反抗之力。

他出手时已经向阳光示意,她立刻也用同样的方法制住了另外一匹马。

他们用的法子迅速确实而有效,甚至比浪子对付女人的方法更有效。

这时远处的蹄声渐近,然后就可以看见一行人马驰入这个已经干涸的绿洲。

一行三十七个人,三十六匹马,最后一个人骑的不是马,是驴子。

这个人高大肥胖,骑的却偏偏是匹又瘦又小的驴子。

驴子虽然瘦小,看来却极矫健,载着这么重的一个人,居然还能赶上前面三十六匹健马。

人虽然高大肥胖,却没有一点威武雄壮的气概,穿得也很随便,跟在三十六个着鲜衣、鞭快马、佩长刀的骑士后,就像是个杂役跟班。

奇怪的是,这些骑士们对他的态度却极尊敬,甚至还显得有些畏惧。

三十六个人跃身下马后,立刻恭恭敬敬地垂手肃立在两旁,连大气都不敢喘。

这个人骑在驴子上,东张西望地看了半天,才慢吞吞地下了鞍,一张红彤彤的脸,看来又老实又忠厚,脸上还带着种迷惘的表情,又东张西望看了半天,才向一条鸢肩蜂腰的大汉招了招手,慢吞吞地问:

"你说的就是这地方?"

"是。"

"我记得你好像说这地方是个绿洲。"

"是。"

"绿洲是不是都有水的?"

"是。"

"水在哪里?"这个人叹着气,"我怎么连一滴水都看不见?"

大汉垂下头,额角鼻尖上都已冒出比黄豆还大的汗珠子,两条腿也好像在发抖,连说话的声音都已经开始发抖。

"三年前我到这来过,这里的确是个绿洲,的确有水,想不到现在居然干涸了。"

"想不到,真是想不到。"

骑驴的胖子叹了口气,忽然问这大汉:"最近你身体好不好?"

"还好。"

"有没有生过什么病?"

"没有。"

骑驴的胖子又叹了口气:"那么我猜你一定也想不到自己会死的。"

大汉忽然抬头,脸上本来已充满恐惧至极的表情,现在却忽然露出了笑容。

现在他居然还能笑得出,也是件令人绝对想不到的事。

骑驴的胖子也觉得很意外,忍不住问道:"你觉得很好笑?"

"我……我……我……"

大汉还在笑,笑容看来又愉快又神秘,说话的声音却充满痛苦恐惧,忽然慢慢地跪了下去,跪下去的时候仿佛笑得更愉快。

他当然也看出了这胖子的杀机,明明怕得要命,居然还能笑得出;明明笑得很愉快,却又偏偏怕得要命。

一个正常的人绝不会像这样子的,这个人是不是已经被吓疯了?

他的同伴们都在吃惊地看着他,本来显得很惊讶的脸上,忽然也全都露出了笑容,又愉快又神秘的笑容,跟他完全一模一样的笑容。

然后这三十五个人也全都跪了下去,跪下去的时候也仿佛笑得更愉快。

骑驴的胖子脸色变了,也变得惊讶而恐惧。

就在他脸色刚开始变的时候,他脸上忽然也露出了笑容,又愉快又神秘的笑容,和另外三十六个人完全一模一样的笑容。

然后他也跪下去。

三十七个人一跪下去就不再动,不但身子保持原来的姿势,脸上也保持着同样的笑容。

三十七个人一直在笑,就好像同时看到一件令他们愉快极了的事。

阳光忽然握住了小方的手,她的手冰冷而潮湿,小方的手也一样。

看见这三十七个人如此愉快的笑容,他们连一点愉快的感觉都没有,只觉得说不出的诡秘可怖。

他们也不知道这是怎么回事,但是他们心里忽然也有种说不出的恐惧。

漫漫的长夜还未过去,大地一片黑暗死寂,三十七个人还是动也不动地跪在那里,脸上还是保持着同样的笑容。

但是现在连他们的笑容看来都不再令人愉快了。

他们的笑容已僵硬。

他们全身上下都已僵硬。

就在他们跪下去的时候,他们已经死了,一跪下去就死了。

他们死的时候,就是他们跪下去的时候,也就是他们笑得最愉快的时候。

他们死的时候为什么要笑?

他们为什么要跪着死?

小方想问班察巴那,阳光也想问,有很多事都想问。

在这片神秘而无情的大地上,如果还有一个能解释这种神秘而可怕的事,这个人无疑就是班察巴那。

班察巴那却不让他们问。

他忽然从身上拿出个漆黑的乌木瓶,用小指和无名指捏住瓶子,用拇指和食指拔掉瓶塞,从瓶子里倒出一点粉末在两匹马的鼻子上。

本来已渐渐开始要动的马,立刻不再动了。

他不但不让人出声,也不让马出声。

沙丘前三十七个人全都死了,死人是什么都听不到的。

他为什么还不敢出声?

他怕谁听见?

班察巴那不但冷静镇定,而且非常骄傲,对自己总是充满信心,对别人一无所惧,大家都承认这世界上已经很少有能够让他害怕的事了。

可是现在他的脸色却变了,看来甚至比小方和阳光更害怕。

因为他知道的事远比他们多。

他不但知道这些人都中了毒,而且还知道他们中的就是传说中最可怕的"阴灵"之毒。

——毒性无色无味,来得无影无形,下毒的人也像是阴魂幽灵般飘忽诡秘、来去无踪。

从来没有人知道下毒的人是谁,用什么方法下的毒。也没有人知道自己是在什么时候中的毒,等他们知道自己中毒时,已无救了。他们的脸已因毒性发作而扭曲变形,他们的身子已因肌肉痉挛而跪下。

毒杀他们的阴灵也许还在千里外,也许就在他们附近。

不管他在哪里,他迟早总会来看看这些死在他毒手下的人,就好像一位名匠大师完成一件精品后,总忍不住要来欣赏欣赏自己的杰作。可是从来都没有一个活着的人能看到他的真面目,因为他一定要等到他的对象全都死光了之后才会来,他总是会安排他们死在一个寂静荒凉、很少有别人会去的地方。

这个干涸的绿洲本来已很少有人迹,现在这些人都死光了。

所以阴灵也很快就会来了。

——他究竟是个什么样的人?是男是女?是老是少?

——他究竟是人?还是个幽灵鬼魂?

班察巴那的心跳已加快。

他知道如果阴灵发现这里还有活人,这个活人还想再活下去就很难了。

漫漫的长夜已将过去,被冷汗湿透的衣服已被刺骨寒风吹干。

黑暗的苍穹已变成一种比黑暗更黑暗的死灰色。

三十七个跪着死的人还是直挺挺地跪在死灰色的苍穹下,等着毒杀他们的阴灵来看他们最后一眼。

第一个来的却不是阴灵,是一只鹰。

食尸鹰。

鹰在盘旋。

死灰色的苍穹渐渐发白,渐渐变成了死人眼白一样的颜色。

盘旋低飞的食尸鹰忽然落下,落在一个跪着死的人身上,用钢锥般的鹰喙啄去了这个人的眼睛。

这是它的第一口。

就在它准备继续享受这顿丰美的早餐时,它的双翅也忽然抽搐扭曲。

它不是跪着死的。

鹰不会跪下,可是鹰会死。

阴灵的毒已布满了这个死人每一寸血肉,这只鹰啄食了死人的血肉,鹰也被毒杀。

小方只觉得胸口很闷,闷得连气都透不出,胃部也在收缩,仿佛连苦水都要吐出来。

就在这时候,他听见了一声很奇怪的声音。

他听见一声犬吠。

犬吠声并不奇怪,在江南软红十丈的城市,在那些山明水秀的乡村中,鸡犬相闻,他每天都能听见犬吠声,想不去听都很难。

可是在这种边陲荒寒之地,在这么样一个阴森寒冷的早上,无论谁都想不到自己会听见犬吠声,当然更想不到自己会看见一条狗。

小方看见了一条狗。

第二个来的也不是阴灵,是一条狗。

一条雪白可爱的狮子狗。

天色几乎已经很亮了,已渐渐变成死人鼻尖上的颜色。

这条雪白可爱的狮子狗"汪汪"地叫着,用一种非常生动活泼可爱的姿态跑了过来,就像是一条非常受宠的小狗,跑进了它主人的闺房。

它知道它这脾气温柔的主人绝不会责罚它的,所以它看见每样东西都要咬一口,看见主人的绣花鞋也要咬一口。

只可惜这里不是千金小姐的闺房,这里既没有脾气温柔的大小姐,也没有绣花鞋。

这里只有死人,死人脚上穿的是皮靴。

这条雪白可爱的狮子狗,还是一口咬了下去,咬的不是死人脚上的皮靴,咬的是死人的脚踝。

这条雪白可爱的狮子狗,居然在每个死人的脚踝上咬了一口。

死人已不会痛,死人已没有反应。

阳光却有点心痛。

就像是其他那些十八九岁的女孩子一样,她也很喜欢这种雪白可爱的小狗。

她不忍看见这么可爱的一条小狗也像那只食尸鹰一样被毒杀。

她不忍看,又忍不住要看。

所以她看见了件怪事。

这条小狗非但没有被毒杀,反而变得更活泼更好玩更可爱了,就好像刚吃过它的主人亲手喂给它的美食,也想用它最可爱的样子来回报,博取它主人的欢心,所以一直在不停地叫,不停地摇尾巴。

它已经听见它的主人在叫它。

"小老虎,快快来,让妈妈亲亲你,抱抱你。"

它是条小狗,不是小老虎。它的"妈妈"也不是狗,是个人。

是个非常可爱的人，雪白的皮肤，灵活的眼睛，乌黑的头发，梳成十七八根小辫子，每根辫子上都用红丝线结了个蝴蝶。

在山明水秀的江南，在春光明媚、莺飞草长的三月，在西子曾经浣纱的小溪旁，你也许偶然会看见这么样一个可爱的女孩子。

可是在此时此刻此地，无论谁都想不到自己会看见这么样一个人的。

——她当然不会是阴灵，绝不是。

——她是谁？为什么会到这种地方来？而且还带了条小狗来？

如果不是因为还有三十七个死人跪在那里，阳光一定会跑过沙丘去问她，从自己的行囊中分给她一碗酸酸甜甜的羊奶，再问问她有没有婆家？愿不愿意跟小方交个朋友？

她这主意很快就被她自己打消了，就算没有死人她也不会跑出去了。

因为她忽然看见一个比死人更可怕的人，穿着身雪白的衣服，就像是鬼魂般，忽然出现在这个梳着十七八根小辫子的小姑娘身后。

其实他绝对不能算是个丑陋的人，高高的身材，修长笔挺，雪白的衣服整洁合身，而且五官也长得非常英俊。

他甚至比大多数男人都好看很多，但是无论谁看见他都会被吓出一身汗来。

这个人看来仿佛是透明的，露在衣裳外面的地方都是透明的，每一根血管、每一根筋，甚至连每一根骨头都能看得很清楚。

这个人全身上下的皮肤就像是一层水晶。

阳光几乎忍不住要叫了出来，叫这个可爱的小姑娘快跑，跑得越快越好。

她不能不替这个小姑娘担心。

这个水晶人是不是为了她来的？会怎么样对付她？

就算他不去动她，等她看见这样一个人就站在自己背后时，也会被活活吓死。

现在她已经看见他了。

她非但连一点害怕的样子都没有，反而高兴得跳了起来，抱住他的脖子，在他透明的脸上亲了一下。

这个水晶人居然也会笑，而且还会说话，声音里居然充满柔情。

可是他说出来的话却又让人吓一跳。

"是不是全都死了？"他轻抚着这小姑娘的秀发柔声地问，"是不是已经死得干干净净？"

"当然全都死了。"小姑娘道，"你要不要再叫小老虎去咬他们一口试试看？"

她眯着眼笑道："你不许他们看见今天的太阳，他们怎么能活到太阳升起来的时候？"

阳光忍不住又悄悄握住小方的手，两个人的手都比刚才更冷。

——这个水晶人就是阴灵！

——这条小狗刚才去咬那些死人的脚，就是为了要去试试他们是不是已经真的死了，只有死人才不会痛。

——一定要等到每个人全都死光，阴灵才会出现。

但是阳光还没有死，小方和班察巴那也没有死。

他们终于活着看到了阴灵的真面目。

他们还能活多久？

阴灵很可能已经发现了他们，已经施放出他那无色无味无影无形的毒，散发在风里，散发在空气里。等他们发现自己中毒时，已经跪了下去！

跪下去死!

一个人就算要死,也不能跪着死。

为什么不索性出去跟他拼一拼?

阳光几乎又忍不住要冲出去了,可是就在这时候,她又看见了一件可怕的事。

三十七个跪在地上的死人中,竟有一个忽然复活了。

复活了的死人就是那个骑驴来的胖子!

他高大肥胖的身子忽然像是条黄河鲤鱼般凌空跃起,滚出了一柱银光。

银光一闪,落在那水晶人身上,竟是一面网。

他的身子在空中一挺,翻身落在一棵枯树上,提起了银网。

这个水晶人立刻变成了网中的鱼。

一个人如果真的死了,就绝不会复活。每个人都只有一条命,只能死一次。

这个胖子当然也不能例外。

"你有没有想到我还没有死?"他大笑,"你有没有想到世上还有你毒不死的人?"

他笑得愉快极了,这件事他实在做得很得意。

但是他的笑容很快就结束,因为他也看见了一件连他都想不到的事。

他看见这个小姑娘也在笑。

刚才她抱着那水晶人亲了又亲,他们之间的关系当然很亲密,现在她的亲人忽然被吊了起来,她应该觉得很吃惊、很愤怒、很难受才对,如果她不敢跟这个胖子拼命,就该赶快逃命的。

可是她偏偏还在笑，不但在笑，而且还在拍手，不但笑得比谁都开心，拍手也比谁都拍得起劲。

"好功夫！好本事！"她拍着手笑道，"就算你别的本事都不怎么样，装死的本事绝对可以算是天下第一。"

她又问："刚才小老虎咬你的时候，你难道一点都不痛？"

胖子又笑了："谁说我不痛，我痛得要命。"

"你怎么能忍得住的？"

"想到这位横行天下，无论谁一听见都会吓一跳的阴灵阴先生马上就要被我用网子吊起来的时候，再痛我都能忍得住了。"

"有理，非常有理！"小姑娘嫣然一笑，道，"胡大掌柜说的话，好像总是有道理的。"

现在阳光才知道这个胖子姓胡，而且是位大掌柜。

在北方，大掌柜就是大老板，他看来确实也有几分像是位大老板的样子。

小姑娘忽然叹了口气："想不到胡大掌柜今天居然说错了一件事。"

"什么事？"

"被你用网子吊起来的这个人并不是阴先生。"小姑娘道，"你根本不该把那位人人听见都会吓一跳的阴灵称为阴先生的。"

"我应该称呼什么？"

"你应该叫一声阴大小姐。"她又开始笑，"最少也应该叫一声阴大姑娘！"

胡大掌柜当然要问："这位阴大小姐在哪里？"

"就在这里，就在你面前。"她指着自己的鼻子，"我就是阴大小姐，阴大小姐就是我。"

胡大掌柜又笑不出了。

谁也想不到这个头上梳着十七八条小辫子，手里抱着条小狗，笑起来就好像是你自己的外孙女那么可爱的一个小姑娘是阴灵。

她又抱起了她的小狗，她忽然问这位已经笑不出的大掌柜："我唱个歌给你听好不好？"

这个时候她居然要唱歌，她居然真的唱了起来——

燕北有个三宝堂，
名气说来响当当。
三宝堂里有三宝，
谁见谁遭殃，两眼泪汪汪。
爹见没有爹，娘见没有娘。
谁见谁遭殃，眼泪如米汤。

她唱的根本不能算是一首歌，词句也不能算优美，只不过每一句都是事实。

三宝堂雄踞燕北，名气的确非常响亮。三宝堂中的确有三宝，江湖中人如果遇到这三宝，不遭殃的确实很少。

等她唱完了，胡大掌柜也为她拍手。

"你凭良心说，我唱的这支歌好听不好听？"

"好听。"胡大掌柜笑道，"我保证从来都没有人比你唱得更好听。"

阴大小姐吃吃地笑道："千穿万穿，马屁不穿。你这么恭维我，我当然也要称赞你两句。"

"当然，当然。"

"别人听我称你为大掌柜，一定以为你最多也不过是家小饭馆的大掌柜而已。"

胡大掌柜叹了口气："我也情愿如此，那些小饭馆的大掌柜们，麻烦一定比我少得多。"

"可惜你偏偏就是三宝堂的大掌柜，想赖都赖不掉。"

她忽然问："你能不能告诉我，你的三宝堂里究竟有哪三宝？"

胡大掌柜微笑："你猜呢？"

阴大小姐眼珠子直转："这个会吊人的网子当然是一宝。"

"当然是的。"

"听说你还有种叫'凤凰展翅'的暗器，虽然比不上昔年孔雀山庄的孔雀翎，也差不了太多。"阴大小姐道，"那当然也应该算一宝。"

"当然应该。"

第十八章

胡大掌柜

"还有一宝用不着你说我也猜得出了。"

阴大小姐笑道："三宝堂中最宝贝的一宝当然就是你。"

胡大掌柜大笑："对，完全对，我若不是宝，怎么毒不死？"

"就因为江湖中的人都说你是毒不死的，所以我才想试试你。"

"现在你已经试过了。"

胡大掌柜道："好像已经应该轮到我来试你了。"

"试什么？怎么试？"

"试试你能不能避得过我的'凤凰展翅'！"

他的脸上虽然还在笑，眼睛里却已露出杀机。

他的人虽然没有动，两只手的手臂上都已有青筋凸起。

阴大小姐眼珠子又转了转，忽然道："你真的相信我就是阴灵？你为什么不先问问我，被你吊起来的这个人是谁？"

胡大掌柜盯着她，眼睛连眨都不眨，好像已下定决心，绝不回头去看那个水晶人。

他用不着再为一个已经被吊在网子里的人分心，不管这个人是谁都一样，但他却还是问："那个人是谁？"

"其实他根本不能算是一个人。"阴大小姐道，"他只不过是个瓶子。"

"瓶子？什么瓶子？"

"装毒药的瓶子，里面各式各样的毒药都有。"

阴大小姐道："所以只要你的手敢动一动，就死定了！"

"谁死定了？"

"你！当然是你。"

阴大小姐柔声道："只要他对你吹一口气，你就死定了。"

胡大掌柜大笑："不管你说什么都骗不过我的。"他大笑道，"我这人看起来虽然像条猪，其实却是条老狐狸。"

"只要你的手一动，你就立即是条死狐狸。"

胡大掌柜的笑声忽然停顿。

这次说话的人不是阴大小姐，当然也不是自己，说话的人就在他背后，距离他绝对不会超过三尺。

他身子突然拔起，凌空翻身，立刻就发现本来吊在网子里的人已经不在网子里。

就在他下定决心，绝不上这个小姑娘的当，绝不回头去看的时候，这个水晶人已经从他的网子里脱身而出，到了他的背后，他的网子已经到了这个人的手里。

胡大掌柜还是上当了。

这个水晶人，虽然不是人，也不是瓶子。

这个小姑娘又说又笑又唱，就是为了要让他从网里脱身。

如果天下只有两人能从这面银网中脱身，他就是其中之一。

如果天下只有一个人，能从这面银网中脱身，他就是唯一的一个。

他这个人不但是透明的，而且好像连一根骨头都没有。

梳辫子的小姑娘笑得更甜。

"现在你总该知道谁是阴灵了，只可惜现在已经迟了一点。"

"的确迟了一点。"胡大掌柜又掠上枯树，"幸好还不太迟，只要我还没有死，就不算太迟！就算我要死，你们也得陪着我死！"

他的一双手已如凤凰的双翅般展起："就算我要下地狱，你们也得陪我去！"

就好像"飞云五花锦""孔雀翎""天绝地灭人亡、无情夺命三才钉"，这些在传说中已几近神奇的暗器一样，江湖中也没有人知道三宝堂的"凤凰展翅"究竟是种什么样的暗器，究竟是用什么手法打出来的，有多大的威力。

因为看过这种暗器威力的人，通常都会死在这种暗器下。

但是也没有人能怀疑胡大掌柜说的话。

他说要他们陪他下地狱时，他的意思就真是要他们陪他下地狱！

他对自己和他的暗器都有绝对的信心，绝对有把握。

他的双臂展起，姿势神秘而怪异。

水晶人那本来完全透明的脸上，忽然泛起了一层暗紫色的烟雾。

小姑娘脸上的笑容也看不见了。

只要有一个人出手，三个人都要同下地狱——只有下地狱，绝无别处可去。

就在这时候，比较大的一座沙丘后忽然传来了一阵悠扬的笛声。

笛声柔美悠扬，曲调缠绵悱恻，不知不觉间已吹散了人们心里的杀机。

两个人随着笛声从沙丘后转出来，是两个小小的人。

一个小小小小的小老头，牵着匹青骡；一个小小小小的老太太，横坐在骡背上吹笛——小小的脸，小小的鼻子，小小的嘴，小小的一根白玉笛。

小方从来也没有看见过这么小的人,无论什么地方都要比平常人小一半。

但是他们的身材却很匀称,绝没有一点畸形丑陋的样子。

小老头头发花白,面貌慈祥;小老太太眉清目秀,温柔娴静,拿着笛子的一双手,就好像她手里的白玉笛一样晶莹圆润。

无论谁都不能不承认这两个人是天造地设的一对,配得真是好极了。

胡大掌柜没有出手,阴灵也没有。

无论谁听见了这样的笛声,看见了这么样的两个人,都没法子下毒手的。

阴大小姐脸上又露出花一般的笑靥。

"老先生,老太太,你们是从哪里来的?要到什么地方去?"

看见这样可爱的小姑娘,小老头脸上也不禁露出微笑。

"我们就是从你们来的地方来的。"

他说:"但是我们却不想到你们去的地方去。"

他的笑容和蔼,说话轻言轻语:"天下这么大,有这么多好玩的地方可以去,为什么偏偏要下地狱?"

笛声更温柔缠绵,水晶人脸上的烟雾已消散。

胡大掌柜忽然掠下树梢,恭恭敬敬地向这个小老头躬身行礼。

小老头仿佛很惊异:"我只不过是个昏庸老朽的老头子而已,阁下为何如此多礼?"

胡大掌柜的脸色却更恭敬:"看见风老前辈,谁敢无礼?"

阴大小姐的眼睛忽然亮了,吃惊地看着这小老头:"风老前辈?"

她的声音也显得很惊讶，"你就是那'千里飞云，万里捉月，神行无影追风叟'的风老爷子？"

小老头微笑点头。

阴大小姐看着骡背上的小老太太说："风叟月婆，形影不离，这位当然就是月婆婆了。"

追风叟笑容更慈祥："想不到这位姑娘小小年纪，就已有了这样的见识。"

胡大掌柜干咳两声，问道："风老前辈不在伴月山庄纳福，却来到这种穷荒之地为的又是什么呢？"

追风叟看着他直笑："胡大掌柜不在三宝堂纳福，却来到这种穷荒之地为的又是什么呢？"

"我……"

"其实胡大掌柜不说我也知道。"

"你知道？"胡大掌柜仿佛吃一惊，"怎么会知道的？"

"我们本来就是为了同一件事而来的，我怎么会不知道？"

胡大掌柜更吃惊，故意问："风老前辈说的是哪件事？"

"就是这件事。"

他微笑着，慢慢地从身上拿出了一只手。

一只金光灿烂的金手！

"既然大家都是为此而来的，为什么要一起下地狱？"追风叟笑道，"既然我们都已来了，应该下地狱的就是别人了。"

现在他们已经来了，应该下地狱的人是谁？

悠扬的笛声远去，人也已远去。

他们都是为了金手而来的。

在金手的号令下,绝不容许私人的恩怨或过节存在,不管你是阴灵也好,是胡大掌柜也好,不管你是什么都一样。

金手一现,就已有这么大的威力。

班察巴那翻身跃起,用一种很奇怪的眼色盯着小方,忽然说出句很奇怪的话:"现在我才知道,卜鹰为什么肯让你走了。"他忽然又叹了口气,"你走吧,快走!"

小方不懂,正想问他为什么要这样说,是什么意思。

可是说完了这句话,班察巴那也走了,就像是一阵风一样飘然远去。

他要走的时候,从来都没有人能留得住他。

昏暗的油灯,混浊的面汤,汤里有沙子,面里也有沙子,吃一口就有一嘴沙。

可是他们总算来到一个有人烟的地方,小方和阳光都把这碗面吃光了,连面汤都喝光。

在这种边陲上的穷乡僻镇里,看到那些衣不蔽体、满街争拾驼马粪便的孩子,谁都不敢再暴殄天物了。

吃完了这碗面,他们就静静地坐在昏灯下,心里仿佛有很多话要说,却又不知道应该从何处说起。

也不知过了多久,小方忽然问:"你有没有听说过追风叟这个人?"

"我听过。"

"你知道他是个什么样的人?"

"我知道。"阳光说,"二十年前他就已号称轻功天下第一,这二十年来江湖中虽然人才辈出,能超过他的人还是不多。"

小方沉默，又过了很久才开口："我在江南的时候，有个年纪比我大很多的好朋友，他的武功虽然不太高，可是江湖中的事，谁也没有他知道得多。"

阳光听着，等着他说下去。

小方又道："他曾经把当代武林中最可怕的几个人的名字都告诉过我。"

"其中就有一个是追风叟？"

"对。"小方道，"有追风叟，也有胡大掌柜。"

他没有提起阴灵，在大多数江湖人的心目中，阴灵根本不能算是一个人，因为谁也不能确定他是否真的存在。

"现在他们都来了，都是为了金手而来的。"小方接着说道，"金手要他们来干什么？"

阳光没有回答。

他们都听班察巴那说过，金手就是富贵神仙吕三建立的一个秘密组织，目的是要在藏人间造成混乱，夺取权力。

失金被杀的铁翼，寻金断臂的卫天鹏，追杀小方的搜魂手，被吊死在树上的柳分分，都是这个组织中的人。

现在他们已将组织中的顶尖高手都调集到这里来了。

这些人是来干什么的？小方和阳光一样都应该能想得到。

小方看着面前的空碗，就好像这个粗瓷破碗里，会忽然跃出个精灵来解决他的难题。

他看了很久很久才说："他们也不一定是来找卜鹰的。"

"嗯。"

"就算他们是来找他的，他也有法子对付他们。"

"嗯。"

"他的手下高手战士如云，他自己更是高手中的高手。"小方道,"如果连他都不能对付他们,别人去也没有用。"

"嗯。"

"不管怎么样,这些事反正都已经跟我完全没有关系了。"小方道,"反正我已经完全脱离了他们,再过一个多月,我就可以回到江南了。"

他的声音很低,这些话就好像是说给他自己听的:"你没有到过江南,所以你永远都不会想到江南是个多么美的地方,那些桥,那些水,那些船,那些数不尽的青山……"

阳光静静地看着他,不管他说什么,她都应声附和。

可是说到这里,小方忽然打断了自己的话,忽然大声道:"我要喝酒。"

他喝了很多酒。

又凶又辣的土城烧,喝到肚子里,就像是一团烈火。

他记得卜鹰曾经陪他喝过这种酒,喝过很多次,每一次酒后微醉时,卜鹰就会低唱那首悲歌,那种苍凉的意境,那种男儿的情怀,使人永远都忘不了。

这个外表比铁石还冷酷的人,心里究竟藏有多深的痛苦?

小方一碗又一碗地喝着,不知不觉间也开始击掌低唱:

"儿须成名,酒须醉,酒须醉……"

他没有再唱下去。

他的声音已嘶哑,眼睛已发红,忽然用力一拍桌子,大声说:"我们回去!"

阳光还是很安静地看着他。

"回去?"她问小方,"你说回到哪里去?"

"回拉萨。"

"你既然已经走了,为什么又要回到那里去?"阳光淡淡地问,"难道你已经忘了,再过一个月,你就可以回到江南了,那是你的故乡,你的朋友,你的梦,全都在那里。"

她冷冷地盯着小方,又问一遍:"你为什么又要回到拉萨去?"

小方也抬起头,狠狠地盯着她:"你明明知道我是为了什么,你为什么还要问?"

阳光的眼睛就像是春雪般融化了,化为了春水,比春水更温柔。

"我当然知道你为的是什么。"她幽幽地说,"你跟我一样,都知道那些人是来干什么的,你也跟我一样,都不能忘记卜鹰。"

小方已不能再否认。

他也不能忘记班察巴那说的那句话。

——现在我才明白卜鹰为什么肯让你走了。

卜鹰很可能已经有预感,已经知道有强敌将来,所以不但让他走,而且还要他带着阳光一起走。

不管他自己遭遇到什么事,卜鹰都绝不肯让他们受到连累或伤害。

"可是你自己也说过,如果连卜鹰都不能对付他们,别人去也没有用。"

阳光柔声道:"你既然已完全脱离了我们,谁也不能再勉强你回去送死,如果你不想回去,谁也不会怪你。"

"不错,我也知道谁都不会怪我的。"小方说,"可是我自己一定会怪自己。"

"你宁愿回去送死?"

小方握紧双拳,一个字一个字地说:"就算那里已经变成个地狱,我无论如何也要下去!"

拉萨还是拉萨，还是跟他们离开的时候一样，天空晴朗，阳光灿烂。

布达拉宫的圆顶依旧在蓝天下闪闪发光，所有的一切好像都没有丝毫变化。

这古老的圣城就像是他们的友情一样，永远都不会变的。

他们回到了拉萨。

阳光的笑容又变得好像这里的天气一样明朗，小方的脸色却更阴暗。

"这里好像什么事都没发生过。"

"好像是的。"

"如果那些人已经来了，已经有了行动，这里一定变得很乱了。"阳光说，"每次有事发生时，卜鹰都会派人在城外巡逻示警。"

她笑得更愉快："可是现在这附近连一个我们的人都没有。"

他们还没有进入拉萨圣地，路上只能看见三个人，都是活佛的虔诚信徒，不远千里到这里来朝圣的，三步一拜，五步一叩，用最艰苦的方法来表示他们的虔诚和尊敬。

他们的精神和肉体都已进入一种半虚脱的状态，对所有能够看得见的都视而不见，对所有能够听得见的都听而不闻。

他们已经将自己完全投入了一种听不见也看不见的虚无玄秘中。

小方忽然改变了话题："有些事件虽然看不见也听不见，却还是不能否定它的存在。"

他眼中带着深思的神情，慢慢地接着道："有时它甚至远比能够看得见也听得见的更真实，也存在得更久。"

阳光既不能完全了解他的意思，也不懂他为什么会忽然说出这些话来。

但是她没有问,因为她忽然发现有些事变了,变得很奇怪。

他们决定先到八角街上的鹰记商号去看看动静,再回去看卜鹰。

所以他们没有经布达拉宫旁边的那条街道走,直接就从大路进入市区。

街道上的行人已渐渐多了,有很多人都认得阳光。

这里是她生长的地方,她从小就是个开朗热情慷慨的人,从小就非常讨人欢喜、受人欢迎,尤其是那些匍匐在泥土中求乞的乞丐们,每次看见她,都会像苍蝇看见蜜糖一样拥过来。

可是今天他们一看见她就远远地避开了,好像连看都不敢看她一眼,就算有些人偷偷地在看她,眼睛里的表情也很暧昧诡秘,甚至显得很害怕,就好像生怕她会为他们带来什么瘟疫灾祸一样。

她自己知道她还是以前那个人,一点都没有改变。

这些人怎么会变成这样子的?是不是因为他们都知道小方已经不再是鹰记的人?是不是因为卜鹰已经警告过他们,不许他们再跟小方接近?

这些问题都只有等他们到了鹰记之后才能得到解答。

他们牵着马,很快地走过拥满人群、堆满货物的街道,终于看见了鹰记的金字招牌。

鹰记的招牌也还是和以前一样在太阳下闪闪发光。

阳光总算松了口气。

"朱云看见你的时候,样子说不定会有点怪怪的。"她劝小方,"你不要理他就好了,不管他怎么样对你,你最好都假装没看见。"

小方根本就不用"假装"没看见,平时终日都留守鹰记的朱云,今天居然不在，那些已经为鹰记服务多年的伙计也不在。

鹰记的招牌店面虽然全都没有变，可是里面的伙计却已全都换了，阳光居然连一个认得的人都没有。

他们居然也都不认得阳光，居然把她当作主顾，两个伙计同时迎上来，先后用汉语和藏语问她和小方要买什么。

阳光觉得很绝。

这些新来的伙计就算不认得她，也应该知道鹰记商号有她这样一个人，就像是"蓝色阳光"一样的人。

"我什么都不买。"阳光说，"我是来找人的。"

"找哪位？"说汉语的伙计脸圆头尖，长得很滑稽，说的是一口极地道的京片子。

"我找朱云。"

朱云是这里的大管事，可是这两个伙计却好像从来没有听过这名字。两个人你看看我，我看看你，同时摇了摇头："我们这儿没听说过有这么样一个人。"

阳光觉得更绝了。

"我看你一定是新来的。"她问这个伙计，"你来了多久？"

"才三天。"

"你知不知道这里的老板是谁？"

说京片子的伙计笑了。

"做伙计的人，如果连老板是谁都不知道，岂非是个糊涂蛋？"

他不糊涂，所以他说："这里的老板姓卫，不是燕赵韩魏的魏，是天津卫的卫，叫卫天鹏。"

阳光打马，马飞奔。

——卜鹰一战创立的鹰记商号，老板怎么会变成了卫天鹏？

"不知道。"

所有的伙计都是新来的，都是从外地来的，这些事他们完全不知道！甚至连卜鹰的名字他们都没有听说过。

阳光相信他们是真的不知道，就算杀了他们，也一样不知道。

他们也不知道卫天鹏在哪里，老板的行踪，做伙计的人本来就无权过问。

——卜鹰呢？

阳光打马，马飞奔，奔向卜鹰的庄院。

她不能确定卜鹰是不是还在那里。

想到那些人看见她时的奇怪表情，想到那些人眼里那种暧昧诡秘的神色，她心里已经有了种连想都不敢去想的不祥预兆。

但是她一定要去找。

在他们离开拉萨的这段日子里，这里究竟出了什么事？发生了什么可怕的变化？所有的问题都一定要先找到卜鹰才能得到解答。

但是她已经找不到卜鹰了。

她和小方赶到卜鹰的庄院时，那地方竟已变成了一片瓦砾，所有的亭台楼阁、树木花草都已被一把大火烧得干干净净。

"好大的一场火。"

多年后人们提起这次大火时，心中仍有余悸："火头至少有三四十个，一开始就有三四十个地方同时烧起来，整整烧了三天三夜。"

每个人都认为那是场"天火"，是上苍降给这家人的灾祸。

起火的真正原因从来都没有人知道，也没有人想知道。

阳光站在瓦砾间。

她依稀还能分辨出这地方本来是个八角亭，四面是一片花海。每当春秋佳日，卜鹰空闲的时候，她总是会陪他到这里喝两杯酒，下一局棋。

沿着花丛间一条用彩石铺成的小径往东走，就是她居住的小院。

她已经在那里住了十年，她所有的梦想都是在那里编织成的，所有的回忆也全都留在那里。

可是现在什么都没有了。

她痴痴地站着，痴痴地看着，看着这一片令人心碎的废墟。

她没有流泪。

为了一个心爱的瓷娃娃被砸破，她会流泪；为了一条小猫的死，她会哭半天。

但是现在她反而没有流泪。

旧梦依稀，满目疮痍，没有人，没有声音，所有的一切都已化作飞灰。

——卜鹰呢？

"他一定还活着，一定不会死的。"

她一直不停地喃喃低语，翻来覆去地说着这两句话，也不知是说给小方听的，还是在安慰自己。

小方连一句话，一个字都没有说。

他还能说什么？

这里不是他的故乡，不是江南，但是他心里的伤痛绝不比她轻。

他了解她对卜鹰的感情。

庭园被焚，还可重建，人死却不能复生了，只要卜鹰还活着，别的事都没有关系。

——他是不是还活着？

——如果他还没有死，他的人在哪里？

瓦砾间传来一阵沉重的脚步声，一个高大的喇嘛踏着灰烬大步而来。

阳光回过头，看着他。

"我认得你。"她的声音虽已嘶哑，居然还能保持镇静，"你是噶伦大喇嘛的弟子。"

"是！"这喇嘛说，"我叫阿苏。"

"是他叫你来的？"

"是。"

阿苏的神情也很沉痛："三天前我就已来过。"

"来干什么？"

第十九章

在山深处

"那时火已熄了,我来清理火场。"

阳光的手立刻就因激动而颤抖,过了很久才能问:"你找到了什么?"

阿苏也沉默了很久,等到情绪平静才能回答。

"在劫难逃,天意难测,我来时这里已经什么都没有了,什么都被烧光了,我只找到了一点骨灰。"

他找到的不是"一点"骨灰,他找到的骨灰装满十三个瓦罐。

"骨灰?"阳光尽力控制自己,"是谁的骨灰?"

"是谁的骨灰?是谁的骨灰?……"

阿苏黯然道:"这里也有我的族人、我的朋友,这三天里我日日夜夜都在找,我也想知道那是谁的骨灰,只可惜每个人的尸骨都已成灰,还有谁能分辨得出?"

"每个人?"阳光问,"每个人是什么意思?"

阿苏长长叹息,黯然无语。

阳光用力扯住他的袈裟:"你知不知道这里本来一共有多少人?你说每个人,难道是说他们全都……"

她的声音忽然停顿,好像连她自己都被她这种想法所震惊。

"不会的,绝不会。"她放开了手说道,"这里一定还有人活着，一定还有，你只要找到一个，就可以问出别的人在哪里了。"

阿苏默默地摇头。

"难道你连一个人都没有找到？"

"没有。"阿苏道，"我连一个活着的人都没有找到。"

他慢慢地接着道："起火的那天晚上，这里究竟发生了什么事，究竟是谁放的火，恐怕永远都没有人能够说出真相来了。"

"没有人能说出真相？"阳光渐渐失去控制，"难道你还猜不到谁是凶手？"

"你知道凶手是谁？"

"我当然知道。"阳光握紧双拳，说出了几个名字，"卫天鹏、胡大掌柜、风叟月婆、阴灵，这些人都是凶手。"

"你认为就凭这些人，就能将卜鹰、朱云、严正刚、宋老夫子和这里的数百战士在一夕之间一网打尽，不留一个活口？"

阿苏自己回答了这问题："就凭这些人，恐怕还办不到。"

"你认为还有谁？"

"还有内应。"

"内应？"阳光问，"你认为这里也有他们埋伏的奸细？"

"你们能够派奸细埋伏在他们的组织里，他们为什么不能？"

阳光沉默，过了很久，忽然又问道："波娃呢？"

"那天晚上，波娃也到这里来了。"

阿苏道："她说她一定要来见卜鹰。"

"失火的时候，她也在这里？"

"是的。"

"现在她人呢？是死是活？"

这问题又是谁也没法子回答的，阿苏反问："难道你怀疑她已经做了对方的奸细？"

阳光拒绝回答这问题，可是她的态度已经很明显。

她一向不信任波娃！

女人对女人本来就有种天生的敌意，很少有女人能够完全信任另一个女人，尤其是在美丽的女人之间，这种情况就更明显。

"这次你错了。"阿苏断然道，"奸细绝不是波娃。"

"你怎么能确定？"

"因为……"阿苏迟疑着，过了很久才下定决心说，"因为我在无意间发现了一个秘密。"

"什么秘密？"

"有关卜鹰、班察巴那和波娃三个人之间的秘密，有关他们的身世和……"

阿苏没有说完这句话。

他严肃沉重的脸上，忽然露出种诡秘至极又愉快至极的笑容，忽然慢慢地跪了下去，一跪下去，就动也不再动了。

晴空万里，四野杳无人迹，看不见那个透明如水晶的阴灵，看不见那个梳着一头小辫子的小姑娘，也看不见那条雪白可爱的狮子狗。

他们是在什么时候毒杀了阿苏的？阿苏知道的是什么秘密？

阴灵为什么不让他说出这个秘密来？

一个有关卜鹰、班察巴那和波娃三个人之间的秘密，和阴灵他们又有什么关系？

阳光忽然又拉住小方的手。

"我们走。"她说道，"我们去找卜鹰。"

"你能找得到他？"

"只要他不死，我就能找得到。"阳光依旧充满信心，"他一定不会死的。"

"如果他还没有死,怎么能抛得下这些事,自己却一走了之?"小方问。

"蝮蛇螫手,壮士断腕。"阳光说,"到了必要时,什么事他都能抛得下,什么事他都可以牺牲。"

她慢慢地接着道:"因为他要活下去,无论活得多艰苦,他都要活下去,因为他还要重建他的家园,还要消灭他的仇敌,所以他能走,不能死!"

她凝视着小方:"你应该明白,死有时远比活容易得多,有人虽然宁可选择比较容易的一条路走,宁可一死了之,他绝不是这种人。"

"是的,我明白。"小方忽然也有了信心,"他一定还活着,一定不会死的!"

在山深处,在水之滨,在一个远离红尘的绿树林里,搭着一间小小的木屋。

在你饱经忧患,历尽艰苦,出生入死,百战归来的时候,偷半月闲,带一个你所喜欢,而她也喜欢你的女孩,到这木屋来,做一点你喜欢做,她也喜欢做的事,或者什么事都不做。

如果你有这么样一间木屋,如果你有这么样一个女孩,你当然不愿别人来打扰。

所以这木屋,这女孩,一定是你的秘密,绝不会有第三者知道的秘密。

所以你有了危险时,也可以躲到这里来。

卜鹰有这么样一间木屋,在山深处,在水之滨,在一个远离红尘的绿树林里。

阳光就是他的女孩。

这是他们的秘密,本来只有他们两个人知道,现在她把小方带来了。

木屋有四扇大大的窗子,一个小小的火炉。

如果是夏天,他们就会打开窗子,让来自远山、来自水之滨的风吹进窗户来,静静地呼吸着风中从静山带来的木叶芬芳。

如果是冬天,他们就会在小小的火炉里生一堆旺旺的火,在火上架一个小小的铁锅,温一壶酒,静静地看着火焰闪动。

这是他们的世界,宁静的世界。

"如果卜鹰还活着,一定会到这里来的。"阳光说,"他一定知道我一定会来找他。"

卜鹰没有来。

门没有锁。

除了他们两个人之外,没有人知道这个地方,门不必锁。

阳光推开门,脸上的血色就褪尽了。

一间空屋,满屋相思,满屋浓愁——他为什么没有来?

她的身子忽然发抖,血色已褪尽的脸上忽然起了种奇异的红晕。

她的身子抖得好可怕好可怕,她的脸红得好奇怪好奇怪。

她看见了什么?

她什么都没有看见。

窗下有张小桌,她的眼睛就盯着这张小桌子看,可是桌上什么都没有。

无论谁在看着一张空桌子时，脸上都绝不会露出她这样的表情。

她为什么会忽然变得如此兴奋激动？

难道她能看得见一些别人看不见的东西？

小方忍不住要问她。阳光用力咬住嘴唇，过了很久才能开口。

"他没有死，他已经到这里来过。"

"你怎么知道他来过？"

"这张桌上本来有个泥娃娃，是他特地从无锡带回来的泥娃娃。"阳光轻轻地说，"他一直觉得泥娃娃很像我。"

小方终于明白："你们上次走的时候，泥娃娃是不是还在这张桌上？"

阳光点头："我记得清清楚楚，绝不会错。"她说，"我们临走的时候，我还亲了它一下。"

"以后你们还有没有来过？"

"没有。"

"除了你们之外，还有没有别人会到这里来？"小方又问。

"没有。"阳光强调地说，"绝对没有。"

"所以你认为卜鹰一定已经到这里来过，泥娃娃一定是他带走的？"

"一定是。"

她的声音已哽咽，有些问题她想问，又不敢问，因为她知道这些问题一定会刺伤她自己。

——卜鹰既然已来了，为什么又要走？为什么不留在这里等她？为什么没有留下一点消息？

这些问题她就算问出来，小方也无法回答的。

这些问题她没有问出来，反而有人为她回答了——是用一种很奇怪很惊人很可怕的方法回答的。

开始的时候,他们只听见屋顶上有"笃"的一声响。接着,这间小木屋的四面八方都有了同样的响声,"笃、笃、笃……"一连串响个不停,就好像有无数愚蠢的猎人,将这小木屋错认为一个洪荒巨兽,射出了无数弩箭,钉在木屋上,想活活把它射死。

木屋不会死,世上也没有如此愚蠢的猎人。

这是怎么回事?

他们很快就明白这是怎么回事了。

就在这一瞬间,木屋忽然飞起,每一块木板都忽然脱离了原来的结构,一块块飞了出去。

每一块木板上都钉着个钢钩,每一个钢钩上都带着条长索。

他们只看见一条条长索带着一块块木板满天飞舞,一眨眼就不见了。

木屋也不见了。

那张小小的空桌子还在原来的地方,那个小小的火炉也还在原来的地方。

木屋里每样东西都依旧在原来的地方,可是木屋已经不见了。

这里是深山,是在大山最深处的一个远离红尘的绿色丛林最深处。

长索飞来又飞去。

木屋也飞去。

大山却仍依旧,丛林也依旧,风依旧在吹,风中依然充满了从远山带来的木叶芬芳。

虽然是白天，阳光却照不进这浓密的原始丛林，四下一片浓绿，浓得化也化不开，绿得就像是江南的春水。

除了这一片浓绿和他们两个人之外，天地间仿佛什么都没有了。

没有别的人，没有声音。

阳光看着小方，小方看着她，孤零零的两个人，两个人的手脚都已冰冷。

因为他们都知道，现在他们虽然看不见任何人，也听不见任何声音，可是在每一株绿树后，每一个阴影里，都已经布满他们看不见也听不见的杀机。

长索不会无故飞来，木屋也不会无故飞去。

——他们的仇敌已经来了，跟着他们来的，在拉萨，在那火场里，就已经盯上了他们。

——如果卜鹰还没有走，现在当然也已落入这些人的掌握中。

——所以卜鹰走了，而且没有留下一点消息。

——因为他算准了阳光迟早一定会来找他，也算准了他的对头一定会跟着她来的。

强敌环伺，杀机四伏。

现在他们应该怎么办呢？

阳光看着小方，小方也看着她，两个人居然全都笑了，就好像什么事都没有发生过。

就好像木屋还在原来的地方。

"这地方真不错。"小方微笑道，"你早就应该带我来的。"

"我就知道你一定会喜欢这地方。"

小方找了把椅子坐下来，忽然说："我敢跟你打赌。"

"赌什么？"

"我敢赌这里一定有酒。"

"你赢了。"

阳光笑得仿佛真的很愉快,真的从一个小小的柜子里拿出了一小坛酒和两个酒杯。

她在小方对面坐下来,小方敲开了酒坛的泥封,深深吸了口气。

"好酒。"小方说。

他倒了两杯酒,一杯给他自己,一杯给阳光。"我敬你。"他举杯,"祝你万事如意,长命百岁。"

"我也敬你。"阳光说,"也祝你万事如意。"

他们同时举杯。

他们还没有把杯中酒喝下去,忽然间,风声破空,"丁"的一响,两个酒杯都碎了。

酒杯是被两枚铜钱击碎的,铜钱自浓荫深处飞来,距离他们最少在十几丈外。

要用一枚铜钱打碎一个酒杯并不难,要用一枚铜钱从十几丈外打碎一个酒杯,就是另外一回事了。

但是阳光和小方却好像根本没有把它当作一回事。

两个人居然还是连一点反应都没有,就好像手里根本没有拿过酒杯,又好像酒杯还在手里,根本没有被打碎。

如果这时候有人在看着他们,一定会认为这两个人都是白痴。

这时候当然有人在看着他们,这木屋四面的密林中都有人。

奇怪的是,他们虽然拆了木屋,击碎酒杯,却没有别的举动。

如果说阳光和小方都在演戏,他们就在看戏。

这些人难道是特地来看戏的?

天色已渐渐暗了。

小方站起来，在这个已经不见了的木屋里，沿着四面已经不见了的木壁转了两个圈子，忽然说道："今天的天气真不错。"

"的确不错。"

"你想不想出去走走？"小方问阳光。

阳光看着他，看了半天，才慢慢地摇了摇头："我不想去。"她说，"你去，我在这里等你。"

"好！我一个人去。"小方向她保证，"我很快就会回来的。"

四面的木壁门窗虽然已全都不存在了，他却还是从原来有门的地方走了出去。

他走得很慢，态度很悠闲，就好像真的是吃饱了饭出去散步的样子。

木屋建造在树林里特地开辟出来的一块空地上，他刚走到空地的边缘，林木后忽然有人影一闪，一个人轻叱："回去！"

叱声中，十二点寒星暴射而出，打的既不是小方穴道，也不是他的要害，却将他所有的去路全都封死。

迎面打来的三点寒星来势最慢，小方既不能再向前走，也不能左右闪避，只有随着迎面打来的这三件暗器的来势向后退，一路退回了木屋，退回到他原来坐着的那张椅子上。

他刚坐下，这三件暗器也都落了下去，落在他面前，却不是刚才击碎他酒杯的那种铜钱，而是三枚精铁打造的铁莲子。

铁莲子本来是种普通的暗器，可是这个人发暗器的手法却极不普通，不但手法极巧妙，力量更算得准极了。

阳光看着小方，脸上虽然还是全无表情，眼中却已有了忧惧之色。

现在无论谁都已经应该可以看得出，这次来的都是一等的高手。

小方居然又向阳光笑了笑。

"我回来得快不快？"

阳光居然也对他笑了笑，嫣然道："真是快极了。"

这句话还没有说完，小方已经从椅子上飞身而去，脚尖点地，"燕子三抄水"，弩箭般扑向另一边林木的浓荫深处。

他的身子刚扑入树荫，树荫中也响起一声轻叱，仿佛还有剑光一闪："这条路也是走不通，你还是得回去。"

一句话，十四个字。

这句话说完，小方的身子已经从树荫中飞出，凌空翻了三个筋斗，从半空中落下来，又落在木屋里，落在他原来坐着的那张椅子上，衣襟已被剑锋划破了两条裂口。他坐下去很久之后，还在不停喘息。

这边树荫中无疑埋伏有绝顶高手。

奇怪的是，他虽然击退了小方，却没有再乘胜追击。

只要小方一退回木屋，他们的攻击就立刻停止。看来他们只不过想要小方留在木屋里，并不想取他的性命。

来的究竟是些什么人？究竟想干什么？

天色更暗。

小方和阳光还是对面坐在那里，树荫中的人已经看不见他们的脸色。

可是他们自己知道自己的脸色一定很不好看。

阳光忽然叹了口气。

"时候已经不早了，一天过得真快。"她问小方，"你还想不想出去？"

小方摇头。

阳光站了起来。

"那么我们不如还是早点睡吧！"

"好。"小方道，"你睡床，我睡地板。"

阳光又盯着他看了半天："我睡床，你也睡床。"

她的口气很坚决，而且已经走了过去，把小方从椅子上拉了起来。

她的手冰冷，而且在发抖。

她是他生死之交的未来妻子，暗中也不知有多少双眼睛在看着他们。如果是别人，一定会避嫌，一定会坚持要睡在地上。

小方不是别人，小方就是小方。

"好。"他说，"你睡床，我也睡床。"

木屋里只有一张床，很大的一张床，他们睡下去，还是好像什么事都没有发生过，他们还是在一个小而温暖的木屋里，门窗都是关着的，绝不会有人来侵犯骚扰他们。

可是他们心里都知道，所有的事都已经不一样了，他们的性命随时都可能像酒杯一样被击碎，他们能活到什么时候连他们自己都不知道。

阳光蜷曲在一床用大布缝成的薄被里，他们的身子距离很远，头却靠得很近，因为他们都知道对方一定有很多话要说。

先开口的是阳光，她压低声音问小方："你受伤没有？"

"没有。"小方耳语，"因为他们根本不想要我的命。"

"如果他们想呢？"

"那么我现在已经是个死人了。"

小方从来都不会泄气的,他既然这么说,就表示他们已完全没有机会。

阳光勉强笑了笑。

"不管怎么样,反正他们暂时还不会出手的,我们不妨先睡一下再说。"

"我们不能睡。"

"为什么?"

"因为我们不能留在这里。"小方道,"绝对不能。"

"你想冲出去?"

"我们一定要冲出去。"

"可是你已经试过。"阳光道,"你自己也知道我们的机会不多。"

"我们很可能连一成的机会都没有。"

"那么我们岂非是送死?"

"就算要死,我们也得冲出去。"

小方道:"就算要死,也不能死在这里。"

"为什么?"

"因为我们绝不能连累卜鹰。"

小方的口气坚决:"他很可能还留在附近,这些人既不出手,又不放我们走,为的就是要利用我们引诱卜鹰入伏,如果卜鹰还在附近,他会不会让我们被困死在这里?"

阳光沉默着,过了很久才轻轻地叹了口气:"他不会。"

小方盯着她,一个字一个字地问:"我们能不能让他来?"

阳光沉默。

这问题又是个根本不必回答的问题,她凝视着小方,眼睛里已经有了泪光。

她绝不会为自己伤心,可是为了一个宁死也不愿朋友被伤害的人,她的心已碎了。

——小方不能死,绝不能死。

——可是卜鹰呢?

阳光闭上眼睛,过了很久很久,忽然伸出手,紧紧地抱住小方。

"如果你决心要这么做,我们就这么做。"她说,"不管你要到哪里去,我都跟着你。你要下地狱,我也下地狱。"

夜色渐深。

小方静静地躺着,让阳光紧紧地拥抱着他。

他没有动,也没有负疚的感觉,因为他了解阳光的感情,也了解他自己的。他们虽然在拥抱,可是心里想着的却是另外一个人。

一个随时都可以为他们去死,也可以让他们去死的人。

——卜鹰,你在哪里?你知不知道他们对你的感情?

忽然间,一个人影自暗处中飞出,横空飞过十余丈,又忽然落下,"砰"的一声,落在这个已经不存在的木屋里,落在他们的床边,一落下之后,居然就不再有动静。

这个人是谁?来干什么的?难道他们的仇敌已决定不再等待,已决定要对他们出手?

阳光看着小方。

"我们好像有客人来了。"

"好像是的。"

"我们不理他行不行?"阳光故意问小方。

"为什么要不理他?"

"他连门都不敲就闯进来,连一点礼貌都没有,这种人理他干什么?"

小方笑了。

就在他开始笑的时候,阳光的手已松开,他的身子已掠起,准备凌空下击。

他没有出手,因为他已看清了这个人。

这屋子根本没有门,就算有门,这个人也不会敲门的。

死人是不会敲门的。

这个人的头颅已垂下,软软地挂在脖子上,就像是个被顽童拗断了脖子的泥娃娃一样。

这里虽然无灯无月,小方还是一眼就看出他是个死人。

——是谁拗断了他的脖子?为什么要把他抛到这里来?

小方的心跳忽然加快,他已经想到了一个人。

第二十章

杀机四伏

就在这时候，另外一个方向的暗林中，忽然也有一条人影飞出，横空飞过十余丈，"砰"的一声，落在这个已经不存在的木屋里，头颅也同样软软地挂在脖子上。

阳光一骨碌翻身跃起，一把握紧小方的手，两个人的心都跳得很快，眼睛里都发出了光。

暗林中已传出冷笑。

"果然来了！"

"阁下既然已经来了，为什么不出来跟大家见见面？"

冷笑声中，夹杂着衣袂带风声，木叶折断声，隐约还可以见到人影闪动。

远处又有人轻叱："在这里！"

叱声刚响，暗林中就有三条人影冲天飞起，向那边扑了过去。

阳光和小方的心跳得更快，他们当然已猜出来那人是谁了。

暗林中人影兔起鹘落，全都往那个方向扑过去，衣袂带风声中夹杂着一声声叱咤。

"姓卜的，你还想往哪里走？"

"你就留下命来吧！"

来的无疑是卜鹰。

他故意显露身形,将暗林中的埋伏诱开,让小方和阳光乘机脱逃。

阳光又在看着小方,不管什么事,她都要小方作决定。

小方只说了一句话:"他在哪里,我就到哪里去。"

阳光连一句话都不再说,两个人同时移动身形,也往那个方向扑了过去。

他们也知道暗林中步步都有杀机,可是他们一点都不在乎。

繁星满天,星光却照不进茂密的树叶间,树叶虽然已枯黄,却还没有凋落。

他们还是看不见人,连远处的呼喝声都已渐渐听不见了。

这个树林是在群山合抱的一个山谷盆地里,山势到了这里突然低陷,地气极暖燠,连风都是暖的,所以现在虽然已经是初冬,树叶仍未凋落。

可是地上仍然有落叶,就像是一个人往往会因为很多种原因要离开他的家一样,叶子也往往会因为很多种原因而离开它的枝。

小方没有听见落叶上有任何人的脚步声,阳光也没有。

他们只听见了一种很奇怪的声音。

他们听见一个人在哭。

每个人都会哭,在生的时候会哭,在死的时候也会哭,在生与死之间那个阶段更会常常哭。

有些人只有在悲伤痛苦失意时才会哭,有些人在兴奋激动欢乐时也会哭。

有人说,一个人在他一生中最无法避免去听的两种声音,除了笑声外，就是哭声。

所以，哭声绝不能算是一种奇怪的声音。

可是在这种地方，这种时候，无论谁听见有人在哭，都会觉得奇怪极了。

最奇怪的是，这个正在哭的人，又是个谁都想不到他会哭的人。

小方和阳光听见哭声的时候，已经看到了这个正在哭的人。

这个人赫然竟是胡大掌柜。

他们看见他的时候，他正坐在一棵很高大的古树下，哭得就像是个孩子。

如果他们没有亲眼看见，他们绝对想不到名震江湖的"三宝堂"主人居然会在这种地方、这种时候，坐在一棵树下面像孩子一样抱头痛哭。

可是他们亲眼看见了。

胡大掌柜却好像没有看见他们。

他哭得真伤心，好像已经伤心得没法子再去注意别人，可惜他们却没法子不去注意他。

他们都见过他，都认得他，都知道他是谁。

幸好他们可以假装没有注意他，假装没有见过他，他们决定就这样从他面前走过去。

他们没有走过去。

胡大掌柜忽然从树下一跃而起，挡住了他们的去路，脸上虽然还有泪痕，却已经不再哭了，眼睛虽然还是红红的，却已经发出了狡狐般的光。

他忽然问他们："你们是不是人？"

小方看看阳光,阳光看看小方,故意问:"你是不是呢?"

"我是。"

"我也是。"

胡大掌柜冷笑:"你们都是人,可是你们看见有人哭得这么伤心,居然能假装没看见?"

阳光也在冷笑。

"就算我们看见了又怎么样?难道你要我们也坐下来陪你哭?"她说得理直气壮,"你在这里哭,跟我们有什么关系?"

"当然有关系。"胡大掌柜居然也理直气壮地说,"就是为了你们,我才会哭的。"

"为了我们?"小方忍不住问,"你怎么会为了我们哭?"

胡大掌柜的样子看来更伤心。

"我这一辈子,只喜欢过一个女人。"他说,"我找了她很久,等我找到她的时候,她已经死了。"

"她怎么死的?"

"被你们活活吊死的。"

胡大掌柜悲伤地叫道:"被你们吊在一棵树上,活活吊死的!"

他狠狠地盯着小方好一会儿:"我知道你姓方,叫作要命的小方,你想赖也赖不掉。"

小方已经有点明白了。

"你说的那个女人是不是柳分分?"

"是。"

"你真的以为是我杀了她?"

"不是你是谁?"

小方叹了口气:"如果我说不是我,你当然一定不会相信的。"

他没有再说下去。

他看得出胡大掌柜已经决心要他的命，无论谁都已经应该能够看出这一点。

——"凤凰展翅"。

胡大掌柜的双臂已展起，姿势神秘而怪异，虽然没有人知道他的暗器是用什么手法打出来的，但是每个人都知道，只要他的暗器一打出来，就没有人能够笑得出来了。

阳光忽然笑了出来，不但笑了出来，而且唱了起来。

她唱的就是那天她在干枯的绿洲中沙丘后听到的那首歌谣：

> 燕北有个三宝堂，
> 名气说来响当当。
> 三宝堂里有三宝，
> 谁见谁遭殃，两眼泪汪汪。

她的记忆力实在好极了，连一个字都没有唱错，而且唱得就像那小女孩一样，她还没有唱完，胡大掌柜脸色已改变："你是谁？"

"我就是我。"

"你怎么会知道我是谁？"

"我怎么会不知道，我不知道谁知道？"阳光甜笑，"其实你也应该知道我是谁的。"

"我应该知道？"

"你再仔细看看我是谁？"她笑得好像也有点像那梳着十七八条小辫子的小女孩了，只差手里少了条雪白可爱的狮子狗。

胡大掌柜吃惊地看着她，一步步向后退。

"你以为阴灵是谁？"

阳光又道:"你真的以为是那个瓶子?还是那个……"

她话还没有说完,小方已拔剑。

小方的剑是"魔眼"。

自从卜鹰将这柄剑还给了他,他就没有再让这柄剑离开过他的手边。

他拔剑的动作也像是别的那些成名剑客一样,迅速正确而有力。

剑光一闪,胡大掌柜就倒了下去,一倒下去,就不能动了。

阳光知道胡大掌柜是个多疑的人,自从上次她在那干涸的绿洲里看见他上了那小女孩的当之后,她就知道了。

多疑的人虽然总是提防自己会上别人的当,却偏偏又总是容易上当。

她相信小方一定也知道这一点,她相信小方一定会在最适宜的时机拔剑。

可是她想不到小方一剑就能得手。

小方自己好像也没有想到,他的样子看起来好像比她更惊讶。

"卜鹰!"小方忽然低呼,"卜鹰!"

他的声音已因兴奋而嘶哑:"我知道你在这里,你为什么不出来?"

卜鹰怎么会在这里?

小方凭什么认为卜鹰会在这里?

阳光很快就明白了,因为她很快就看出胡大掌柜是怎么死的。

小方那一剑并没有刺在他的致命要害上,就算刺在他的要害上,也不足致命。

因为那一剑刺得并不深。

真正致命的伤口，是在胡大掌柜的腰眼上，左腰后面的腰眼上。

从小方和阳光站着的地方，无论用什么方法出手，都打不到他这个部位。

能够打到他这个部位的人，一定是另外一个人，潜伏在一个他们看不见的地方，用一种他们看不见的武器，一击致命。

——这个人是谁？除了卜鹰还有谁？

"卜鹰！"阳光的声音也已因兴奋而嘶哑，"你在哪里？"

她没有听见卜鹰的回答，却看见了一扇门。

一棵大树的根部，忽然露出了一扇门。

那当然不能算是一道真正的门，只能算一个洞，阳光认为那是门，只因为里面真的有个人钻了出来。

这个人虽然不是卜鹰，却是他们的朋友。

"班察巴那！"阳光几乎忍不住要大声叫了出来，"是你！"

看见他，他们也同样兴奋。

从来没有人知道他什么时候会出现，可是他每次出现时都同样令人兴奋。

"刚才出手的人是你？"

"是我。"班察巴那简单地做了个手势，一种在一瞬间就可以将人脖子拗断的手势，虽然非常简单，却绝对有效。

"卜鹰呢？"阳光又问。

"我没有看见他。"

班察巴那道："我也正在找他。"

"你知道他在哪里？"

"不知道。"

班察巴那说得也很有把握："可是我知道他绝对没有死。"

他的理由是："因为那些人也在找他，可见他们也知道他还没有死。"

他微笑："无论谁要卜鹰的命都很不容易。"

阳光也笑了："如果有人想要你的命，恐怕更不容易。"

她对班察巴那也同样有信心。

无论在什么时候、什么地方，他都可以为自己找到一个躲藏的地方。

一个别人绝对找不到的地方。

无论在什么情况下，他都会先为自己留下一条退路。

"他们都以为你已经逃出了树林，想不到你却在这棵树底下。"

阳光叹了口气："难怪卜鹰常说，如果你想躲起来，天下绝没有任何人能找得到你。"

班察巴那微笑："我也知道你还想说什么。"

"我还想说什么？"

"说我是条老狐狸。"

"你不是老狐狸。"阳光笑道，"两百条老狐狸加起来也比不上你。"

刚才已听不见的人声，现在又可以听见了。刚才已退出树林的人，现在仿佛又退了回来。

班察巴那皱了皱眉。

"你们快躲进去。"他指着树下的地洞，"这个洞绝对可以容纳下你们两个人。"

"你呢？"

"你们用不着替我担心。"

班察巴那道:"我有法子对付他们。"

"我相信。"

班察巴那道:"但是你们一定要等我回来之后才能出来。"

他已经准备走了,忽又转过身:"我还要你们做一件事。"

"什么事?"

"把你们的衣服和鞋子都脱下来给我。"

班察巴那没有解释他为什么要这样做,阳光也没有问。

她已经背转过身,很快地脱下她蓝色的外衣和靴子,如果班察巴那还要她脱下去,她也不会拒绝。

她不是那种扭扭捏捏的女人。

她相信班察巴那这样做一定是有理由的。

小方也将外衣脱下。

"这样够不够?"

"够了。"

班察巴那道:"只不过你还得把你的剑交给我!"

对一个学剑的人来说,世上只有两样东西是绝不能轻易交给别人的。

——他的剑,他的妻子。

可是小方毫不犹豫地就将自己的剑交给了班察巴那,因为他也和阳光一样信任他。

班察巴那用力拍了拍小方的肩:"你信任我,你是我的朋友。"

直到此刻,他才把小方当作朋友:"我绝不会让你失望的。"

这地洞的确可以容纳下两个人,只不过这两个人如果还想保持距离,不去接触到对方的身子,就不太容易了。

小方尽量把自己的身子往后缩。

他们身上虽然还穿着衣服,可是两个人的衣服都已经很单薄。

一个像阳光这样的女孩子,身上只穿着这么样一件单薄的衣服,两个人的距离之近,就好像一个双黄蛋里的两个蛋黄。

只要稍微有一点想象力的人,都应该能想象到他们现在的情况。

小方只有尽量把身子往后缩,只可惜后面能够让他退缩的地方已不多。

地洞里虽然潮湿阴暗,阳光的呼吸却芬芳温柔如春风。

对一个血气方刚的年轻男人来说,这种情况实在有点要命。

阳光忽然笑了。

小方盯着她,忽然问她道:"你笑什么?"

"我喜欢笑,常常笑,可是你以前好像从来也没有问过我在笑什么。"

"以前是以前。"

"现在你为什么要问?"

"因为……"小方道,"因为我要提醒你一件事。"

"什么事?"

"我是个男人。"小方的表情很是严肃。

"我知道你是个男人。"

"天下所有的男人都差不多的。"

"我知道。"

小方道:"所以你如果再笑一笑,我就……"

"你就怎么样?"阳光故意问小方,"是不是想打我的屁股?"

小方又盯着她看了半天,忽然也笑了。两个人都笑了。

刚才好像已经不能忍受的事,在笑声中忽然就变得可以忍受了。

人如果不会笑,这世界会变成什么样子?

班察巴那回来时，漫漫的黑夜已过去，这浓密的树林又恢复了原来的光明和平宁静。

阳光和小方的脸色也同样明朗，因为他们没有对不起别人，也没有对不起自己。

班察巴那看看他们，忽然又用力拍了拍小方的肩。

"你果然是卜鹰的好朋友。"他说，"卜鹰果然没有看错你。"

他忽然笑了笑，笑的样子仿佛很神秘，说的话也很奇怪。

他忽然对小方说："只可惜你已经死了。"

"我已经死了？"

小方忍不住问："什么时候死的？"

"刚才。"

"我怎么死的？"小方问。

"从一个危崖上摔了下去摔死的。"

班察巴那说："你的头颅虽然已经像南瓜般摔碎，可是别人一定还能认得出你。"

"为什么？"

"因为你身上还穿着他们看见过你过去穿的衣服，手里还拿着你的剑。"

班察巴那道："如果你没有死，当然绝不肯将那么样一柄好剑交给别人。"

小方终于完全明白他的意思，他显然已经替小方找了个替死的人。

阳光却还要问："我呢？"

"你当然也死了。"

班察巴那道："你们两个人全都死了。"

"我们为什么要死?"

"也许你们是为了卜鹰,也许你们是失足落下去的。"

班察巴那道:"每个人都有很多种原因要死。"

他微笑:"说不定还有人会认为你们是为了怕私情被卜鹰发现,所以才自杀殉情的。"

阳光和小方也笑了。

他们心里毫无愧疚,他们之间绝对没有私情,所以他们还能笑得出。

一个人如果随时都能笑得出,也不是件容易事。

班察巴那又问小方:"你知不知道我为什么一定要你们死?"

小方摇头。

他本来就不是多话的人,近来更沉默,如果他知道别人也能回答同样的一个问题,他宁愿闭着嘴。

班察巴那果然自己回答了这问题。

"因为我要你们去做一件事。"

他又解释:"一件绝不能让别人知道你们要去做的事,只有死人才不会被别人注意。"

他说的"别人",当然就是他们的对头。

阳光还是要问。

"什么事?"

她问:"你要我们去做什么事?"

"去找卜鹰。"

这件事就算他不要他们去做,他们也一样会去做的。

班察巴那道:"我知道你们一定要报复,说不定现在就想去找卫天鹏，去找吕三。"

他们的确有这种想法。

"可是现在我们一定要忍耐。"

班察巴那道："不管我们要做什么，都一定要等找到卜鹰再说。"

人海茫茫，要找一个人，并不比大海捞针容易。

班察巴那道："我已知道这件事并不容易，但是只要我们有信心，也不是做不到的。"

他忽然转过身："你们跟我来。"

他带着他们找到一棵不知名的野树，从靴筒里拔出一把匕首，用匕首割开树皮树干，过了片刻，树干中就有种乳白色的汁液流了出来。

班察巴那要小方和阳光用双手接住，慢慢地，很均匀地抹在脸上和手上。

他们脸上的皮肤立刻就觉得很痒，然后就起了种很奇怪的变化。

他们的皮肤，忽然变黑了，而且起了皱纹，看起来就好像忽然老了十岁。

班察巴那又告诉小方："我们的族人替这种树起了个很特别的名字。"

"什么名字？"

"光阴。"

"光阴？"

"我们的族人都叫这种树为光阴树。"班察巴那道，"因为光阴总是会使人变丑变老。"

他又说："它的效用至少可以保持一年，一年之内，你们都会保持现在的样子，大概不会有人能认出你们的本来面目。"

但说的是"大概不会"，不是"绝对不会"。

"所以你们还是要特别注意。"班察巴那道，"所以我还是要替你们找别的掩护。"

"什么掩护?"阳光问。

"现在你已经不是蓝色的阳光,他也不是要命的小方了。"

"我知道。"阳光说,"这两个人现在都已经死了。"

"所以现在你们已经是另外两个人。"

班察巴那道:"你们是一对夫妻,很贫穷的夫妻,一定要奔波劳苦才能生存。"

世界上本来就有很多像这样的夫妻,为了活下去,不得不日夜劳苦奔波不息。

"你们是做生意的,把藏边的特产运到关内去贩卖,博一点蝇头微利。"

班察巴那道:"因为你们没有父母子女,家里也没别的人,也因为你们夫妻感情不错,所以你们不管到哪里去,总是两个人同行。"

小方和阳光都在静听。

班察巴那又道:"你们当然请不起镖师护送,为了行路安全,你们只有加入商队。"

"商队?"小方不懂。

"商队就是很多像你们这样的人结伴同行的队伍。"

班察巴那解释:"几乎每个月都有这么样一队人入关去。"

他说:"我已经替你们找到了一个。"

班察巴那做事的周密仔细,实在令人不能不佩服。

"这个商队并不大,有三四十个人。"

他说:"领导这个队伍的人叫花不拉,精明老练,对地形也极熟悉,少年时据说属于鞑靼的铁骑兵,曾经远征过突厥。"

"我们到哪里去才能找得到他?"

"虎口集。"班察巴那道,"他们预定在虎口集会合的。"

他又补充:"你们到了那里,先去找一个叫大烟袋的人,把你们的名字告诉他,再付二十五两银子的路费给他,他自然会带你们去见花不拉。"

现在只剩下最后一个问题了。

"我们的名字叫什么?"阳光问。

"你是藏人,名字叫美雅。"班察巴那说,"你的丈夫是汉人,名字叫作苗昌。"

他将他的双手搭上他们的肩:"我希望你们在一年之内找到卜鹰。"

在小方和阳光的想象中,花不拉当然应该是个高大粗壮公正严肃的人。

他们想错了。

花不拉是个矮子,本来也许还不太矮,可是多年来马鞍上的生活,使得他的两条腿变得非常弯曲,看起来就像是个圆圈,走起路来总是摇摇晃晃的,样子显得很滑稽。

所以他总是坐在一张很高的椅子上,用一双斜眼看人的时候,眼睛里总是带着种残酷而讥嘲的表情,就像是个顽童在看着已经被他用绳子绑住的猫,又像是一只猫在看着爪下的鼠。

幸好他还有一双大手。

他的手又宽又大又粗又硬,摆在桌上时,就像是一把斧头,一下子就可以把桌子砍成两半。

也许就因为这双手,才使人不能不对他畏惧尊敬。

这个人另外有一个优点是,他很少说话。

他要说的话都是由大烟袋替他说的。

小方和阳光看见花不拉的时候，已经有一对夫妻在他的客房里了。

一对和小方他们一样的夫妻，为了要活下去，就不得不日夜劳苦奔波不息。

他们的年纪都已经不小了，丈夫至少已经有三四十岁，妻子也有二十七八。

丈夫的脸上已经刻画下风霜劳苦的痕迹，妻子总是低头不敢看人。

丈夫把二十五两银子路费交出来的时候，妻子紧张得连指尖都在发抖，因为他们这一生中从未付出过数目如此庞大的一笔银子。

在他们眼中看来，这二十五两银子的价值绝对比吕三眼中的三十万两黄金还大得多。

小方第二天才知道他们的名字——丈夫的名字叫赵群；妻子姓胡，就叫作赵胡氏。

一个平凡规矩害羞的女人出嫁之后，就没有名字了。

第二十一章

又见金手

小方从未想到这一对平凡规矩的夫妻,竟是对他和阳光这一生影响最大的人,从某一方面说,甚至可以说是改变了他们的一生。

花不拉显得很不耐烦。

对他来说,不管坐在什么地方,都远不及坐在马鞍上舒服。

可是等到大烟袋替他问过小方和阳光几个简单的问题之后,叫他们回房去的时候,花不拉却要他们等一等。他忽然问小方:"你有没有练过武?"

"没有。"小方立刻回答,"虽然练过几天庄稼把式,也不能算练武。"

"你身上有没有带家伙?"花不拉又问。

"没有。"

"连一把刀都没有带?"

"没有。"

花不拉看着小方,眼睛里忽然露出种暧昧而诡谲的笑意,忽然从身上抽出把匕首。

"你最好把这把家伙带在身上。"他将匕首交给小方,"你的老婆年纪还不算太大,我们这队伍里什么样的人都有,走在路上,能小心还是小心些好！"

"那个人不是好人。"

一回到房里，阳光就悄悄地对小方说："绝对不是好人。"

小方不能不承认，花不拉笑的时候的确有点不怀好意的样子。

幸好阳光已经不是本来那个明朗美丽的蓝色阳光了，连赵胡氏看起来都比她顺眼得多。

那对夫妻就住在他们隔壁。

他们住的是一家最便宜的小客栈，房里除了一张土炕和一群臭虫外几乎什么都没有。

二十五两银子路费中还包括食宿，他们当然不能要求太多。

何况炕总算还是热的，在这种时候，能够有张热炕可睡已经很不错了。

他们只希望能快点睡着。

他们都没有睡着。

就在他们开始要睡的时候，隔壁房里忽然响起种很奇怪的声音。

开始的时候，他们还分不出那是什么声音。

但是声音越来越大，而且持续得很久，两间房又只隔着一层薄墙。

如果他们还是小孩子，也许还是分不出那是什么声音。

可惜他们已经不是小孩子了。

小方忽然觉得全身发热。

他从未想到一个那么规矩、那么害羞的女人，在跟她的丈夫做那件事的时候，居然会发出这么样的声音来。

这也许只不过因为他们平日的生活太单调,忽然换了个新的环境,到了个陌生的地方,总是难免会放肆一点。

每个人都有无法控制自己的时候,可是有些人就算在这种时候也一定要控制自己。

小方闭着眼睛,全身上下连动都不敢动。

他希望阳光认为他已睡着。

阳光也没有动,她是不是也希望小方认为她已睡着?

清晨,阳光满地。

天还没有亮小方就起来了,用一桶已经结了冰碴子的冷水冲了个冷水浴,沿着小客栈外的山坡上,跑了十七八个圈子。

他回来的时候,阳光已经收拾好行李,他看着阳光笑笑,阳光也看着他笑笑,谁也不知道对方昨天晚上睡着了没有。

这一夜不管怎么难挨,他们总算已经捱过去了。

那一对夫妻又恢复了那种又规矩又老实的样子,害羞的妻子还是低着头不敢见人。

小方和阳光也不敢去看她,生怕一看到她就会联想到昨天晚上的声音,就会忍不住要笑出来。

要命的是,他们四个人偏偏被分派到同一辆驴车上,车内又小又窄,四个人鼻子对鼻子,眼睛对眼睛,想不看都不行。

中午吃饭的时候,这对夫妻居然还把他们做的路菜分了一点给小方和阳光,除了辣椒炒肉干之外,居然还有一点藏人最喜欢吃的葱泥。

这种用圣母峰山麓上特产的野葱、阔叶韭和红蒜做成的"葱泥",对藏边一带的人来说,简直就是无上的珍馐,是绝不肯轻易拿出来待客的。

这对夫妻好像特地为了要补偿小方和阳光昨天晚上损失的睡眠,

特地来表示他们的歉意。

小方却只希望今天晚上投宿的时候,他们能安安静静地睡一宿。

小方又失望了。

这一夜他和阳光又被分配到他们的隔壁,又被整得很惨。

这对夫妻的精力远比他们外表看起来旺盛得多。

如果小方和阳光也是对夫妻,这问题很容易就可以解决。

可惜他们不是。

他们从未想到这件事竟成为他们这一路上最大的烦恼。更想不到这么一个老实害羞的女人,一到晚上就变成了个要命的尤物。

到了第三天晚上,小方忽然拿出三粒骰子,对阳光说:"我们来掷骰子。"

"掷骰子?"阳光问,"你要跟我赌什么?"

"谁输了今天晚上就睡到外面的车子上去。"

输的当然是小方,他在骰子上做了手脚,他情愿睡在车上。

他睡着了。

阳光却还是睡不着。

隔壁的声音虽然已暂时静下来,她却想起了很多事,很多本来不该想的事。

就在这时候,她听见有人在推门。

她的心跳立刻加快。

——是不是小方回来了?

不是。

来的是另外一个人,她看不清这个人的脸,可是只要看见那双罗圈腿，就知道来的是谁了。

阳光跳起。

"你来干什么？"

"来陪你。"花不拉盯着她，眼中露出狰狞的笑意，"我知道你的老公不中用，特地来陪你。"

阳光抓紧被角。

"我不要你陪。"她真的很紧张，"你再不走我就要叫了！"

"你叫？叫谁？叫你的老公？"花不拉狞笑，"你就算把他叫来又有什么用？"

他伸出一双铁斧般的手，抓起个茶杯，轻轻一捏，就捏得粉碎。

"你老公有没有我这样的功夫？"花不拉带着狞笑问。

阳光只有摇头。

现在他们只不过是一对平凡的夫妻，当然没有这样的功夫。

她绝不能暴露自己的身份。

可是花不拉已经一步步走过来，已经快走到她的床头了。

"你敢叫，我就塞住你的嘴，你的老公来了，我就把他活活捏死。"

看来他已经决心不肯放过她了。

现在她已经不是蓝色的阳光，现在她只不过是个又黑又丑的女人，花不拉怎么会偏偏看上了她？

阳光又急又气又奇怪，花不拉已经往她身上横了过来，一双大手已经伸出来准备撕她的衣服。

他没有抓住她，却抓住了个包袱。

阳光往床里边一让，顺手抓起包袱，用力掷过去。

她的衣服没有被撕破，包袱却被抓破了，一样东西从包袱里落下来，掉在地上。

花不拉脸上忽然露出种恐惧的表情,忽然转身飞奔出去,就好像忽然见了鬼一样,头也不回,立刻就逃得踪影不见。

阳光的心还在跳,手脚还是冰冷的。
——花不拉为什么会忽然逃走,他看见了什么?
她想不通。
刚才从包袱里掉下来的那样东西还在地上,那个包袱是她今天早上亲手包起来的,里面绝没有任何一件可以让人一看见就怕得要逃走的东西。
门又被推开了,这次进来的总算不是别人,是小方。
他睡得并不熟,无论谁都没法子在那种又冷又硬又透风的车子上睡得熟的。
他的耳朵一向很灵。
看见小方,阳光才松了口气。
"你看看床下面是不是有样东西?"她问小方。
小方只看了一眼,脸色也变了。
阳光更着急、更奇怪:"你看见了什么?"
小方慢慢地俯下身,从床下捡起样东西。
他捡起来的赫然竟是一只手。
金手!

"这包袱真的是你今天早上亲手包好的?"小方问阳光。
"绝对是。"
"那时候这只金手在不在这个包袱里面呢?"
"不在。"阳光说得非常肯定,"绝对不在。"
"刚才你真的亲眼看见它从包袱里掉下来的?"

"我看得很清楚。"

"那么这只金手是怎么会到你包袱里去的？"

"我不知道。"

她真的不知道。

这只金手是富贵神仙吕三用来联络号令群豪的信物，本来是绝对不可能在她包袱里出现的。

但是现在这件不可能发生的事却偏偏发生了。

长夜还未过去，隔壁的屋子居然已经安静了很久。

小方忽然又问："今天有谁碰过这个包袱？"

"没有。"阳光的口气已经没有刚才那么肯定了，"好像没有。"

"是好像没有？还是绝对没有？"

阳光在犹豫，这个问题她实在没有把握能确定的回答，她只记得这个包袱一直都是在她手边的，几乎没有离开过她的视线。

——是"几乎"，不是"绝对"。

小方再问："有没有人能够找个机会把这只金手塞到你的包袱里去？"

要在她身旁将这个包袱偷走也许不可能，但是要塞样东西到她包袱里去就是另外一回事了。

阳光立刻回答："有。"她的眼睛忽然发光，"只有一个人。"

"谁？"

阳光指了指隔壁的屋子："就是那个吵得我们整夜睡不着的女人。"

小方不说话了。

其实他早就想到了这一点。他们一路同车，现在已经可以算是朋友，在车上，那位赵胡氏总是坐在阳光旁边，阳光总是忍不住要打瞌睡，赵胡氏要偷偷塞样东西到她包袱里去，绝不是件困难的事。

"也许班察巴那根本就没有骗过吕三，我们的行踪早已被发现。"阳光道，"所以他早就派出人来跟踪我们。"

"你认为那对夫妻就是吕三派来的人？"

阳光咬着嘴唇："我早就对他们有点疑心了，一个正正经经的良家妇女，明明知道隔壁有人，晚上怎么会像那样鬼叫？"

她的脸好像已经有点红了："也许根本就是故意要吵得我们睡不着，让我们白天没精神，她才有机会下手。"

这虽然只不过是她的猜测，可是这种猜测并不是没有道理。

唯一不太合理的是："如果吕三真的已经查出我们的行踪，为什么不索性杀了我们？"

"因为他还想从我们身上找出卜鹰的下落，所以只有派人在暗中跟踪，而且绝不能让我们发现。"

"如果那对夫妻真是吕三派来暗中跟踪我们的，为什么又把一只金手塞在我们的包袱里？"小方问，"他们这么做岂非也暴露了自己的身份？"

阳光不说话了。

这一点她想不通，这件事其中的确有很多互相矛盾之处。

隔壁那间屋子本来已经安静了很久，现在忽然又有了声音。

——男人咳嗽的声音，女人叹气的声音，有人起床的声音，开门的声音，拖着鞋子在地上走动的声音。

那对夫妻中无疑有个人起床开门走了出去。

三更半夜，出去干什么？

小方把声音压得比刚才更低："我去看看。"

"我也去。"阳光一下子就从床上跳起来，"这次你可不能再把我一个人留在屋里。"

刚才的脚步声好像是往厨房那边去的，现在厨房里已经应该有人了。

而且大灶还留着火种，灶上还温着一大锅水。

小方和阳光悄悄地跟过去，果然看见有个人在厨房里。

所有的灯光都已熄灭，这种最廉价的小客栈，是绝不肯浪费一点灯油的，更不会有巡夜的人。

可是天上还有星光，灶里仍有余火，他们还是可以看得见这个人就是那位赵胡氏。

赵胡氏正在舀水，把大锅的热水，一勺勺舀入一个木桶里。

她身上虽然披着她丈夫的大棉袍，看起来却还是像很冷的样子，好像除了这件棉袍之外，她身上就连一寸布都没有了。

小方的心跳忽然加快，因为他已经证实了这一点。

棉袍下面果然是空的。

她刚把满满的一勺水舀起来，忽然一个不小心，把木勺里的水打翻了，溅在棉袍上，她赶紧放下木勺，提起棉袍来抖水，于是她棉袍下面赤裸得就像是初生婴儿一样的身子就露了出来。

她的身子看起来当然绝不像是个初生的婴儿。她的皮肤雪白，腰肢纤细，双腿修长结实。小方见过各式各样的女人，却从未见过如此诱人的胴体。

在这一瞬间，他的心几乎要从胸膛里跳出来。

幸好这时候赵胡氏已经打好了水，提着水桶走了。小方和阳光躲在墙角后，看着她走远，才长长吐出一口气。

阳光忽然问他："你看见了没有？"

"看见了什么？"小方故意装糊涂。

阳光忍不住要笑："你自己应该知道看见了什么，你看得比我清楚得多。"

碰到这种事时，男人的眼睛总是要比女人尖得多。

小方只有承认。

阳光笑了笑："你当然也看过她的脸和手。"

"嗯！"

"你看她脸上和手上的皮肤像什么？"

"像橘子皮。"小方形容得虽然不太好，可是也不算太离谱。

"她身上的皮肤呢？"阳光又问。

她知道小方大概是不肯回答这问题，所以自己接着说："她身上的皮肤简直就像是缎子，像羊奶，我从来也没有看过皮肤像她这么好的女人。"

这一点小方也不得不承认。

可是一个女人身上和脸上的皮肤是绝不应该有这么大差别的。

"你有没有见过这样的女人？"

"没有，除非……"

阳光替小方接下去说："除非她跟我一样，也用一种像'光阴树汁'那样的药物，把自己的脸和手都改变了。"

这无疑是唯一的一种合理解释。

这对夫妻易容改扮，参加这商队，当然是为了要跟踪小方和阳光。

就算这件事之中还有些无法解释的事，这一点也是毫无疑问的了。

阳光又问小方："现在我们应该怎么办？"

"我也不知道。"小方沉吟，"看样子我们好像只有装糊涂，只有等。"

"等什么?"

"等着看他们的动静,等他们自己先沉不住气,等机会出手。"

这无疑也是他们唯一的法子。

因为他们不能走。

他们的行踪既然已败露,无论走到什么地方都是一样的。

只可惜等的滋味实在很不好受。

第二天还是和前一天一样,太阳还是从东方升起,队伍还是很早就启程。

不同的是,每天早上都要高踞在马鞍上将队伍巡视一遍的花不拉,今天却因为身体不适而没有露面,代替他领队的当然是大烟袋。

小方和阳光还是和赵群夫妻同车,丈夫还是那么规矩老实,妻子还是那么腼腆害羞,总是不敢抬起头来见人。

阳光和小方当然也装得好像什么都没有看见、什么事都不知道一样。

小方甚至连看都不敢再去多看那位赵胡氏,因为只要一看她,就忍不住会想到昨天晚上在那昏暗的厨房里,闪动的灶火前的那一幕,就忍不住会想到那纤细的腰肢、雪白修长的腿。

那种幽秘邪艳,充满了情欲挑逗的景象,叫一个男人不去想它,无疑是非常困难的。

幸好等到中午打尖过后,大烟袋就要他们换到另外一辆车子上去了,车行次序,好像也有了很大的调动。

每辆车上还是坐四个人,这次来跟小方同车的是一对父子,父亲苍老疲倦,儿子脸上也有病容,父子两人都同样沉默。

小方看看阳光,阳光看看小方,两个人心里都明白,要想平平安安走完这一天的路,已经不太容易了。

午时过后队伍就进入山区。

山路弯曲险峻，起伏的山丘连绵不绝的向远方伸展，最后才消失在天边的艳红与金黄里。接近路边的山脚下，布满巨大的黑色岩石，一座巍峨的黑色大山，就像是神话中的大鹏般凌空俯视着人群，给人一种无法形容的巨大压力。

小方和阳光坐得更近了。

如果有人要在半路伏击，将他们击杀在路途中，这无疑是最好的地点。

他们不想在搏击中失败，他们的身子靠得很紧，心里都已有了准备。

就在这时，他们听见了"咯"的一声响，看见了一个车轮向前飞滚出去，撞上了路旁的黑色岩石，撞得粉碎。

就在这一刹那，小方已拉着阳光跃出了车厢。

拉车的马还在惊嘶挣扎，车辆还在不停向前进，却已经只剩下三个车轮了。

左面的后轮车轴已断，前面的车马队伍已不见踪影。

群山后的艳红与金黄，已渐渐变为一种虽然更艳丽却显得无限悲怆的暗赤色。

黄昏已将尽，黑夜已将临。

那父子两个人居然还留在车厢里，也不知是不是已经晕了过去，还是想留在车厢里等着对他们伏击。

阳光说："你去看看，看看是怎么回事？"

小方没有去看车厢里的人，只去看了看那根突然折断的车轴。

车轴断得很整齐，只要略有经验的人，都可以看出它是已经先被人锯断了一半。

小方当然也看得出来。

"来了。"他长长吐出口气,"总算来了。"

"是他们?"

"是。"

阳光也长长吐出口气:"不管怎么样,他们总算没有让我们等得太久。"

车厢里的父子两个人还是全无动静,就算他们是想等机会在车厢中暗算伏击,现在也应该是时候了。

小方冷笑道:"两位为什么还不出来?"

他轻踢车门一下:"两位为什么还不出手?"

车厢中仍然没有反应,险峻曲折的山路两端也仍然不见人影。

小方忽然踢起一脚,踢碎了用木条草席搭起的简陋车厢。

那父子两个人当然还在里面,两个人手里都握着用黄铜打成的机簧暗器筒。

奇怪的是,筒中的暗器并没有发出来,父子两人的身子竟已僵硬,脸色已发黑,四只眼睛凸出如死鱼,眼里充满惊吓恐惧。

这两人果然是对方特地埋伏在车里等着对付他们的杀手,等着在车身倾覆那一瞬间出手。

那时无疑是最好的机会。

可是现在两个人都已经死了,就在他们准备出手时就已经死了。

他们是怎么会死的?

这问题唯一的答案是——

阳光已经看出了他们的阴谋,所以先发制人,先下了毒手。

小方看着阳光,轻轻叹了口气。

"你真行。"他说,"你出手实在比我想象中快得多。"

"你说什么?"阳光好像不懂。

小方道:"因为我们还不能证明他们真的是对方的人,万一杀错了人怎么办?"

阳光看着他,显得很吃惊:"你以为是我杀了他们?"

第二十二章

儿须成名·酒须醉

"难道不是?"

"当然不是。"阳光说,"我本来还以为是你。"

小方更吃惊。

他自己当然知道这两个人绝不是死在他的手里的。

阳光又问:"不是你?"

"不是。"

"如果不是你,也不是我,究竟是谁呢?"

这问题就不是他们所能答复的了。

死人的脸色已发黑,看来好像是中了毒——是谁下的毒?什么时候下的毒?为什么要毒死他们?是不是为了帮小方和阳光解除这一次危机?这队伍里怎么会有他们的帮手?

这些问题,当然也不是他们所能答复的。

小方和阳光正在惊异,路旁的黑石后已出现了四五十个人。

四五十个带着箭的人。

各式各样的人,有汉人,有藏人,有苗人,带着各式各样的箭,有长弓大箭,有机簧硬弩,还有苗人猎兽用的吹箭。

谁也没法子一眼就能将这些箭的种类分辨出来，但是无论谁都可以看得出每种箭都能致人死命！

这里是山路最险的一环。如果有人一声令下，乱箭齐发，纵然是卜鹰那样的绝顶高手，也很难闯得过去。

小方的心往下沉。

他看得出这一点，这一次他和阳光的机会实在不大。

四山沉寂，黑石无声，箭无声，人也无声。他们好像也在等，等什么？

这问题的答案小方很快就知道了。

——他们是在等花不拉。

小方已经看见了花不拉。

花不拉高踞在最高的一块岩石上，用那双充满讥诮的眼睛冷冷地看着他们——就像是一只猫看着爪下的鼠。

他也知道这次他们是绝对逃不了的。

小方苦笑。

他从未想到花不拉也是吕三属下的人。班察巴那做事一向精密谨慎，怎么会在还没有查出这个人的身份时，就把他们送到他的队伍去？

花不拉忽然开口："现在你还有什么话说？"

"没有了。"

"那么你们就不如乖乖地跟我回家去吧。"

"回家？"小方忍不住问，"回谁的家？"

"当然是你们自己的家。"

花不拉得意地笑："现在你们总算知道，出外寸步难，还是回家的好。"

小方更惊讶。

他根本听不懂花不拉在说什么,他们现在根本已经没有家。

小方不懂,阳光也不懂。两个人都不知道应该怎么回答,只有保持沉默。

有时沉默就是默认,就是答应,所以花不拉笑得很愉快。

"我知道你们一定不会不听话的,只不过我这人做事一向特别小心,对你们有一点不太放心。"

花不拉故意想了想,才接着道:"如果你们肯先用绳子把自己的手脚绑起来,打上三个死结,那我就放心了。"

他又强调:"一定要打死结。我的眼睛特别好,你们瞒不过我的。"

"然后呢?"小方故意问。

花不拉忽然沉下脸:"如果我数到三你们还不动手,我就只好把你们的死尸送回去了。"

花不拉真的立刻就开始在数。

他虽然板着脸,眼里却充满了那种残酷而讥消的笑容。

小方看得出他并不是真的想要他们自己动手,更不是真的想把他好好地送走。

他这么样说,只不过是要对某一个人作某种交代而已。

其实他心里真正希望的是看着乱箭齐发、血肉横飞,看着一根根各式各样的弩箭打进他们的面目血肉骨节里,再把他们的死尸送回去。

他数得很慢,因为他知道他们绝不肯自己把自己的手脚绑起来的。

"一、二……"

只听到"二"字,便已听到"咯"的一声响,已经有一排弩箭射了出来。

一排连环弩,三支箭同时发出,打的竟不是阳光和小方。

"丁"的一声,三支箭同时打在对面的岩石上,火星四溅。

一个人忽然从半空中落下,跌在山路上,头颅被摔得粉碎,却没有发出惨呼声,因为他跌下来之前就已经死了。

惨呼声是在跌下之后发出来的,是别人发出的。

岩石上忽然闪起了一道雪亮的剑光。

剑光飞动如闪电,惨呼声连绵不绝,埋伏在岩石上的箭手一个接着一个倒下。

阳光失声而呼:"班察巴那!"

来救他们的当然是班察巴那,除了班察巴那还有谁?

花不拉脸色惨变,小方已如飞鹰般扑了上去,花不拉大喝一声,用巨斧的大手,抽出一条沉重的铁鞭,挟带劲风挥下。

小方只得暂时后退闪避,花不拉掌中铁鞭连环飞舞,不但占尽地利,也抢了先机。

岩石上的箭手还没有死光,还有弩箭射出,阳光好像中了一箭。

小方第四次往上扑时,花不拉手里飞舞的铁鞭忽然垂下,就像条死蛇般垂下。

花不拉的脸忽然扭曲,发亮的眼睛忽然变成死灰色,也像是条毒蛇忽然被人斩断了七寸。

他垂下头,看着自己的胸膛,死灰色的眼睛里充满恐惧惊讶。

小方也在看着他的胸膛,眼中同样充满惊讶,因为他的胸膛里竟忽然有样东西穿了出来。

一样发亮的东西，一截发亮的剑尖。

一柄剑从他背后刺入，前胸穿出，一剑穿透了他的心脏。

剑尖还在滴血时就已抽出。

花不拉倒下。

一个人站在花不拉身后，手里提着一柄剑，一柄刚才在片刻间刺杀数十箭手的剑，也就是一剑穿透花不拉心脏的剑。

这个人竟不是班察巴那！他手里提着剑，竟赫然是小方的魔眼！

这个人是谁？

除了班察巴那外，还有谁会来救小方和阳光？

他手里怎么会有小方的魔眼？

卜鹰？

是不是卜鹰终于出现了？

还没有看清这个人的脸时，小方的确这么样想过。这想法使他激动得全身都在颤抖。

可惜他又想错了。

这个人既不是班察巴那，也不是卜鹰，而是个他从未想到会来救他们的人。

这个人赫然竟是赵群。那个规规矩矩老老实实，连付出二十五两银子时，一双手都会紧张得发抖的人。

现在他的手却比磐石还稳定。

他的手里握着剑，握着的是小方的魔眼。

魔眼闪动着神秘而妖异的寒光,他的眼睛里也在闪着光。

现在他已经不再是那个规矩老实的人了,他身上散发出的杀气甚至比魔眼的剑气更可怕。

"你究竟是谁?"小方问。

"是个杀人的人,也是个救人的人。"

赵群道:"杀的是别人,救的是你。"

"你为什么要来救我?"

"因为他们要杀的并不是你。"赵群道,"因为你本来就不该死的。"

小方又问:"他们要杀的是谁?"

"是我。"赵群的回答令人不能不惊讶,"他们本来要杀的人就是我。"

小方怔住。

他还有很多问题想问,但是赵群已转过身。

"你跟我来。"他说,"我带你喝酒去,我知道附近有个地方的酒很不错。"

小方虽然也觉得很需要喝一杯:"但是现在好像还不到应该喝酒的时候。"

"现在已经到时候了。"

"为什么?"

"因为你有话要问我,我也有话要说。"

赵群道:"但是我有很多话,都要等到喝了酒之后才能说得出。"

转过前面的山坳,谷地里有个小小的山村,山民淳朴温厚。可是他们用麦秆儿酿的酒喝到嘴里时却像是一团烈火。

他们喝酒的地方并不是牧童可以遥指的杏花村,只不过是个贫苦的樵户人家而已，如果有过路的旅人来买酒喝，他们的孩子在过年时就可以穿上一条新棉裤了。

主人用一双生满老茧的手捧出个瓦罐，用小方听不懂的语言对赵群说了些话，就带着妻儿走了，将三间小小的石屋留给他们的贵客。

小方忍不住问："刚才，他在说些什么？"

"他说这种酒叫'斧头'，只有男子汉才能喝。"

赵群微笑道："他说他看得出我们是男子汉，所以才拿这种酒给我们喝。"

他带着笑问小方："你明白他的意思了么？"

小方明白："他这么说，大概是希望我们付钱时也像个男子汉。"

屋子的四壁都是用石块砌成的。一个很大很大的石头火炉上烧着一锅兔肉，一大块木柴正烧得噼啪发响，屋子里充满了肉香和松香。

女人不在这间屋子里。

阳光中了箭，中箭的地方是在男人不能看见的地方。

赵胡氏带她到后面一间小屋里，用男人喝的烈酒替她洗涤伤口，疼得她全身都被冷汗湿透。但是她并没有漏掉外面那间屋里的男人们说的每一句话。

三碗"斧头"下肚，酒意已冲上头顶。

先开口的是小方，他问赵群："你说他们本来要杀的是你？"

"是。"

"你知道他们是谁？"

"有些是吕三的人。"

赵群立刻回答："花不拉也收了吕三的银子，所以今天一早就去报信，带了吕三的人来。"

"来杀你?"小方问,"为什么要来救我?"

赵群回答得非常轻松,无论谁喝了这种酒之后说话都不会再有顾忌。

"因为我本来也是他的人,而且是他非常信任的一个人。"赵群道,"但是我却带着他最宠爱的一个女人私奔了。"

小方终于渐渐明白。

"那个女人",自然就是赵胡氏。她本来就是个少见的尤物,小方随时都可以想象得出很多吕三为什么舍不得放她走的理由来。

赵群肯不顾一切冒险带她私奔,理由也同样充分。小方相信有很多男人都会为她这么做的。

何况他们本来就比较相配,至少比她跟吕三相配得多。

这一点小方可以原谅他们。

赵群看着他,眼中却有歉意:"我本来并不想连累你们的。"

他说得很诚恳:"但是我知道吕三已经买通花不拉,已经怀疑我们很可能混在这个商队里。"

"所以你就故意将那只金手塞进我们的包袱里,让花不拉怀疑我们?"

赵群道:"可是我并不是想害你。"

"不是?"

"我这么做,只不过想转移他们的目标,让他们集中力量对付你们。"

赵群道:"这样我才有比较好的机会出手。"

这一点小方也不能不承认,赵群这种做法的确很聪明。

赵群又解释:"从一开始我就不想让你们受害,所以我们才会替你杀了钱通和钱明。"

"钱通?钱明?"

小方问："他们就是今天下午跟我们同车的那对父子？"

"是的。"

赵群又道："他们都是三宝堂属下的人。父子两人都精通暗器，而且是毒药暗器，所以，我们也用同样的方法对付他们。"

"同样的方法？"

小方问："下毒？"

"以牙还牙，以毒攻毒。"

赵群说道："就因为他们是这种人，所以苏苏才出手。"

"苏苏"当然就是赵胡氏。小方从未想到下毒的竟是她。

能够让两个精于毒药暗器的老江湖，在不知不觉间中毒而死，那绝不是件容易事。

"她是什么时候下的毒？"

小方又问："用的是什么法子？"

"就是在中午我们跟他们换车的时候。"

赵群道："我们也分了一点路菜给他们，看着他们吃了下去。"

他微笑："我们所准备的路菜有很多种。"

毒就在路菜里。钱通父子在中午时就已吃了有毒的路菜，直到黄昏前毒性才发作。

"她早已算好了他们一定要等到入山之后才出手，所以也早就算好毒性发作的时刻。"

小方忍不住轻轻叹息道："她算得真准。"

"在这方面，她的确可以算是高手。"

赵群的声音里充满骄傲："其实无论在哪一方面，她都可以算是高手。"

他为他的女人感到骄傲，她也的确是个值得别人为她骄傲的女人。

可是一个男人有了这么样一个女人，是不是真的幸福？

小方希望他们能得到幸福。

这世界上悲惨的事已够多了。何况他们都是很善良的人，在这种情况下仍不愿别人受到伤害。

小方很想问他们，知不知道他是谁。

他没有问。

他的魔眼就悬挂在赵群的腰畔，他也没有问赵群是从哪里得来的。

他甚至连看都没有去看一眼。

多年前他得到这柄剑时，他也像其他那些学剑的少年一样，将这柄剑看得比初恋的情人更珍贵，甚至还想在剑柄上刻字为铭：

"剑在人在，剑亡人亡。"

可是现在他的心情已变了。他已经渐渐发现，生命中还有许许多多更重要的事，远比一柄剑更值得珍惜。

他已不再是"为赋新词强说愁"的少年，也已不再有"相逢先问有仇无"的豪情。

他只希望能找到卜鹰，只希望能做一个恩仇了了、问心无愧的平凡人。

他的鬓边虽然还没有白发，可是心境已微迫中年了。

赵群的眼中已有酒意，却还是一直眼光灼灼地盯着小方："我知道你本来的名字一定不是苗昌，就好像你一定也知道我本来绝不叫赵群。"

他说："可是我一直没有问你是谁。"

"我也没有问。"

小方淡淡地说:"我们天涯沦落,萍水相逢,到明日就要各分东西,彼此又何必知道得太多。"

"这是不是因为你心里也有很多不愿别人知道的隐痛和秘密?"

小方拒绝回答这问题。

赵群忽然叹了口气:"其实我也知道你说得不错,有些事还是不知道的好。"

他叹息着道:"只可惜我已隐约有一点知道了。"

"哦?"

"他们在那山道上对你突击,逼着要你回家去的时候,你就应该想到他们是找错人了。"

赵群问:"你为什么不对他们说?"

他替小方回答了这问题:"你不说,只因为你也是他们要找的人。"

小方沉默。

杯中仍有酒,赵群喝干了杯中酒,慢慢地放下酒杯,忽然拔剑。

剑光森寒,那一只魔眼仿佛不停地在眨动,仿佛已认出了它的旧主人。

赵群轻抚剑锋。

"你也练剑?"

他凝视着掌中剑:"你应该看得出这是柄好剑。"

"是好剑。"

"不但是好剑,而且是名剑。"

赵群道,"它的名字叫魔眼。"

"哦?"

"这柄剑本来不是我的,五天前还不是。"

赵群忽然又抬头,盯着小方:"你为什么不问我,这柄剑是怎么得来的？"

小方就问："这柄剑是怎么得来的？"

"是从一个死人身上得来的。"

赵群道："那个死人就是剑的旧主，姓方，是吕三的死敌。我也是吕三派去围捕他的那些人里的其中之一。"

他慢慢地接着道："那时我已跟苏苏商议好，乘那次行动的机会，脱离吕三。所以我就带走了这柄剑。"

小方静静地听着，完全没有反应，这件事好像跟他全无关系。

赵群却还是盯着他，一双本来已有血丝的醉眼仿佛忽然变得很清醒，忽然问小方："你想不想要我把这柄剑还给你？"

"还给我？"

小方反问："为什么要还给我？"

"因为我知道这柄剑的旧主人小方还没有死。"赵群道，"跌死在危崖下的那个人并不是小方。"

"哦？"

"因为那个人的手上并没有练过剑的痕迹。"

赵群道："不但我看出了这一点，别人也看出来了。"

"哦？"

赵群忽然挥剑，用剑锋逼住小方的咽喉，一字字道："你就是小方，我知道你一定就是小方！"

剑锋就在喉结前一寸，剑气刺入毛孔如尖针。

小方却还是没有反应。

他脸上的肌肤已被"光阴"侵蚀，本来就看不出有什么表情。

但是他连眼睛都没有眨。

赵群忽然大笑："果然是好汉！"

他的手腕一翻,剑锋回转,"锵"的一声,剑已入鞘。

然后他就从腰畔摘下了这柄利剑的鞘,用双手送到小方面前:"不管你是小方也好,不是小方也好,我都把这柄剑送给你。"

"为什么?"小方终于问。

"因为你是条好汉。"赵群道,"只有像你这样的英雄好汉,才配用这把剑。"

他的态度真诚坦率。他是真心要把这柄剑送给小方,小方却没有伸手去接。

虽然他已经被这个人的义气所感动,却还是不肯伸手。

"不管我是小方也好,不是小方也好,都不能要你这柄剑。"

"为什么?"

小方的理由很绝。

"因为我若是小方,我一定会把这柄剑送给你的,就算你还给了我,我也一样会送给你。"

他说:"我们又何必送来送去?你若不是小方呢?"

小方笑了笑:"我若不是小方,我凭什么要你送我这么样一柄利器?"

赵群也笑了笑:"你真是个怪人,怪得要命。"

他放下掌中剑,举起杯中酒:"我敬你。"

小方还没有举杯,脸色忽然变了。

刚才剑锋已在他咽喉,他连眼睛都没有眨。

可是现在他连那张被"光阴"侵蚀的脸都已扭曲变形。就好像有一柄虽然看不见,却比魔眼更锋利的利剑,已刺入了他的咽喉,刺入他的心脏里。

因为他忽然听见了一阵歌声,一阵他已不知听过多少遍的歌声:

>　　儿须成名，酒须醉。
>
>　　酒后倾诉，是心言。

　　歌声中充满了一种无可奈何的男子汉的悲怆，却又充满了令人血脉贲张的豪气。在这远离红尘的山村里，在这酒已微醉的寒夜中，听来是什么滋味？

　　小方忽然抛下酒杯跃起，箭一般冲了出去。

　　不管是在什么时候、什么地方，不管他在干什么，只要他听见这歌声，他都会抛开一切冲出去的。

　　荒寒的山谷，寂寞的山村，用石块砌成的形状古朴的屋子，只有二三十户。灯火都已熄灭，远处的山坡上，却仿佛有火光在闪动。

　　歌声就是从那边山坡上传来的。

　　山坡上有一块巨大的岩石，岩石上生着一堆火，干燥的松木在火焰中噼啪发响，配合着悲怆的歌声，就好像是一个人心碎时的声音。

　　一个人独坐在火堆旁，手里的羊皮袋酒已将空，歌声也渐渐消沉。

　　看见这堆火，看见这个人，小方的心也变得就像是火焰中的松木。

　　人犹未醉，酒已将尽，漫漫长夜，如何度过？

　　小方已有多年未流泪。在这一瞬间，他眼中的热泪却已几乎忍不住要夺眶而出。

　　阳光也追了上来，紧握住他的手。

　　"是他？"她的声音在颤抖，"真的是他？

古龙经典

第一辑

古龙经典 01　《绝代双骄》（一）
古龙经典 02　《绝代双骄》（二）
古龙经典 03　《绝代双骄》（三）
古龙经典 04　《绝代双骄》（四）
古龙经典 05　《七种武器：长生剑·孔雀翎》
古龙经典 06　《七种武器2：碧玉刀·多情环》
古龙经典 07　《七种武器3：离别钩·霸王枪》
古龙经典 08　《七种武器4：愤怒的小马·七杀手》
古龙经典 09　《欢乐英雄》（上）
古龙经典 10　《欢乐英雄》（下）
古龙经典 11　《三少爷的剑》
古龙经典 12　《英雄无泪》
古龙经典 13　《大地飞鹰》（上）
古龙经典 14　《大地飞鹰》（下）
古龙经典 15　《彩环曲》
古龙经典 16　《剑客行》（上）
古龙经典 17　《剑客行》（下）

第二辑

古龙经典 18　《小李飞刀：多情剑客无情剑》（上）
古龙经典 19　《小李飞刀：多情剑客无情剑》（中）
古龙经典 20　《小李飞刀：多情剑客无情剑》（下）
古龙经典 21　《小李飞刀2：边城浪子》（上）
古龙经典 22　《小李飞刀2：边城浪子》（下）
古龙经典 23　《小李飞刀3：九月鹰飞》（上）
古龙经典 24　《小李飞刀3：九月鹰飞》（下）
古龙经典 25　《小李飞刀4：天涯·明月·刀》（上）
古龙经典 26　《小李飞刀4：天涯·明月·刀》（下）
古龙经典 27　《流星·蝴蝶·剑》（上）
古龙经典 28　《流星·蝴蝶·剑》（下）
古龙经典 29　《圆月弯刀》（上）
古龙经典 30　《圆月弯刀》（下）
古龙经典 31　《七星龙王》
古龙经典 32　《绝不低头》
古龙经典 33　《苍穹神剑》
古龙经典 34　《月异星邪》
古龙经典 35　《飘香剑雨》（上）
古龙经典 36　《飘香剑雨》（下）

第三辑

古龙经典 37　《陆小凤传奇：金鹏王朝》
古龙经典 38　《陆小凤传奇2：绣花大盗》
古龙经典 39　《陆小凤传奇3：决战前后》
古龙经典 40　《陆小凤传奇4：银钩赌坊》
古龙经典 41　《陆小凤传奇5：幽灵山庄》
古龙经典 42　《陆小凤传奇6：凤舞九天》
古龙经典 43　《陆小凤传奇7：剑神一笑》
古龙经典 44　《白玉老虎》（上）
古龙经典 45　《白玉老虎》（下）
古龙经典 46　《名剑风流》（上）
古龙经典 47　《名剑风流》（中）
古龙经典 48　《名剑风流》（下）
古龙经典 49　《碧血洗银枪》
古龙经典 50　《猎鹰·赌局》
古龙经典 51　《血鹦鹉》（上）
古龙经典 52　《血鹦鹉》（下）
古龙经典 53　《游侠录》
古龙经典 54　《失魂引》

第四辑

古龙经典 55　《楚留香新传：借尸还魂》
古龙经典 56　《楚留香新传2：蝙蝠传奇》
古龙经典 57　《楚留香新传3：桃花传奇》
古龙经典 58　《楚留香新传4：新月传奇·午夜兰花》
古龙经典 59　《萧十一郎》
古龙经典 60　《火并萧十一郎》
古龙经典 61　《武林外史》（上）
古龙经典 62　《武林外史》（中）
古龙经典 63　《武林外史》（下）
古龙经典 64　《大人物》
古龙经典 65　《风铃中的刀声》
古龙经典 66　《护花铃》（上）
古龙经典 67　《护花铃》（下）
古龙经典 68　《剑毒梅香》（上）
古龙经典 69　《剑毒梅香》（中）
古龙经典 70　《剑毒梅香》（下）

扫二维码，关注"卖书狂魔熊猫君"，
并回复"古龙"，
试读更多精彩章节！

古龙经典

大地飞鹰 下

文匯出版社

目　录

001 / 第二十三章　找的不是你

016 / 第二十四章　有了你的孩子

030 / 第二十五章　有子万事足

045 / 第二十六章　神鱼

060 / 第二十七章　为什么不回去

073 / 第二十八章　斗智

086 / 第二十九章　交易

102 / 第三十章　试剑

117 / 第三十一章　剑痴情绝

131 / 第三十二章　风暴

146 / 第三十三章　八角街上的奇案

161 / 第三十四章　蜡人

175	第三十五章	不是你的儿子
190	第三十六章	该下地狱的时候
205	第三十七章	制造陷阱
219	第三十八章	全面行动
234	第三十九章	第二步行动
249	第四十章	木屋里的秘密
263	第四十一章	致命的伤口
275	第四十二章	神秘的通道
287	第四十三章	宝藏
298	第四十四章	看死人
308	第四十五章	尾声

第二十三章

找的不是你

歌声忽然停顿。

火堆旁的歌者忽然用与歌声同样悲怆的声音说:"不是他,是我。"

歌者已回过头。闪动的火光照亮了他的脸,尖削的脸,尖削的眼,脸上布满岁月风霜和痛苦经验留下的痕迹,眼中也充满痛苦。

"你们要找的是他,不是我。"

小方的心沉了下去。

同样悲怆的歌声,却不是同样的人。不是卜鹰,不是。

"你知道我们要找的是他不是你?"

阳光大声问:"你怎么知道的?"

"我知道。"

"你也知道他是谁?"

歌者慢慢地点了点头,喝干了羊皮袋的酒。

"我知道。"他说,"我当然知道他是谁。我到这里来,就是他要我来的。"

阳光眼中又有了光,心里又有了希望:"他要你来干什么?"

歌者没有回答这问题,却从贴身的衣袋里取出个小小的锦囊。

锦囊上绣的是一只鹰，用金色的丝绣在蓝色的缎子上。

锦囊里装的是一粒明珠。

歌者反问阳光："你还记不记得这是什么？"

阳光当然记得。

纵然沧海已枯，大地已沉，日月无光，她也绝不会忘记。

这锦囊就是她亲手缝成的。就是她和卜鹰定亲时的文定之礼，现在怎么会到了别人手里？

歌者告诉阳光。

"这是他交给我的。"他说，"亲手交给我的。"

"他为什么要交给你？"

"因为他要我替他把这样东西还给你。"

歌者的声音中也带着痛苦："他说他本来应该亲手还给你的，但是他已不愿再见你。"

阳光慢慢地伸出手，接过锦囊和明珠。

她的手在抖，抖得可怕，抖得连小小一个锦囊都拿不住了。

锦囊掉下去，明珠也掉了下去，掉入火堆里。

火堆里立刻闪起了一阵淡蓝色的火焰，锦囊和明珠都已化作了无情的火焰。

阳光的人已倒了下去。

小方扶起了她，厉声问歌者："他说他不愿见她，真是他说的？"

"他还说了另外一句话。"

"什么话？"小方问。

"他说他也不愿再见你。"

歌者冷冷地回答："你已经不是他的朋友。从此以后，他和你们之间已完全没有关系。"

小方嘶声问:"为什么?"

"你自己应该知道为什么。"

歌者冷笑反问:"你自己愿不愿意跟一个天天抱住你妻子睡觉的人交朋友?"

这句话就像是一根针、一把刀、一条鞭子,就像是一柄密布狼牙的钢锯。

阳光跳起来:"我不信,我死也不信他会说出这样的话。"

她跳过去,用力揪住歌者的衣襟:"一定是你杀了他,再用这种话来欺骗我!"

歌者冷冷地看着她:"我为什么要骗你?如果不是他告诉我的,你们的事我怎么会知道?"

阳光虽然不能辩,却还是不肯放过这个人。

"不管怎么样,我一定要听他自己亲口告诉我,我才相信。"

她的声音已嘶哑:"你一定知道他在哪里,一定要告诉我。"

"好,我告诉你。"歌者说。

他居然这么痛快就答应了,小方和阳光反而很惊奇。

但是他又接着说:"虽然我不能告诉你他在什么地方,但我却可以告诉你一件事。"

"什么事?"

歌者的目光遥望远方,眼里带着种没有人能了解的表情。

"十三年前,我就已经应该死了,死得很惨。"

他说:"我还没有死,只因为卜鹰救了我。不但救了我的命,也救了我的名声。"

在某些人眼中看来,名声有时候比生命更可贵、更重要。

这个神秘的歌者就是这种人。

"所以我这条命已经是他的。"

歌者说："所以我随时都可以为他死。"

他忽然笑了笑。现在绝对不是应该笑的时候，他却笑了笑："我早就知道你们一定会逼我说出他的下落。除了你们之外，一定还有很多人会逼我，幸好我也已经有法子让你们逼不出来。"

小方忽然大喊："我相信你的话，我绝不逼你！"

歌者又对小方笑了笑，这个笑容就一直留在他脸上了，永远都留在他脸上了。

因为他的脸已突然僵硬，脸上每一寸肌肉都已僵硬。

因为他的袖中藏着一把刀，一把又薄又利的短刀。

就在他开始笑的时候，他已经把这柄刀刺入了他自己的心脏！

天色已渐渐亮了。寒山在淡淡的曙色中看来，就像是一幅淡淡的水墨画。

小方站在山坡上，远望着曙色中的寒山，脸色也像山色一样。

是赵群约他到这里来的。

歌者的尸体已埋葬。阳光的创口又崩裂，苏苏就留在屋里陪她。

不知名的歌者，没有碑的坟墓，却已足够令人永难忘怀。

赵群沉默了很久才开口："我知道卜鹰这个人，我见过他一次。"

"哦？"

"千古艰难唯一死。要一个人心甘情愿地为另一个人死去，绝不是件容易事。"

赵群叹息："卜鹰的确不愧为人杰。"

他侧过脸，凝视小方："但是不管多了不起的人，也有做错事的时候。"

"哦?"

"我知道这次他一定冤枉了你。"

赵群道:"我看得出你跟那位姑娘都绝不是他说的那种人。"

小方沉默了很久:"他没有错,错的是你。"

"是我?"

赵群反问:"我错在哪里?"

"错在你根本不了解他。"

小方黯然道,"这世界上本来就很少有人能了解他。"

"你好像一点都不恨他?"

"我恨他?我为什么要恨他?"

小方问:"难道你真的以为他是在怀疑我?"

"难道他不是?"

"当然不是。"

小方道:"他这么样做,只不过因为不愿再连累我们,所以才故意刺伤我们,要我们永远不想再见他。"

他遥望远方,眼中充满尊敬感激:"他这么做,只不过要我们自由自在地去过我们自己的日子。"

赵群又沉默很久,才长长叹息:"你确实了解他。一个人能有你这么一个知己朋友,已经可以死而无憾了。"

他忽然握住小方的手说:"有些事我本来不想对你说的,可是现在也不能不说了。"

"什么事?"小方问。

"是个秘密,到现在还没有人知道的秘密。"

赵群道:"如果不是因为这件事,我也永远不会告诉你。"

他的态度诚恳而严肃:"我保证你听到之后一定会大吃一惊。"

这个秘密无疑是个很惊人的秘密。如果小方知道这个秘密跟他的关系有多么密切，对他的影响有多么大，就算要他用刀子去逼赵群说出来，他也会去做的。

可惜他不知道。

所以他只不过淡淡地问："现在你是不是一定要说？我是不是一定要听？"

"是。"

"那么你说，我听。"

他还没有听到这个秘密，就听见了一声惊呼，呼声中充满了惊怖与恐惧。

也许是因为"斧头"这种酒，也许是因为山居的女人大多健康强壮美丽，也许是因为辛辣的食物总是使人性欲旺盛，也许是因为现在已到了冬季。

也许是因为其他某种外人无法了解的原因——

这山村中的居民起身并不早。

所以现在虽然天已亮了，这山村却还在沉睡中，每一栋灰石屋子里都是静悄悄的，所以这一声惊呼听来更刺耳。

小方听不出这是谁的声音，可是赵群听出来了。

他立刻失声惊呼："苏苏！"

一个美丽的女人，一个像苏苏那样的尤物，无论在什么地方，都随时可能会遭遇到不幸和暴力。

赵群的身子跃起，向山下扑了过去。

小方紧随着他。

现在他们已经是共患难的朋友。现在阳光正和苏苏在一起。

令人想不到的是，等到他们赶回那石屋时，阳光并没有跟苏苏在一起。

阳光已经不见了。

苏苏在哭,缩在一个角落里失声地痛哭。

她的衣裳已经撕裂。她那丰满的胸、纤细的腰、修长结实的腿、缎子般光滑柔润的皮肤,从被撕裂的衣衫中露了出来。

赵群看见她,第一句话问的是:"什么事?谁欺负了你?"

小方第一句问的却是:"阳光呢?"

这两句话是同时问出来的,苏苏都没有回答。

她全身都在颤抖,抖得就像是寒风中一片将落未落的叶子。

直到赵群用一床被单包住她,将剩下的半碗"斧头"灌她喝下去之后,她才能开口。

她只说了两句话,同样的三个字。

"五个人。"她说,"五个人。"

小方明白她的意思——

这里有五个人来过,对她做了一些可怕的事。

——是五个什么样的人?

——阳光呢?

不管这五个人是什么样的人都已不重要,因为他们已经走了。

最重要的一点是:"阳光是不是被他们带走的?"

苏苏点头,流着泪点头。

"他们是往哪里走的?"

苏苏摇头,流着泪摇头。她也不知道他们是往哪里走的。

赵群低叱:"追!"

当然要追,不管怎么样都要去追。就算要追下地狱,追上刀山,追入油锅,也一样要去追。

可是往哪里去追呢?

"我们分头去追。"

赵群道:"你往东追,我往西。"

他交给小方一支旗花火炮:"谁找到了,就可以此为讯。"

这不能算是一个好法子,却是唯一的法子。

没有痕迹,没有线索,没有目击者。

天色又渐渐暗了,暗淡的天空中,没有出现过闪亮的旗花,甚至连赵群都没有消息了。

小方没有找到阳光,也没有找到那五个人。

他已经找了一天,没有吃过一点东西,没有喝过一滴水。

他的嘴唇已干裂,鞋底已被尖石刺穿,小腿肚上每一根肌肉都在刺痛。

可是他还在找。

就好像月宫中的吴刚在砍那棵永远砍不倒的桂树一样。虽然明知找不到,也要找下去,直到倒下去为止。

砍不倒的树,找不到的人,世界上本来就有很多事都是这样子的。

山村中已亮起了灯火。

从小方现在站着的地方看下去,很容易就可以找到他们昨夜留宿的那樵夫的石屋。在他看得见的两扇窗户里,现在也已有灯光透出。

——赵群是不是已经回去了?有没有找到什么线索?

小方立刻用最快的速度冲过去，距离石屋里还有几十丈时，就听见了石屋里传出的声音。

一种无论谁，只要听见过一次就永难忘记的声音。

一种混合着哭、笑、喘息、呻吟的声音，充满了邪恶与激情。

一种就算是最冷静的人听见，也会忍不住要血脉偾张的声音。

小方冲过去，一脚踢开了门。

他的心立刻沉了下去，怒火却冲上了头顶——这简朴的石屋已经变成了地狱。

苏苏正在地狱中受着煎熬。

一条野兽般的壮汉，按住她的身子，骑在她的身上，扼开她的嘴，将满满一袋酒往她嘴里灌。

鲜血般的酒汁流遍了她洁白无瑕的胴体。

这野兽般的壮汉看见小方时，小方已弩箭般蹿过去，挥掌猛切他的后颈。

这是绝对致命的一击，愤怒使得小方使出了全力。

直到这壮汉忽然像只空麻袋般倒下去时，他的愤怒犹未平息。

直到他提起这壮汉的脚，用力抛出去，用力关上门，他才想起自己应该留下这个人一条命的。

这个人很可能就是那五个人其中之一，很可能就是他唯一能找到的线索。

可是现在这条线索已和这个人的颈子一起被打断了。

造成错误的原因有很多种，愤怒无疑是其中最重要的一种。

现在错误已造成，已经永远无法挽回了。

窗子是开着的,屋子里充满了酒气。

不是"斧头"那种辛辣的气味,却有点像是胭脂的味道。

苏苏还躺在那张铺着兽皮的石床上。

她是赤裸的。

她的整个人都已完全虚脱,眼白上翻,嘴里流着白沫,全身每一根肌肉都在不停地抽搐颤抖,缎子般光滑柔软的皮肤每一寸都起了战栗。

她不是阳光,不是小方的女人,也不是小方的朋友。

可是看见她这样子,小方的心也同样在刺痛。

在这一瞬间,他忘了她是女人,忘了她是赤裸的。

在这一瞬间,在小方心目中,她只不过是个受尽摧残折磨的可怜人。

屋里有一盆水,一条毛巾。

小方用温水毛巾,轻拭她的脸。她脸上的皱纹与黑疤忽然奇迹般消退了,露出了一张任何男人看见都无法不动心的脸。

就在这时候,她喉咙里忽然发出种奇异而销魂的呻吟。

她的身子也开始扭动,纤细的腰在扭动,修长结实的腿也开始扭动。

能忍受这种扭动的男人绝对不多,幸好小方是少数几个人中的一个。

他尽量不去看她。

他准备找样东西盖住她的身子。

但是就在这时候,她忽然伸出了手,将小方紧紧抱住。

她抱得好紧好紧,就像是一个快要淹死的人抱住了一块浮木。

小方不忍用力去推她,又不能不推开她。

他伸手去推,又立刻缩回了手。

——如果你也曾在这种情况下去推过一个女人,你就会知道他为什么要缩回手了。

因为女人身上不能被男人推的地方很多,在这种情况下,你去推的一定是这种地方。

她的身子是滚烫的。

她的心跳得好快好快好快。

她的呼吸中也带着那种像胭脂的酒气,一口口呼吸都传入小方的呼吸里。

小方忽然明白了,明白那个野兽为什么要用这种酒来灌她了——那是催情的酒。

可惜就在他明白这一点的时候,他也同样被迷醉。

他的身体已经忽然起了种任何人自己都无法控制的变化。

他的理智已崩溃。

她已经用她的扭动的身子缠住了他,绞住了他,将他的身体引导入罪恶。

催情的酒,已经激发了他们身体里最古老、最不可抗拒的一种欲望。

自从有人类以来,就有了这种欲望。

造成错误的原因有很多种,这种欲望无疑也是其中的一种。

现在错误已造成,已经永远无法挽回了。

一个凡人,在一种无法抗拒的情况下,造成了一个错误。

这种错误能不能算是错误？是不是可以原谅？

错误已造成，激情已平静，欲望已死，漫漫长夜已将尽。

这一刻正是痛苦与欢乐交替的时候。

这一刻，也正是人类良知复苏，悔恨初生的时候。

在这一刻，小方已完全清醒。

烛泪已干，灯已灭。用松枝粗纸糊成的窗户已渐渐发白，苍白。

小方的心也是苍白的。

——赵群是条好汉，甚至已经可以算是他的朋友。

——苏苏是赵群的女人，是赵群不惜牺牲一切都要得到的女人。

现在苏苏却在他身畔，他仍可感觉到她的呼吸、她的心跳、她的体温以及她激情平复后那种温柔满足的宁静。

那种本来总是能令一个男人，不惜牺牲一切去换取的愉快和宁静。

现在小方却只希望能毁掉这一切。他不能。这是他自己造成的，他不能逃避，也不能推拒。

是自己造成的，自己就得接受。不管自己造成的是什么都得接受。

窗纸发白，四下仍然寂无人声。

——赵群为什么还没有回来？

——赵群回来了怎么办？

这两个问题同样都是没有人能够解答的。

——如果赵群回来了，是应该瞒住他？还是应该向他坦白？

聪明人一定会说：

——瞒住他。如果他不知道这件事，大家的心里都会比较好受些。他仍然可以和苏苏在一起生活，也许还能生活得很愉快。

如果小方也是个聪明的人，他一定会这么做。但他从来都不想做聪明人。

有时他情愿笨一点，也不愿太聪明。

苏苏也醒了，正在看着他。眼中的表情也不知是痛苦，是悔恨，是迷惘，还是歉疚？

"这不能怪你。"她忽然说，"他逼我喝的是销魂胭脂酒，吕三也不知用这种酒毁掉了多少个女孩子的清白。"

"吕三？"

小方不能不问："那个人也是吕三的属下？"

苏苏点头，伸手入枕下，摸出样东西，紧紧抓在手里，过了很久才摊开手掌。

她手里抓住的是一只金手，一只很小很小的金手，远比小方以前看过的小得多。吕三的属下，无疑是用金手的大小来分阶级的。金手越小，阶级越低。

那个野兽般的大汉只不过是吕三属下一个小卒而已。

"他也是那五个人其中之一？"

小方立刻问："阳光就是被他们掳走的？"

苏苏点头叹息："我始终不明白，他们为什么要绑走她，却没有绑走我？"

她自己解答了这问题："也许他们又把她当作了我，也许他们要找的本来就是她。反正吕三所做的事，总是让人摸不透的。"

小方沉默。

苏苏忽然改变话题，忽然问小方："现在你是不是要走了？"

小方仍然沉默。

"如果你真的要走，要去找吕三，你用不着顾忌我。"

苏苏勉强笑了笑，笑得令人心碎："我们本来就不算什么，你要走，随时都可以走。"

小方是真的要走了，但是他又怎么能把她一个人留在这里？不管这件事是谁的错，不管他们之间以后会怎么样，她都已变成他生命中的一部分，他已无法推拒逃避。

苏苏忽又叹息："不管你能不能找到吕三，你都一定要走，非走不可。"

"为什么？"

"因为现在吕三手下已经有很多人都能认得出我了。"

因为现在她脸上的药物已被酒洗掉，已经恢复了她本来的面目。

"所以你一定要离开我。"

苏苏道："不管怎么样，我都不愿连累你。"

在这种情况下，她顾虑的居然还不是她自己。小方忽然觉得心里有点酸酸的，过了很久很久才能开口："我们一起走。"

他说："你带我去找吕三，你一定能找得到他。"

"能找到他又怎么样？"苏苏苦笑，"去送死？"

她又问："你知不知道吕三属下有多少高手？"

小方知道。

他不怕死，可是他无权要苏苏陪他去送死。谁都无权主宰别人的生死命运。

但是苏苏却忽然捉住了他的手，忽然说："我们走吧，现在就走。"

"走？"小方茫然问道，"走到哪里去？"

"随便到哪里去！"

苏苏又开始激动地说道："我们可以去找个没有人能找得到的地方

躲起来。忘记所有的人、所有的事。"

小方闭着嘴。

苏苏忽又叹息:"我知道你一定想问我,是不是也能忘记赵群?"

她反问小方:"你以为我现在还有脸见赵群?"

第二十四章

有了你的孩子

小方的手是冷的,心也是冷的。

一个永远无法挽回的错误,两个没有脸见人的人。

如果你是小方,你会怎么做?

过了很久小方才开口,无疑已下定决心才开口。

"我们再等一天。"他说,"不管我们要怎么做,都要再等一天。"

"等什么?"

"等赵群。"

小方道:"我一定要让他知道。虽然我也没有脸见他,却还是要等他回来。"

苏苏看着他,眼中已露出了她从未向别的男人表示过的爱慕与尊敬。

又过了很久她才问:"如果他没有回来呢?"

小方回答道:"如果他不回来,我就走。"

这次苏苏问他:"你打算要到哪里去?"

"去找吕三,去死!"

小方道:"到那时不管你要怎么样,我都只有这一条路可走了。"

"你不能陪我到别的地方去?"

"我不能。"小方的回答显得坚决干脆。

"为什么？"

"因为我忘不了这些人这些事。"

小方道："不管我们躲到哪里去，就算能躲开别人，却还是有一个人是我永远躲不了的。"

"谁？"

"我自己。"

每个人都有逃避别人的时候，可是永远都没有一个人能逃避自己。

他们等了一天。

赵群没有回来——非但没有回来，连一点消息都没有。

天色又渐渐暗了，又到了快吃晚饭的时候，苏苏已经很久没有开过口，小方也没有，他们已经很久很久都没有去看过对方，仿佛生怕对方眼中的表情会刺伤自己。

因为他们都无法忘记昨夜的事情，那种激情，那种缠绵，本来就是很难忘得了的。

——以后怎么办？

——两个没有根的人，一次无法忘怀的结合，以后是不是就应该结合在一起，还是应该从此各就东西，让对方一个人单独地去承受因为错误而造成的痛苦和内疚？

——这些问题有谁能答复？有谁知道应该怎么做才是对的？

窗户开着，小方站在窗口。

窗外暮色渐临，宁静的天空，宁静的山谷，宁静的黄昏，天地间是一片苍茫宁静。

小方的心忽然抽紧。

他忽然又发现有件事不对了。

每个人都要吃饭,每家人厨房里都有炉灶,屋顶上都有烟囱。

到了快要吃晚饭的时候,家家户户屋顶上的烟囱都会有炊烟冒出。

夕阳西下,晚霞满天,炊烟处处,一直都是人间最能令游子思归的美景之一。

这里有人家,有烟囱,现在已经到了快要吃饭的时候。

可是这里没有炊烟。

——难道住在这山村里的,都是不食人间烟火的神仙?

小方忽然问苏苏:"你以前到这里来过没有?"

"我来过。"

"你知不知道这里的人平常都吃些什么?"

苏苏说:"别人吃什么,这里的人也吃什么。"

她当然也发觉小方问的话很奇怪,所以反问他:"你是不是看见了什么奇怪的事?"

"我没有看见,什么都没有看见。"

小方已经想到,除了那樵夫夫妻子女外,他到这里来还没有看见过别的人。

小方说:"所以我要出去看看。"

他早就应该去看的。如果是卜鹰和班察巴那,一定早已将这里每户人家都检查过一遍。

那"五个人"说不定一直都躲在这山村里,阳光很可能也没有离开过。

他没有想到这一点,这实在是他的疏忽。

造成错误的原因有很多种,疏忽绝对是其中最不可原谅的一种,而且也同样永远无法弥补。

他们借住的这个樵户石屋就在山村的边缘,入山后第一眼看到的就是这一家。石屋前有条小路,沿着这条小路再走百十步,才有第二家人。

这家人的屋子也是用石块砌成的。同样用松枝粗纸糊成的窗户里,现在已有了灯光,刚燃起的灯光。

窗关着,门也关着,小方敲门。

他敲了很久都没有人来应门。

——屋里有灯,就应该有人。

——他开始敲门的时候,苏苏就跟着来了。身上穿着那樵夫妻子的粗布衣服,裤管衣袖都卷得高高的,露出一段雪白的小腿。

小方立刻问她:"以前你有没有到这一家来过?"

"没有。"

苏苏又想了想再说:"可是我知道这一家住的是什么人。"

"是什么人?"小方问。

"这一家住的就是那樵夫的表哥。"

苏苏说:"我们到这樵夫家里去的时候,他们一家大小就全都住到他表哥家里来了。"

她跟赵群以前一定常来,这里一定就是他们的秘密幽会之处。

如果说小方没有想到这一点,那是假的。如果说小方想到了这一点之后,心里连一点感觉都没有,那也是假的。

小方又敲门。

他敲了很久,连门板都起了震动。就算屋里的人都是聋子,也应该知道外面有人在敲门了。

里面却还是没有人来应门。因为屋里根本没有人,连个人影都没有。

小方已经证实了这一点,因为他已经用肩膀把这扇门撞开了。

屋里虽然没有人,却点着灯。

一盏普普通通的油灯,一间普普通通的屋子,一些普普通通的家具。

可是小方一走进这屋子,脸色就变了,变得就好像忽然看见鬼那么可怕。

鬼并不可怕,有很多人都不怕鬼。小方也不怕,比大多数人都更不怕。

这屋子里根本就没有鬼。

这屋子里所有的东西,都是一个普通人家屋子里应该有的,甚至比别的普通人家里所有的更简朴。

苏苏并不太了解小方。只不过这两天她能看得出小方绝不是轻易就会被惊吓的人。

现在她也看得出小方确实被吓呆了。

她没有再问小方:"你看见什么?"

因为小方看得见的,她也一样能看得见。她所看见的东西,没有一样能让她害怕的。

她看见的只不过是一张床、一张桌子、几张椅子、一个妆台、一个衣柜、一盏油灯。每样东西都很简陋,很陈旧。

小方看见的也同样是这些,谁也想不出他为什么会怕得这么厉害。

油灯的灯芯，是用棉花搓成的，刚点着没多久。

小方刚才站在那栋屋子窗口的时候，这栋屋子里还没有点灯。

他走出来的时候，灯才点起来。

点灯的人呢？

小方没有再去找点灯的人，也没有再到别的那些人家去。

他坐了下来，坐在灯下。

他脸上的表情看来已非是见到鬼了，现在他脸上的表情看来就像是鬼。

难道这房子是栋鬼屋，到处都隐藏着凡人肉眼看不见的妖魔鬼怪、幽灵阴魂，无论什么人只要一走进这屋子，都要受他们的摆弄？

那么苏苏为什么连一点感觉都没有？

难道这屋里的妖魔鬼怪、幽灵阴魂要找的只有小方一个人？苏苏实在很想问他为什么会变成这样子，可是她不敢问。

小方的样子实在太让人害怕。

小方坐下来了，坐在靠墙的那张木桌旁一把破旧的竹椅上。

他脸上的表情变得更复杂。除了恐惧愤怒外，仿佛还带着种永远理不清也剪不断的柔情和思念。

——这间简陋的屋子，怎么会让他在一瞬间同时生出这两种极端不同的情感？

苏苏又想问，还是不敢问。小方却忽然开口："我也跟别人一样，我也有父母。"

他说："我的父亲是个镖师，十五年前在江南也有点名望。"

他声音低沉缓慢嘶哑地说："我的母亲温柔贤惠，胆子又小。每次我父亲出去走镖的时候,她没有一天晚上能睡得着觉。"

阳光失踪,赵群未返,凶兆已生,金手已现。此时此刻,小方怎么会忽然谈起他的父母来?

苏苏又想问,还是不敢问。又过了半晌,小方才接着说:"在我五岁的那一年,我母亲担心的事终于还是发生了。"

小方道:"那一年的三月,我父亲护镖到中原,镖车在中条山遇盗被劫,我父亲再也没有回来。"

他的声音更低沉嘶哑:"镖师的收入并不多。我父亲的出手一向很大方,我们家里日子虽然还过得去,但是连一点积蓄都没有。他遇难之后,我们母子就连日子都过不下去了。"

苏苏终于忍不住问:"那家镖局呢?你父亲为他们拼命殉职,他们难道不照顾你们母子的生活?"

"为了赔那趟镖,那家镖局也垮了,镖局的主人也上了吊。"

这是江湖人的悲剧,江湖中时时刻刻都会有这种悲剧发生。

刀尖舐血的江湖人,快意恩仇,有几人能了解他们悲惨黑暗的一面?

苏苏黯然:"但是你们还得活下去。"

她又问小方:"你们是怎么活下去的?"

"我们是怎么活下去的?是怎么活下去的……"

小方握紧双拳,眼中的神情就好像被人刺了一刀,刺在心口。

"一个无亲无故、无依无靠的女人,带着一个五岁大的孩子,要怎么样才能活得下去?"

苏苏是个女人,她当然能明白小方的意思。

一个无亲无故无依无靠的女人,为了养育她的孩子,是什么事都可以牺牲的。

在青楼中,在火坑里,从远古到现在,这样的女人也不知有多少。

苏苏的眼泪已经快要掉下来了。

可是她更不懂。她不懂小方为什么要在此时此刻,要在她面前提起这些事。

这些事本来是一个男子汉宁死也不愿在别人面前提起的。小方接着说出来的一句话,更让她吃惊。

"但是我的父亲并没有死。"

小方说:"三年之后他又回来了。"

苏苏的手也抓紧,连指甲都已刺入肉里。

"你父亲又回去了?"

她紧张痛苦得连声音都在颤抖:"他知不知道你母亲在干什么?"

"他知道。"

"他……他……"

苏苏用力咬嘴唇:"他怎么样对你的母亲?"

小方没开口,苏苏又抢着问:"如果我是他,定会对你母亲更尊敬更感激。"

"你不是他。"

小方声音冷冰,"你不是男人。"

"难道……难道他不要你母亲了?"苏苏又问。

她问出来之后,知道这问题是不该问的。看到小方眼中的痛苦,她应该知道这问题的答案。

——一个女人,一个孩子,一种人生,人生中有多少这种悲剧?

——有多少人能了解这种悲剧中所包含的那种无可奈何的人生?

小方又站起来,走到窗口,推开窗户。窗外夜色已浓。

面对着星月仍未升起的黑暗苍穹,又过了很久,小方才开口。

"我告诉你这件事,只因为我要你知道,我有个这么样的母亲。"

"她在哪里?"

苏苏问:"她是不是还活着?"

"她还活着。"

小方轻轻地说道:"那时我还小,她不能死。"

他的声音如泪:"那时我虽然还小,可是已经知道她为我牺牲了什么。所以我告诉她,如果她死,我也死。"

"现在你已经长大了。"

苏苏又问:"现在她在哪里?"

"在一个没有人认得她,也没有人知道她往事的地方。在一栋小小的木屋里。"

小方说:"她不让我常去见她,甚至不要别人知道她是我的母亲。"

泪已将流下,却未流下。只有至深至剧的痛苦才能使人无泪可流。

"她那木屋里只有一张床、一张桌子、几张椅子、一个衣柜、一盏油灯。"

小方说:"她虽然不让我常去,我还是常常去。她那里的每样东西我都很熟悉。"

他瞪着眼睛,瞪着黑暗的苍穹,眼中忽然一片空白:"这屋子里的这些东西,就是从她那里搬来的。"

苏苏终于明白小方为什么一走进屋内就变成那样子。

——这屋里的每样东西,都是从他母亲那里搬来的。

——是谁搬来的?

——当然是吕三。

——吕三无疑已找到了他的母亲。现在她无疑也和阳光一样落入了吕三的掌握中。

苏苏看看小方。小方无泪,苏苏有。因为她已了解他们母子之间的感情。

"我带你去。"

苏苏终于下了决心:"我带你去找吕三。"

就算她明知道他是去送死,她也要带他去。因为她知道他已没有别的路可走。

小方却摇头:"你不必。"

"不必?"

"你不必带我去,不必陪我去送死。"

小方道:"可是你不妨告诉我,他在哪里?"

苏苏摇头:"我不能。"

她说:"我不能告诉你。"

"为什么?"

"因为我也不知道他在哪里。"

苏苏说:"我只能带你去。"

小方不懂,苏苏解释:"他是个谜一样的人,每个市镇乡村都有他的落脚处,却从来没有人知道他落脚在哪里。"

她又补充:"我也不知道,可是我能找得到。"

小方什么都没有再问,他已经站起来说道:"那么我们就去找。"

苏苏道:"也许我们要找很久,他的落脚处实在太多了。"

小方道:"只要能找得到,不管要找多久都没有关系。"

他们找了很久,很久很久。

他们没有找到。没有找到阳光,没有找到赵群,也没有找到吕

三。

红梅,白雪,绿窗。

风鸡,咸鱼,腊肉。

孩子的新衣,穷人的债,少女们的丝线,老婆婆的压岁钱。

急景残年。

快要过年了。

不管你是汉人,是苗人,是藏人,还是蒙人,不管你在什么地方,过年就是过年。因为大家都是属于同一民族的人,都是黄帝的子孙,而且都以此为荣。

这个地方的人也一样。

这个地方的人也要过年。不管你是贫,是富,是老,是少,是男,是女,过年就是过年。

年年难过年年过,每个人都要过年,小方和苏苏也一样。

他们已找过很多地方。

现在他们到了这里,现在正是过年的时候,所以他们留在这里过年。

赶着回家过年的旅客大多已到了家。客栈里的客房空了九间。推开窗子望出去,积雪的院子里只剩下一些车辙马蹄的痕迹。一张油漆已褪色的八仙桌上,有一壶酒和堆得满满的四碗年菜,是店东特地送来的。菜碗上盖着张写着"吉祥如意,恭喜发财"的红纸。

人间本来就到处有温情,尤其是在过年的时候。每个人都乐于将自己的福气和喜气分一点给那些孤独寂寞不幸的人。

这就是中国人过年的精神,也是过年的最大意义。也许就因为这缘故，所以过年的习俗才能永远流传下去。

苏苏已摆好两副碗筷，还替小方斟满了一杯酒。

她是个好女人，她对小方已做到了一个女人能对男人做的每一件事。

小方看着她的时候，心里总是觉得有点酸酸的，总是忍不住要问自己："我为她做了些什么？"

这两天她身子仿佛很不安适，睡不着觉，东西也吃得不多，有时还会背着小方悄悄地去呕吐。

小方夹了个蛋黄到她碗里，她勉强吃下去，立刻又吐了出来。

如果小方是个有经验的男人，早就应该知道她为什么变成这样子了。

可惜他不是，所以他问她："你是不是病了？"

苏苏摇头。但是她看起来的确像是有病的样子，所以小方又问："你是不是有点不舒服？什么地方不舒服呢？"

苏苏低着头，苍白的脸上忽然起了阵红晕。过了很久很久才鼓起勇气来说："我好像已经有了孕。"

小方怔住，完全怔住。

苏苏正在偷偷地看他。看到他脸上的表情，她眼中立刻充满痛苦之色，用力咬着嘴唇，像生怕自己会说出不该说的话。

但是她终于还是忍不住说了出来。

"你是不是想问我，我肚里的孩子是你的？还是赵群的？"

她的声音已因激动而颤抖："我可以告诉你，孩子是你的，因为赵群不会有孩子。"

她尽力控制自己，接着又道："在花不拉的商队里，我们住在你们隔壁的时候，我们每天晚上都发出那些声音来，并不是因为我们喜欢做那件事。"

"你们是为了什么?"

"我们是故意的。"

苏苏道:"我们故意那么做,别人才不会怀疑我们就是吕三要追捕的人,所以别人才会怀疑你。"

"为什么?"小方又问。

"因为吕三的属下都是赵群的朋友,都知道赵群根本不能做那件事。"

苏苏的声音更痛苦:"因为他是个天阉。"

小方又怔住,完全怔住。

"别人都在奇怪,我为什么会喜欢一个根本不是男人的男人。"苏苏眼中已有泪光,"那只不过是别人都不了解我跟他之间的感情罢了。"

她接着道:"我喜欢他,就因为他的缺陷,就因为他是我这一生所遇到的男人中,唯一不是因为我的身体才对我好的男人。"

——女人的感情,女人的心事,有谁能完全了解?

小方也不能。

苏苏直视着他:"我告诉你这件事,并不是要你承认这孩子是你的。你还是可以不要他,还是随时都可以走。"

小方开始喝酒,低着头喝酒,因为他已不敢去看她。

他知道她说的是真话。他不能不承认孩子是他的,也不会不承认。

他绝不是那种不负责任的男人。

只不过对他这么样一个没有根的浪子来说,这件事来得实在太突然,突然得令他完全无法适应。

——他居然有了孩子,跟一个本来属于别人的女人有了孩子。

有谁能想得到这种事？

"不管怎么样，我们以后还是朋友。"

苏苏擦干眼泪，举起酒杯："我敬你一杯，你喝不喝？"

小方当然要喝。等到他开始想去找第二壶来喝的时候，他就知道今天要醉了。

他真的醉了。

这时外面已响起一串爆竹声。旧的一年已过去，新的一年已开始。

大年初一，晨。

第二十五章

有子万事足

穿着新衣的孩子在雪地上奔跑跳跃。满耳都是"恭喜发财"声。卖玩具爆竹的小贩,已经摆起摊子,准备赚外婆给孩子的压岁钱了。

这一年的初一是个大晴天。

这时小方已经在路上逛了很久,眼中的红丝已消退,昨夜的醉意已渐渐清醒。

这里没有杨柳岸,也没有晓风残月。

他清醒时,发现自己站在一个卖玩偶的摊子前面,看着一个矮矮瘦瘦的爸爸,带着三个矮矮胖胖的小孩子在买泥娃娃。

看见孩子们脸上的欢笑,终年省吃俭用的父亲也变得大方起来,缺乏营养的瘦脸上也露出孩子般的笑容。

"有子万事足",这是中国人的天性,就因为这缘故,中国人才能永远存在。

小方忽然觉得眼睛有点湿湿的。

——他也有了孩子,他也像别的人一样快做爸爸了。

刚听到这消息时的震惊已过去,现在他已能渐渐感觉到这是件多么奇妙的事——

他感觉到这一点,别的事就变得完全不重要。

他也买了个泥娃娃,笑得像弥勒佛一样的泥娃娃。

等想到孩子还没有出生,还不知道要过多久才能玩这泥娃娃,他自己也笑了。

他决定回去告诉苏苏,不管怎么样,他都会好好照顾她和他们的孩子。

——孩子一定要生下来,生命必须延续,人类必能永存。

走在回去的路上,手里捧着新买来的泥娃娃,小方只觉得自己的心情从未如此开朗过,但是等他回到那客栈的小屋时,苏苏已经不在了。

屋里一片凌乱,酒壶菜碗都已被摔得破碎。碎片和剩菜四下飞溅,红烧肉的肉汁溅在粉墙上,就像是刚干透的鲜血。

小方的心里也在滴血。

他手里还紧紧捧着那个泥娃娃,就像是一个母亲在抱着自己的初生婴儿。

"卜"的一声响,他手里的泥娃娃也碎了。

希望、理想、意志,所有的一切,也都像这泥娃娃一样碎了。

现在小方应该怎么办?

去找吕三?到哪里去找?

他的母亲、他的朋友、他的情人、他的孩子,现在都已落入吕三的手里。

他就算找到吕三又能怎样?

小方慢慢地、慢慢地坐了下去,就坐在他本来站着的那块地上,就坐在那碗肉的残汁和破碗的碎片上。

刀锋般的碎片刺入了他的肉。

他完全没有感觉。

他只觉得两条腿忽然变得很软很软,腿里的血肉精气力量都好像一下子就被抽空了,好像永远再也没法子站起来。

就在这时候,他听见那好心的店东在窗外向他拜年,祝他:"年年平安,事事如意。"

小方笑了,就像一个白痴一样笑了起来。店东却已笑不出。看见了屋里的情况,看见了他的这副样子,还有谁能笑得出?他好像还对小方说了些安慰劝解的话,可是小方连一个字都没有听见。

小方正在对自己说,一直不停地告诉自己:

——一定要保持清醒,一定要忍耐。

可是不知道从什么时候开始,他忽然发觉自己已经在喝酒,一直不停地喝。

只有一个已经完全被摧毁了的人,才知道"清醒"是种多么可怕的痛苦。

他知道喝酒绝对不能解决任何问题,也不能解除他的痛苦。

可是他清醒时更是痛苦,痛苦得随时都会发疯。

他一向不愿逃避,无论遭遇到多大的打击,都不愿逃避。可是现在他已无路可走。

——醉乡路隐宜频到,此外不堪行。

自此醉了又醉,醉了又醉,直到他喝得烂醉如泥,无钱付账,被一家小酒店的粗暴主人打断了两根肋骨,踢进一条阴沟。

可是他醒来时并不在阴沟里。

小方醒来时已经躺在床上。

宽大柔软舒服的床,崭新干净的被单,光滑如少女皮肤般的丝被。

一个皮肤光滑如丝缎的少女,正躺在他的身旁,用一个女人能够挑逗男人的所有方法挑逗他。

宿酒将醒未醒,正是情欲最亢奋的时候,什么人能忍受这种挑逗？

小方是人，小方也不能忍受。

他终于做出连自己都不能原谅的事，他甚至连那女人是谁都不知道。

可是他刚开始做了没多久，就已经开始呕吐了。

等他吐完了，他才想到应该问她："你是谁？怎么会睡在我旁边？"

"我叫文雀。"

这个女人并不在乎他呕吐，态度仍然同样缠绵温柔："是你的朋友要我来陪你的。"

——他的朋友？

——现在他还有朋友？

"我那朋友是谁？"

"是吕三爷。"

小方几乎又忍不住要开始呕吐。

他没有吐，因为他已经没有东西可吐。

文雀又开始她的动作，只有一个老练的妓女才能做得出的动作。

"这里是我的地方。"

她说："随便你高兴在这里住多久都行，你的朋友已经替你把所有的账都付过了。"

她的手一直不停。

"这里还有酒。"

文雀说："花雕、茅台、大曲、竹叶青，随便你要喝什么，这里都有，所以你绝不能走。"

这里是温柔乡。

这里有最好的酒、最好的女人，这里所有的一切，都是他现在最需要的。

这里所有的一切,也都是他一走出这地方就没法子再得到的。

小方的伤还在疼,一动就疼。

他躺在那里没有动。

文雀笑了。

"我知道你绝不会走的。"

她笑得那么甜:"吕三爷也知道你绝不会走的,他……"

她没有说完这句话。

因为小方已经跳起来冲了出去。他已被摧毁,已沉沦,可是他还有一口气。

烈日。

烈日如烘炉中的火焰,小方正在烘炉里。

嘴唇干裂,囊空如洗,头疼如被针刺,胃里就像是有无数只手在绞拧,身上带着种死鱼般的臭气。

这么样一个人走到哪里才会受欢迎呢?

小方自己也不知道应该走到哪里去,只不过一直在走。因为他不能躺下去,不能像野狗般躺下去,不能躺在一个连他死了都没人问的地方。

他想去买杯酒喝。可是他刚走进一个有酒喝的地方,就被人像野狗般轰了出来。

他对自己说:"姓方的,你已经完了,不如死了算了。"

可是他又不甘心。

就在这时候,忽然有只手从后面拉住了他,一只强而有力的手。

他回过头,就忍不住叫了起来:"赵群!"

从后面拉住他的人,赫然竟是赵群,一去无消息的赵群。

——苏苏是赵群的女人,苏苏已有了孩子,苏苏的孩子是他的。

小方几乎忍不住想逃走。

可是赵群已经拉住了他,绝对不会再让他走了。

"你还没有死?"赵群又惊又喜,"想不到我们居然都没有死。"

他的声音已因惊喜激动而嘶哑:"那天我挨了他们一刀,本来以为已经死定了,想不到那一刀没有砍在我的要害上。可是等到我回去找你们时,你们已经不在了。"

然后他才问出小方最怕他问的那一件事:"苏苏呢?"

他问小方:"苏苏为什么没有跟你在一起?"

小方不能回答这问题,又不能不回答他。他一直想去找赵群,可是现在却只希望永远没有见过这个人。

赵群用一种同情的眼光看着他。

"你瘦了,而且好像病了。"

他说:"这些日子来,你一定遭遇到很多很可怕的事。"

小方不能否认。

"不管怎么样,那些事现在都已经过去了。"

赵群道:"今天我刚巧约了很多朋友,那些朋友一定也会认得你。"

他又说:"我的朋友,就是你的朋友,你一定要去。"

这里是边陲小城,赵群是个亡命的人,想不到他在这里居然还有朋友。

更令人想不到的是,他的朋友居然都是些在江湖中很有名声、交游很广阔的人。其中有几位威震一方的武林大豪,本来绝不可能到这种边陲小城来的,现在居然都来了。

——他们是不是要在这里商议什么大事?

小方没有问,赵群已经为他引见。

"各位一定听说过,江湖中有个要命的小方。"

赵群显然以他的朋友为荣:"我这朋友就是要命的小方。"

他用力拍小方的肩:"我可以向各位保证,他绝对是个好朋友。"

群豪的反应很热烈,大家都来敬小方的酒。小方不能拒绝,也不想拒绝。

他喝了很多,比平时还多些,但是却没有醉。他忽然听见赵群在说:"现在我不妨让各位知道,他是一个什么样的好朋友。"

小方的心开始往下沉,因为他已经知道赵群要说什么了。

赵群说的是苏苏和阳光。

"卜鹰是他的好朋友,我也是,我们都曾经救过他。"

赵群道:"我们都信任他,甚至将自己未来的妻子都交托给他。"

他的声音里充满愤怒悲伤:"可是现在我的妻子已经有了他的孩子。"

小方听着他说,一点反应都没有,就好像在听一件和他完全没有关系的事。

他又喝了很多酒,整个人都已喝得完全麻木。

赵群问他:"我说的是不是真话?"

"是。"

"你承认?"

"我承认。"

小方还在不停地喝,一杯又一杯:"我承认,我承认……"

好像有人把酒泼在他身上、脸上,但是他已经完全没有感觉了。

他们喝酒的地方,是在一家很不错的酒楼上。酒不错,菜不错,设备不错，伙计侍候得也很不错。

在这种边陲小城，能够找到这么一家酒楼，实在是件很不容易的事。

小方就醉在这酒楼内，醉在赵群面前。

他醒来的时候，还在这家酒楼上。赵群还是在他面前，冷冷地看着他。

群豪已散了，烛泪已干了，赵群的脸色，就好像窗外灰暗的苍穹，仿佛很近，又仿佛很远很远。小方在揉眼睛，仿佛很想看清楚这个人，却又偏偏看不清。

——这个人为什么还没有走？还留在这里干什么？

——如果他要报复，为什么不把小方一刀杀掉？

小方挣扎着坐起来，虽然坐了起来，还是比赵群矮了半截的。

——有些人好像总是要比另外一些人矮半截的。

这个小城虽然在边陲，却是个很繁荣的镇市。这家酒楼当然是在一条很热闹的街道上。

窗外的天色虽然灰暗，现在却已是正午。正是吃饭的时候，不管生意多坏的酒楼饭铺，多少都应该有几个客人。

这家酒楼绝不像是生意坏的酒楼，如果生意坏，这地方早就没法子维持下去。

可是现在酒楼上只有他们两个人。

小方看着赵群，赵群看着小方。两个人你看着我，我看着你，除了他们两个之外，谁也不知道他们心里在想什么。

他们两个人都没有开口。酒楼上连一点声音都没有，外面的街道上却有各种声音传了过来。有人声，有车声，有马蹄马嘶声，有小贩的叫卖声。

赵群终于说话了，说的却不是他心里在想的事。

他忽然问小方："你在想什么？是不是有什么话要对我说？"

"不是。"小方道。

"不是？"赵群问道。

"不是我有话要对你说。"

小方道："是你有话要对我说。"

"哦？"

"有件事你早就应该告诉我了。"

"哦？"

"你还记不记得那个穿白衣、饮烈酒、唱悲歌的歌者？"小方问。

"我记得。"

赵群道："我当然记得。"

"我们埋葬了他之后，在苏苏为阳光治伤的时候，在那个山坡上，你是不是对我说过，有件秘密要告诉我？"

"是。"

"但是你一直都没有告诉我。"

"我没有。"

赵群道："我一直都没有机会说出来。"

小方用一种很奇怪的眼色看着他，过了很久才问："现在呢？"

"现在……"

赵群还没有说下去，但小方已经打断了他的话："现在你也已经用不着说出来了。"

"为什么？"

"因为我已经知道你要说的是什么。"

小方的眼色奇怪："因为现在我已经知道你是谁了。"

赵群在笑："你知道我是谁？"

他的笑容也同样奇怪:"你说,我是谁?"

小方的回答绝对可以使每个人都大吃一惊——最少可以使除了他们两个人之外的每一个人都大吃一惊。

"你就是吕三。"小方说。

赵群又笑了。

他居然没有否认,连一点否认的意思都没有,他只问小方:"你怎么知道我就是吕三?"

这个问题本身就是答案,他问这句话,就等于已经承认自己就是吕三。

所以他自己回答了这一个问题:"其实我知道你迟早总是会想到的。你并不太笨,现在也是你应该知道的时候。"

有很多事,有很多关键,如果他不是吕三,就无法解释。

"不错,我就是吕三。"

他居然立刻就承认:"你当然早就知道'赵群'这个名字是假的,这张脸也是假的。所以你现在虽然知道我就是吕三,但是等到你下次见到吕三时,还是没法子认得出来。"

"还有下次?"

小方冷冷地问:"这一次还不是最后一次?"

"还不是。"

"是不是因为你还不想让我死得太快?"

"是。"

吕三微笑:"千古艰难唯一死。谁都不想死,只不过有时候死了反而比活着好得多。"

——死了一了百了,活着才会痛苦。

"我相信你一定也知道这道理。"

吕三又问小方:"你知不知道我为什么要把苏苏留下来给你?"

他自己又替自己回答了这个问题，他的回答无论什么人听见都会觉得难受得要命："因为你杀了我的儿子。"

吕三说："所以我也要你还给我一个儿子，你自己亲生的儿子。"

有时候一个人往往会一下子就变成空的。身体、头脑、血管，全部变成空的。连思想、感觉、精神、力量，什么都没有了。

未曾有过这种经验的人，一定不会相信一个人真的会变成这样子。

小方相信。

小方现在就是这样子。

——一刹那的真空，永无止境的痛苦回忆。

——一刹那往往就是永恒。

小方仿佛听见吕三在说话："你已经完了，彻底完了。"

吕三的声音温和得令人想吐："你在江湖中的名声已经完了。你的母亲、你的朋友、你的情人、你的儿子，都已经落入我手里。只要我高兴，随便我用什么法子对付他们都行。"

他在笑："可是你永远都想象不到我会用什么法子对付他们，所以你只有往最坏的地方去想，越想越痛苦，不想又不行。"

这是真的。

没有人能控制自己的思想。越不该想的事，偏偏越要去想。

这种痛苦本来就是人类最大的痛苦之一。

小方仿佛又听见自己在说："至少我还没有死，还有一口气。"

"你还没有死，只不过因为我根本已不必杀你。"

吕三道："因为现在你活着远比死更痛苦得多。"

他的笑容更温和："如果你认为你还有一口气，还可以跟我拼命的话，你就更错了。"

小方在冷笑，一种连自己听见都会觉得非常虚假的冷笑。

"你不信?"

吕三道:"那么我不妨就让你试一试。"

他招了招手,他的身边忽然就出现了一个陌生人。

一个短小精悍的黑衣人。酒楼上本来并没有这么一个人,可是吕三一招手,这个人就出现了。连小方都看不出他是怎么来的。

他的手里握着一柄剑,出了鞘的剑。剑气森寒,秋水般的剑光中有一只眼。

"魔眼。"

"这是你的剑。"

吕三将剑抛在小方脚下:"这柄剑,本来也是我的,现在我还给你。你既然还有一口气,你不妨就用这柄剑来跟我拼一拼。"

小方没有动。

剑光在闪动,"魔眼"仿佛在向他眨眼,可是他没有动。

他为什么不伸手去握起这柄剑?

吕三在看着自己的手。

小方也在看着自己的手。

吕三的手洁净、干燥、稳定,小方的手在抖,指甲已经变成黑的。

这么样一双手,怎么配去握着这样的一柄剑?

吕三轻轻叹息。

"其实我早就知道你不会伸手的。"

他说:"因为你自己也知道,只要一伸手抓起这把剑,你就死定了。"

他的叹息声听起来也同样令人想吐。

"现在你活着虽然痛苦,可惜又偏偏不想死。"

吕三道:"死了什么都完了,现在你多多少少还有一点希望。"

——还有希望?一个人到了这种地步,还有什么希望?

吕三道:"你心里说不定还在盼望着,卜鹰、班察巴那他们说不定还会跑来救你。"

他又叹了口气:"可惜就算他们真的来了,也一样没有用的。"

他忽然回头向那捧剑来的黑衣人笑了笑:"你不妨告诉他,你是什么人。"

黑衣人的脸看起来就像一只鸟,不是飞鹰大鹏那种鸟。

他的脸看起来就像是一只已经涂上酱油麻油作料,被烘干烤透了的雀鸟。

他静静地看着小方,用一种无论谁听见都会起鸡皮疙瘩的声音告诉小方:"我不是人,我是一只鸟。"

黑衣人道:"我的名字叫麻雀。"

麻雀绝不是一种可怕的鸟。

如果这个人真的是一只鸟,就一点也不可怕。

不管他看起来像什么,不管他说他自己是什么,他都是一个人。

如果一个人的名字叫麻雀,这个人就绝对是个非常可怕的人。

江湖中以飞禽之名为绰号的高手有很多,"金翅大鹏""追魂燕子""鹰爪王",这些人绝对都是江湖中的一流高手。

可是,其中最可怕的一个人,是麻雀。

因为这个麻雀不是一只鸟,是一个人。不但轻功绝高,而且会"啄",啄人的眼,啄人的心脏。

不是用他的嘴啄,也不是用他的手,而是用一对他一伸手就可以抽出的独创外门武器"金刚啄"。

一个人如果能独创出一种武器来,这个人无疑是个有头脑的人。

一个人如果有武功而且还有头脑,这个人就一定是个非常可怕的人了。

吕三用一种极为欣赏的眼色看着麻雀极不值得欣赏的脸。

他又问麻雀,用一种已经明知确定答案所以极放心的态度问:"我交代你做的事,你是不是已经全做好了?"

"是。"

吕三微笑,走到临街的窗口,再回头对小方说:"你也过来看看,看看他是不是真的已经做好了。"

他的态度就好像是一位极殷勤的主人请一位客人去看一出极精彩的好戏。

——他交代麻雀做了什么事?

窗外就是这边陲小城中一条最主要的街道。街上有各式各样的店铺、各式各样的小贩、各式各样的行人。

一个摇铃的货郎正停留在一家糕饼店的前面,一个白发苍苍的老太太正站在货郎的推车前,准备去买一点针线。

一个梳着条大辫子的小姑娘,站在老太太身后偷偷地看,看车上的胭脂、花粉、香油。

糕饼店里的一个年轻的伙计,正站在门口看这个衣服穿得很紧的小姑娘。

旁边一家店铺是卖年货的。现在年已经过了,店里的生意很清淡。店里的掌柜正在打瞌睡,却被隔壁一家绸缎庄的爆竹声惊醒了,看起来好像有点生气的样子,好像准备要出来骂人。

一个挑着担子卖花的老头子,正在跟另一个卖花的小伙子吵架抢生意。

斜对面一家酒铺的门口,躺着个醉汉,正准备扯起嗓子来唱山歌。

几个要饭的正围住几个穿红戴绿的胖太太讨赏钱。

两条样子一点都不像财神的大汉正在一家米店门口送财神。

那边锣鼓敲响起来,一队舞狮的人已经敲敲打打地舞了过来。

街上的老太太、小姑娘、胖太太、大姑娘,都扭过头去看。看这些在寒风中赤裸着上身的年轻人,看他们身上一块块凸起的肌肉。

她们在看别人的时候,别人也看着她们。看小姑娘的脸、大姑娘的脚,看老太太的首饰、胖太太的大屁股。

还有几个缺德的小伙子,正在指着这些胖太太的大屁股吃吃地笑,悄悄地说:"那上面最少可以打两桌叶子牌。"

第二十六章

神　鱼

现在年虽然已经过了,元宵节还没有过。街上还是充满了过年的气象,热热闹闹、高高兴兴的,不管有钱没钱的人都一样。这世界上好像已经完全没有忧愁烦恼痛苦存在。

——小方呢?

——如果你是小方,你正站在这个窗口,站在一个把你母亲、朋友、情人、孩子和名誉都夺走的仇人身旁,看着这条热热闹闹的街道,看着这些高高兴兴的人,你心里是什么滋味?

"他们都是的。"麻雀忽然说。

他指着摇铃的货郎,糕饼店的年轻伙计,年货店里打瞌睡的掌柜和绸缎店里放爆竹的掌柜,卖花的老头子和小伙子,酒铺门外的醉汉和乞丐,送财神和舞狮的大汉,以及那些站在街角看着女人们品头论足的年轻人。

麻雀指着这些人对吕三说:"他们都是我在这里安排的人。"

"他们都是?"

"每一个都是。"

"你一共安排了多少人?"吕三问。

"本来应该是四十八个。"

麻雀回答:"可是现在我只看见四十七个。"

"还有一个人到哪里去了？"

"我也不知道。"

麻雀道："可是我一定会查出来的。"

他淡淡地又说："查出来之后，今天没有来的那个人以后就什么地方都不必去了。"

小方明白他的意思。

一个死人还有什么地方可去？

吕三又问麻雀："你安排这些人，都是些什么人？"

麻雀一口气说出了四十八个人的名字，其中至少有三十多个名字是小方以前就听人说过的，每个人的名字都可以让人吃一惊。

——只有会杀人而且杀过不少人的人，名字说出来才能让人吃惊。

吕三却还是要问："你认为这些人已经够了？"

"绝对够了。"

麻雀说："只要我一声令下，他们在我数到二十的时候，就可以将这条街上所有的男女老少牲畜猫狗全都杀得干干净净。"

吕三用一种很明显是故意装出的惊愕之态看着麻雀，故意问："你知不知道这条街上有多少人？"

"我不知道。"

麻雀脸上仍然带着种好像被烤焦了的表情："我只知道随便有多少人都一样。"

"还有别的人再来也一样？"

"一样。"

麻雀回答："而且不管来的是什么人都一样，就算卜鹰和班察巴那来了也一样。"

"你只要数到二十，就可以把他们全都杀得干干净净？"

"嗯。"

"你数得快不快？"

"不快。"

麻雀道："可是也并不太慢。"

吕三笑了，微笑着摇头："有谁会相信你说的这种事？"

麻雀冷笑反问："有谁不信？"

"如果有人不信，你是不是随时都可以做出来给他看？"

"是的。"

麻雀回答道："随时都可以。"

吕三又笑了，微笑着回过头，凝视着小方，一个字一个字地问他道："你信不信？"

小方闭着嘴。

他嘴干唇裂，指尖冰冷。他不能回答这问题，也不敢回答。

因为他知道，无论他的答案是"相信"还是"不信"，后果都同样可怕。

吕三静静地看着小方，静静地等了很久才开口。

"其实你根本用不着回答这问题，我根本也用不着问你。"

他笑得就像是只已经将狡兔抓住了的狐狸："我这么样问你，只不过要让你知道，你已经完全没有机会、完全没有希望了。"

他的笑容忽然消逝，眼色忽然变得冷酷如狼："其实我真正想问你的是另外一件事。"

"什么事？"

"卜鹰把那批黄金藏到什么地方去了？"

吕三道："就是他最后一次从铁翼手里劫走的那一批。"

他盯着小方："我相信你一定知道这个秘密。除了卜鹰自己和班察巴那，只有你知道。"

这问题小方更不能回答，死也不能。但是他却忽然反问："如果我肯说出来，你是不是就肯放了我，而且放过我的母亲和孩子？"

"我可以考虑。"吕三道。

"我也可以等，等你决定之后再说。"小方道。

吕三目光闪动："如果我肯呢？"

"如果你肯，我就明白了。"

"明白什么？"

"明白你费了这么多心机，这么样对我，原来并不是为了报复。"

小方道："你这么样做，原来只不过是为了要逼我说出那批黄金的下落。"

吕三居然没有否认，现在他已不必否认。

小方却又说出句很奇怪的话："既然你不否认，我又不明白了。"

"什么事不明白？"

"不明白你为什么要这样做。"

小方道，"对你来说，三十万两黄金并不能算太多，你为它付出的代价却太多了。"

吕三又盯着他看了很久，才长长叹了口气，说道："你是个聪明人，我不想瞒你。"

"你想要我说真话，最好就不要瞒我了。"

"对我来说，三十万两黄金的确不能算太多。"

吕三道，"我这么做，的确不是为了这批黄金。"

"那你是为了什么事？"

"是为了一条鱼。"

吕三说道，"一条金鱼。"

"金鱼？"

小方的惊讶绝不是故意装出来的，"你费了这么大的苦心，只不过是为了一条金鱼？"

吕三不再回答这问题，却忽然反问小方："你知不知道藏边有个城市叫噶尔渡？你有没有到那里去过？"

小方没有去过，但是他知道。

噶尔渡在天竺圣河上源，象泉河西尽头。地势极高，入冬后奇寒彻骨、冰雪封户，入夏则万商云集。

吕三又问小方："你知不知道就在靠近那地方的象泉河里，有一种鱼？"

吕三道："是一种金色的鳞鱼，有鳞有骨有血有肉，本来是可以吃的。"

"现在呢？"

"现在已经没有人敢吃了。"

"为什么？"

"因为现在人们已经将那种鱼看成神鱼，吃了必遭横祸。"吕三道，"所以现在已经没有人敢吃了。"

"这种鱼和你那批黄金又有什么关系呢？"

"有一点。"吕三眼中忽然露出种奇异而炽热的表情，"那批黄金中，就有一条是噶尔渡金鱼。"

他的眼神看来就像是个初恋中的少女，甚至连呼吸都已因兴奋热情而变粗了。

小方没有问他黄金里怎么会有鱼，鱼怎么能在黄金里生存。

他知道吕三自己一定会解释的。

吕三果然接着说下去："你没有看过那条鱼，所以你绝对想不到那条鱼是多么神奇,多么美丽。"

"神奇?"

小方从未听过任何人用"神奇"这两个字来形容一条鱼。

所以忍不住要问:"那条鱼有什么神奇的地方?"

"那是昔年具有无边大神通、广大智慧大法力的阿育王,在成神之前亲自从象泉河里钓起来的鱼。出水之后,它的血肉鳞骨就全都变成了纯金。"吕三道,"十足的纯金,天上地下,再也找不出那么纯那么美的纯金,可是它看起来仍然好像是活着,就好像随时都可以化为神龙飞上天去。"

他又开始喘息着,过了很久才能接着说:"因为它要保护自己,不能让自己的法身去饱俗人的口腹之欲,所以才把自己的血肉鳞骨都化为纯金。"

吕三道:"自从那一次之后,它的同类也就被人们奉为神明。"

这是个荒诞的故事,却又充满了魅力,一种自从远古以来就能打动人心的神奇魅力。

这个故事的结局是——

钓鱼的阿育王得道成神了,化为纯金的鱼却落入了吕三手里。

说完了这个故事,又过了很久之后,吕三的激动才渐渐平息。眼中却又露出痛苦之色。

"天上地下,再也没有第二条那样的鱼了。"他喃喃地说,"所以我一定要把它找回来。随便要我干什么,我都要把它找回来。"

——一个像吕三这样的人,怎么会相信这种荒诞的传说?

——他这么说,是不是因为那条金鱼中另有秘密,绝不能告诉别人的秘密,所以他才用这个故事来让小方迷惑?

小方没有问。

他知道随便他怎么问，吕三都不会再说了。

吕三已经盯着他看了很久："现在我已经把我的秘密说出来了，你呢？"

小方也盯着吕三看了很久，才慢慢地说出了三个字："我不信。"

"你不信？"

吕三立刻问："你不信这个故事？"

"不是这个故事。"

"你不信什么？"

吕三又问："不信我说的话？"

"也不是你说的话。"小方指了指麻雀，"是他说的。"

他转过脸，面对麻雀："你刚才说的那些话，我连一个字都不信。"

吕三的脸色变了。

麻雀的脸看来更像是已经被烤得完全熟透焦透了。

"你不信什么？"吕三大声问，"你再说一遍，你不信什么？"

小方冷冷地反问道："刚才他说的是什么？"

"他说他只要一声令下，在他数到二十之前，就能将这条街上所有的男女牲畜猫狗，全都杀得干干净净！"

"我不信。"小方冷冷地说，"这些话我根本连一句都不信。"

吕三吃惊地看着他。

"你敢不信？"他问小方，"你知不知道你这么说会有什么样的后果？"

"我知道。"小方脸上连一点表情都没有，"我完全知道。"

"你以为他不敢杀人？"

"他敢，我相信他敢。"小方道，"只不过敢杀人的并不一定能杀人。"

"你是不是一定要他真的做出来才肯相信?"

"是的!"小方道。

麻雀的眼角在跳,嘴角也在跳。有很多人在杀人之前都是这样子的。

吕三问他道:"你们约定的密令是什么?"

——密令只有两个字。只要密令一下,这条街就将被血洗。

麻雀慢慢地走到窗口,俯视街上的人,眼中忽然露出杀机!

他终于把这两个字说了出来,用一种无论谁听见都会害怕的声音说出:"金鱼!"

小方为什么要做这种事?为什么一定要逼他们去杀人?杀那些无辜的人?

是不是因为他要别人也来尝一尝他受到的悲伤和痛苦?要看一看别人的母亲、朋友、情人、儿子也无辜惨死在吕三手下?

不管他为的是什么,现在密令已下,已经没有人能收回了。

"金鱼!"

麻雀又用着同样可怕的声音,将这两个可怕的字又重复了一遍:"金鱼!"

窗外的长街还是跟刚才同样热闹,依旧挤满了各式各样的小贩和行人。

大家还是高高兴兴的样子,做梦也想不到会有横祸降临。

摇铃的货郎推车,仍停在那家糕饼店前面。白发苍苍的老太太,终于决定了自己要买什么颜色的线,正准备付钱。

梳着大辫子的小姑娘没有买胭脂、花粉、香油,却走进了糕饼店，跟那个年轻的伙计说话，谁也听不见她说的是什么。

生意清淡的年货铺里居然也有生意上门了。掌柜的当然不再生气，正打起精神，跟刚上门的胖太太们做生意。

卖花的老头子和小伙子不再争吵，因为买花的人越来越多，大家都有了生意。

酒铺门外的醉汉已睡着。要饭的乞丐放过了去买绸缎、年货的胖太太们，却围住了几个已经略有酒意的客人。

有了一点酒意的人，出手总是特别大方些。他们当然也跟那老太太、胖太太和小姑娘一样，做梦也想不到他们施舍的对象，就是他们的煞星。

就在这时候，长街上每个人都听见楼上有个人用一种非常可怕的声音，说出了两个字，而且说了两遍。

"金鱼。"

"金鱼。"别的人当然不知道这两个字就是杀人的密令，就是他们的催命符。

但是有人知道，至少有四十七个人知道。

这一声令下，那摇铃的货郎已从推车的把手里抽出一柄刀，准备出手把那个白发苍苍的老太太刺杀在他的刀下。

糕饼店的年轻伙计本来正眯着笑眼，听那小姑娘说话，现在却已准备扼死她。

年货店和绸缎庄的掌柜，兵刃、暗器也都在手。他们绝对有把握能在麻雀数到二十时就将这些胖太太置之死地。

尤其是刚才放爆竹的绸缎掌柜，他的火药暗器得自江南"霹雳"的亲传，杀伤力之强，绝对是其他同伴比不上的。

醉汉已跃起，乞丐们准备杀刚才还对他们非常慷慨施舍过的客人。

送财神的现在准备要送的已不是财神,是死神。

舞狮的大汉和站在街角对女人评头论足的年轻人,也已拔出了他们的兵刃。

每一件兵刃都是一击就可以致命的武器,每一个人都是久经训练的杀手。

麻雀不但有头脑,而且有信心。

他相信他安排的这些人,绝对可以在数到二十之前,就完成他们的任务。

可惜他也有想不到的事。

就在他刚开始数到一时,他已经看到他连做梦都想不到的事发生了。

就在这一瞬间,那个慈祥和蔼的白发老太太,忽然用她刚买来的针,刺瞎了摇铃货郎的双眼。

就在这一瞬间,那个害羞的姑娘,忽然凌空飞起,一脚踢碎了年货店伙计的喉结。

卖花的老头子和小伙子刚从花朵、花束中抽出一柄雁翎刀和一双峨眉刺,两个人的咽喉就全都被人用钢索套住。

就在这一瞬间,送财神和舞狮的大汉忽然发现人潮涌来。等到人潮再散去时,他们每个人的咽喉也都已被割断。

要饭的乞丐已死在那些略有酒意的豪客手下。每个人要害都被打入几枚边缘已被磨锐了的铜钱。

他们本来就是要别人施舍一点铜钱给他们。

现在他们得到的,岂非正是他们所要的?

他们本来想要别人的命,现在他们的命却反而被人要去了。

他们所失去的,岂非也正是他们所要的?

最吃惊的当然还是那年货店和绸缎庄的掌柜。他们的毒药暗器和火药暗器本来都是这次攻击的主力,想不到那些胖太太们行动竟比任何人想象中快十倍。

他们的暗器还未出手,手腕已被捏碎;他们的身子刚跃起,两条腿就已被打断。他们甚至连对方的出手都还没有看清楚,整个人已经像一摊泥一样倒在地上,连动都不能动了。这些看来就像是河马般行动迟钝的胖太太们,身手竟远比豹子更凶悍、敏捷、矫健。

这时麻雀刚数到十三。

数到五时,他的声音已嘶哑。数到十三时,他安排在长街上的四十七个人已经全都倒了下去,就算还活着,也只能躺在地上挣扎呻吟。

吕三和麻雀好像也不能动了,全身上下每一块肌肉、每一个骨节好像都已麻木僵硬。

那些看来已经略有醉意的酒客之中,忽然有个人脱下帽子来向小方微笑行礼,露出一张饱经风霜的黑脸和一口雪白的牙齿。

小方也向他微笑答礼。

吕三慢慢地从胸口里吐出一口气,转脸问小方:"这个人是谁?"

"是一个本来已经应该死了的人。"小方道,"我本来以为他已经死在拉萨城里。"

"你认得他?"

"我认得。"小方道,"他是我的朋友,好朋友。"

自从加答向他献出哈达的那一刻,他们就已是好朋友。

吕三又问:"你刚才就看见了他,知道他们也已有了准备,所以你才故意逼麻雀出手?"

小方承认。

他不但看见了加答，还看见了另外一个人。一个他绝对信赖的人，一个身经百战、战无不胜的人。看见了这个人，他就知道麻雀必将惨败。

现在这个人已经从长街上的人群中走进了这家酒楼，小方已经听见了他上楼时的脚步声。脚步声缓慢而沉重，就好像故意要让吕三听见。

吕三和麻雀都听得很清楚，也算得很清楚。

能计划这次行动，将每一个行动、每一个细节，都计划得如此完美的，只有两个人。

"来的这个人是谁？"吕三问，"是班察巴那，还是卜鹰？"

小方的回答和吕三片刻前对他说的话同样冷酷。

"不管来的是谁，这次你都完了。"小方说道，"你已经彻底完了。"

吕三看着他，眼中忽然露出一种非常奇怪的表情，忽然问小方："你知道我是谁？难道你真的相信我就是吕三？"

"难道你不是？"

"我不是。"

"不是？你是谁？"

"是他。"

吕三忽然退缩在一旁，指着麻雀大喊："他才是真的吕三，我只不过是他的幌子，你们千万不要找错人！"

楼梯上的脚步声忽然停顿，麻雀的身子已如飞鸟般跃起。

他的轻功绝不比传说的差。几乎完全没有做一点准备的动作，身子就已飞鸟般掠起，往临街的那排窗户猛蹿出去。

小方明知他要走，还是没法子阻止他。

只要他的身子一掠起,世上就很少有人能阻止他了。

——是很少有人,不是绝对没有。

忽然间,弓弦骤响,金光闪动,炫人眼目。

闪动的金光还留在小方的瞳孔间,他就已听见了一声惨呼。

等他的视力恢复正常时,麻雀已经像只烤透了的麻雀般钉在窗框上。

钉在他身上的,当然不是那种烤麻雀用的竹签。

钉在他身上的是五根箭。

坚利如金、温柔如春、娇媚如笑、热烈如火、尖锐如锥的五根箭。

箭羽上有痛苦之心,箭镞上有相思之情,百发百中的箭。

五花箭神的五花神箭。

班察巴那又出现了。

从来没有人知道他什么时候会走,也没有人知道他什么时候会出现。

他的五花神箭不但远比小方想象中更准确迅速,也远比传说中更神秘可怕。

但是,就在他的神箭离弦的那一瞬之间,那个自称不是吕三的吕三也不见了。

酒楼的地板是用坚实的柚木铺成的,吕三本来已退缩到一个角落。

就在弓弦声响的那一瞬间,这个角落的地板忽然翻开,翻出了一个洞。

吕三落了下去。

他一落下去，翻板又阖起。

——这个人就是真正的吕三，麻雀才是他的替死鬼。

小方并没有被人骗过，班察巴那也没有。但是在刚才那一瞬间，他们都难免要将注意力转向麻雀。

吕三就把握住了这一瞬间的机会。

五花箭神的五花神箭射的如果是他，他未必能走得了。但是他已经算准，在刚才那一瞬间，班察巴那选择的第一个对象一定不会是他。

他算得极准。

班察巴那非但脸色没有变，连眼睛都没有眨。因为他算准吕三还是逃不了的。

这酒楼四面都已被包围，吕三落到楼下，还是冲不出去。

只可惜每个人都难免有算错的时候。

班察巴那毕竟不是神。他是人，他也有错的时候，这次他就错了。

班察巴那这次埋伏在长街的人，除了加答外，小方都没有见过。

这些人远比以前卜鹰手下的那些战士更凶悍，更勇猛，更残酷，更善于伪装。

小方从未见过他们，因为他们都是班察巴那在一个秘密的地方，秘密训练出来的。训练的方法远比哥萨克和果尔洛人训练他们的子弟更严格，更无情，也更有效。

这些人之中虽然有男有女有老有少有胖有瘦，但却有几点相同之处。

——绝对服从命令。

——为了完成任务，绝对不惜牺牲一切。

——绝对保密。

——绝对不怕死。

因为他们本来都是早已应该死了的人,被班察巴那从各地搜罗来。经过极严密的调查后才被收容,再经过最少五年的严格训练。每个人都已变成了"比毒蛇更毒,比豹子更猛,比狐狸更狡猾,比狼更残酷"的战士,不管他们是男是女是老是少是胖是瘦都一样。

班察巴那绝对信任他们的忠心和能力。如果他已经下令,不让任何人活着走出这酒楼,那么他绝对可以相信,就算她是这些人的亲生母亲,也没法子走得出去。

没有人走出这酒楼,根本就没有人从这酒楼里走出去过。非但没有人走出去,连一只老鼠都没有。

但是吕三已经不在这酒楼里。他从楼上落下去之后,就好像忽然消失了。

——一个有血有肉的人,怎么会忽然消失?

班察巴那的结论是:"这地方,楼下一定也有翻板地道。"

这次他没有错。

第二十七章

为什么不回去

他很快就将秘道的入口找到。可惜就在他找到的时候,就听见"轰"的一声大震,硝石砂土四散,地道已被闭死了。

片刻间所有的人都已撤离这地区,到达一个人烟稀少的乡村。

这些片刻前还能在眨眼间杀人如除草的杀手,立刻就全部变成了绝对不会引人注目的良民。到了暮色将临时就纷纷散去,就像是一把尘埃落入灰土中,忽然就神秘地消失。

谁也不知道以后还会不会见到他们,谁也不知以后见到他们时还会不会认得。

他们本来就是没有"以后"的人,没有"未来",也没有"过去"。

有风,风在窗外。

黄尘飞卷。风沙吹打在厚绵纸糊成的窗户上,就好像密雨敲打芭蕉。

有酒,酒在樽中,人在樽前。

可是小方没有喝,连一滴都没有喝,班察巴那也没有喝。

他们都必须保持清醒,而且希望对方清醒。因为他们之中一个有许多话要说,许多事要解释,另一个必须仔细地听。

说话的人是班察巴那:"我早就知道花不拉和大烟袋都已被吕三买通,所以我才要你到那商队去。"

有些人说话从不转弯抹角,一开口就直入本题。

班察巴那就是这种人。

"因为我也跟你一样。我也找不到吕三,但是我一定要找到他。"班察巴那道,"所以我只有利用你把他引出来。"

他和小方可算是朋友,但是他说出"利用"这两个字时,绝没有一点惭愧之意。

小方也没有表现出一点痛苦和愤怒,只是淡淡地说:"他的确被我引出来了,这一点你确实没有算错。"

"这种事我很少会算错。"

小方伸出手,握紧酒杯,又放开,一字字地问:"现在他的人呢?"

小方问得很吃力,因为他本来并不想这么问的。

班察巴那却只是淡淡地回答:"现在他已经逃走了。"

"你利用我找到他一次之后,以后是不是就能找到他了?"小方又问。

"不是。"班察巴那道,"以后我还是一样找不到他。"

"所以你这件事可说做得根本连一点用都没有。"

"好像是这样子的。"

小方又伸出手握住酒杯:"对你来说,只不过做了件没有用的事而已,可是我呢?你知不知道我为这事付出了什么?"

他问得更吃力,好像已经用出所有力气,才能问出这句话。

班察巴那的回答却只有三个字:"我知道。"

"啵"的一声响,酒杯碎了,粉碎。

班察巴那还是用同样冷淡的眼色看着小方,还是连一点羞愧内疚的意思都没有："我知道你一定会恨我的。为了我要做一件连我自己都没有把握能做到的事,不但害你吃足了苦,而且连累到你的母亲和阳光。"

他冷冷淡淡地接着说:"但是你若认为我会后悔,你就错了。"

小方握紧酒杯的碎片,鲜血从掌心渗出。

"你不后悔?"

"我一点都不后悔。"班察巴那道,"以后如果还有这样的机会,我还是会这样做的。"

他接着道:"只要能找到吕三,不管要我做什么事,我都会去做。就算要把我打下十八层地狱,我也不会皱眉头。"

小方沉默。

班察巴那看着他:"我相信你一定能明白我的意思,因为你自己一定也有过不惜下地狱的时候。"

小方不能否认。

他完全不能了解班察巴那这个人和这个人做的事,但是他也不能否认这一点。

谁也不能否认这一点,每个人都有甘心下地狱的时候。

掌中的酒杯已碎,桌上仍有杯有酒。就正如你的亲人情人虽已远逝,世上却仍有无数别人的亲人情人。

某天说不定也会像你昔日的亲人情人对你同样亲近亲密。

——所以一个人只要能活着,就应该活下去。

既然要活下去,就不必怨天尤人。

桌上既然还有杯有酒,所以班察巴那就为小方重新斟满一杯:"你先喝一杯,我还有话对你说。"

"现在还有什么话可说?"

"有。"

"好，我喝。"小方举杯一饮而尽，说道，"你说。"

班察巴那的眼色深沉如百丈寒潭下的沉水，谁也看不出他心里在想什么。

"现在你是不是已经完全明白我的意思了？"他问小方。

"是。"

小方的回答是绝对肯定的。班察巴那却摇头："你不明白，最少还有一点你不明白。"

"哪一点？"

"我既然要利用你把吕三引出来，我当然就要盯着你。"

班察巴那道："不管吕三在哪里，也不管你在哪里，我都盯得牢牢的。"

小方相信。

如果不是因为班察巴那一直盯得很紧，今日吕三怎么会惨败？

班察巴那眼色仍然同样冷酷冷淡。

"既然我一直都把你盯得很紧，我怎会不知道你身旁最亲近的人在哪里？"

他冷冷淡淡地问小方："你说我怎么会不知道？"

小方一直希望自己也能像卜鹰和班察巴那一样，无论在什么情况下都能保持冷静镇定。

但是现在他已完全无法控制自己，他跳起来，几乎撞翻了桌子。他用力握住班察巴那的手臂："你知道？你知道他们在哪里？"

班察巴那慢慢地点了点头："现在他们都已到了一个绝对安全的地方，绝不会再受到任何惊扰。"

"他们到了什么地方？"

小方追问："你为什么不让我去见他们？"

班察巴那看着小方握紧他右臂的手，直到小方放开他才回答："阳光受了极大的惊吓,需要好好休养,你暂时最好不要见她。"

"这是她的意思,还是你的意思?"

小方又开始激动。

"不管是谁的意思都一样,大家都是为了她好。"

班察巴那道:"她若见到你,难免会引起一些悲痛的回忆,情绪就很不容易恢复平静了。"

——吕三是用什么法子折磨她的?竟让她受到这么大的创伤?

小方的心在刺痛。

"我明白。"他说,"是我害了她,如果她永不再见到我,对她只有好处。"

班察巴那居然同意他的话。

他说的本来就是事实,比针尖、箭镞、刀锋更伤人的事实。

小方握紧双手,过了很久才问:"可是我母亲呢?难道我也不该去见她?"

他嘶声问:"难道你也怕我伤害到她?"

"你应该去见你的母亲,只不过……"班察巴那站起来,面对风沙吹打的窗户,"只不过你永远再也见不到她了。"

小方仿佛又想跳起来,可是他全身上下所有的肌肉骨节都已在一刹那间冰冷僵硬。

"是吕三杀了她?"他的声音听来如布帛被撕裂,"是不是吕三?"

"是不是吕三都一样。"班察巴那道,"每个人都难免会一死。对一个受尽折磨的人来说,只有死才是真正的安息。"

他说的也是事实,可是他说得实在太残酷。

小方忍不住要扑过去,挥拳痛击他那张无表情的脸。

但是他实在没有错,小方知道他没有错。

班察巴那又接着说:"我知道你还想见一个人,但是你也不能再见到她了。"

他说的当然是苏苏。

"我为什么不能再见她?"小方又问,"难道她也死了?"

"她没有死。"班察巴那道,"如果她死了,对你反而好些。"

"为什么?"

"因为她是吕三的女人。她那样对你,只不过要替吕三讨回一个儿子。"

酒在樽中,泪呢?

没有泪。

连血都已冷透干透,哪里还有泪?

小方看着酒已被喝干的空杯,只觉得自己这个人也像是这个空杯一样,什么都没有了。

班察巴那说的绝对都是事实。虽然他说的一次比一次残酷,但事实却是永远无法改变的。

"这世界上大多数的人都跟你一样,都有父母妻子朋友亲人,都要忍受生离死别的痛苦!"班察巴那道,"只不过有些人能撑得下去,有些人撑不下去而已。"

他凝视小方,眼中忽然也露出和吕三提起噶尔渡金鱼时同样炽热的表情!

"一个人如果要达到某一个目标,想做到他想做的事,就得撑下去。"他说,"不管要他忍受多大的痛苦,不管要他牺牲什么,他都得撑下去的。"

——他的目标是什么?他想做的是什么事?

小方没有问这些,他只问班察巴那:"你能不能撑得下去?"

"我能。"班察巴那说话的口气,就像是用利刃截断铜钉。

"我一定要撑下去!"

他说:"跟着我的那些人,也一定要陪我撑下去。但是你……"

他忽然问小方:"你为什么还不回江南?"

小方的心又开始刺痛,这次是被班察巴那刺伤的。

"你为什么要我回江南?"

他反问:"你认为我没法子陪你撑下去?"

班察巴那没有直接回答这个问题,只淡淡地说:"你是个好人,所以你应该回江南。"

他不让小方再问"为什么"。

他的声音冷淡如冰雪融化成的泉水:"因为江南也是个好地方。一个人生长在多水多情的江南,总是比较温柔多情些!"

他冷冷地说:"这里却是一片无情的大地,这里的人比你想象中还更冷酷无情,这里的生活你永远都无法适应的,这里也不再有你值得留恋的地方。"

他又问小方:"你为什么不回去?"

窗外风声呼啸。

江南没有这样的风,这种风刮在身上,就好像是刀剐一样。

班察巴那说的话,也像是这种风。

小方的眼睛仿佛被风沙吹得张不开了,但是他却忽然站了起来。

他尽量让自己站得笔直。

"我回去。"

他说:"我当然是要回去。"

小方佩剑走出去时,加答已备好马在等他。剑是他自己的魔眼,马是他自己的赤犬。

他所失去的,现在又已重新得回。

他带着这柄剑，骑着这匹马，来到这地方。现在他又将佩剑策马而返。

这一片大地虽然冷酷无情，但是他还活着。他是不是应该很愉快满足？是不是真的已得回他所失去的一切？

又有谁知道他真正失去的是什么？

加答将缰绳交到他手里，默默地看着他。仿佛有很多话要说，却只说了一句话，三个字。

"你瘦了。"他说。

小方沉默了很久才回答道："是的，我瘦了！"

两个人谁也没有再开口。说完了这句话，小方就跃上了马鞍。

夜色已临，风更急，大地一片黑暗。

他跃上马鞍时，加答的人已经消失在黑暗里。只剩下了一个淡淡的背影，看来仿佛又衰弱又疲倦。

他很想告诉加答："你也瘦了。"

但是这时候赤犬已长嘶扬蹄，冲入了无边无际的疾风和夜色里。

它的嘶声中仿佛充满了欢愉。它虽然是匹好马，毕竟只不过是一匹马，还不能了解人间的寂寞孤独、悲伤愁苦。

但它虽然只不过是一匹马，却还是没有忘记旧主对它的恩情。

"想不到你居然还认得我。"

小方伏下身，紧紧抱住了马头。不管怎么样，他在这世界上毕竟还有一个朋友，永不相弃的朋友。

——只要是真正的朋友，就算是一匹马又何妨？

江南仍遥远，遥远如梦。漫漫的长夜刚开始。这时连那一点淡淡的背影都已消失，可是远方却已有一点星光亮起。

大地虽无情，星光却温柔而明亮。

江南的星光也是这样子的。

——你是个好人，但是你太软弱。像你这种人，对我根本没有用。

——现在你对吕三都没有用了，他随时都可以除去你，我也不必再费力保护一个没有用的人，所以你最好走。

这些话，班察巴那并没有说出来，也不必说出来。小方自己很清楚自己在别人心目中是什么分量。

班察巴那一直对他不错。可是从他们第一次见面开始，他就知道他们绝不会成为朋友，班察巴那从未将他当作朋友。

因为班察巴那根本就看不起他。

除了卜鹰外，班察巴那这一生中很可能从未将别人看在眼里。

——卜鹰，你在哪里？

长亭复短亭，何处是归程？

江南犹远在万水千山之外。但是小方并没有急着赶路，他并不想赶到江南去留春天。

——回去了又如何？春天又有谁能留得住？

远山的积雪仍未融化，道路上却已泥泞满途。前面虽然已有市镇在望，天色却已很暗了。

一个看来虽不健壮却很有力气的年轻人，推着辆独轮车在前面走。车上一边坐着他的妻子和女儿，一边堆着破旧的箱笼包袱。妻子看着在泥泞中艰苦推车的丈夫，眼中充满着柔情与怜惜。

这种独轮车在这里很少见。这对夫妻无疑是从远方来的，很可能就是从江南来的。想到这个陌生的地方来，用自己的劳力换取新的生活。

他们还年轻，他们不怕吃苦，他们还有年轻人独有的理想和抱负。

小方骑着马从后面赶过他们时，刚巧听见妻子在问丈夫："阿侬要歇一歇？"

"唔没关系。"

丈夫关心的并不是自己，只问他妻子："侬格仔着了唔没？"

他们说的正是地道的江南乡白。乡音入耳，小方心里立刻充满了温暖。

他几乎忍不住要停下来，问问他们江南的消息，问问他们是不是需要帮助。

但他没有停下来。他心里忽然有一种奇怪而可怕的想法。

——这对夫妻说不定也是吕三属下的杀手，丈夫的独轮车把里很可能藏着致命的兵刃，妻子抱着女儿的手里也很可能随时都有致命的暗器打出来，将他射杀在马蹄前。

只有疑心病最重的人才会有这种想法，无论看见什么人都要提防着。

小方本来绝不是这种人。但是经过那么多次可怕的事件之后，他已不能不特别小心谨慎。

所以他没有停下来，也没有回头。他只想喝一杯能够解渴却不会醉的青稞酒。

这个市镇是个极繁荣的市镇。小方到达这市镇时已经是万家灯火。

入镇的大道旁，有一家小酒铺。是他看见的第一家酒铺，也是每个要入镇的人必经之处。

两杯淡淡的青稞酒喝下去,小方忽然觉得自己刚才那种可怕的想法很可笑。

——如果那对夫妻真是吕三派来刺杀他的人,刚才已经有很好的机会出手。

小方忽然觉得有点后悔了。在这个远离故乡千里的地方,能遇见一个从故乡来的人绝不是件容易事。

他选择这家小酒铺,也许就因为他想在这里等他们来。纵然听不到故乡的消息,能听一听乡音也是好的。

他没有等到他们。

这条路根本没有岔路。那对夫妻明明是往这市镇来的。他们走得虽然很慢,可是小方计算脚程,他们早已该入镇了。

但是他们一直没有来。

身在异乡为异客,对故乡人总难免有种除了浪子外别人绝对无法了解的微妙感情。小方虽不认得那对夫妻,却已经在为他们担心了。

——他们为什么还没有到?是不是有了什么意外?

——是不是因为那个已经跋涉过千山万水的丈夫终于不支倒下?还是因为那个可爱的小女儿有了急病?小方决定再等片刻,如果他们还不来,就沿着来路回去看看究竟。

他又等了半个时辰,却还是没有看见他们的影子。

路上的行人已经很少了,因为平常人在这种时候已经很难分辨路途。

小方不是平常人,他的眼力远比平常人好得多了。

他没有看见那对夫妻,却看见了一个单身的女子,骑着匹青骡迎面而来。

天色虽然已暗，他还是可以看得出这女人不但很年轻漂亮，而且风姿极美。

她看来最多也只不过十六七岁。穿着件青布短棉袄，侧着身子坐在鞍上，用一只手牵着缰绳，一只手拢住头发。看见小方时，仿佛笑了笑，又仿佛没有笑。

一匹马一条骡很快就交错而过。小方并没有看得十分清楚，却觉得这个女孩子仿佛见过，又偏偏记不清是在哪里见过。

——她不是波娃，不是苏苏，不是阳光，也不是曾在江南和小方有过一段旧情的那些女人。

——她是谁呢？

小方没有再去想，也没有特别关心。

一个没有根的浪子，本来就时常会遇到一些似曾相识的女人。

倦鸟已入林，旅人已投宿，这条本来已经很安静的道路却忽然不安静了。

道路的前面忽然有骚动的人声传过来，其中仿佛还有孩子在啼哭。

再往前走一段路，就可以看见路旁有灯光闪动，也可以听见有人用充满惊慌恐惧与愤怒的声音说道："谁这么狠心？是谁？"

人声嘈杂，说话的不止一个。小方并没有听清楚他们说的是什么。

但是他心里已有了种不祥的预感，仿佛已经看到那对从江南来的年轻夫妻倒在血泊中。

这次他的预感没有错。

那对夫妻果然已经倒了下去，倒在路旁。身体四肢虽然还没有完全冷透，呼吸心跳却早已停止了。

路旁停着一辆驴车，两匹瘦马。六七个迟归的旅人围在他们的尸体旁。他们的小女儿已经被其中一个好心人抱起来，用一块冰糖止住了她的啼哭。

她哭，只不过因为受了惊吓，并不是因为悲伤的缘故。因为她还太小，还不懂得生离死别的悲痛，还不知道她的父母已经遭了毒手。所以现在只要用一块冰糖就可以让她不哭了。

可是等到若干年之后，她只要再想起这件事，半夜里都会哭醒的。

那时就算将世上所有的冰糖都堆到她面前，也没有法子让她不哭。

——个人如果无知，就没有痛苦，没有悲哀。

——但是无知的本身岂非就是人类最大的痛苦与悲哀？

地上没有血，他们的尸体上也没有。谁也不知道这对年轻的夫妇怎么会忽然倒毙在路旁。

直到小方分开人丛走进去，借过一个人手里提着的灯笼，才看见他们胸口衣襟上的一点血迹。

致命的伤口就在他们的心口上。是剑锋刺出的伤口，一刺就已致命。这一剑不但刺得干净利落，而且准确有效。

但是血流得并不多，伤口也不深。

——一剑刺出，算准了必可致命，就绝不再多用一分力气。

这是多么精确的剑法，多么可怕！

小方忽然想起了传说中的两位奇人——西门吹雪和中原一点红。

中原一点红是楚留香那个时代的人。是那个时代最可怕的刺客，也是那个时代最可怕的剑客，"杀人不见血，剑下一点红"。

他一剑刺出绝不肯多用一分力气，但却绝对准确有效。

西门吹雪是陆小凤尊敬的朋友，也是陆小凤最畏惧的高手。

第二十八章

斗　智

能够让陆小凤尊敬和畏惧都不容易。有很多人都认为西门吹雪的剑术已经超越了中原一点红，已经到达剑术的巅峰，到达了"无人、无我、无情、无剑"的最高境界。

只有到达了这种境界的人，才能将剑上的力量控制得如此精确。

可是能够到达这种境界的人，绝对不多。到达这种境界后，也就绝对不肯随便杀人了。

如果你不配让他拔剑，就算跪下去求他，他也绝不肯伤你毫发。

这次杀人的是谁？

一个已经达到巅峰的剑客，又怎么会对一双平凡劳苦的夫妇出手？

没有人看见这对夫妇是怎么死的，也没有人知道他们是谁，更没有人懂得致命的这一剑是怎样精确可怕。

所以有很多人都在问小方。

"他们是谁？你是谁？你是不是认得他们？"

小方本来也有很多事想问这些人的，却没有问。因为他忽然又发现一件奇怪的事，他忽然发现这个本来坐在独轮车上，抱着女儿的妇人，仿佛也似曾相识。

两个没有根的人，在酒后微醺时，在寂寞失意时，在很想找个人倾诉自己的感触时，偶然间相聚又分手。

过了很久之后，他们又在偶然间相遇，彼此间都觉得似曾相识。也许只不过匆匆一瞥，也许互相淡淡地一笑，然后又分手，因为他们情愿将昔日那一点淡淡的情怀留在心底。

一点淡淡的感情，一点淡淡的哀伤，多么潇洒，多么美丽。

但是小方现在却绝对没有这种感情。并不是因为这个他觉得似曾相识的女人已经死了，而是因为他们之间根本就没有那种微妙的情愫。

他已经完全想不起这个女人是在什么时候、什么地方见过的，就如同他也想不起刚才那个骑着青骡走过的少女是谁。

可是就在他已准备不再去想的时候，他忽然想了起来。

因为他忽然看到了这个女人的脚。

在男女之间的关系中，脚绝不能算是重要的一环，但却有很多男人都很注意女人的脚。

其实小方并没有看见这个女人的脚，只不过看见她脚上穿的鞋子。

她穿的衣裳很朴素、很平凡。一件用廉价花布做成的短袄，一条刚好可以盖住脚的青布长裙。

现在她已倒在地上，所以她的脚才露了出来。

她脚上穿的是双靴子，很精致、很小巧的靴子。只要是略有江湖经验的人，就可以看出这种靴子里有一块三角形的钢铁，藏在靴子的尖端。

这种靴子就叫作"剑靴"。就好像藏在袖中的箭一样，这种靴子也是种致命的武器。

穿这种靴的女人，通常都练过连环鸳鸯飞脚一类的武功。

小方忽然想起这个女人就是那天在那糕饼店里，忽然飞起一脚踢碎那年轻伙计咽喉的辫子姑娘。

虽然她今天没有梳辫子，装束打扮都比那天看来老气得多。

小方却还是相信自己绝对没有看错。

——所以这对夫妻绝对不是从江南来的，是班察巴那派来的。

——他们当然不是真的夫妻，只不过想利用这种形式来掩护自己的行动而已。

——一对从异乡来的年轻夫妻，带着个嗷嗷待哺的孩子，这种形式无疑是种最好的掩护。

——他们这种人的行动任务，通常都是要杀人的。

这几点都是毋庸置疑的，问题是：

——他们要杀的人是谁？

——如果他们要杀的是小方，他们刚才为什么不出手？

——他们刚才明明已经有很好的机会。像他们这种受过严格而良好训练的杀手，应该知道良机一失永不再来。

这问题最好的答案是：

——他们要杀的不是小方。当然绝对不是小方，因为班察巴那虽然不是小方的朋友，也不是小方的仇敌，绝对不是。

——那么他们要杀的是谁？杀他们的是谁？

——他们都是班察巴那秘密训练出来的杀手，不到万不得已时，班察巴那绝不会派他们出来杀人的。

——所以他们这次任务无疑是绝对机密，绝对必要的。他们要杀的无疑是班察巴那一定要置之死地的人。

——班察巴那的朋友虽然不多，但仇敌也不多。在这么样一个虽然繁荣却极平凡的边陲小镇，怎么会有他不惜付出这么大的代价来刺杀的人？

——这个人是谁？

更重要的一个问题是：

——在这个虽然繁荣却极平凡的小镇里，怎么会有这种能对班察巴那属下久经训练的杀手一剑刺杀于道旁的剑客？

寒夜，逆旅，孤灯。

灯下有酒。浊酒，未饮的酒。小方在灯下。

还有很多问题要去想，很多他应该必须去想的问题，可是他没有去想。

他想的是一件和这问题完全没有关系的事，一个和这些问题完全没有关联的人。

他正在想的是那个最多只不过有十六七岁，穿着件青布短棉袄，骑着匹青骡从他对面走过去的单身女孩子。

那个仿佛觉得似曾相识，却又好像从未见过的女孩子。

他确信自己绝对不会看错。

那个女孩子绝对没有跟他有过一点关系，一点旧情。但是他偏偏忽然想到。

他虽然很想去想其他一些值得他去想的事，但是他想到的却偏偏总是那个侧坐在青骡上，那个风姿极美、仿佛在笑又仿佛没有笑的女孩子。

——为什么呢？

是笑了还是没有笑？如果是笑，为什么要笑？一个素昧平生的女孩子为什么要对一个陌生的男人笑？如果不是笑，一个年轻女孩子，为什么要对一个陌生的男人似笑而非笑？

如果他们真的相识，她为什么笑了又不笑？不笑而又笑？

寒夜已将尽，昏灯已将残。浊酒已尽，沉睡的旅人已将醒，未睡的旅人早已该睡。

小方已倦。

"啵"的一声响,轻轻、轻轻的一声响,灯花散,灯灭了。

天灯还没有烧起,天还没有亮。寒冷孤独,寂寞窄小,污浊廉价的逆旅斗室,忽然变得更寒冷、更黑暗。

小方躺在黑暗处,躺在冰冷的床上,忽然听到一声响。轻轻、轻轻的一声响,就像是灯残将灭时那么轻的一声响。

他没有听见别的声音,他什么都看不见。但是,他身上每一个有感觉的地方,每一块有感觉的肌肉、每一根有感觉的神经都忽然抽紧。

因为他忽然感觉到一股杀气。

杀气是抓不住、摸不到、听不见也看不见的。只有杀人无算的人和杀人无算的利器才会有这种杀气。

只有杀人无算的人带着这种杀人无算的利器,要杀人时才会有这种杀气。

只有小方这种人才会感到这种杀气。他全身的肌肉虽然都已抽紧,但是他一下子就从那一张冰冷坚硬的木板床上跃起。

就在他身子如同鲤鱼在黄河中打挺般跃起时,他才看见了那一道本来可将他刺杀在床上的剑光。

如果他不是小方。

如果他未曾有过那些可怕而又可贵的经验。

如果他没有感觉到那股杀气。

那么他一定也会像那被人刺杀在道旁的年轻夫妻一样,现在也已经被刺在床上。

剑光一闪,剑声一响。

剑没有声音。小方听到的剑声,是剑锋刺穿床板的声音。他听到这一声响时，剑锋已经刺穿了木板。现在剑锋刺穿的地方，本来就是他的心脏，可是现在剑锋刺穿的只不过是一块木板。

——不管这把剑是一把什么样的剑，这把剑一定在一个人手上。

——不管这个人是什么样的人，这个人一定还在床边。

小方身子有如鲤鱼打挺跃起。全身上下每根肌肉，每一分力气都已被充分运用发挥。他的身子忽然又一翻，然后就直扑下去，向一个他算准该有人的地方扑下去。

他没有算错。

他抓住了一个人。

剑锋还在床板间，剑柄还在人手。

所以小方抓住了这个人。

这个人被小方抓住一扑，这个人倒下。小方抓住这个人，所以小方也倒下。

两个人都倒在地上，可是两个人的感觉绝对一定不一样。

为什么呢？

被小方扑倒的这个人，本来以为必可一剑将小方刺杀的人，现在却反而被小方扑倒，心里一定会觉得非常惊讶恐惧和失望。

小方的感觉更惊讶。因为他忽然发现被他扑倒抓住抱住的人，居然是个女人。

一个非常香、非常软、非常娇小的女人。

他看不见这个女人。看不见这个女人穿的是什么衣服，看不见这个女人长得是什么模样。但是他看见了这个女人的眼睛。

一双发亮的眼睛。

一双他觉得仿佛曾经看过的眼睛。

两个人都有眼睛，两个人的眼睛都瞪得很大。你瞪着我，我瞪着你。

小方确信自己一定见过这个女人，一定见过这双眼睛。却偏偏想不起是在什么时候见过，是在什么地方见过的。

"你是谁？"小方问，"为什么要杀我？"

这个女人忽然笑了，笑得很奇怪，笑得很甜。

"你居然想不起我是谁？"她吃吃地笑着说，"你真不是人，你是个王八蛋。"

就在她笑得最甜的时候，她手里又有一件致命的武器到了小方的咽喉间。

每个女人都有手。

女人有很多种，女人的手有很多种。有些很聪明的女人，却偏偏长了双笨手；有些女人很秀气，却偏偏长了双粗手。

这个女人不但美，而且很干净。穿的衣服就好像刚从裁缝手里拿回来的，头发也无疑刚经过精心梳理，甚至连鞋底都看不到泥。

奇怪的是，她指甲里却有泥。

她手里捏住的是一条小虫，一条黑色的小虫。她用两根手指的指尖捏住这条小虫，把这条小虫放在小方的喉结上。

"你知不知道这个是什么？"她问小方。

这个问题小方根本不必回答，也懒得回答。就算只有三岁大的孩子也知道这是一条小虫。

这个女人却说道："如果你以为这只不过是一条虫，你就完全错了。"

"哦？"小方问，"这难道不是一条虫？"

抓虫的女孩子笑了："这当然是一条虫。就算是笨蛋也应该看得出这是一条虫，只不过虫也有很多种。"

"你的这条虫是哪一种？"

"是会吃人的那一种。"这个女孩子说，"只要我一放手，它就会钻入你的咽喉，钻进你的血管里，钻进你的骨头，把你这个人的脑浆、骨髓和血全部吸干。"

她又笑了笑："人吃鸟，鸟吃虫，这是天经地义的事。可是虫有时候也会吃人的。"

小方也笑了，因为他已经想起这个女孩子是谁了。

在拉萨，在那神秘庄严的古寺中，在那自从远古以来就不知迷惑多少人的幽秘灯光下，在那已被信徒们的烟火熏黑了的青石神龛前，带他去看那魔女吸吮人脑的壁画，逼他在画前立誓的就是她。

在拉萨，带他去那神秘的鸟屋，去见独孤痴的也是她。

那时她是个满身泥的脏男孩。

现在她是个又干净又漂亮，只不过指甲里有点泥的小美人。

这两个人本来绝不可能是一个人，可是小方相信自己这次也绝对不会看错。

"我记得你。"小方说，"我已经认出你来了。"

"你当然应该认得我。"这个女孩子连一点否认的意思也没有，"如果你不认得我，你不但是个王八蛋，简直是一条猪，死猪。"

她在笑，好像是一个小女孩在跟一个很要好的小男孩开玩笑。

但是她的眼睛里却完全没有笑意，连一点开玩笑的样子也没有。

"刚才我说过的只要我一放手，这条小虫立刻就可以把你吸成人干。"她问小方，"你信不信？"

"我信。"

"你想不想要我放手？"

"不想。"

"那么你先放开我。"这个女孩子用光滑柔软的下巴轻轻摩擦着小方扼着她咽喉的手，"这样子，很不舒服。"

小方也在笑。因为他不但已经认出了这个女孩子是谁，有很多本来想不通的事情，现在已经想通了。

——这个女孩子在附近，独孤痴无疑也在附近。

——独孤痴是班察巴那的对头，很可能就是班察巴那认为最可怕的对头。

——那个穿剑靴的女人，无异就是班察巴那派出来刺探独孤痴行踪的人。

——不是刺杀，是刺探。因为班察巴那当然应该明了要刺杀独孤痴绝不是件容易事。

——纵然只不过是侦探，却被刺杀在这个女孩子的剑下。

杀人的利剑已被击落，致命的毒虫却仍在她手里。

小方仍在笑，这个女孩子却不笑了，用一双发亮的大眼睛瞪着小方：

"我刚才说的话你听清楚了没有？"

"我听清楚了。"小方说，"听得很清楚。"

"你放不放开我？"

"不放。"

这个女孩子眼睛里露出尖钉般的光，狠狠地盯着小方，狠狠地问小方："你想死？"

"不想。"

"那么你为什么不放？"女孩子问。

"因为三点原因。"小方说，"第一，你是来杀我的，我不放手，最多两个人一起死。在我变成人干之前，你的脖子也断了。如果我放手，你一定也会放手，那么你的脖子不会断，我却变成了人干了。"

"合理。"

"第二，"小方说，"现在你好像是在威胁我，碰巧我是不喜欢被人威胁的人。"

"第三呢?"

"没有第三了。"小方答道,"不管对什么人说,有这两点原因都已经足够了。"

这个女孩子又笑了。

"难怪别人都说你是要命的小方。"她看着小方,"你实在真的很要命。"

说完了这句话,她忽然已做了件很出人意料的事,她忽然把手里这条小虫捏死了。

无论谁能够做出件让人觉得出乎意料的事,通常都会觉得很愉快得意。

这个女孩子也不例外。

她看着小方,笑得愉快极了。

"我相信你一定想不到,为什么我非但没有把这条小虫放在你的喉结上,反而把它捏死。"

小方的确想不到。

这个女孩子也没有让小方费心去想,她自己说出了她为的是什么:"因为就算我要杀你,也是用我的剑,不是用这条小虫。"她挺起胸,傲然道,"我是剑客。剑客要杀人,就应该用他的剑。"

小方不能不承认这一点,也不能不承认她已经可以算是剑客。

无论谁能够使用出那种精确有效的剑法,刺人的要害,取人的性命于刹那间,都已经绝对可以算是一位剑客,一流的剑客。可是现在这位一流的剑客忽然就像是个小女孩一样吃吃地笑了起来。

"何况这条小虫只不过是我刚从地上捉到的。如果把它放在你的喉结上,最多只不过会觉得有点痒,最多只不过会吓一跳而已。"

这次小方没有想到。

被愚弄绝不是件好笑的事,至少他自己不会觉得很好笑。

这个女孩子又说："其实我也并不是真的想杀你，只不过想用你试试我的剑而已。试试我能不能杀得了你。"

小方冷冷地看着她，问她："现在你是不是已经试过了？"

"嗯。"

"你能不能杀得了我？"

"好像杀不了。"

"你想不想让我来试试？"

"试什么？"

"试试我是不是能杀得了你。"

"不想。"这个女孩子叫了起来，"我一点都不想。"

这次小方笑了。

可是就在他开始笑的时候，他忽然做了件很出人意料的事。

他忽然放开了捏住她脖子的手，用力打了她三下屁股。

这个女孩子又叫了起来，叫的声音更大："你为什么要打我？"

"你要杀我，我为什么不能打你？"

"你怎么能打我这个地方？"

"如果你是个淑女，我当然不能打你这个地方；如果你是位剑客，我当然更不能打你。"小方说，"只可惜你在我眼里看来还是那个满身泥巴，流着鼻涕玩小虫的脏小孩。"他又重重地打了她一下道，"你走吧。"

这次她没有笑。

一个成熟的女孩子，一位已经能够拔剑杀人于刹那间的剑客，居然还被人看成个流鼻涕的小孩。这种事就算有人觉得可笑，她自己也笑不出来。

可是她也没有走。

她忽然跳了起来，凌空飞跃，凌空翻身，凌空出手，拔起了床板间的剑。

她落地时剑已在手。

有剑在手,就算小方也不能再把她看成一个流鼻涕的小孩子。

有剑在手,她的神情态度气势笑容都已完全改变。

小方忽然又想起了卜鹰。在一个夜深人静的晚上,在酒后微醺时,卜鹰忽然对他说了句让人很难听得懂的话。"剑客的剑,有时候就像是钱一样。"卜鹰说,"在某些方面来说几乎完全一样。"

"像钱?"小方不懂,"剑客的剑怎么会像是钱呢?"

"一位剑客手里是不是有剑,就好像一个人手里是不是有钱一样,往往可以改变他们的一切。"这句话说得还是不很透彻,所以卜鹰又解释道,"如果一位剑客手里没有剑,一个人身边没有钱,一口空米袋里没有米,都是一样站不起来的。"小方明白了卜鹰的意思,至今没有忘记。

现在这个女孩已经站起来,她的态度忽然已变得非常沉稳、冷酷、镇定。

"刚才你确实有机会能杀我,只是现在已经不同了。"她说,"刚才我失手并不是因为我的剑法不如你,现在你还想不想再试一试?"

小方的剑不在身上,在床上。可是他一伸手就可以拿到他的剑。自从他再次得回这柄剑之后,他就未将这柄剑留在他伸手拿不到的地方。

这个女孩子盯着他的手:"我给你机会,让你拔剑。"

是拔剑,还是不拔?这不过是转念之间的事,在一刹那就要下决定了。

在这一刹那,小方没有下决定,却想起了很多奇怪的问题,他问自己:

——如果是卜鹰,在这种情况下会不会拔剑?

他给自己的回答是:不会。

因为这个女孩子还不能让卜鹰拔剑,也还不配。

小方又问自己:

——如果是班察巴那,在这种情况下会不会拔剑?

他给自己的答案也是否定的:不会。

因为如果真的是班察巴那在这里,这个女孩子早就已经是个死人了。班察巴那根本用不着拔剑,她就已经是个死人了。

——班察巴那杀人时又何必由自己拔剑?

小方不是班察巴那,也不是卜鹰。他拔剑,慢慢地伸手拔剑。

他的对手用一种很奇怪的眼神看着他拔出他的魔眼,居然没有出手。

——双剑相击,必有火花迸出。

——两个倚剑为命的人仗剑相对时,其间必有剑气、杀气。

可是他们之间没有。小方有剑在手,但是他的手中虽然有剑,眼中却没有。

"你要我拔剑,你想用剑来试我。"他问她,"你为什么还不出手?"

第二十九章

交 易

这个女孩子用一种很奇怪的态度看着自己手里的剑,过了半天才说:"我七岁的时候先父就曾经告诉过我,如果我想学剑,就一定要记住,剑是杀人的利器,也是凶器。不到必要时,千万不可轻易拔剑。如果你手里的剑已出鞘,就算你不想杀人,别人也会因此杀你。"

"他说得很有道理。"小方同意,"一个轻易拔剑的人,绝不是个善于用剑的人。"

"现在我掌中的剑已出鞘,本来当然是准备出手的。"这个女孩子说,"可惜现在我却偏偏不能出手了。"

"为什么?"小方问她。

她还是没有说她为什么不能出手,也不必再说,因为这时候她已经出手了。

在这生死呼吸间的一刹那,小方忽然又想起了一些他本来不该去想的事。

他又想起了卜鹰。

就在那个夜深人静、夜凉如水的晚上,卜鹰还说过一些让他永难忘记的话。

"剑客手里的剑,有时候也像是赌徒手里的赌注。"卜鹰说,"一个真正的赌徒是绝不轻易下注的。如果他要下注,不但要下得准、下得狠，而且一定还要忍。"

忍就是等，等最好的机会。

卜鹰又说："别人认为你不会出手的时候，通常就是你最好的机会。"

这个女孩子无疑也听她父亲说过同样的话，而且也跟小方一样牢记在心。

她已经让小方认为她不会出手了，所以她一直等到这一刻才出手。

静如泰山，动如脱兔。不发则已，一发必中。

这也是剑客的原则，一剑出手，就应该是致命的一剑。刺的必定是对方要害，一定带种极霸道的杀气。

她刺出的这一剑却不是这样子。

她的出手又快又准，她的剑法不但变化奇诡而且绝对有效。

但是她的出手却不够狠，剑法也不够狠。

小方虽然从未见过独孤痴的剑法，也从未见过他出手，但是小方可以想象得到。

只要看见过独孤痴的人，大概都可以想象得到他的剑法和出手是什么样子的。

——能看到他出手的人当然不多，因为看过的人几乎都已死在他的剑下。

这个女孩子既然能将班察巴那属下的杀手一剑刺杀，她的剑法无疑已得到独孤痴剑法中的精髓。可是她这一剑刺出却一点都不像是这样子。

小方已经觉得有点奇怪了。

更奇怪的是，她一剑刺出之后，忽然又住手。

"现在你是不是已看出来刚才我为什么不能出手？"她问小方。

小方没有反应。

她又说:"我学的剑法是杀人的剑法。如果我要杀你,我的剑法才有效果。"

小方反问她:"刚才你不想杀我?"

"我本来是想杀你,用你的命来祭我的剑。"她说,"可是刚才我却改变了主意。"

"为什么?"

"因为我想跟你做个交易。"

"交易?"小方问,"什么交易?"

"当然是大家都不必吃亏的交易。"这个女孩子说,"只有这种交易才能做得成。"

跟一个这样的女孩子谈一件大家都不吃亏的交易,当然是件很有趣的事。

小方正想问她:是什么样的交易?交易的是什么?应该怎么谈?

他还没有问,窗外忽然响起了一声鸡啼,窗纸已经发白了。

不管黑夜多么长,天总是会亮的。

天一亮鸡就会啼,窗纸就会白。不管谁听见鸡啼的时候,都不会认为那是件可怕的事,都不会因此而大吃一惊。

可是这个女孩子却忽然跳了起来,就好像是条中了箭的兔子一样跳了起来,穿出了窗户。

临走的时候她又说了句很奇怪、让人很想不通的话。

"我一定要走。"她说,"可是你不能走,今天晚上我一定会再来,也许天一黑我就来。"

她为什么要走?为什么一听见鸡啼的声音她就要走?

鸡啼的时候,太阳就将升起。

难道她也像那些见不得阳光的妖魔幽灵鬼魂一样,生怕太阳一升起，就会把她化成一摊脓血？

所以她一定要等到晚上才能重回人间，至少也要等到天黑之后。

——她究竟是人还是鬼？

她要和小方谈的是什么交易？是不是一种买卖灵魂的交易？

天又黑了。

小方在等，等她来。

在一间如此狭窄阴暗潮湿的廉价客栈斗室中枯候坐等，不管他等的是人是鬼，都不是件愉快的事。

小方却很沉得住气。

他既不知道那个女孩子会在什么时候来，也不知道她会从什么地方来。

——是从窗外来？还是从门外来？是从屋顶上掉下来？还是从墙壁里钻出来？

——是从天上来？还是从地下来？

小方根本没有去想，也没有去猜。

他一直坐在房里等。天色暗了，天黑了，又过了很久，他才听见敲门的声音。

确实是有人在敲他的门，敲门的却不是今晨阳光初露时仓皇离去的那个女孩子。

敲门的是个小男孩。脏兮兮的小男孩，看起来只有八九岁，身上居然还穿着件大人常用的缎子做成的大褂。

小方不禁感到有点奇怪。这个客栈里的伙计，怎么会放这么样的一个小孩进来敲他的门？

更奇怪的是，店里的伙计就在小孩的旁边。非但没有阻止，而且居然还对他很客气。

——这么样的一个小孩难道也是个很有来头的人？

小方忍不住问他:"你是来找我的?"

"不是来找你是来找谁的?"这个小孩子凶巴巴地说,"不是找你,难道是来找乌龟王八蛋?"

小方没有生气。

他有一点想笑,却又笑不出来:"是谁要你来找我的?"

这个小孩子挑起了大拇指:"当然是我们的老大,他要我带你去见他。"

"你们老大是谁?"小方问,"他人在什么地方?"

这个小孩子说:"你跟我去就知道了。你不敢去你就是活龟孙。"

他说完了这句话,扭头就跑。

小方也只好在后面跟着。他并不是怕做活龟孙,而是因为他已经猜出这个小孩子的老大是谁了。

天色已经很暗。就算有星星,星光也是很淡。就算有月亮,月光也很淡。前面的路途方向,已经渐渐不太看得见。

这个孩子在前面跑着,忽然一下子就看不见了。

可是他既没有飞上天,也没有钻下地,只不过忽然一头钻进了一间破庙里。

小方也只好跟着钻进去。

破庙里居然有亮光,还有酒香和烤肉的香气,烤的好像是香肉。

烤肉的火堆旁围着十七八个小男孩。都是些还没有长大的小男孩,身上穿着各式各样稀奇古怪的衣服,正在做各式各样稀奇古怪的事。

——他们做的这些事如果是大人们在做,既不稀奇也不古怪。只不过他们还都是孩子。

一个看起来年纪最大而且最脏的孩子,盘着腿坐在庙中间的神案上,一双大眼睛乌溜溜地转。

带小方来的小孩指着他，悄悄地告诉小方："他就是我们的老大。"

他们的老大当然就是那个玩小虫住鸟屋的小孩，也就是那个骑青骡使长剑的姑娘。

香肉已经不香了，因为香肉已经被吃到肚子里去。

不管多香的肉，被吃到肚子里去后，都不会香了。只会变臭，不会再香。

小方看着在火堆旁吃肉喝酒赌钱的小孩，忍不住皱起了眉头："他们都是你的兄弟？"

"每个都是。"这个以前玩小虫，昨夜使长剑，今夜脸上好像又有鼻涕要流下来的小姑娘说，"我就是他们的老大。"

"你怎能让他们做这些事？"

"为什么不能让他们做？"

"这些事是大人做的。"小方说，"他们还小，还是孩子。"

"那么我是不是该告诉他们，一定要等到长大了之后才能做这些事？"

小方不能回答。

那个女孩又冷冷地问他："我是不是应该告诉他们，等他们长大了之后就可以做这些事？"

小方说不出话了。

这女孩子忽然叹了口气："如果大人们不喜欢看见小孩们做这些事，大人们自己最好也不要做。"她说，"大人们自己天天在做的事，又怎能让小孩不做？"

小方苦笑。

他觉得她的话实在有点强词夺理，却又偏偏想不出反驳的理由来。

他只有改变话题："昨天晚上你说的究竟是什么交易？"

其实他还有很多别的问题要问这个小女孩。

——为什么鸡啼她就要走？为什么她总要扮成这个脏兮兮的小男孩？

——独孤痴在哪里？他的剑法是不是已练成？伤势是不是已痊愈？

这些问题小方都没有问。

因为他忽然也对她要谈的这个交易很感兴趣。

这个女孩子提出来的交易，大多数人都会很感兴趣。

"我找个安全、隐秘、舒服的地方给你住。"她对小方说，"我每天都会做几样好吃的东西给你吃，偶尔还会替你洗洗脏被单脏衣服。"

小方笑了。

他实在很想问问这个女孩子，是不是准备嫁给他。

——在某方面来说，婚姻岂非也是种交易？

——这个女孩子要替小方做的事，岂非也正是妻子应该为丈夫做的？

这个女孩子盯着小方的眼睛，仿佛也想笑，却没有笑。

"如果你以为我想嫁给你，你就错了。"她说，"你绝不能把我当作一个女人。"

"我应该把你当作什么？"小方故意问她。

"把我当作你的师父。"

"师父？"小方忍住笑，"你能教我什么？"

"剑法。"这个女孩子说，"我可以把独孤痴教给我的剑法全部教给你。"

小方开始有点吃惊。

"你是不是说你不但要替我煮饭、洗衣服,还要把别人秘传的剑法教给我?"

"是的。"这个女孩子道,"我是这样说的。"

"你不是在开玩笑?"

"不是。"

她说话的态度的确连一点开玩笑的样子都没有。

小方的态度也变得严肃起来。

"交易是双方的。"小方问,"你要我为你做什么?"

"剑法。"这个女孩子说,"我也要你把你的剑法传授给我。"

她又说:"我想斩下独孤痴的头颅报父仇,你也要击败他。可是以我现在学到的剑法,连他一根头发也斩不到,要击败他大概也很不容易。"

小方不能不承认这一点。

"我们只有这么做才有希望。"她说,"这个交易对我们两个人都有好处。"

这一点小方也承认。

他在考虑,可是并没有考虑多久:"这样说来,如果我不肯答应这件事,我就是个笨蛋?"

"你是不是笨蛋?"

"我不是。"

所以他们做成了这个交易。

肉已经烤好了。这个女孩子分了一大块给小方,用一只又有油又有泥的手,用力拍小方的肩。

"现在我们已经不是普通朋友,是好伙伴了。"她说,"我保证你不会后悔。"

小方笑了笑。

"现在我们已经不是普通朋友了,可是我连你贵姓大名都不知道。"

这个女孩子也笑了。

"我姓齐。"她说,"在我做男孩子的时候,我叫小虫。"

"在你做女孩子的时候呢?"

"我叫小燕。"

"你明明是个女孩子,为什么要做男孩子?"小方问小燕。

小燕直视着他。

"你是不是想要我说真话?"

"当然想。"

"好,我告诉你。"小燕说,"如果独孤痴知道我是女孩子,我早就已经死在他的剑下。"

"为什么?"

"因为独孤痴练的剑法很绝,也很邪。每隔一段日子,就要发泄一次,否则他就会发疯。"小燕说,"通常他都是以杀人作发泄。"

她又说:"如果他不能杀人的时候,他就要在女人身上发泄。如果他知道我是个女孩,就一定会来找我。如果我不肯,就一定会死在他的剑下。"

她一直在看着小方。她的眼睛清澈明亮。她说的虽然是件见不得人的事,可是她自己绝没有一点不好意思见人的样子。

小方忽然觉得有点佩服她。

一个年轻的女孩子,能够在男人面前,把这件事说得出口,实在是件让人不能不佩服的事。

小燕的眼睛还在盯着他。

"你还有什么事情要问我?"

小方的确还有很多事要问她。

——独孤痴的剑法练成了没有？独孤痴的人在哪里？

可是他没有问。

他用手里拿着的肉塞住自己的嘴。

无论任何人的一生，总会遇到些很突然的变化。就像是其他一些别的事一样，这些变化也有好有坏。有的令人欢欣鼓舞，有的令人悲伤颓丧。

在感情方面来说，爱情就是突发的，仇恨也是；在生活方面来说，往往也有些事会改变一个人的人生。

无论这些变化是好是坏，在本质上都有两点相同之处。

——在变化的过程中，通常总会发生一些让人终生永难忘怀的事。

小方的生活忽然改变了，从一种极狂暴的生活方式忽然变得极平静。

齐小燕并没有骗他。她真的在一个小小山丘里、一道弯弯的流水旁、一株青青的古树下，替他找了个隐秘舒服的地方，替他盖了栋小木屋，让他住下来。

她烧的菜味道果然还不错。她蒸的馒头很胖，擀的面条很瘦，煮的饭也很香。她包的饺子一咬就是一口肉。

她居然还真的替他洗衣服，而且还不止洗过一次。

在一个如此安静幽美的地方，有一栋如此安全舒服的小屋，每天都有一个这么能干、这么美丽、这么会说话的女孩子来陪他。

这种生活对一个像小方这样没有根的浪子来说，改变实在太大了。

他从来都没有家，现在却好像有了。只不过他自己也知道这种生活随时会结束。

等他们的剑法一练成，就要结束。

在某一方面来说，剑法就像书法，不但要有气有势有意境，而且还要有技巧。

——一笔落下要意在笔先，一剑出手也要意在剑先。其中的转折变化，就要靠技巧了。

气势和意境是先天的，技巧则要靠后天的苦练。

所以小方苦练。

独孤痴的剑法中，有很多运气的方法和剑式的变化，都是他以前从未听人说过也从未想到过的。

这种剑法变化虽然不多，可是每一种变化都出人意料。

剑式的变化不但要靠手法运用的巧妙，还要有一股劲。

没有气，就没有劲。

独孤痴剑法中最巧妙的一点，就是他运气的方法。

——气从绝不可能发出的地方发出，剑从绝不可能出手的地方出手。

——气劲在腕，一剑穿胸。

这就是技巧。

这种技巧必须苦练。

在这段日子里，他几乎忘记了阳光和卜鹰，几乎忘记了所有那些他本来绝对忘不了的人。

他当然并没有真的忘记，只不过禁止自己去想而已。

学剑不但要苦练，而且要有天赋。肯苦练的并不少，有天赋的人却不多。

对千千万万个想在江湖中出人头地，想成名却又未成名的少年来说，剑不仅是种杀人的利器，也是种代表成熟、荣誉、地位的象征。

远在千百年前，第一柄剑铸成之后，想学剑也肯苦练的少年就不知有多少。

其中能练成的又有几个？

如果说小方是个天生就适于学剑的人，齐小燕无疑也是。

不到三个月，她就已将小方剑法中所有她应该学、值得学的东西，全部学会。

三个月之后，她到小方这里来的次数就没有以前那么多了。

她不来的时候，也有人替小方送饭来。

送饭来的，就是那个第一次带小方到那破庙去见她的小孩。

"我叫大年。"这个小孩子告诉小方，"因为我是大年初一生的，所以叫大年。"

大年说他已经十三岁，可是他看起来最多只有八九岁。

"我从小就吃不饱穿不暖，所以永远都好像长不大的样子。"大年又告诉小方，"有很多人都在背后骂我，说我一肚子都是坏水，所以才长不高长不大。可是我一点都不在乎。"

他说话的口气又好像比他实际年龄大得多："只要他们不当面骂我就成了。"

"他们从来都没有骂过你？"

"从来都没有。"大年说，"因为他们不敢。"

小方看着他，看着他圆圆的脸，看着他脸上时常都会露出来的那种老气横秋的样子，忍不住问："这地方是不是有很多人都很怕你？"

想起了客栈里那个伙计对他的态度，所以小方才这么问。

大年却摇头。

"他们怕的不是我，怕的是我们老大。"他挺起胸道，"我敢说这地方没有一个人敢惹他。"

"为什么？"

"因为谁惹他谁就要倒霉。"

"怎么样倒霉？"

"有的人在半夜里头发胡子都被剃光，有的人早上起来忽然发现那两道眉毛不见了。"大年扬起眉，"开当铺的老山西，头天晚上踢了他一脚，第二天他那只脚就肿得像猪脚一样。"

他的圆脸上充满骄傲得意之色："自从那次之后，这地方就没有人敢惹我们了，因为大家都知道我们是他的小兄弟。"

小方笑了笑。

"看来你们这位老大本事倒真不小。你们有了这么样一位老大，一定很高兴。"

"当然高兴。"大年说，"他不但给我们吃，给我们穿，而且处处照顾我们。"

"他对你们这么好，你们怎么样报答他？"

"现在我们虽然没法子报答他，可是等我们长大之后，我们也会替他做些事的。"大年瞪着眼，说得很认真，"只要能让他高兴，随便什么事我们都做。就算他要我们去死，我们也会去。"

他又像大人般叹了口气："只可惜我们现在还太小，只能替他做点小事。只能替他送送东西，跑跑腿，打听打听地面上的消息。"

他又挺起胸，很认真地说："如果这附近有什么陌生人来了，第一个知道的一定是我们老大；如果地面上出了什么奇怪的事，第一个知道的一定也是他。"

小方也在心里叹了口气。他忽然发现这个女孩子不但有头脑、有手段，而且有野心。

也许她的野心远比任何人想象中都大得多。

又过了几个月，漫漫的长日已过去，炎热的天气又渐变得凉快起来。

这种天气正是睡觉的好天气。

可是小方却没有睡好，早上起来时不但唇干舌燥，眼睛里也带着红丝。

冲过一个冷水澡之后,大年就送饭来了,小方第一句话就问他:"你们的老大呢?"

他们见面的次数本来就越来越少,这一次已经有两个月未曾相见了。

"我也不知道他在哪里。"大年说,"他不来找我们,我们从来都不知道他在哪里。"

"你没有说谎?"

"我从来不说谎。"大年瞪着眼睛,"我是小孩,你是大人,小孩子说谎怎么骗得过大人?"

小方虽然显得有点急躁,却又不能不相信。

"你总有见到她的时候,如果见到她,就叫她赶快到这里来。"

"来干什么?"

"我有事要找她。"小方说,"非常重要的事。"

"你能不能告诉我?"

"不能。"小方也瞪起眼睛,"大人们的事,小孩子最好不要多问。"

大年一句都没有再问,就乖乖地走了,像是个又听话又老实的乖孩子。

但是他自己知道自己一点都不乖,也不老实。因为他不但说了谎,而且每句话都是在说谎。

他也知道说谎不好,可是他并没有犯罪的感觉,因为他说谎是为了他们的老大。

他们的老大就在前面的树林子里等他。

凉爽的秋天,幽静的枫树林。

满林枫叶红如火。齐小燕盘着腿坐在一株枫树下。一身脏兮兮的衣服，一脸脏兮兮的样子，连她自己照镜子的时候，都常会忘记自己本来是个多么漂亮的女人。

她自己知道自己是个女人，已经不再是女孩子。当然更不是男孩子。

可是她扮男孩子的时候，总是有办法能让自己忘记自己是个女人。

对这一点她自己也觉得很满意。

她的小兄弟们从来都不知道他们的老大是个女人。可是她知道他们之中有的已经快变成男人。有的已经长出喉结，已经学会在半夜里偷偷摸摸地去做那种大多数男人在成长过程中都做过的事。

她知道，却假装不知道。

有时她甚至还跟他们睡在一起。甚至在他们做那种事的时候，她也不会动心。

不管是男孩子也好，是男人也好，从来都没有人能让她动心。

这一点她自己也对自己觉得很满意。

大年来的时候，她又从泥地里挖出条小虫，正在玩这条小虫。

她不喜欢玩虫，非但不喜欢，而且很讨厌，不管是大虫还是小虫都一样讨厌。

可是她时常玩虫。

因为她总认为一个人训练自己最好的法子，就是时常都要强迫自己去做一些自己不喜欢去做的事。

她也不喜欢大年。

她觉得这个小男孩就像是个还没有熟透就被摘下来的果子，既不好看，也不好吃。

但是她相信大年绝不会知道她不喜欢他。因为她每次看见他的时候，都会装出很愉快、很开心的样子。因为大年一直都很有用，几乎已经可以算是她的小兄弟里面最有用的一个。

大年一看见她,就好像老鼠见到猫一样。顽皮捣蛋的样子没有了,老气横秋的样子也没有了。规规矩矩、老老实实地站在她面前报告:"我已经把饭送去了,而且是当面交给他的。"

"你去的时候,小方在干什么?"

"他又在洗冷水澡。"

"昨天下午、前天晚上、大前天中午,你去的时候他是不是都在洗冷水澡?"

第三十章

试　剑

　　"是的。"大年说，"这个人最近好像忽然变得特别喜欢干净，每天都要洗好几次冷水澡。"

　　小燕忽然笑了笑，笑得仿佛有点神秘："男人洗冷水澡不一定是为了爱干净。"

　　大年瞪着眼问："不是为了爱干净是为了什么？"

　　"你还是个小孩子，你不会懂的。"小燕说，"大人的事，你最好也不要多问。"

　　她捏死了手里的小虫。站起来，伸了个懒腰，忽然问大年："你看他最近有没有什么跟以前不一样的地方？"

　　"好像有一点。"大年又眨了眨眼，"最近他的脾气好像变得特别暴躁，精神却好像比以前差了，眼睛总是红红的，就好像晚上从来都不睡觉一样。"

　　"今天他有没有问起我？"

　　"最近这一个月，他只要一见到我，第一句话就会问我见到你没有。"大年道，"今天他还说一定要你去见他，因为他有非常非常重要的事要见你。"

　　他忽然笑了笑："看他的样子，就好像如果看不见你就马上会死掉。"

小燕也笑了，笑得又神秘又愉快。大年忍不住问她："你知不知道他有什么事找你？"

"我知道。"小燕微笑，"我当然知道。"

"如果你不去，他是不是真的会死掉？"

"就算不死，一定也很难过。"小燕笑得仿佛更愉快，"我想他最近的日子一定很难过。一天比一天难过，难过得要命。"

她笑得的确很愉快，可是谁也不知道为了什么，就在她笑得最愉快时，她的脸却红了。

——一个女孩子通常都只有在心动时才会变得这么红。

——她既然从来不动心，她的脸为什么会红成这样子？

大年又在问："你要不要去见他？"

"我要去。"

"什么时候去？"

"今天就去。"小燕嫣红的脸上血色忽然消退，"现在就去！"

她忽然掠上树梢，从一根横枝上摘下一柄剑。等她再跃下来时，她的脸色已苍白如纸，就好像仵作们用来盖在死人脸上的那种桑皮纸。

大年吃惊地看着他。因为他从来都没有看见过一个人的脸在瞬息间有那么大的变化。

他的胆子一向不小，可是现在却不由自主地往后退了几步。好像生怕他的老大会拔出剑来，一剑刺入他的胸膛咽喉。

他的害怕并不是没有原因的。

只有要杀人的人，才会有他老大现在这样的脸色。

他没有逃走，只因为他知道老大要杀的人不是他。但是他也想不到他的老大会杀小方。

他一直认为他们是朋友，很好的朋友。

小燕的手紧握剑柄，冷冷地看着他，忽然问："你的腿为什么在发抖？"

"我害怕。"大年说。在他们的老大面前，他从来不敢说谎。

"你怕什么？"小燕又问，"怕我？"

大年点头。

他不能否认，也不敢否认。

小燕忽然笑了笑，笑容中仿佛也带着种杀气：

"你几时变得那么怕我的？"

"刚才。"

"为什么？"

"因为……"大年吃吃地说，"因为你刚才看起来就像要杀人的样子。"

小燕又笑了笑："现在我看起来难道就不像要杀人的样子了？"

大年不敢再开口。

小燕又盯着他看了半天，忽然叹了口气："你走吧。最好快走，走得越远越好。"

她的话还没有说完，大年已经跑了。

他跑得并不快。因为他两条腿都已发软，连裤裆都已湿透。

因为他忽然有了种又奇怪又可怕的感觉。

他忽然发现他们的老大在刚才那一瞬间，很可能真的会拔出剑杀了他。

直到大年跑出去很远之后，小燕才慢慢地放开她握剑的手。

她的手心也湿了，湿淋淋地捏着满手冷汗。

因为她自己也知道，在刚才那一瞬间，无论谁站在她面前，都可能被她刺杀在剑下。

她练的本来就是杀人的剑法。

最近这些日子来，她总是有种想要杀人的冲动。尤其在刚才那一瞬间，她心里的杀机和杀气已经直透剑锋。

她知道她的剑法已经练成了。小方的剑法无疑也练成了。

因为他们的情绪都同样焦躁，都有同样的冲动。

正午。

小燕没有去找小方。

她的剑仍在鞘，她的人已到了山巅。

这是座从来都没有人攀登过的荒山，根本没有路可以到达山巅。

在一片原始密林后，一个幽静的山坡里，有一池清泉，正是小方屋后那道泉水的发源处。

小燕常到这里来。

只有这地方，才是完全属于她的。只有在这里，她才能自由自在地行动思想。随便她做什么，想做什么，都不会有人来打扰她。

她确信除了她之外从来没有人到这里来过。

已经是秋天了。阳光照射过的泉水虽然有点暖意，却还是很冷。她一只脚伸下去，全身都会冷得轻轻发抖，一直从脚底抖入心底，就好像被一个薄情的情人用手捏住。

她喜欢这种感觉。

密林里有块岩石，岩石下藏着个包袱。是她藏在那里的，已经藏了很久，现在才拿出来。

包袱里是她的衣服，从贴身的内衣到外面的衣裤都完备无缺。每一件都是崭新的，都是用纯丝做成的。温软而轻柔，就好像少女的皮肤。

就好像她自己的皮肤。

她把包袱里的衣服一件件拿出来，在池旁一块已经用池水洗干净的石头上，一件件展平摊开，再用她的剑压住。

然后她就脱下身上的衣服，解开了紧束在她前胸的布巾。赤裸裸地跃入那一池又温暖又寒冷的泉水里,就好像忽然被一个又多情又无情的情人紧紧拥抱住。

她的胸立刻坚挺,她的腿立刻绷紧。

她喜欢这种感觉。

她闭起眼睛,轻抚自己。只有她自己才知道她已经是个多么成熟的女人。

泉水从这里流下去,流到小方的木屋后。

她忽然想到小方现在很可能也用这道泉水冲洗自己。

她心里忽然又有了种无法形容的感觉,从她的心底一直刺激到她的脚底。

午后。

小方湿淋淋地从他木屋后的泉水中跃起,让冷飕飕的秋风把他全身吹干。

在他少年时他就常用这种法子来抑制自己的情欲,而且通常都很有效。

但是现在,等到他全身都已干透冷透后,他的心仍是火热的。

——这是不是因为他已经练成了独孤痴的剑法,所以变得也像独孤痴一样,每隔一段日子,如果不杀人,精气就无法发泄。

他没有仔细想过这一点。

他不敢去想。

只穿上条犊鼻裤,他就提起他的剑奔入练剑的枫林。

这片枫林也像山前的那片枫林一样,叶子都红了,红如火。

红如血。

小方拔剑,剑上的"魔眼"仿佛正在瞪着他,仿佛已看透了他的心,看出了久已隐藏在他心底却一直被抑制着的邪念。

——这本来就是人类最原始的罪恶。你可以控制它，却无法将它消灭。

小方一剑刺了出去，刺的是一棵树。

树上已将凋落的木叶，连一片都没有落下来。可是他的剑锋已刺入了树干。

如果树也有心，无疑已被这一剑刺穿。

如果他刺的是人，这一剑无疑是致命的一剑！

他的手仍然紧握剑柄，手背上青筋一根根凸起，就像是一条条毒蛇。

——他心里是不是也有条毒蛇盘旋着？

他的剑还没有拔出来，就听见有人在为他拍手。他回过头，就看见了齐小燕。

小燕斜倚在他身后的一棵树下。从树梢漏下的阳光，刚好照上她的脸。

"恭喜你。"她说，"你的剑法已经练成了。"

小方慢慢地转过身，看着她。

她的脸明艳清爽，身上穿着的衣服，就像是皮肤般紧贴在她坚挺的胸膛和柔软的腰肢上。

他不想这么样看她，可是他已经看见了一些他本来不该看的地方。

他的眼睛里忽然露出种异样的表情，连呼吸都变粗了。过了很久才问："你呢？你的剑法是不是也练成了？"

小燕没有逃避他的目光，也没有逃避这个问题。

"是的。"她说，"我的剑法也可以算是练成了，因为你已经没有什么可以教给我。"

她的回答不但直接干脆，而且说得很绝。

小方尽量不让自己再去看那些一个女人本来不该让男人看见的地方。

"我明白你的意思。"他说。

"你明白？"她问他，"你说我是什么意思？"

"现在我已经没有什么可以教给你，你也没有什么可以教给我，所以我们的交易已结束。"

交易结束，这种生活也已结束，他们之间的关系也已断绝。

小方尽量控制自己。

"我找你来，就为了要告诉你，我已经准备走了。"

"你不能走。"小燕道，"至少现在还不能走。"

"为什么？"

"因为我们还要去找独孤痴。"

没有独孤痴，根本就没有这个交易。现在他们的交易虽然已结束，可是他们和独孤痴之间却仍然有笔账要算清。

"所以我们两个人之间最少要有一个人去找他。"小燕盯着小方，"也只能一个人去。"

"为什么？"

"因为我是我，你是你，我们要找他的原因本来就不一样。"小燕脸上的阳光已经照到别的地方去了。她的脸色苍白，声音冰冷。

她冷冷地接着道："我们之间本来就没有关系。我的事当然要我自己去解决，你不能代替我，我也不能代替你。"

"是你去，还是我去？"

"谁活着，谁就去。"

"现在我们两个人好像还全都活着。"

"可惜我们之间必定有个人活不长的。"小燕的瞳孔在收缩，"我看得出片刻后我们之间就有个人会死在这里。"

"死的是谁？"

"谁败了，谁就要死。"她盯着小方握剑的手，"你有剑，我也有。你已经练成了我的剑法，我也练成了你的剑法。"

"现在是不是已经到了我们要比一比究竟是谁强谁弱的时候？"

"是的。"

"谁败了，谁就死？"

"是的。"小燕道，"强者生，弱者死。这样是不是也很公平？"

小方的回答也同样干脆："是的，这样子的确公平极了。"

剑光一闪，两柄剑都已拔出。

他们练的虽然是同样的剑法，可是他们的性别不同、体质不同，智慧和想法也不同。

他们使出的纵然是同样的招式，在他们出手的那一瞬间，也会有不同的变化。

他们的生死胜负，就决定于那一瞬间。

小燕忽然又问小方："你有没有什么后事要交代给我？"

"你呢？"小方反问。

"我没有。"小燕居然笑了笑，"因为我不会死的。"

"你有把握？"

"我当然有。"小燕微笑，"否则我怎么会来？"

小方想笑，却笑不出来。因为他自己实在连一点把握都没有。

他的对手却对自己充满信心。

在生死一瞬的决战中，信心无疑也是决定胜负的一大因素。

小燕又在问他："你自己知不知道你为什么必败无疑？"

"不知道。"小方说。

"因为你是男人。"小燕的回答很奇怪。

小方不懂，所以忍不住问："就因为我是男人，所以我就必败？"

"是的。"小燕说，"就是这样子的。"

"为什么？"

"因为你已经练成独孤痴的剑法。"小燕道，"我说过，他的剑法很绝，也很邪。每隔一段日子，一定要将精气宣泄，身心才能保持平衡稳定。"

她故意叹了口气："可是你的精气根本就没有发泄的地方。所以你最近已经渐渐变了，变得焦躁不安，就算一天冲十次冷水也没有用。"

她又笑了笑。

"一个人如果连自己的情绪都无法保持镇定，他能不能算是个可怕的对手？"小燕带着笑问，"他怎么能不败！"

小方握剑的手又有青筋暴起，掌心已冒出了冷汗。

他自己也已察觉到这一点。

虽然他明知她这么说是为了要摧毁他的信心，却偏偏无法反驳。

——如果一个人的信心已被摧毁，又怎能在这种生死决战中击败他的对手？

小燕盯着他："所以我才问你，你还有什么后事要交代？还有没有什么话要说？"

"只有一句话。"

小方沉思后说："就算你能击败我，也必将死在独孤痴的剑下。"

"为什么？"

小方的回答也跟她刚才的说法同样奇怪。

"因为你是女人！"他说，"就因为你是女人，所以你永远没有击败他的机会。"

小燕也不懂，所以也忍不住要问："为什么？"

小方道："因为他的剑法确实很绝，也很邪。我经过五个月后，就觉得有一股精气郁结。"

他盯着他的对手。

"可是你没有。"小方说,"因为你是女人,根本就无法得到他剑法中的精髓。"

小燕的手圆润柔美,可是现在她握剑的手也有青筋暴起,脸上的笑容消失不见。

"不管怎么样,我好歹都要去试一试。"她掌中的剑尖斜斜挑起,"所以现在我就要先用你来试一试我的剑!"

这时天光已渐渐微弱,暗林中忽然有一道剑光斜斜飞起。

剑风破空一响,木叶萧萧落下,剑气逼人眉睫。

高手间的决战,通常都是最能吸引人的。在决战的过程中,那种惊心动魄的变化,出人意料的招式,总能使人看得心动神驰,如醉如痴。

昔年西门吹雪与白云城主叶孤城约战于重阳之日,紫禁之巅,三个月前就已传遍江湖,轰动九城。

想看到这一类的决战却不是件容易的事。大多数人都很难有见到这种对决的机会,其中招式间的变化,变化间的精妙处,可不是任何言语文字所能形容得出的。除非你能亲临其境,自己去体会,否则你就很难领略到其中的变化和刺激。

所以对大多数人来说,真正关心的并不是决战的过程,而是结局。

没有人能看见小方和小燕这一战,也没有人知道这一战过程的刺激与变化,当然也没有人能描述得出。

可是这一战的结局却无疑是每个人都关心的。

——这一战究竟是谁胜谁负?

——如果小方败了,他是不是立刻就会死在那里?

——如果是小方胜了，他会不会立时就将他的对手刺杀于剑下？

小方的情绪很不稳定，出手当然也很难保持稳定。不但招式间的变化很难把握得恰到好处，连运气换气间也很难控制得自然流畅。

可是这一战他胜了。

因为他远比他的对手更有经验，也更有耐力和韧性。

如果这一战能在数十招之内就决定出胜负，胜的无疑是齐小燕。

但是他们之间强弱的距离并不大，谁也不能在数十招之间击败对方。

所以这一战拖得很长。一百五十招之后，小方就知道自己胜了。

一百五十招之后，小燕就知道自己要败了。

她的气力已渐渐不继，招式运用变化间已渐渐力不从心。

更重要的一点是，她心里已经有了阴影。

——就算你能击败我，也必将死在独孤痴剑下。

她不得不承认这是事实。

她真正要击败的并不是小方，而是独孤痴。所以她对这一战的胜负，已经没有抱太大的热望。

更重要的一点是，在这种压力的阴影下，她甚至已忘记败就是死！

所以她败了。

"铿"的一声，双剑相击。

剑花如火般的四散飞激，小燕掌中的剑已脱手飞了出来，小方的剑已到了她咽喉间。

直到剑锋上的剑气和寒意已刺入她的毛孔时，她才想起他们之间的约定。

——谁败了，谁就死！

就在这一瞬间，死亡的恐惧忽然像是只鬼手般攫住了她，扼住了她的咽喉，捏住了她的关节，占据了她的肉体和灵魂。

她还年轻。

她从来都不怕死。

直到这一瞬间，她才真正了解到死亡是件多么可怕的事。

人类对死亡的恐惧，本来就是人类所有的恐惧中最大、最深切的一种。

——因为死就是所有一切事的终结，就是一无所有。

这种心理上的恐惧，竟使得齐小燕整个人的生理组织，都起了种奇异的变化。

她的舌、她的嘴腔、她的咽喉，忽然变得完全干燥。

她的肌肉关节忽然变得僵硬麻木。

她的瞳孔在收缩，毛孔也在收缩。所有控制分泌的组织都已失去控制。

她的心跳与呼吸几乎已加快了一倍。

更奇怪的是，就在这种变化发生时，她忽然又觉得有种说不出的冲动。

她的情欲忽然因为肌肉的收缩摩擦，而火焰般燃烧起来。

她身上穿的只不过是件皮肤般温软柔薄的衣服，连皮肤的战栗，肌肉的颤动都可以看得很清楚。

她很想问小方："你为什么还不杀了我？"

她没有问，因为她已无法控制她喉头的肌肉和她的舌头。

她没有问，因为她忽然发现小方生理上，也起了种又奇怪又可怕的变化。

这种变化使得她的心跳得更快。

她闭上眼睛，不敢再看。她闭上眼睛时，她的呼吸已变为呻吟，苍白的脸已红如桃花。

这时候她已经知道小方不会杀她了,也知道小方要做什么。

她已经感觉到小方炽热的呼吸和身子的压力。

她无法推拒,也不想推拒。

——只因为她本来就已想到结果一定会是这样子的。

她忽然放松了自己,放松了她的身体四肢,放松了所有的一切。

因为她知道只有这样才能得到解脱,一种几乎和死亡同样彻底的解脱。

这一天是八月十五日,是齐小燕的生日。

她是在中秋节生的。可是直到她已完全解脱后再睁开眼睛时,她才想起这一天是她的生日,才想起这一天是中秋。

因为她一睁开眼睛,就看见了一轮明月。一轮比她在往昔任何一天晚上,所看见过的明月都更圆更亮的明月。

然后她才看见小方。

小方在月下。

月光清澈柔和,平静稳定。他的人也一样。

他已完全恢复平静,完全放松了自己。他的人仿佛已和大地明月融为一体。

大地明月是永不变的。他这个人仿佛也接近永恒,接近那种平和安定永恒不变的境界。

小燕很想告诉他:"现在你的剑法已经真正练成了。"

她没有说。因为她忽然觉得眼中有一股泪水,几乎已忍不住要夺眶而出。

因为她虽然败了,虽然已经知道自己永远无法击败独孤痴,永远无法到达剑术的巅峰。

可是她已帮助一个男人突破了困境,到达了这种境界。

她的身体已经有了这个男人的生命,他们的生命已经融为一体。

他的胜利，就等于是她的。

天色渐渐亮了，月光渐渐淡了。

也不知道过了多久，她才轻轻地告诉小方："你已经可以去找独孤痴。"

小方完全没有反应。

她不知道小方有没有听见她的话，可是她已经听见了一声鸡啼。

就像是上次一样，听见了这声鸡啼，她就忽然跃起。就像是个听不得鸡啼、见不得阳光的幽灵鬼女般忽然逃走，消失在灰灰暗暗、迷迷蒙蒙的晓雾里。

这一次小方没有让她逃走。

小方也追了出去。

第一声鸡啼响起时，就是独孤痴起床的时候。

睡眠是任何人都不能缺少的。他也是人，可是即使在睡眠中他也要随时保持清醒。

他睡的是张石板床，窄小冰冷坚硬，吃的食物简单粗粝。

他绝不容许自己有片刻安逸。

这就是一个剑客的生活，远比任何一个苦行僧过得更苦。他却久已习惯了。

他总认为无论你要获得任何一种荣耀，都必须付出痛苦的代价，必须不断地鞭挞自己。

从来没有人知道他的剑法是怎么样练成的，他自己也从来不愿提起。

那无疑是段辛酸惨痛的经历，其中也不知包含多少血泪汗水。

因为他既不是名门子弟，也没有显赫的家世。血泪和汗水就是他必须付出的代价。

现在他的剑法总算已练成。

他一剑纵横，转战南北，从来也没有遇见对手。

直到他遇到了卜鹰。

——卜鹰，你在哪里？

他赤裸裸地从床上坐起，就像是个僵尸突然自棺中复活。

他苍白的脸上从无任何表情。这些日子来，除了他掌中有剑的时候，他这个人就好像真的变成了僵尸。

这就是他多年禁欲的结果。绝对没有人能比他更了解这是件多么痛苦的事，也没有人比他更了解一个人要使出多大的力量才能克制自己的情欲。

窗外还是一片黑暗，大多数人都还在沉睡中。

可是他知道，等他走出这屋子时，小虫一定已经在等着服侍他。

每天早上，他都要小虫把他的全身上下擦洗干净，替他穿好衣服。

因为他知道这个孩子最大的愿望就是要将他刺杀于剑下。他绝不容许这种事情发生。

可是他又需要这个孩子来鞭策激励他。他总认为就算最快的马也需要一根鞭子才能跑得更快。

这个孩子就是他的鞭子。

所以他留下了他，却又不断地折磨他、羞辱他，让他在他面前永远都抬不起头来。

第三十一章

剑痴情绝

——如果你每天都像奴隶般去服侍一个人,那么就连你自己都会觉得,你是永远都胜不过这个人的。

这就是独孤痴的想法,也是他的战略。

一直到今天为止,他都认为自己这种战略是成功的。

今天他走出去时,他的奴隶居然没有像平日那样在门外等着他。

远处又有鸡啼响起,大地仍然一片黑暗。风吹在赤裸的身子上,冷如刀刮。

独孤痴掌中有剑。

他已经握起他的剑。他的剑总是在他一伸手就可以握起的地方。

冷风如刀。他站在冷风中,直等到曙色已如尖刀般割裂黑暗时,才看见一个人飞掠而来。

他认得出这个人的轻功身法,可是却不是那个流鼻涕玩小虫的孩子。

他看见的是个女人,一个他已经有很久未曾看见过的美丽女人。

"你是谁?"

他问出这句话之后,就看出了这个女人是谁了。

如果你发现一个每天都像奴隶般服侍你的孩子,竟是个这么样的人,而你又还像以前那样赤裸裸地站在她面前时,你心里是什么感觉?

会有什么样的反应?

独孤痴连一点反应都没有。

他静静地站在那里,脸上还是完全没有表情,只冷冷地说了句:"你来迟了。"

"是的。"小燕的声音同样冷淡,"今天我是来迟了。"

独孤痴没有再说话。

每天他都用一种同样的姿势站在那里让她擦洗,今天他的姿势也没有变。

小燕也和以前一样,提起了一桶水,慢慢地走过去,眼睛也还是和以前一样直视着他。

唯一不同的是,今天他们之间多出了一个人。

她冰冷的手伸进冰冷的水桶,捞出了一块冷冰冰的布巾。

就在这时候,小方已经来了。

她的手刚从水桶里拿出来,就被紧紧握住。

小方的手快如毒蛇飞噬,眼神却是迟钝的,因愤怒而迟钝。

他问小燕:"你赶回来就是为了做这种事?"

"是。"小燕说,"我天天都在替他做这种事。一年三百六十五天,有时候一天做两次。"

"你为什么要替他做这种事?"

"因为他要我替他做。"小燕说,"因为他故意要折磨我、侮辱我……"

她没有说下去,她的声音已嘶哑,已渐渐无法控制自己。

独孤痴看着他们,脸上忽然出现了几条怪异扭曲的皱纹。

他已看出了他们的关系。

他的脸忽然变得像是个破裂的白色面具。

——这是不是因为他自觉受了欺骗,将自己本该得到的让给了别人?

小方慢慢转过头，盯着他。

他们之间本来完全没有恩怨仇恨，可是现在小方的眼中已有怒火在燃烧。

"从我第一眼看见你，我就知道我们之间必将有一个人要死在对方剑下。"小方说。

独孤痴居然同意："我也想到迟早总会有这一天的。"

"你有没有想到过是什么时候？"

"现在。"独孤痴道，"当然就是现在。"

他淡淡地接着道，"现在你的掌中有剑，我也有。"

就因为他掌中有剑，所以他的身子虽然完全赤裸，可是他的神态看来却像是个号角齐鸣时，已披挂俱全、准备上阵的将军。

小方的瞳孔已经开始收缩。

独孤痴忽然又问："你有没有想到过死的是谁？"

他不让小方开口，他自己回答了这个问题："死的是你，一定是你！"

白色面具上的裂痕已经消失不见了，他的脸上又变得完全没有表情。

"可是你不能死。"独孤痴接着道，"你还要去找阳光，去找吕三。你的恩怨纠缠，都没有了断，你怎么能死！"

他的声音冰冷："所以我断定你，今天一定不会出手，也不敢出手的。"

阳光已穿破云层，小方的脸在阳光下看来，仿佛也变成了个白色的面具。

现在已经到了他们必须决一生死胜负的时候。临阵脱逃这种事，是男子汉死也不肯做的。

但是他却听见自己在说:"是的,我不能死。"他的声音连他自己听来都仿佛很远很远:"如果我没有把握杀死你,我就不能出手。"

"你有没有把握杀我?"独孤痴问。

"没有。"小方道,"所以我的确不能出手。"

说出了这句话,连小方自己都吃了一惊。

在一年以前,这种话他是死也不肯说出来的。可是现在他已经变了。

连他自己都发觉自己变了。

小燕吃惊地看着他,脸色也变得苍白而愤怒。

"你是不能出手,还是不敢?"

"我不能,也不敢。"

小燕忽然冲过去,把手里提着的一桶水,从他的头上淋到脚下。

小方没有动,就让自己这样湿淋淋地站着。

小燕狠狠地盯着他,一个字一个字地问:"你是不是人?"

"我是人。"小方说,"就因为我是人,所以今天绝不能出手。"

他的声音居然还能保持冷静:"因为每个人都只有一条命,我也一样。"

他还没有说完这句话,小燕已经一个耳光打在他脸上。

但他却还是接着说下去,等他说完时,小燕已经走了,就像是只负了伤的燕子一样飞走了。

小方还是没有动。

独孤痴冷冷地看着他,忽然问:"你为什么不去追?"

"她反正要回来的,我为什么要追?"

"你知道她会回来?"

"我知道。"小方的声音仍旧同样冷静,"我当然知道。"

"她为什么一定会回来？"

"因为她绝不会放过你的。就好像你绝不会放过我和卜鹰一样。"小方说。

每个字他都说得很慢。因为他一定要先想一想怎么样才能把他的意思，表达得更明白。

"命运就像条锁链，有时往往会将一些本来完全没有关系的人锁在一起。"小方说，"现在我们已经全都被锁住了。"

"我们？"独孤痴问，"我们是些什么人？"

"你、我、她、卜鹰。"小方说，"从现在起，不管你要到哪里去，我都会在你附近。"

"为什么？"

"因为我知道你也跟我一样，要去找卜鹰。"小方道，"所以我相信，不管我走到哪里，你一定也会在我附近。"

他又补充说："只要我们两个人不死，她一定会来找我们。"

独孤痴忽然冷笑。

"你不怕我杀了你？"

"我不怕。"小方淡淡地说，"我知道你也不会出手。"

"为什么？"

"因为你也没有把握杀我！"

太阳已升起，照亮了小方的眼睛，也照亮了他剑上的魔眼。

独孤痴忽然叹了口气，叹息着道："你变了。"

"是的，我变了。"

"从前我从未将你看成我的对手，可是现在……"独孤痴仿佛又在叹息，"现在或许有人会认为你已变成个懦夫，但是我却认为你变成了个剑客。"

——剑客无情，也无泪。

——小方是真的无情？

独孤痴又道："你说得不错，从现在开始我们也许真的已经被锁在一起，所以你一定要特别注意。"

"我要特别注意？"小方问，"注意什么？"

"注意我。"独孤痴冷冷地说，"从现在开始，我一有机会就会杀了你。"

这不是恐吓，也不是威胁。

在某方面说，几乎已经可以算是一种恭维、一种赞美。

——因为他已经把小方看成他的对手，真正的对手。能够被独孤痴视为对手并不容易。

所以小方忽然说了句他们自己虽然了解，别人听了却一定会觉得很奇怪的话。

他忽然说："谢谢你。"

如果有人要杀你，你会不会对他说"谢谢你"？

你当然不会。

因为你不是独孤痴，也不是小方。

他们这些人做的事，本来就是别人无法了解的。

阳光已照进窗子。

独孤痴慢慢地，一件件穿上了他的衣服。

小方一直站在门口看着他。每一个动作都看得很仔细，就好像一个马师在观察他的种马。

独孤痴却完全没有注意他。

有些人无论在做什么事的时候，都会表现出一种专心致志、全神贯注的样子。

独孤痴就是这种人。

其实他的精神并不是贯注在他正在做的事上。他在穿衣服时，也正在想着他的剑法。

——也许就在穿衣服的某一个小动作上,他会忽然领悟到剑法中某一处精微的变化。

他的剑就在他伸手可及的地方。

穿好了衣服,独孤痴才转身面对小方:"这地方我已待不下去。"

"我知道。"

"现在我就要走了。"

"我跟着你。"

"你错了。"独孤痴道,"不管你要到哪里去,我都跟着你。"

小方一句话都没有再说。

他转身走出了门,走到阳光下。

这时阳光已照遍大地。

——阳光呢?卜鹰呢?

——他们还能不能看到他们的阳光,还能不能在阳光下自由呼吸?

"挖树应该从什么地方挖起?"

"从它的根挖起。"

"不管要挖什么,都要先挖它的根。"

"是的。"

"这件事的根在哪里?"

"失劫的黄金在哪里,这件事的根就在哪里。"

"那批黄金就是所有秘密的根?"

"是的。"

所以小方又回到了大漠,又回到了这一片无情的大地。

烈日、风沙、苦寒、酷热,又开始像以前那样折磨他。

他在这里流过汗,流过血,几乎将性命都葬送在这里。

他痛恨这个地方,不但痛恨,而且畏惧。奇怪的是,他偏偏又对这地方有种连他自己都无法解释的浓烈感情。

因为这地方虽然丑陋、冷酷、无情,却又偏偏留给他一些又辛酸又美丽的回忆。不但令他终生难以忘怀,而且改变了他的一生。

独孤痴始终都在跟着他,两个人始终都保持着可以看得见的距离。

但是他们却很少说话。

他们的饮食都非常地简单,睡眠都很少。有时两三天之内,连一句话都不说。

进入大漠之后的第一天,独孤痴才问小方:"你知道那批黄金在哪里?"

"我知道。"小方回答。

直到第二天的下午,小方才问独孤痴:"你还记不记得我们第一次相见的地方?"

"我记得。"

"黄金就在那里。"

说完了这句话,两个人就不再开口,好像都觉得这一天的话已经太多了。

可是第三天天一亮,独孤痴就问小方:"你还找不找得到那地方?"

这问题小方没有回答。一直等到第四天,等到他们走到一片高耸的风化山岩下,小方才开口。

他指着一块尖塔般凸起的岩石问独孤痴:"你还记不记得这块石头?"

"我记得。"

于是小方就停下来。在山岩下找了个避风处,开始吃他这一天的第一顿饭。

又过了很久独孤痴才问他:"黄金就在下面?"

"不在。"

"你为什么在这里停下来?"

小方慢慢地吃完了一个青稞饼之后才说:"黄金是卜鹰和班察巴那埋藏的,知道这秘密的本来就只有他们两个人。"

"可是现在你也知道了。"

"因为卜鹰也把我带到了埋藏黄金的地方。"小方说,"他带我去的时候,已经是深夜。我们走的时候,天却已亮了。"

他抬头仰望高耸入云的塔石:"那时太阳刚升起,刚好将这块石头的影子,照在埋藏黄金的地方。"

独孤痴没有再开口。

他已经知道小方在这里停下来,是为了要等明天的日出。

他已经用不着再问什么。

小方却忍不住要问自己:"我为什么要将这秘密告诉他?"

这本来是个很难解答的问题,可是小方很快就替自己找到了解释。

他将这秘密告诉独孤痴,不仅因为他深知独孤痴绝不是个会为黄金动心的人。

最大的原因是:他认为这批黄金已经不在卜鹰埋藏的地方了。

谁也不知道他这种想法是怎么来的,可是他自己却确信不疑。

夕阳西沉,寂寞漫长寒苦的长夜,又将笼罩这一片无情的大地。

他们燃起了一堆火,各自静坐在火堆的一边。凝视着闪动的火光,等待着太阳升起。

这一夜无疑要比他们以往在大漠中度过的任何一个晚上,都更长、更冷、更难挨。他们都已经很疲倦。

就在小方快要闭起眼睛时，他忽然听见一声尖锐而短促的风声划空而过。

然后他就看见火焰中爆起了一道金黄色的火光，由金黄变为暗赤，又由暗赤变为惨碧。

惨碧色的火光中，仿佛有几条惨碧色的影子在飞腾跃动，忽然又化为轻烟四散。

等到轻烟消失时，火焰也熄灭了，天地间只剩下一片无边无际的黑暗，就好像永远不会再见光明重现一样。

小方没有动，独孤痴也没有。

刚才那种突然发生的惊人变化，在他们眼中看来，就好像天天都会发生，时时刻刻都可以看得见，一点都不奇怪。

又过了很久，本来已熄灭的火堆中，忽然又爆起了闪亮的火光。

等到火光由金黄色变为惨碧时，火焰中仿佛又有一条人影升起。升到高处，化为轻烟。

轻烟四散，火光熄灭，黑暗中忽然响起一个人说话的声音。

缥缥缈缈的声音，若有若无，似人似鬼。

"方伟、独孤痴，你们走吧！"这声音说，"最好快走，越快越好。"

独孤痴还是没有反应，小方却有了。

"你们是什么人？"他轻描淡写地问，"为什么要我们走？"

他刚问完，立刻就听见有人回答："我们不是人。"

第一个人回答的声音是从西面传来的——缥缥缈缈的声音，似人非人。

然后东面又有同样的声音在说："自从蚩尤战死，宝藏被掘后，世上每一宗巨大的宝藏，都有幽灵鬼魂在看守。"

南面传来的声音仿佛更遥远。

"我们就是替卜鹰看守这一批黄金宝藏的鬼魂。"

北面的声音接着说:"我们都是为卜鹰战死的人。"他说,"我们活着时是战士,死了也是厉鬼,我们绝不容任何人侵犯他的黄金。"

小方又淡淡地问:"如果我们不想走呢?"

"那么你们就要死在这里了。"西面的声音说,"而且死得很惨。"

"我明白你的意思。"小方说,"只可惜你们说的话我连一句都不信。"

四面八方都没有人再说话了——不管说话的是人是鬼,都不再开口。

本来已经熄灭的火堆中,却又闪起了火光。

黄金般的火光刚闪亮,黑暗中忽然有十七八条人影飞来。

等到火光变为暗赤,这些人影已落在地上。有的影子落在地上发出"咚"的一响,有的响声却好像骨头碎裂的声音。

因为落下来的这些人影本来虽然都是人,但是现在有些已完全冰冷僵硬,有些已变成了枯骨,一跌就碎的枯骨。

西面那缥缈阴森的声音又在问:"我们说的话你不信?"

"我不信。"小方依旧同样回答,"我连一句都不信。"

"那么你不妨先看看这些人。"南面有人说,"因为你很快就会变得跟他们一样了,他们也是……"

这句话没有说完,因为一直没有反应的独孤痴有了反应。

一种无论任何人看见都会大吃一惊的反应。

就在这一瞬间,他的身子忽然跃起,就像一根箭一样射了出去,射向声音传出的地方,射向南方。

南方一片黑暗。

独孤痴的人影消失在黑暗中时,南方就传出一声惨叫。

这时小方的人也已蹿起，也像一根箭一样射了出去。

南方的惨呼声发出时，他的人已到了西方的一块岩石上。

西方也同样是一片黑暗，黑暗中忽然有了刀光一闪，闪电般砍小方的腿。

小方不招架，不闪避，长剑急挥，剑锋贴着刀锋直划过去，削断了刀锷，削断了握刀的手。

西方的黑暗中立刻也传出一声惨呼，呼声忽然又停止。

剑锋已刺入心脏。

呼声停止时，小方就听见独孤痴在冷冷地为他喝彩。

"好快的剑，好狠的出手。"

小方回答得很妙："彼此彼此。"

"可是我不懂你为什么要下杀手？"独孤痴问，"你知道他不是卜鹰的属下？"

"我知道。"

"你怎么知道的？"

"卜鹰的属下从来没有人敢直呼他的名字。"小方道，"大家都叫他鹰哥。"

"想不到你居然还很细心。"独孤痴的声音里完全没有讥刺之意，"像我们这种人，一定要细心，才能活得长些。"

他们都不是喜欢说话的人，这些话也不是应该在这种时候说的。

天色如墨，强敌环伺。一开口说话就暴露了目标，各式各样不同的兵刃暗器，就随时可能会从各种不同的方向攻击。

每一次攻击都可能是致命的一击。

在这种情况下，有经验的人都会紧紧地闭着嘴，等到对方沉不住气时才出手。

小方和独孤痴都是有经验的人。

他们身经百战，出生入死，这种经验比谁都丰富。

他们为什么要在这种时候，说这些本来并不是一定要说的话？

这本来也是个很难回答的问题，可是答案却简单极了。

——他们向对方暴露了自己的目标，就因为他们希望对方出手。

天色如墨，强敌环伺。可是对方如果不出手，他们也不知道对方隐藏在哪里。

这也是一种战略，一种诱敌之计。

这次他们的战略成功了。

他们的话刚说完，对方的攻击已开始。

这一次攻击来自北方。

如果小方不是小方，他已经死在这一次攻击下！

他是小方。

他已经有过十九次濒临死亡的经验。如果他的反应慢一点，他已经死了十九次。

他还没有死，所以他听见了那一道风声，一道极尖细轻微的风声。

一道极快的风声，从北方打来，打他的要害，致命的要害。

小方挥剑，剑锋上立刻爆出七点寒星。

就在他一剑击落这七枚暗器时，已经有一缕锐风刺向他的腰。

刺来的不是暗器，是枪。最少有三四十斤重的梨花大枪，自黑暗中慢慢地、无声无息地刺来。直到距离小方腰间不及一尺时，才加快速度。

小方感觉到枪锋上的锐风时，生死已在呼吸之间。

他猛吸一口气，身子突然拔起。

枪锋刺破他的衣服，他凌空翻身，长剑划起一道弧光。

他看见了一个人的脸。

森寒的剑光，正照在这个人的脸上。一张方方正正，长满了赤发虬髯的脸，已因恐惧而扭曲。看来就像揉皱了的五官图像。

剑光再一闪，这张脸就看不见了。这个人也已从此消失。

在枪间刀锋剑光下，一个人的生命就像脚底下、手掌间的蚊蝇，在一刹那就会被消灭。

如果你没有经验过这种事，你永远不会想到人类的生命有时竟会变得如此轻贱。

第一次攻击还未结束，第二次已开始。第二次攻击失败，还有第三次。

攻击就像是海浪，一次接着一次，仿佛永无休止的时候。

每一次攻击都可能致命，每一次攻击都可能是最后一次。

第三十二章

风　暴

小方的眼角已经开始在刺痛，因为汗水已经流入了他的眼。

他很想伸手去擦干。

可是他不能。

任何一个不必要的动作，都可能造成致命的疏忽和错误。

除了攻击招架闪避外，任何动作都是不必要的。

小方身上每一根肌肉都已经开始在抽痛，就像是一根根绷得太紧已将绷断的弓弦。

他知道这种情况不好，他很想放松自己。

可是他不能。

一瞬间的松弛，就可能导致永恒的毁灭。

黑暗中究竟隐藏着多少杀人的杀手？攻击要等到什么时候才会停止？

攻击忽然间停止了。——虽然谁也不知道究竟是在什么时候停止的，就正如谁也没法子确定最后一滴雨是在什么时候落下的一样。

空气中仍带着种令人惊悚作呕的血腥气，大地却已恢复静寂。

令小方觉醒的是他自己的喘息声。

他抬起头，才知道东方已现出曙色。从乳白色的晨雾中看过去，依稀可以看见扭曲倒卧在沙砾岩石中的尸体。看来就像是一个个破碎撕裂了的玩偶。

——攻击已结束，危险已过去，天已经快亮了。

一种因完全松弛而产生的疲倦，忽然像只魔手般攫住了他。

他整个人都几乎虚脱。

他没有倒下去，只因为东方的云堆中已有阳光照射出来。照在山岩，照上那高耸的塔石，将那尖塔般的影子照射在地上。

小方奔出去，将掌中剑用力掷出，掷在塔影的尖端。

剑锋没入沙石，剑柄不停摇晃。

"就是这里。"小方的声音已因兴奋而嘶哑，"黄金就在这里。"

——黄金就在这里。

——这里就是所有秘密的根。

到了这种时候，在这种情形下，谁都难免会兴奋激动的。

但他肌肉忽然又抽紧，掌心忽然又冒出冷汗。他的瞳孔忽然又因恐惧而收缩。

独孤痴正站在他面前冷冷地看着他。掌中的剑锋，正好在一出手就可以刺入他心脏的地方。

太阳渐渐地升起，小方的心却往下沉。

他没有忘记独孤痴的话。

——只要一有机会，我就杀了你。

现在他的机会已经来了。

独孤痴自己当然知道，小方也知道。

只要独孤痴一剑刺出，他几乎已完全不可能抵挡闪避招架！

独孤痴掌中有剑，剑锋上的血迹仍未干，握剑的手已有青筋凸起。

他这一剑会不会刺出来？

小方的剑也在他伸手可及之处，他没有伸手。

他知道只要一伸出手，就必将死在独孤痴剑下。

但是他不伸手，结局也可能是这样子。

"如果我是你，现在也一定会出手的。"小方忽然说，"所以你如果杀了我，我也死而无怨。"

独孤痴没有开口，没有反应。

——要杀人的，通常都不会多说话的。

随时都可能被杀的人情况就不同。

如果能多说一句话，就一定要想法子说出来，哪怕只能多活片刻也是好的。

"但是我希望你等一等再出手。"

独孤痴没有问他："为什么？"

小方自己说了出来："因为我还想知道一件事。"他说，"如果你能让我查出这件事之后再死，我就死而无憾了！"

又沉默了很久之后独孤痴才开口。

"一个人要死而无怨，已经很不容易，要死而无憾更不容易。"

"我明白。"

"只不过有资格做我对手的人也不多。"独孤痴道，"所以我答应你。"

他忽然问小方："你想知道的是什么事？"

"我只想知道那批黄金是不是还在这里？"小方回答，"否则我实在死不瞑目。"

"你能确定黄金本来真的是在这里？"

"我能。"小方说，"我亲眼看见过。从这里挖下去，一定可以看到黄金。"

独孤痴又盯着他看了很久。

"好！你挖！"

"我，"小方又问，"用什么挖？"

"用你的剑！"独孤痴声音冰冷，"如果你不想用你的剑，就用你的手！"

小方的心又在往下沉。

黄金埋得很深。不管用手挖也好，用剑挖也好，要挖到黄金的埋藏处，都要消耗很多力气。

现在他的气力将尽，如果再多消耗一分，活命的机会就更少一分。

可惜现在他已别无选择的余地。

小方伸手拔剑。

独孤痴就在他面前。在这一瞬间，如果他一剑刺出，说不定也可以刺入独孤痴的心脏。

可是他没有这么做。

这一剑他刺入了地下。

地下没有黄金，连一两黄金都没有。

小方居然连一点惊讶的意思都没有。这件事好像本来就在他意料之中。

独孤痴冷冷地看着他，冷冷地问："你会不会记错地方？"

"不会。"小方的回答极肯定，"绝对不会。"

"那批黄金本来确实在这里？"

"绝对在这里。"

"知道藏金处的人有几个？"

"三个。"

"除了你和卜鹰之外还有谁？"

"还有班察巴那。"

——班察巴那，一个寂寞的隐士，一位最受欢迎的民族英雄，一个孤独的流浪客，一位满腔热血的爱国志士，一个冷血的杀人者，一个永远都没有人能够了解的人。除了他之外，谁也不会有他这种矛盾而复杂的性格。

从来没有人知道他在哪里，会从哪里来，会往哪里去。也没有人知道他在想什么。

更没有人能预测他会做出什么事。

听见他的名字，连独孤痴的脸都仿佛有点变了，过了很久才问小方："你早就知道黄金藏在这里？"

"我知道。"

"黄金是不是你盗走的？"

"不是。"

"三十万两黄金会不会自己消失？"

"不会。"

"那么这批黄金到哪里去了？"

"不知道。"

独孤痴忽然冷笑。

"其实你应该知道。"

"为什么？"

"因为能盗走这批黄金的只有一个人。"

"谁？"

"班察巴那。"独孤痴道，"只有班察巴那。"

这推理本来很合理，小方却不同意。

"你错了。"

"哦？"

"能运走这批黄金的，除了班察巴那外，还有一个人。"

"谁？"

"卜鹰！"小方道，"除了班察巴那，还有卜鹰。"

"你认为是卜鹰自己盗走了这批黄金？"

"不是盗走，是运走。"

"他为什么要运走？"独孤痴又问。

"因为他不愿这批黄金落入别人手里。"小方说，"因为他自己要利用这批黄金来复仇。"

"黄金已经被运走，是不是就表示他还没有死？"

"是的。"

小方的眼睛闪着光："我早已想到黄金不会在这里，因为卜鹰绝不会死的，无论谁想要他的命都很不容易。"

"要运走三十万两黄金好像也不太容易。"

"当然不容易。"小方道，"刚好这世界上还有些人总是能做到别人做不到的事。"

"你认为卜鹰就是这种人？"

"他本来就是的。"

小方道："无论在任何情况下，他都能找到不惜牺牲一切为他效死效忠的人。"

"你呢？"独孤痴问，"你是不是也肯为他死？"

"我也一样。"

独孤痴忽然冷笑。

"那么我就不懂了。"

"你不懂？"小方反问，"不懂什么？"

"只有一点我不懂。"独孤痴声音中的讥诮之意就如尖针，"你既然也肯为他死，他为什么不来找你？"

小方并没有被刺伤。

"因为我已经离开他了。"小方说,"他不来找我,只因为他不愿再让我卷入这个漩涡。"

"所以你一点都不怪他?"

"我当然不怪他。"

"如果他再来找你,你是不是一样肯为他死?"

"是的。"小方毫不考虑就回答,"是的。"

太阳已升起,越升越高,塔石的尖影却越缩越短了。

没有阳光,就没有影子。可是日正中天时,影子反而看不见了。

世界上有很多事都是这样子的。

独孤痴忽然长长叹息!叹息的声音就好像是自远山吹来的冷风,吹过林梢。

"卜鹰的确是人杰。"

"他本来就是。"

"要杀他的确不是件容易事。"

"当然不容易。"

独孤痴忽然问:"要杀你呢?"他问小方,"要杀你容不容易?"

他盯着小方,小方也盯着他,过了很久才说:"那就要看了。"

"看?"独孤痴问,"看什么?"

"看是谁要杀我,什么时候要杀我。"

"如果是我要杀你,现在就杀你。"独孤痴又问,"是不是很容易?"

很少有人肯回答这种问题,可是小方却很快就回答:"是的。"小方说,"是很容易。"

太阳越升越高。可是在这一片无情的大地上,在这一块地方,在小方和独孤痴之间,太阳的热力好像一点都没有。

小方觉得很冷,越来越冷,冷得连冷汗都流不出来。

独孤痴的脸色也冷得像冰。

"你以为我不会杀你?"他忽然又问小方。

"我知道你会杀我。"小方道,"你说过,只要一有机会,就要杀了我。"

"这句话你没有忘记?"

"这种话谁会忘记?"小方看着独孤痴握剑的手,"你是剑客,现在你的掌中有剑。剑无情,剑客也无情。现在你若杀了我,我非但死而无怨,也死而无憾了。"

他的掌中也有剑,但是他握剑的手已完全放松。

太阳从东方升起来。独孤痴是背对东方站着的,一个有经验的剑客,绝不会面对阳光站在他的对手前。

现在他已经完全占尽优势,已经把小方逼在一个最坏的地位。

小方却还是想尽方法不让自己正面对着太阳,所以他还是能看到独孤痴的脸。

独孤痴的脸还是像花岗石一样,又冷又硬。但是他脸上已经有了表情。

一种非常复杂的表情。

他的眼神显得很兴奋。

——无论谁,在杀人之前都难免会变成这样子的。何况他要杀的人,又是他生平少见的对手。

他的眼神虽然已因兴奋而炽热发光,眉梢眼角却又带着种无可奈何的悲伤。

——乘人之危,毕竟不是件光彩愉快的事,可是他一定要强迫自己这么做。

——良机一失,永不再来。就算他本来不愿杀小方,也不能失去这次机会。

小方明了他的心情。

小方知道他已经准备出手了。

就在这生死呼吸、间不容发的一瞬间，独孤痴脸上忽然又起了变化。

他脸上忽然又变得完全没有表情了。

也就在这瞬间，小方的心忽然在收缩，因为他忽然感觉到有个人已经到了他身后。

——来的人是谁？

小方没有回头，也不敢回头。

他还是盯着独孤痴的脸。他忽然发觉他的眼睛里，竟似已有了种说不出的痛苦和愤怒。

然后他就感觉到有一只温柔光润的手轻轻握住了他冰冷流汗的手。

——这是谁的手？

——谁会在他最艰苦危险的时候站到他的身边来，握住他的手？

他想到了很多人。

——阳光、波娃、苏苏。

她们都已经跟他有了感情，都不会远远站在一边看他死在别人的剑下。

但是他知道来的不是她们。

因为他知道她们虽然都对他不错，但他却不是她们心目中最重要的一个人。

——阳光心里还有卜鹰，波娃心里还有班察巴那，苏苏心里还有吕三。

不管她们对他多好，不管她们曾经为他做过什么事，到了某一种特殊的情况下，她们还是会弃他而去。

因为她们本来就不是属于他的。

但是小燕就不同了。

不管她是恨他也好，是爱他也好，至少在她心里从未有过别的男人。

他本来从不重视这一点，可是在这种生死一瞬、间不容发的时候，他才发现这一点是这么重要。

他轻轻地问："是你来了？"

"当然是我来了！"

说话的声音虽然也很冷，但却带着一种除了"他们"之外，谁都无法相信，也无法了解的感情。

——"他们"已不是两个人，是三个。

独孤痴也了解这种感情，却还是忍不住要问："你来干什么？"他问齐小燕，"是不是来陪他死！"

"不是！"齐小燕冷冷地说，"他根本不会死，我为什么要陪他死？"

"他不会死？"

"绝不会。"齐小燕说，"因为我们现在已经有两个人了。你已经没有把握对付我们，所以你根本已不敢出手。"

独孤痴没有再开口，也没有出手。

他知道她说的是事实。像他这种人，从来也不会与事实争辩，更不会轻举妄动。

但是他没有放松自己。

他仍然保持着攻击的姿势，随时都可以发出致命的一击。

所以他不动，小方和小燕也不敢动。

他们的手互相握紧，他们掌心的汗互相流入对方的掌心。互相交融，就好像是血一样。

谁也不知道这种局面要僵持到什么时候。太阳升得更高，天色却忽然暗了。暗得不合情理，暗得可怕。

小方掌心忽然又沁出了大量冷汗，因为他忽然发现风吹在身上竟已变得很冷。

在白昼酷热的大沙漠上，本来不该有这么冷的风。

对这一片无情的大地，他已经很熟悉，在一年多以前，一个同样酷热的白昼，他也曾有过同样的经验——天色忽然变暗，风忽然变冷。

然后就是一场可怕的大风暴，没有任何人能抗拒避免。

现在无疑又将有一场同样可怕的风暴要来临。

他还是不敢动。

只要一动，就可能造成致命的疏忽。

独孤痴的剑，远比将要来临的风暴距离他更近，也更可怕。

所以他只有站在那里等，等风暴到来，就算他明知风暴来临后，大家都可能死在这里也一样。

因为他既不能选择，也无法逃避。

风暴果然来了。

风越来越急，疾风吹起满天黄沙，打在人身上，宛如箭镞。

第一阵疾风带着黄沙吹过来时，小方就知道自己完了。

因为他虽然把每一点都考虑到，却还是疏忽了一点。

任何一点疏忽，都会造成致命的错误。

他忘了自己是迎风站着的。风沙吹过来，正好迎面打在他的脸上。

等他想到这一点时，大错已铸成，已无法弥补。

独孤痴的剑已经像毒蛇般向他刺过来。他只看见剑光一闪，就已睁不开眼睛，甚至连这一剑刺在身上什么地方都已感觉不出。

他倒下去时，还听见齐小燕在呼喝，然后他就连声音都听不见了。

风在呼啸，黄沙飞舞。

小方仿佛又听见了小燕的声音。声音中充满了痛苦，正在向他哀呼求救。又仿佛看见独孤痴已经撕裂了她的衣服。

其实他什么也听不见，什么也看不见。

他自噩梦中惊醒时，冷汗已湿透衣服，眼前还是只有一片黄沙。

——他没有死。

——刚才他听见看见的，只不过是梦中的幻觉。

但是齐小燕的人已不知道哪里去了，独孤痴也不知道到哪里去了。

刚才在他梦中发生的事，在现实中也可能同样的发生。

想到独孤痴赤裸裸地站在寒风中让小燕为他擦洗的情况，小方心里忽然有了种从来未有的刺痛。

——他一定要找到他们，一定要阻止这件事发生。

他想挣扎着站起来。

可是他一动，腰下就痛如刀割。

也不知是他的幸运还是不幸？独孤痴那一剑居然没有刺中他的要害。

现在他还活着。可是连他自己都不知道自己还能活多久。

——风暴还未过去，他的伤口又开始流血。他的嘴唇也开始干裂，肌肉还在酸痛。

——他的粮食和水都已被风吹走，与他生死相共的女人，现在很可能在受着别人的摧残侮辱。

他的肉体和心灵都在受着任何人都难以忍受的煎熬。

他怎么能活得下去？

只有亲身经历过的人，才知道要在沙漠的风暴中活下去是件多么艰苦的事。

小方有过这种经验。

上一次他几乎死在这里。这一次他的情况远比上次更糟。

如果他不是小方,也许连他自己都不想再活下去。

——一个人如果丧失了为生存奋斗的意志和勇气,还有谁能让他活下去?

他是小方。

他不断地告诉自己。

——他一定要活下去,一定要活下去!

天地间一片昏黄,谁也分不出现在究竟是白天还是晚上。

小方躺在冰冷的沙粒上,风沙几乎已将他整个人完全掩埋。

他实在太疲倦,失去的血实在太多,实在想闭上眼睛先睡一下。

——温柔黑暗甜蜜的梦乡,是个多么美丽的地方!

小方忽然睁开眼睛,用尽全身力气翻了个身,以额角用力去摩擦粗糙的沙粒,让痛苦使他清醒。

因为他知道,只要一睡着,就可能活活埋死在黄沙下。

他没有睡着。

他的额角在流血,腰上的伤口也在流血,但是他已完全清醒。

——只要有一点水,他就可以活下去。

在这无情的大漠上,狂暴的风沙中,到哪里才能找得到水?

小方忽然跃起,奋力向前走了几步。等他再倒下去时,他就像蜥蜴般往前爬。

因为他又有了生存的希望。

他忽然想起昨夜死在他和独孤痴剑下的那些人。

——他们守候在这里已经不止一天了,他们身上当然有水和食粮。

这念头就像电击一样打过他的全身,使他忽然有了力量。

他果然很快就摸到了一个人的尸体,摸到了这尸体腰带上系着的革囊。

革囊中有三锭分量很重的银锭,一些散碎的银子。

革囊中还有只金手——吕三用来号令属下的金手。

——吕三!富贵神仙吕三!不共戴天的仇人,势不两立的强敌。

可是小方现在仿佛连这种仇恨都忘记了,因为他的心已经完全被一种更强烈的情感所占据。

——生存的欲望,永远是人类所有情感中最强烈的一种!

革囊中没有水。

另一个盛水的皮袋已经被刺破了。刺破这水袋的人,很可能就是小方自己。

这是种多么悲哀沉痛的讽刺?

可是小方也没有去想。

他不敢去想。

因为他知道,一个人如果想得太多,对生命的意义也许就会重新评估了。

此时此刻对他来说,生命是无价的,永远没有任何事能代替。

所以他又开始往前爬。

他的心忽然狂跳。因为他不但又找到了另一个死人的尸体,而且还摸到了这个人腰上盛水的皮袋。

水袋是满的,丰富饱满如处女的乳房。

小方知道自己得救了。

小方伸出冰冷颤抖的手,想去解开这皮袋。但是就在这一瞬间,他又听见了一个声音。

他忽然听见了一阵心跳的声音。

这个人的心还在跳,这个人还没有死!

小方手停下来,就像是忽然被冻结。

从一个死人身上拿一点水来救自己的命,绝不是件可耻的事。

从一个垂死,完全没有抵抗力的活人身上,掠夺他的水袋,就是另外一回事了。

小方还是小方。

无论在任何情况下,他都是他自己,因为他永远都不会失去他自己——不会失去自己的良心,也不会改变自己的原则,更不会做出让自己觉得对不起自己的事。

这个没有死的"死人",忽然用一种奇怪而衰弱的声音问他:"我的皮袋里有水,你为什么不拿走?"

"因为你还没有死。"小方说,"你也需要这些水。"

"不错!我还没有死,但是你再给我一剑,我就死了。"

他又问小方:"你既然想要我的水,为什么不杀了我?"

小方叹了口气:"我不能杀你,我不能为了这种理由杀人!"

"但是你本来就要杀我的。"这个人说,"我本来应该已经死在你的手里。"

第三十三章

八角街上的奇案

"那时你要杀我,我当然要杀你。"小方说,"现在……"
"现在怎么样了?"
"现在我非但不能杀你,还要救你。"
"为什么?"
"因为你已经是个快要死的人,已经完全没有反抗之力。"小方说,"如果我杀了你,就算能活下去,也活得不安心。"
"现在你活得很安心?"
"我一直都活得很安心。"小方说,"因为我问心无愧。"
"你宁死也不肯做对不起别人的事?"
"对不起自己的事,我也一样不肯做。"
这个人喘息着,忽然发出了一声绝望的呻吟。就好像一只野兽,发现自己已经落下了陷阱。
"我错了!"他呻吟着道,"我做错了。"
"你做错了什么事?"
这个人不再回答他的话,只是不停地低语:"你没有变,你还是以前那个小方。我不该……不该……"
他的声音越来越低,越来越衰弱。
"你怎么知道我是小方?怎么知道我没变?"小方问,"你不该怎么样？"

这个人已无法回答。

他的呼吸更弱，喘息却更剧烈，而且开始不停地咳嗽。

小方解下他的水袋，想喂一点水给他喝，喘息和咳嗽却使得他连一口水都喝不进去。

天色昏暗。小方摸索着，从自己身上拿出块布巾，蘸了点水，滴在他嘴唇上。

这个人终于又能开口说话了。

"我对不起你。"他说，"我也对不起鹰哥。"

他说的话让小方震惊得很久都说不出话来。过了很久才能问："你也认得卜鹰？你怎么会对不起他？"他问这个人，"你究竟是谁？"

没有回答，没有反应。

小方问他这句话的时候，他的呼吸和心跳都已完全停顿。

小方轻轻地把那块打湿了的布巾，盖在这个人的脸上。

现在他已经知道这个人一定和他有很深的关系，和卜鹰也有很深的关系。

但是他想不起这个人是谁。狂风呼啸，他已听不出这个人的声音。

天色更暗。

要等到什么时候天才会亮，风才会停？

小方举起手里的水袋，喝了两口水。

他并不是真的想喝这皮袋里的水。他喝水的时候，竟完全没有想到自己是在做什么事。

他喝这皮袋里的水，只不过是一种本能的反应。因为他想活下去。

——这个人很可能是他的朋友，而且刚死在他手里。

如果他想到这一点，如果他知道这个人是谁，那么他也许宁死也不肯喝这两口水了。

天色虽然更暗，天亮之前岂非总是最黑暗的时候？

天忽然亮了，风势也忽然小了。

小方忽然看见了在他怀里这个人的脸。盖在他脸上的布巾已被风吹走，露出了一张饱经风霜苦难，充满痛苦悔恨的脸。

小方的心立刻沉了下去，全身的血都冷了。

这个人赫然竟是加答。

在他被人怀疑，几乎无路可走时，唯一把他当朋友的就是这个人。

他用来盖住这张脸的布巾，就是这个人跪下来双手献给他的哈达。象征着友谊和尊敬的哈达。

现在这个人却已死在他的剑下，他居然还在这个人死后，喝光了他皮袋中的水。

——加答怎么没有死？怎么会到这里来？怎么会到这里来？怎么会和吕三的属下在一起？

——他为什么要说他错了？为什么要说他对不起小方和卜鹰？

这些问题小方都没有想。

他唯一想到的，就是在那个窄小的帐篷，加答将自己唯一珍惜的皮靴送给他，要他快逃走时所流露出的那种真情。

如果现在有人能看见小方的脸，一定会很惊异。

因为他的脸几乎已变得和这死人一样了。

因为他的脸上也同样充满了痛苦和悔恨。

难道这就是命运？

命运为什么总要将人逼入一种无可奈何的死角里，为什么总要拨弄人们去做一些他本来死也不肯去做的事？

风暴已平息，尸体已掩埋。

对小方来说，这已经不是第一次经验。他经历过风暴，也掩埋过尸体。唯一不同的是，这一次他埋葬的是他的朋友。

一个死在他剑下的朋友。

小方以剑作杖，挣扎着往前走。

他根本没有地方可去，也不知能到哪里去，更不知道自己能支持到什么时候。

没有水，没有粮食，没有体力，什么都没有了。甚至连那一股求生的意志，都已因悔恨而消失。他随时都可能倒下去，一倒就可能永远站不起来。

他为什么还要往前走？

因为小燕。

他仿佛又听见了小燕的声音，充满了痛苦悲伤的呻吟声。

这一次他还是不能确定他听见的声音究竟是真是幻。

所以他只要还有一分力气，还能再往前走一步，他就绝不肯停下来。

他一定要找出解答来。

他终于找到了。

就在他几乎已经倒下，永远无法再站起来时，他看见了齐小燕。

太阳又升起，大地又变得酷热如烘炉。

小方忽然发现她正向他走过来。赤着脚走在滚烫的沙粒上，全身的衣服都已被撕裂。漆黑的头发披散，苍白美丽的脸已被打肿，眼睛里充满泪水。

再往前看，就可以看见独孤痴。

他全身赤裸着，躺在酷热的太阳下，他的剑仍摆在他伸手可及之处。

他的人看来却似已虚脱，因满足而虚脱。

无论谁看见这情况，一定都可以想象到刚才发生过什么事了。

小方在噩梦中看见的那些事，在现实中无疑也同样发生过。很可能比他在噩梦中见到的更悲惨、更可怕、更令人心碎。

——有谁能说出一个人真正心碎时是什么感觉？

小方也说不出，但是他已经感觉到。

小燕已经走到他面前，痴痴地看着他。充满泪水的眼睛里，带着种谁都无法描绘得出，但是无论谁看见都会心碎的表情。

小方忽然扑了过去。

她伸开双臂迎接他的拥抱，但是小方却已从她面前冲过，扑向独孤痴。

他当然不会去拥抱独孤痴。

他扑过去，因为他的掌中仍有剑，他只想一剑刺穿独孤痴赤裸的咽喉。

痛苦和愤怒已激发出他每一分力量，所以他还有力量挥剑扑杀。

可见他自己也知道自己剩下的力量不多了。

独孤痴的剑仍在伸手可及处。他这一剑还没有刺下去时，独孤痴的剑很可能已刺穿了他的胸膛。

他知道，但是他不在乎，一点都不在乎。

小方这一剑没有刺下去，并不是因为独孤痴已伸手取剑先将他刺杀。

他这一剑没有刺下去，只因为他觉得很奇怪。

他刺的是独孤痴的胸膛，是一杀必死的要害。

但是他一剑刺下时，独孤痴居然没有伸手取剑，甚至连动都没有动，脸色也完全没变。

他的脸上还是连一点表情都没有。

这不是怪事!

独孤痴的脸上本来就没有表情,一直都没有表情。

奇怪的是,现在他这张没有表情的脸,看起来和以前的那张没有表情的脸完全不一样。

——因为没有表情有时也是种表情,甚至可以给人非常强烈的感受。

以前独孤痴那张没有表情的脸,让人一看见就会有种冷酷阴森可怕的感觉。

现在他给人的感受却不同了。

现在他这张没有表情的脸只会让人觉得痛苦。一种只有在人们已经觉得完全失败绝望时,才会有的痛苦。

他是强者,是胜者、占有者、掠夺者。

他怎么会有这种痛苦?

小方不懂,所以他这一剑没有刺下去——虽然没有刺下去,却随时可以刺下去。

他的剑锋已在独孤痴咽喉间,距离独孤痴的咽喉最多只有一寸。

独孤痴脸上却还是带着那种没有表情的绝望痛苦的表情。甚至让人觉得他很希望小方这一剑能刺穿他的咽喉,将他刺杀于烈日下。

——难道他想死?

——只有失败的人才想死,他为什么想死?

小燕也在看着独孤痴。

她的衣裳已被撕裂,脸也被打肿,可是她在看着这个人时,眼中并没有愤怒仇恨,反而充满讥讽怜悯。

她忽然走过来拉住小方握剑的手说:"我们走吧!"她说,"这个人已经没有用了,你已经用不着杀他了。"

"没有用?"小方不懂,"为什么没有用?"

"因为他已经不是男人。"小燕的声音里也充满讥讽,"他想占有我,可惜他已经完全没有用。"

独孤痴还是躺在那里,躺在滚烫的沙粒上,酷热的太阳下。

小方已经走了,就这样留下了他。

——一个已经没有用的男人,一个已经不是男人的男人,根本已经不值得别人出手。

他们虽然知道让他这样子躺在那里,日落前他就会像烤炉上的炙肉般被烤焦。

他们却还是走了。因为除了他自己之外,这世界上已经没有别人能救得了他。

齐小燕接过了一件小方默默递给她的衣服,披在她几乎已完全赤裸的身子上。

她看来虽狼狈,神情却远比小方镇定。

她问小方:"现在我们要到哪里去?"

小方沉默着。看看这一片赤热的大地,看看自己一双空手。

过了很久他才反问她:"现在我们能到哪里去?"

"你想到哪里去,我们就到哪里去。"小燕说得很轻松,就好像完全不知道现在他们已一无所有,随时都可能倒下。

又沉默了很久,小方才开口:"我想回拉萨。"

"那么我们就回拉萨。"小燕还是说得很轻松,"现在我们就回去。"

小方看着她,忽然笑了,苦笑。

"我们怎么回去?"他问,"是爬回去,还是被人抬回去?"

小燕居然也在笑,笑得仿佛很神秘。

小方实在想不通她怎么还能笑得出,但是他很快就想通了。

因为这时候她已经搬开了一块岩石。就好像变戏法一样,从岩石下的一个洞穴里拿出了三个很大的皮袋，一袋粮食、一袋衣服、一袋水。

小方吃惊地看着她，忽然长长叹息。

"我忽然发现你很像一个人。"他说，"有很多地方都很像。"

"你说我像谁？"

"班察巴那。"小方说，"沙漠中的第一号英雄好汉，永远没有人能捉摸透的班察巴那。"

"我怎么会像他？"

"因为你也跟他一样，不管走到哪里，都会先为自己留下退路。"

小方道："所以你们永远都不会被人逼得无路可走。"

齐小燕又笑了。也不知道是从什么时候开始的，她忽然也变得像阳光一样，变成了个很爱笑的女孩子。

她带着笑问小方："现在我们是不是已经可以到拉萨去了？"

"是的。"小方说，"现在我们已经可以去了。"

拉萨依旧是拉萨。

就好像其他那些历史辉煌悠久的古城一样。岁月的侵蚀、战乱的摧残、世事的迁移，都不能让这些古老的大城有丝毫改变。

那条横亘于布达拉宫与恰克卜里山之间的石砌城垣，那些布满在山头上的楼阁、禅房、寺院、碑碣，那高耸在岩石上的巨大城堡，连绵的雉堞，发光的窗牖，看来依旧是那么瑰丽，那么调和。

市中的小巷里依旧挤满了人。那些肮脏衰老的乞丐依旧匍匐于尘土中，念着他们已不知念过多少遍的五字真言"唵嘛呢叭咪吽"，向路人和远方来的旅客乞讨。街道旁依旧堆满垃圾和粪便，却又偏偏不会影响这个城市的美丽。

拉萨就是这样子的,又矛盾、又调和、又褴褛、又瑰丽。

重回到这里,小方心里的感觉几乎就好像回到了他的故乡江南一样。

小燕又问他:"现在我们要到哪里去?"

"去八角街。"

那里是这古城的商业汇集区,附近的大商号几乎都聚集在这里,不管你想要买什么,在那里都可以找得到。

小燕又问:"你要到那里去买什么?"

"什么都不买。"

"什么都不买去干什么?"

"去一家商号。"小方说,"鹰记商号。"

"鹰记?是不是卜鹰的?"

"以前是。"

"现在呢?"

"现在已经不是他的了。"

"现在既然已经不是他的,你去干什么?"小燕好像已决心要打破砂锅问到底。

"去找一个人。"小方慢慢地回答,"问他一些事。"

他盯着小燕:"如果你不去,不妨留在这里。"

她当然不会不去的。

于是他们穿过了繁荣的市集。从两旁已被油灯熏黑的铺子里传出酸奶酪味,浓得几乎让人连气都透不过来。明亮的阳光和飒飒的风沙又几乎使人连眼睛都睁不开。

市场上货物充沛,从打箭炉来的茶砖堆,堆积如山;从天竺来的桃、李、桑葚、草莓令人垂涎欲滴;从藏东来的藏香、精致的金属鞍具;从尼泊尔来的香料、蓝靛、珊瑚、珍珠、铜器;从关内来的瓷器和丝缎；蒙古的皮货与琥珀；锡金的糖果、麝香和大米……这些珍贵的货物又让人不能不把眼睛睁大些。

唯一和以前不同的是，这条街上人的样子好像变了。

这条街也跟别的街道一样。街上的人大致可分为两种：一种是住在这里的，一种是从别的地方来的。

以前小方走过这条街时，总觉得每个人都带着健康愉快富足的样子，显得对自己的生活和事业都很满意，对未来也充满信心。

可是今天这些人的样子都变了。变得有点畏缩，有点鬼祟。看人的时候眼睛里仿佛充满怀疑和戒心，而且每个人都显得很害怕的样子。

这条街上都是殷实的商号，这些人的生活一向无忧无虑。

他们为什么要害怕？怕的是什么？

小方感觉到这一点的时候，小燕也同样感觉到了。

她拉了拉小方的衣角，轻轻地告诉他："这条街上一定出了事。"她说，"而且一定是件很可怕的事。"

她又问小方："你有没有注意到别人看你的样子？"

小方当然注意到。

别人看他时的样子，就好像把他当成随时都可能把瘟疫麻风带来的瘟神。

和气生财，做生意的人本来是不可以用这种眼光看人的。

——这地方出了什么事？难道又跟小方有什么关系？

小方的心在往下沉。

他忽然想起上次卜鹰的山庄被焚，鹰记商号易主。他和阳光走过这条街时，别人也是用这种眼光看他们的。

难道这次的变故又发生在鹰记？

难道这些人还认得他，还记得他是卜鹰的朋友？

难道卜鹰已回到这里，对他的仇敌作了公正而残酷的报复？

这不是不可能发生的事。

卜鹰做的事，本来就是令人永远无法预料得到的。

假如小方回到鹰记时，卜鹰已经坐在柜台里，小方也不会觉得太吃惊。

他一向认为这世界上根本就没有卜鹰做不到的事。

小方的脚步加快，心跳也加快了。恨不得一步就跨进鹰记的大门。

如果他知道鹰记商号里发生了什么事，你就算用轿子抬他，用鞭子抽他，他也未必会进去的。

鹰记的大门是开着的，远远就可以看得见店里的情况。

店里有五个人，正在做一件事。

鹰记一向是家信用卓著、生意鼎盛的商号。店里的人当然都有事做，非做事不可。

这五个人在做事，绝不是件奇怪的事。他们没事可做才是奇怪的事。

可是小方一眼看过去，居然看不出他们在做的是什么事。无论谁一眼看过去都看不出他们在做的是什么事。

因为他们在做的事很奇怪。不但是在一般情况下任何人都不会做的事，而且可以说是任何人一辈子都很难看得到的事。

所以你就算真看见了他们正在做什么事，也不会相信他们正在做这种事。

他们正在杀人！

就在光天化日之下，就在一条人很多的街道上，一家开着大门的店铺里杀人。

——是谁在杀谁？

有两个人在杀另外两个人。还有一个人在旁边看，看着他们杀人。

小方冲过去，还没有冲进门就怔住了。

因为他第一个看到的人就是自己。

除了照镜子的时候外，不可能真的看见自己，看得清清楚楚。

小方却看到了他自己，一个长得跟他完全一模一样的人。

小方还在鹰记的大门外面，店里居然还有一个小方，站在柜台前看着别人杀人。

——小方不是孪生子，也没有兄弟。另外这个小方是从哪里来的？

齐小燕无疑也同样吃惊。

小方怔住时，她也同样怔住。她用力拉着小方的手说："我看见你了。"

"哦？"

"我看见你在前面那家商店里。"

"哦？"

"可是你明明在我旁边，怎么会又在那家店里？"小燕问小方，"难道你一个人会变成两个人？"

小方苦笑，只有苦笑。

无论谁听见别人问他这种问题都只有苦笑。这问题实在太绝、太荒谬。

可是等到小方看清楚杀人的人和被杀的人时，他连苦笑都笑不出了。

他脸上的表情就好像忽然被人砍了一刀，正砍在他感觉最灵敏的关节上。

杀人的人有两个，一个男、一个女。

被杀的也是一个男、一个女。

杀人的男人赫然竟是卜鹰。

杀人的女人赫然竟是阳光。

卜鹰杀的赫然竟是班察巴那。

阳光杀的人赫然竟是波娃。

另外一个小方居然正在看着卜鹰和阳光杀班察巴那和波娃,居然连一点劝阻的意思都没有。

——这是怎么回事?谁知道这是怎么回事?

这是件很简单的事。

世界上有很多表面看来很复杂很神秘的事,其实都很简单。

有时甚至简单得可笑。

——为什么会有两个小方?

因为店里另外一个小方是蜡人,是用蜡做成的人。

——卜鹰为什么会杀班察巴那?阳光为什么会杀波娃?

因为他们也是蜡人。

店里的五个人都是用蜡做成的人。虽然做得惟妙惟肖,却是假的。

所有无法解释的事都有了解答。答案很简单,可是并不可笑。

因为小方立刻又想到了很多问题。

——这些蜡人是谁做的?为什么要做这种事?有什么用意?

——鹰记商号里的人一向很多,现在怎么会只剩下五个用蜡做的假人?别的人到哪里去了?

小方继续往前走,又看见了三个人。

这三个人站在比较远的一个角落里。是一个男人、一个女人、一个孩子。

男人是吕三,女人是苏苏,苏苏手里还抱着个孩子。

吕三风貌依旧,苏苏美丽如昔,她怀里抱着的孩子着花衣、戴红帽。虽然只有两三个月大，已经长得肥头大耳，可爱极了。

这三个人当然也是蜡做的假人。

就算他们不是蜡做的，就算吕三真的站在那里，小方也不敢冲过去。

因为他并没有忘记山村石屋中那一段往事。

苏苏怀里抱着的孩子，是他亲生的骨肉，是他血中的血。

他看见的虽然只不过是个蜡做的孩子，但是这孩子的容貌想必和他那孩子完全一模一样。

——多么可爱的孩子。小方多么希望自己能够去抱他。

如果是在两年前，不管吕三是真是假，也不管这孩子是真是假，小方早已冲了过去。

但是现在的小方已经不是两年前的小方了。

他早已学会了忍耐。

他一定要忍耐，要冷静。因为这几个蜡人不仅是几个人而已，其中必定还隐藏着一些极可怕的阴谋和秘密。

最重要的一个问题是：

——这些蜡人究竟是谁做的？为什么要做这么样几个蜡人摆在这里？

小方尽量让自己冷静镇定下来。于是他又注意到几件事。

鹰记本来也跟别的商号一样，门口也聚集着一些流动的小贩和行人乞丐。再加上店里又摆着这几个服饰鲜明、行事诡秘的蜡人，本来应该能吸引更多的人在门口。

现在门口的几丈方圆之内却连一个人也没有。所有的人一走到这附近，就远远地避开了。仿佛只要一踏入这块不祥之地，立刻就会有祸事降临。

可是每个人都在远远地注意着这家商号。每个人都以一种惊疑恐惧的眼色，偷偷地窥望着店里的蜡像，就好像把它们全都当作有血有肉的活人一样，随时都可以用它们手中的蜡剑割断人的咽喉，刺穿人的心脏，取人的性命。

小方也悄悄拉了拉齐小燕的衣角，拉着她向后退，退入人群。

人群又远远避开。不管他们走到哪里，人群都会远远避开。

齐小燕忽然问小方："你知不知道大家为什么全都躲着你？"

她自己回答了这问题："因为那家店里也有你的蜡像。"

她的推论是："做这些蜡像的人既然能把你的像做得这么逼真，一定是个跟你很熟的人。"

她问小方："你猜不猜得出这个人是谁？"

小方没有猜。他好像根本没有想到这一点。

一个面目黝黑，穿着件波斯长袍，卖香料的混种老人，本来正在另一家商号门口兜生意，看见小方过来，也想远远避开。

小方忽然一把拉住了他，压低声音说："我认得你，你认不认得我？"

老人吃了一惊，拼命地摇头，用半生不熟的汉语说："不认得，完全不认得。"

小方冷笑："就算你不认得我也没关系。只要你能听懂我的话，不管你认不认得我都一样。"

他用力握紧老人的手臂："你听着，我有几句话要问你。你肯说，我有银子给你；你不肯说，我就捏断你这条手臂。"

第三十四章

蜡 人

他用来对付这老人的两种方法,自远古以来,就是最有效的法子。

老人的额角上已经痛出了冷汗,眼睛里已经看到了银光。

在这种情况下,很少有人能闭着嘴。

小方将老人拉出了人丛,拉到一个比较偏僻的角落里,才沉着声问:"鹰记商号里那些蜡人是怎么来的?"

"不知道。"

小方手只加了一分力,老人就痛得眼泪都几乎流了出来。

"我真的不知道。"老人说,"昨天早上鹰记商号一开门,那些蜡人就在那里了。"

小方盯着他,直等到判断出他说的话是真的之后,手的力量才放松。

"鹰记商号的伙计呢?"

"不知道。"老人说,"从昨天早上我就没有看到他们。"

"连一个都没有看见?"

"一个都没有。"

"从昨天早上起,鹰记商号里就只有那几个蜡人在店里?"小方问,"连一个活人都没有?"

"没有。"老人说得很肯定,"绝对没有。"

鹰记的组织严密,规模庞大。除了那些实为卜鹰属下战士的伙计之外,经常留守在店里真正做规矩生意买卖的人,至少也有一百多个。

一百多个有血有肉的大活人,当然不可能在一夜之间全部失踪。

这些人到哪里去了?

小方思索着,又问了个好像是多余重复却又绝对不是多余重复的问题。

"你的意思是不是说,从昨天早上到现在,就只有这几个蜡人留在鹰记商号里?"

"大概是这样子的。"

老人也想了想才接着道:"因为从昨天早上到现在,除了这几个蜡人外,谁也没有看见鹰记商号里有活人走动过。"

小方又问:"你知不知道鹰记商号经常都有很多值钱的货物?"

"我知道。"老人说,"大家都知道。"

"店里既然只有这几个蜡人留守,难道就没有人打店里那些货物的主意?"

"有过。"老人说,"从昨天早上到现在,至少已经有过五六拨人。"

小方当然要问:"那些人呢?"

"全都死了。"老人缩起脖子,"一走进鹰记的大门就死了。"

"只要一走进大门就会死?"小方问,"不管什么人都一样?"

老人点点头,衰老的脸上每一条皱纹里都仿佛在流汗,流冷汗。

小方的手已不由自主地握住了剑柄,背脊也觉得有点凉飕飕的。

他不相信这种事,又不能不信,所以他又问:"那些人是怎么死的?他们的尸体在哪里?"

老人没有回答这问题,也不必再回答。因为就在这时候,这条八角街又发生了一件可怕的事。

远处的人丛忽然起了阵骚动。五条精赤着上身,反穿羊皮小褂的彪形大汉,分开人群,大步行来。

五条铁打的大汉,十一件纯钢外门兵刃。

第一条大汉挺胸凸肚,手持一对至少有五十斤重的混元大铁牌,脸上青渗渗地长着满脸胡子。一双比海碗还粗的胳臂上,青筋盘蛇般凸起。

第二条大汉肩宽腰细。腰上一条比巴掌还宽的皮带上斜插着五把斧头,一把大的、四把小的。

第三条大汉浓眉大眼,胡子刮得雪亮。肩上挑着根比人还长的铁戟,手里倒提着根金刚魔杵,腰带上还插着把厚背薄刃鬼头刀。

第四条大汉用的居然只不过是柄很普通的青钢剑。身材虽然高大,长得却很秀气。

第五条大汉空着一双手,几乎垂到膝盖上。不但手臂奇长,手掌也比普通人大一倍。

他的手虽然不带兵刃,腰带上却挂满着零件,零零碎碎的也看不出究竟是些什么东西,究竟有多少种。脖子上还挂着一圈长绳,看来就像是个活动的杂货架子。

这五条大汉用不着大吼大叫,也用不着出手,就这么样往那里一站,架势已经够唬人的了。

他们一亮相,别的人立刻安静了下来。

五个人彼此望了一眼,顾盼之间,睥睨自雄,挑戟提杵佩刀的招呼第一条大汉。

"老大,就是这几个蜡人在捣鬼,青貂岭的兄弟就是死在他们手上的。"

"蜡人也会杀人?"老大冷笑,"这倒真他妈的活见鬼。"

"不管他们是什么变的，咱们不如先把他们毁了再说。"

"好主意。"

佩剑的大汉样子虽然长得最秀气，动作却最快，一反手拔出了青钢剑，就准备动了。

用斧头的大汉却拦住了他。

"等一等。"

"既然已经来了，还等什么？"

"等着看我的！"

佩剑的大汉没争先，因为他们的老大也同意："好，咱们就先看老二的！"

不但他们在看，别的人也在看，等着看他们老二出手。

老二的动作并不快，先慢吞吞地往前走了两步，从腰带上抽出了一把连柄只有一尺多长的斧头，用大拇指蘸了蘸舌头上的口水，往斧锋上抹了抹，突然一弯身，一挥手。

只听"吧"的一声响，急风破空，他手里的斧头已经脱手飞出，往"班察巴那"的头上劈了过去。

这是种江湖上很少有人练的功夫，一斧头的力量远比任何一种暗器都大得多。

力量大，速度当然也快。就算是狮虎猛兽，也禁不起这么样一斧头。

"班察巴那"没有动。

这个"班察巴那"只不过是个蜡人，根本不会动。可是这斧头也没有劈在他头上。

这种功夫就像是飞刀一样，最难练的一点就是准头。要能在三十步以外以一斧头劈开一个核桃，功夫才算练成了。

这条大汉无疑已经把功夫练到这一步，出手不但快，而且准。

每个人都看得清清楚楚，他这一斧头劈出去，准可以把那蜡人脑袋一下子劈成两半。

奇怪的是，这一斧头却偏偏劈空了。

也不知道是因为那条大汉手上的力量用得不够，还是因为别的古怪缘故。这把去势如风的飞斧刚劈到"班察巴那"头上，就忽然失去了准头，忽然变得像是个断了线的风筝一样，轻飘飘地往旁边飞了出去。"夺"的一声，钉在柜台上。

老二的脸色变了。

他的兄弟们脸色也变了。

老大眼珠子一转，故意破口大骂。

"直娘贼，叫你多吃两斤肉，手上才有力气，你他妈的偏要去玩姑娘，玩得手发软，真他妈的丢人现眼。"

老二的脸色发青。不等他们的老大骂完，已经又是一斧头劈了出去。

这一次他的出手更快更准，用的力量也更大。

斧头破空飞出，疾风呼啸而过。忽然间，"卜"的一声响，斧头的木柄忽然凭空断成了两截。斧头失去平衡之力，一下子就掉了下来。

老大还在骂，骂得更凶。

但是他的眼睛却一直在四下搜索，因为他跟他的兄弟们一样明白两件事。

——一把以上好橡木为柄的斧头，是绝不会无缘无故从中折断的。

——他们老二手上有什么样的力量，他们心里当然更清楚。如果说他会将一把斧头劈歪，那简直就好像在说太阳从西边出来的一样荒谬。

斧柄既然不可能无故折断，斧头也绝不可能劈歪，这是怎么回事呢？

唯一合理的解释是——有一个人。

——有一个人，在一个很不容易被人看到的角落里，以一种不容易被人看见的手法，发出一种很不容易被人看出来的暗器。打歪了他们老二第一次劈出的斧头，打断了他第二次劈出的斧柄。

这个人无疑是高手，高手中的高手。

这个人很可能就是把蜡像摆在这里的人。

他们五兄弟虽然想到了这一点，却完全不动声色。因为他们没有看见这个人，也没有看出来他用的是什么暗器。

他们只看见了小方。

小方也在找，找这个打歪斧头、折断斧柄的人。

他还没有找到这个人，别人已经找上他了。

第一个找上来的就是那身材最高大，长得最秀气的佩剑少年。

他盯着小方，忽然笑了笑："你好。"他说，"我好像见过你。"

"哦？"

"我好像刚才遇见你，在另外一个地方见过你。"

"哦？"小方问，"在哪里见过我？"

"就在那家商号里。"佩剑的少年道，"你好像跟那个蜡像长得完全一样。"

小方笑了，摸着自己的脸笑了。

"我自己也觉得有点像。"他问这少年，"你贵姓？"

"我叫老四。"

"老四？"小方又问，"谁的老四？"

"是我们老大的老四。"

"你们的老大是谁？"

"是个从来都不会杀人的人。"老四说，"他只会打人，常常一下子就把别人打成肉泥。"

小方叹了口气。

"那么他一定很累。"

"很累？"

"无论谁要把别人打成肉泥，都是件很费力气的事。他怎么会不累？"

老四冷笑，忽然反问小方："你的暗器呢？"

"什么暗器？"小方反问。

"打斧头的暗器。"

"我没有这种暗器。"小方在笑，"如果我有暗器，也不打斧头。"

"不打斧头打什么？"

"打人。"小方好像笑得很愉快，"打人绝对比打斧头好玩得多。"

老四也笑了。

他们两个人都在笑。可是无论谁都看得出来，他们并不是真的觉得很可笑。

他们笑的时候，眼睛都在盯着对方的手。

握剑的那只手。

老四笑得比小方还不像是在笑，他忽然问小方："你也会使剑？"

"会一点。"小方说，"一点点。"

"那好极了。"老四说，"碰巧我也会使剑，也只会一点点。"

这句话说出来，每个人都明白他的意思了。

老四已经认定了小方和鹰记商号里这几个蜡人有关系，就算他不是打落斧头的高手，也一定可以从他身上逼出那位高手来。

小方并没有否认。因为他知道否认也没有用。

老四的掌中有剑。

小方也有。

老四打算要用他的剑来逼小方说出秘密。

小方也没有拒绝逃避。

老四身高八尺一寸，手长脚大，动作灵活，全身的肌肉都充满弹性。

小方看来不但苍白憔悴，而且显得很虚弱。

他们的强弱之势看来已经很明显，每个人都认定小方必败无疑。

只有齐小燕是例外。

只有她算准了老四绝对避不开小方的三招。

一声轻叱，剑光闪动。转瞬间老四就已攻出八剑，招中套招，绵延不绝的连环八剑，被这么样一条大汉使出来当然更具威力。

可是他连小方的衣角都没有碰到。

小方只刺出一剑。

他转身，拔剑。一剑刺出，到了老四的咽喉。

老四用了全力才避开这一剑。

他凌空后跃，凌空翻身。虽然避开了这一剑，却已无法顾及退路。

他的身子落下时，已经到了鹰记商号里。

鹰记商号里只有几个没有生命、没有知觉，连动都不会动的蜡人。

可是他的身子一落下时，眼睛里就露出种惊讶恐惧之极的表情，身上每一块肌肉都因恐惧而收缩，忽然就失去了弹性，变得痉挛僵硬。

他的兄弟们同时大喝："老四，快退！退出来！"

他自己当然也想退出来，却已太迟了。

他挣扎着，还想扑过去，用他手里的剑去搏杀那几个本来就没有生命的蜡人。

但是就在这一瞬间，他全身的关节肌肉组织都已失去控制，眼泪鼻涕，大小便忽然全部流了出来，身子也渐渐缩成了一团。

只不过他还没有死，还剩下最后一口气。他忽然大喝一声，用尽全力，将掌中剑脱手飞掷出去。

剑光一闪间，"卜"的一声响，一剑刺入了"卜鹰"的胸膛。从前胸入，后背穿出。

因为这个"卜鹰"只不过是个蜡人而已。

这时老四已经倒在地上，全身都已收缩僵硬。一条八尺一寸的大汉，竟在转瞬间变得好像是个已经被抽干血肉的标本。

所以他已经看不见他这一剑掷出后的结果了。

可是他的兄弟还没有死。

他们脸上忽然也露出种惊讶恐惧至极的表情，因为他们还看得见。

每个眼睛都还看得见的人，脸上都露出了跟他们完全一样的表情。甚至连小方都不例外。

因为他也跟他们一样，看见了一件虽然亲眼目睹也无法相信的怪事。

他们看见"卜鹰"在流血！

这个"卜鹰"只不过是个没有知觉、没有生命的蜡人而已，怎么会流血？

"卜鹰"的确在流血。

一滴滴鲜血沿着剑锋流过，从剑尖上滴下来。

他没有动，也没有表情。

因为他毕竟只不过是个蜡人而已——至少从外表看来绝对是个蜡人。

可是从另一方面看去，无论谁都知道一个蜡人是不会流血的。

绝对不会。

——那么血是从哪里来的？

——难道这个蜡人只有从外表看去才是蜡人，其实却不是？

——如果这个蜡人其实并不是蜡人，为什么看过去又偏偏是个蜡人？

这是个很荒谬的问题，也是种很荒谬的想法，荒谬而可怕。

小方的全身忽然都被冷汗湿透。因为他心里忽然有了个荒谬的想法。

他忽然冲了出去。

他想冲进鹰记商号去找出这问题的答案。

他只想找出这问题的答案，却忘了那老人对他说过的话。

——只要一走进鹰记的大门就必死，不管什么人都一样。

这句话听起来很荒谬，很少有人会相信。可是亲眼看见老四暴毙后，还有谁能不信？谁敢不信？

老四临死前眼神中那种恐惧至极的表情，更令人难以忘记。

小方却忘了。

在这一瞬间，什么事他全都忘了。所有那些令人悲痛伤感、愤怒恐惧的事，都已不能影响他。

在这一瞬间，他关心的只有一件事，一个人。

卜鹰。

寂寞寒冷漫长的大漠之夜，比寒风更浓烈的酒，比酒更浓烈的友情，这才是真正令人永难忘怀的。

　　　　儿须成名，酒须醉。

　　　　酒后倾诉，是心言。

卜鹰，你究竟是死是活？你究竟在哪里？

你为什么会流血？

小方不是英雄。

很少会有人把他当作英雄，他自己也不想做英雄。

他只想做一个平平凡凡的人，做平平凡凡的事，过平平凡凡的日子。

可是他有一股冲动。

每当他看见一些不公平的事，看见一些对人不公平的人，他就会冲动，就会不顾一切去让那些事变得公平一点，去让那些人受到合理的制裁。

小方还有一股劲，一股永远不肯屈服的劲。

如果别人不逼他，他绝对是个很平和的人。不想跟别人去争，也不想为任何事去争。

如果有人逼他，他这股劲就来了。

他这股劲来的时候，不管别人是用利诱还是用威胁，他都不在乎。就算用刀架在他的脖子上，他也不在乎。

小方最近已冷静多了。每个认得他的人，都认为他已经冷静多了。

他自己也认为自己冷静多了，也已经学会了控制自己。

有很多次他都替自己证实了这一点。可是现在他忽然又冲动起来了。把自己以前曾经再三告诫过自己的话，全都忘得干干净净。

如果是为了他自己的事，他绝不会这样子的。

可是为了他的朋友，为了卜鹰，他随时都可以放开一切，随时都可以把自己的脑袋往墙上撞过去。就算墙上有三百八十根钉子，他也会撞过去。

因为他天生就是这样一个人，天生就是这种脾气。你说这种脾气要命不要命？

——蜡人怎么会流血？

合理的答案只有一个。

——蜡人里面有一个人，一个会流血的人。是不是只有活人才会流血？

小方很小很小的时候就听过一个故事，一个可怕极了的故事：

很久很久以前，在一个神秘遥远的国度里，有一位做蜡人的大师。他做出的蜡人每一个都像活的一样，尤其是他用蜡做出来的女孩子，每一个都让男人着迷。

就在那段时间，在那个国度中一些偏僻的乡村里，时常会有一些女孩子神秘失踪。连最有经验的捕快，也查不出她们的下落。

这件奇案是被一个悲伤的母亲在无意间揭穿的。

这位母亲因为女儿的失踪，悲伤得几乎发了疯，她的丈夫就带她到城里去散心。

他们在城里一位有钱的亲戚，刚巧认得那位巧夺天工的蜡像大师，就带他们去看那些活色生香的蜡像。

那位母亲看见其中一个蜡像后，忽然晕了过去。

因为她看见的这个蜡人，实在太像她的女儿了。在黄昏后淡淡的灯光里，看来简直就和她的女儿完全一模一样。

她醒来之后，要求那位大师将这个蜡像卖给她，不管多少钱她都愿意买，就算要她倾家荡产也在所不惜。

可是大师拒绝了。

大师的杰作，是绝不可能转让给别人的。

悲伤的母亲又难受又失望，正准备走的时候。

可怕的事就在那一瞬间出现了。

那个女孩子的蜡像，眼中忽然流出了泪来，红色的眼泪，血泪。

悲伤的母亲再也无法控制自己，不顾一切地冲了过去，抱住了那具蜡像。

蜡像忽然碎裂，外面的一层忽然裂开，里面赫然有一个人。虽然不是活人，却是一个有血有肉的人。

蜡像里的这个人，赫然就是那位母亲失踪了的女儿。

于是大师的秘密被揭穿了。他所有的杰作都是用活人浇蜡做成的。

在小方很小很小的时候，还听过一种传说，一种又可怕又神秘的传说。

古老相传，如果一个人死在异乡，含冤而死后，再见到他的亲人时，他的尸体还会有血流出来。七窍中都会有血流出来。

所以死人也未必是一定不会再流血的。

这个故事和这种传说，都在小方心里生了根。就在他看见卜鹰的蜡像里有血流出来的时候，他忽然又想了起来。

——卜鹰的这个蜡像是不是也用这种方法做成的？

——这个蜡像里的人是不是卜鹰？

想到了这一点，小方就冲了出去。

他一定要找出这问题的答案，不管怎样都要找出来。

至于他自己的安危死活，他根本就不在乎。

因为这一瞬间，他已经把所有别的问题全都忘得干干净净。

站在鹰记商号外的人，谁也想不到小方会在亲眼看见老四暴毙后，还会冲进去。连齐小燕都想不到。

可是他已经冲进去了。

他的身法极快，比大多数人想象中都快得多。可是他一冲进去之后，就忽然停了下来，就像被魔法定住一样停了下来。

他的目标是那个会流血的卜鹰蜡像。

可是他身子停下来的那一瞬间，他的眼睛却是看着另外一个蜡人的。

就在他眼睛看到这个蜡人的那一瞬间，他的身子才忽然停顿。

然后他脸上就露出种奇怪的表情，就好像老四临死前露出的那种表情。

他的眼里也忽然充满恐惧，他脸上的肌肉仿佛也在收缩痉挛扭曲。

——他看见了什么？

小方看见的事，除了他自己之外谁也不会相信。甚至连他自己都很难相信。

他忽然看见了他自己的眼睛。

他也看见了他自己眼睛里露出的那种，绝对没有任何人能想象的表情。

一种充满了讥嘲和怨毒的表情。

有谁能想象到一个人会用这样的眼光来看自己？

小方看见的当然不是他自己，只不过是个看来几乎跟他完全一样的蜡人而已。

可是在那一瞬间，他却真的有了这种感觉，觉得真的是他自己在看着自己，他一个人好像已忽然裂成两个。

——这是绝对不可能的事。

第三十五章

不是你的儿子

——就算在照镜子的时候,你也应该知道镜子里看着你的那个人并不是你自己,只不过是虚幻的镜子而已。

——这种事只有在梦中才会发生,而且通常是噩梦。

现在小方不是在做梦。

他不想看见他自己。

可是他的身子已停下来,目光已经被他另外一个自己所吸引。

他忽然觉得有种说不出的恐惧,恨不得赶快逃走,赶快离开这里。

可是他的身子已经不能动了,目光也移不开了。

就在这一瞬间,他眼睛忽然觉得一阵痛。就好像有一根针从他眼睛里刺了进去,把他整个人都钉死在地上。

他全身的肌肉仿佛都已经因痛苦而麻痹僵木扭曲,他自己也能感觉到。

但是他已经完全无能为力了。

——老四临死前的感觉,是不是也像这样子?

他仿佛听见齐小燕的声音,声音中充满了惊惶、焦急与关切。

但是他已经听不清楚了。

他的掌中虽仍紧握着他的魔眼,却已无力刺出去。

因为他已经完全被另外一个自己的眼睛所控制。他已经从这双眼睛里看到了地狱。

火焰在燃烧,四面八方都在燃烧。

天崩地裂,沙石飞扬。

没有生命的蜡人忽然全部都在火的洗礼中获得了生命,忽然间全都飞跃而起,鬼魅般扑向人群。

人群在动乱中,随时都可以听到一声声凄厉的惨呼。

火焰中有了血光!

这不是地狱,也不是地狱中的幻象。

小方知道不是的,绝对不是。

这是他亲眼看见的。

他看到这些可怕的景象发生后,就晕了过去。还没有弄清这些事是怎么发生的,就已经晕了过去。

蓝色的海。

蓝色的波浪。

阳光灿烂,海水湛蓝。蓝色的波浪在阳光下看来如情人的眼波。

情人也温柔如蓝色的波浪。

这不是幻象,是小方亲眼看见的。

他醒来时就看见一片蓝。那么蓝,蓝得那么美,那么温柔。

可是这里并没有海,他看见的也不是波浪。

他看见的是阳光。

蓝色的阳光。

小方醒来时,阳光正在看着他,眼波温柔如海浪。

——这是真的?真的不是幻象?

——阳光,你怎么会在这里?

小方不信。

——难道这就是地狱？难道我已经找到了地狱？

——地狱中有时岂非也会出现美景？就正如地狱般的沙漠中有时也会出现令人着迷的海市蜃楼一样。

小方想伸手揉揉眼睛。

他的手是软的，软绵绵的完全没有一点力气。

他的手能够抬起来，只因为阳光已经握住了他的手。

冰冷的手，冰冷的泪。

眼泪已经流下了阳光的面颊。

在这一瞬间，她看来就好像永远再也不会把小方的手放开。

但是她偏偏很快就放下来了。

因为除了他们之外，这间小而温暖的屋子里还有三个人。

小方终于也看见了这三个人。

两个大人，一个小孩。

站在小方床头的是齐小燕。

她一直都静静地站在那里，看着小方和阳光，看着他们的举动和表情。

她自己却连一点表情都没有，就好像已经完全麻木。

——她能怎么样？她能说什么？

另外还有一个人，远远地站在一个角落里，手里抱着个孩子。

她穿着一身淡灰色的衣裳，白生生的一张脸上未施脂粉，漆黑的头发蓬蓬松松地绾了个髻，美丽的眼睛里带着一抹淡淡的、无可奈何的伤感。

她手里抱着个穿红衣的婴儿。

——苏苏。

——苏苏居然也在这里。

她手里抱着的婴儿，无疑就是小方的孩子。

小方的心在刺痛。

——苏苏怎么会在这里？

——阳光怎么会在这里？

——这里究竟是什么地方？

——他自己怎么会到这里来？

——在鹰记商号中他所看到的那些景象是真是幻？究竟是怎么回事？

——那些又神秘又可怕的蜡人呢？

小方最忘不了的当然还是那双眼睛，那双毒眼。

可是这些问题他都没有问，因为他根本不知道应该问谁。

柔软的床铺，干净的被单。他很想就这样躺在这里，躺一辈子。

可是他不能不起来。

他终于挣扎着站起来，伸出双臂，仿佛要去拥抱一个人。

这里有三个女人。

这三个女人都曾经影响过他的生命，都是他这一生永难忘怀的。

这三个女人都曾经跟他有过一段又奇怪又复杂又深厚的感情。

他要去拥抱的是谁？

小燕期待着小方的拥抱。

苏苏也期待着小方的拥抱。

但是小方扑向了苏苏。

他拥抱的却不是苏苏，而是苏苏怀里抱着的孩子。

他紧紧地抱着这个从未见过面的孩子。

眼泪，忽然自小方眼中流下。

英雄有泪不轻弹。

小方流泪，是因为他不是英雄？

小方爱苏苏，但是他们分离了很长的一段时间。

小方爱小燕，但是他心底有另一种感觉，他们必将分手。

一脉相承，维系着小方的血和肉的，只有他自己的孩子。

他和苏苏的孩子。

怀中的孩子。

他忽然发现，对怀中小孩的感情，复杂而深厚。

爱情并不是历久不衰的，历久不衰的爱情少之又少。

爱情是很容易消失的。

山高水长，河川阻隔，会使爱情慢慢褪色，消失于无情之中。

小方的眼光，温柔的眼光，现在落在小孩子的脸上。

小孩瞪着一双黑白分明的眼睛，无邪地看着他。

小方的内心忽然感到一阵刺痛。

因为孩子忽然向他咧嘴一笑。那笑容，就和苏苏的笑容一样。

小方又紧紧地将小孩拥在怀中。

小方看看小燕，又看看苏苏。

他脑海中，浮现出和这两个女人共度时的欢乐。

这些欢乐，他将终生难忘。

他对这两个女人的感情，是又复杂又深厚的。

齐小燕用诧异的目光注视着小方。

苏苏的目光却不诧异。

因为她了解小方的感情。

因为她是孩子的母亲，小方是孩子的父亲。

母子情深，父子情也深。

在危难中，在历劫后，突然发现自己有小孩了，突然见到了这个小孩，那一份心灵的震撼，是绝对连接到泪腺上的。

苏苏深情地看着小方和他怀中的小孩，她忽然感到一股暖流充盈在心口。

她从来没有想到，父爱也是这么深刻，这么动人的。

她只知道母爱。

母爱是自然的。从怀孕那天开始，从婴儿在母体成形那天开始，母亲就有一种很特殊的感觉，很快就变成爱。

婴儿还没有出生，就已经有了他母亲爱的关注。

父爱就不一样。

父亲一定要看到小孩脱离母体，降临人间，才会去爱他。

从第一眼看到小孩起，父爱才开始。

母爱是天生的，父子之爱却是后天慢慢培养的。

父子之爱，是一种学习的爱。

令苏苏感动的，就是她发现小方竟然爱她的小孩那么深厚。

她忽然冲上去，将小方和小孩抱紧。

小方温柔地将视线投落在苏苏的脸上，目光里显出一份很深沉的感激。

感激她为他留了后代。

有了后代，他就死而无憾了。

有了后代，他心情豁然开朗。

他不再恐惧死亡，也不再恐惧面对危难。

他随时随地可以死去。为卜鹰，为苏苏，为阳光，为齐小燕。

小方刚醒过来的时候，以为自己身陷地狱之内。现在，他知道他并没有入地狱。

入地狱的人绝对不是他。

就算是入了地狱，他入的也只不过是"我不入地狱谁入地狱"的地狱。

因为他忽然有了我不入地狱谁入地狱的决心。

他决心去查明这件事情的真相。

不惜代价，不惜死亡的牺牲，他都要去查出背后的阴谋者到底是谁。

他知道他必然查得出来。

因为他已经没有了后顾之忧。

他的思路，也将不会受死亡阴影的威胁而大打折扣。

一个无畏的人，他的剑术必将百分之百地发挥尽致。

他知道，这是他开始发问的时候了。

但是他没有问。

他先去抱起了他的孩子。

小方不是圣人。既不能做圣人，也不想做圣人。

在他心底某一个秘密的角落里，也许他是想先去拥抱齐小燕的。

因为他是她的第一个男人。她已将一个女人一生中最值得珍惜的给了他。

这种事不但是女人所难忘怀的，男人也同样很难忘记。

在小方心底深处另外一个秘密的角落里，他想去拥抱的也许是阳光。

阳光是个明朗美丽，但却非常痴情的女孩子。他知道他这一生中，是永远得不到她的。

但是他喜欢她，不但喜欢，而且尊敬。

他对阳光的感情，已经跟他对卜鹰的友谊混为一体。

小方是个男人。

苏苏是个女人，一个绝对女性化的女人。甚至可以说她全身上下，每分每寸都是女人。

小方不能忘记她。

她的激情、她的温柔、她的缠绵，无论任何男人都难以忘记。

在小方心底更深处，他想去拥抱的也许是她。

但是他却先去抱起了他的孩子。

那不止是因为父爱。父与子之间的感情是后天的，是需要培养的。

他先去抱起他的孩子，也许只不过因为他要求平衡。一种爱的平衡，一种唯一可以使他情绪稳定的平衡。

不管怎么样，他还是这么做了。

齐小燕悄悄地退了出去，阳光慢慢地坐了下去，坐在床边的一张椅子上。

苏苏却忽然笑了，笑得非常奇怪。

她的笑容中仿佛带着种说不出的讥诮恶毒之意，她的眼神也一样。

她看着小方微笑，忽然问道："你真的以为这孩子是你的孩子？"

"他难道不是？"

"不是。"苏苏说，"当然不是。"

她冷冷地接着说："你为什么不想想，吕三怎么会把你的孩子还给你？"

小方怔住了。

他知道苏苏不是在说谎，但是他也没有放下手里的孩子。就好像一个溺水者，明知自己抓住的并不是一根可以载他浮起来的木头，却还是不肯放过一样。

苏苏的笑容看来就像忽然又变成了一个面具。

"吕三要我带这个孩子来见你，只不过要我告诉你，你的孩子已经长得有这么大了，就好像这个孩子一样活泼可爱。"

小方的手冰冷。

苏苏忽然又冷笑。

"你以前有没有想过你的孩子？"

"没有。"小方说。

他是个诚实的人。也许不能算是好人，却绝对诚实。

他从来没有想过他的孩子，只因为他还没有见过他的孩子。

他们父子之间还没有爱。

"你知道我已经有了你的孩子。"苏苏又问，"但是你从来都没有想过他？"

小方承认。

但是现在他已经开始在想他了，因为他对他的孩子已经有了一个具体的形象。

——这就是人性。

无论人的本性是善还是恶，人性中总是有弱点的。

吕三无疑是最能把握这种弱点的人。

"吕三要我告诉你，"苏苏说，"如果你要见你的孩子，就得先替他做一件事。"

"什么事？"小方不能不问，"他要我替他去做什么事？"

苏苏还没有开口，外面已经有人替他回答："他要你先替他杀了我。"

这是班察巴那的声音。

一种非常冷静，又非常热情的声音。只要听过一次就很不容易忘记。

——永远没有人知道他会在什么时候出现的班察巴那又出现了。

班察巴那看来永远是年轻的。

——"年轻"，这两个字所代表的并不是年纪，而是一种形象。

他看来年轻，因为他看来永远都是那么坚强，那么挺拔，那么有生气。

无论他在什么时候什么地方出现都一样。

就算他刚从泥沼里走出来，他看来还是像一把刚出炉的剑，干净、明亮、锋利。

就算他刚从敌人的尸骨鲜血中走出来，他看来还是没有一点血腥气。

这次和以往唯一不同的地方是，他手里居然提着一袋酒。

满满的一羊皮袋酒。

他走过来，坐在一张小桌旁的一把椅子上，他看着小方说："坐。"

小方坐下，先把孩子交给苏苏才坐下，坐在对面。

班察巴那将满满的一袋酒放在小桌上。

"这种酒叫古城烧。"他问小方，"你喝过没有？"

"我喝过。"小方说。

他当然喝过，卜鹰最喜欢的就是这种酒。

这种酒喝起来就像是男儿的热血。

用一根手指勾起羊皮袋上的柄，把羊皮酒袋甩在脖子后，班察巴那自己先喝了一大口，才把酒袋递给小方。

"你喝！"

小方也喝了一大口，好大的一大口，然后又轮到班察巴那。

他们都没有去看苏苏和阳光，就好像这屋子里根本就没有别的人存在。

"你喝过这种酒，"班察巴那说，"你当然也记得一首歌。"

"我记得。"

"那么你先唱，我来和。"

小方就唱：

> 儿须成名,酒须醉。
> 酒后倾诉,是心言。

他们唱了一遍又一遍,喝了一口又一口。他们唱的歌浓烈如酒,他们喝的酒比血还浓。

歌可以唱不停,酒却可以喝得光。

班察巴那忽然用力一拍桌子。

"我知道,"他看着小方,"我知道你从来没有把我当作朋友!"

"哦?"

"你一直都认为只有卜鹰才是好朋友!"

"他本来就是个好朋友。"小方说,"不但是我的好朋友,也是你的好朋友。"

"那么他为什么一直都不来找你,也不来找我?"班察巴那盯着小方问,"你知不知道究竟是为了什么?"

小方举杯一饮而尽。

他无法回答这个问题。除了卜鹰自己外,根本就没有人能回答这问题。

同样的问题他也不知道问过自己多少次,最近他已不再问了。因为这问题总是会刺伤他自己。

班察巴那也没有再问下去。

他也在喝酒,喝得并不比小方少。

小方从未想到一向冷酷坚定如磐石的班察巴那,也会喝这么多酒。

他握紧羊皮酒袋,没有再递给班察巴那。有很多事,他一定要在他们还没有喝醉时问清楚。

可是班察巴那又在问他:"你有没有看清楚鹰记商号里那几个蜡像?"

小方看得很清楚。

"以前你有没有看见过铸造得那么精美生动的蜡像?"

"没有。"小方说。

"你当然没有看见过!"班察巴那说,"那样的蜡像,以前根本还没有在中土出现过。"

"你怎么知道的?"

"因为普天之下只有一个人能铸造出那样的蜡像来。"班察巴那说,"绝对只有一个人。"

"这个人是谁?"

"朗佛烈金。"

这是个非常奇特的名字,无论谁只要听过一次,就会牢记在心。

"朗佛烈金。"班察巴那将这名字又重复一次,"我相信你从未听过这名字。"

小方的确从未听过。

"他是不是汉人?"

"他不是!"班察巴那道,"他是波斯人,但是一直住在一个叫英吉利的海岛上。"

"英吉利?"小方也从未听过这海岛的名字,"英吉利在什么地方?"

"在天之涯,海之角。"班察巴那道,"在一个我们都从来没有去过的地方。"

"那么他铸造的蜡像怎么会到这里来了?"

"因为朗佛烈金这个人已经到这里来了。"班察巴那说。

"他怎么会来的?"

"被人请来的。"班察巴那说,"他是个奇人,他铸出的蜡像天下无人能及。可是他也要生存也要吃饭,只要有人肯出重价,什么地方他都会去。"

"他是被谁请来的?"

"普天之下,好像也只有一个人能请得起他。"班察巴那说,"你应该能想到我说的这个人是谁。"

小方已经想到了。

——普天之下,只有一个人能付得出这么大的代价,也只有一个人能做得出这样的事。

"你说的是吕三?"

"除了他还有谁?"

"吕三为什么要特地请朗佛烈金到这里来?"小方又问,"难道就是为了要他来做那几个蜡人?"

"是的。"

"吕三为什么要这样做?"

"为了很多种原因。"班察巴那道,"最主要的一种,就是他要用那些蜡像来杀人。"

"杀谁?"

这问题其实是不该问也不必问的,可是班察巴那还是回答了:"杀你,杀我,杀卜鹰!"

几个没有生命,没有血肉,连动都不能动的蜡像,怎么能杀人?

班察巴那解释:"那些蜡像都是空的。每个蜡像里都藏着一个人,其中有使毒的高手,也有暗器名家。"

他们使出来的毒,当然都是无色无味,让人完全觉察不出的剧毒。

他们的暗器,当然都是从机簧针筒发出来的,让人看不见的暗器。

小方已经想到了这一点。

"所以不管什么人只要一走进鹰记商号的大门,就会突然暴死。"

"是的。"班察巴那道,"不管什么人只要一走进去都必死无疑。"

他又说:"人死得多了,我们当然就会知道。不管我们在什么地方,都会听到这消息。"

小方替他接着说下去:"如果我们知道了这消息,当然忍不住要去看看。"

"如果我们还没有看出那些蜡像中的秘密,一进去当然也必死无疑。"

小方承认。

他几乎已经死过一次。

"还好你已经看出来了。"

"是的,我已经看出来了。"班察巴那道,"所以我还没有死,你也没有死。"

小方长长吐出一口气,又忍不住问:"有一点我还是不懂。"

"哪一点?"

"那对眼睛。"

小方又想起了那个蜡人的眼睛:"我只不过看了它一眼,好像就已经中毒了。"

"你想不通那是怎么一回事?"

"我想不通。"

"其实那并不是很难解释的事。"班察巴那忽然又问小方,"你有没有遇到过生石眼病的人?"

"我遇到过。"

"你有没有去看过那些人的眼睛?"

"有时我难免也会去看两眼。"

"看过了之后你有什么感觉?"

"我会觉得我自己的眼睛也很不舒服。"

"如果你看得久些,说不定你自己也会被染上同样的眼病。"班察巴那说,"如果你仔细想想,你一定有过这种经验。"

小方的确有过这种经验:"可是我不懂那是因为什么。"

"那是因为你中了毒。"

"中毒?"小方奇怪,"怎么会中毒?"

"因为那个人的病眼中有一种会传给别人的病毒。"班察巴那说,"至少有两三种眼病都有这种病毒。"

"可是我只不过看了他两眼而已。"

"看两眼就已经够了。"

"为什么?"

第三十六章

该下地狱的时候

"因为这种病毒本来就是从眼睛传染的,你只要看一眼就可能被染上。"班察巴那说,"世界上有很多种病毒都是这样子的。你只要跟病患同时待在一间屋子里,就可能被染上。"

他解释得详细而清楚:"如果有人能利用这些病毒的特性炼成毒药,你只要看他一眼也同样会中毒的。"

班察巴那又说:"这当然不是容易的事,可是我知道的确有人已经炼成了这种毒药。"

小方终于明白。

他看见过那些跪着死的人,死了之后还不知道自己是怎么中毒的。

在没有听到班察巴那这番话之前,他也同样从未想到世上竟会有这么可怕的毒药。

班察巴那忽然又问他:"你还记不记得那个总是喜欢抱着条小白狗的小女孩?"

小方当然记得。

"藏在你那个蜡像里的人就是她,"班察巴那道,"所以你虽然只不过是看了她一眼,就已经中了她的毒,防不胜防、无色无味的无影之毒。"

"所以无论什么人,只要一走进鹰记的大门都会突然暴毙?"

"是的。"

班察巴那的神色凝重:"那不是魔法,也不是巫术。那是经过苦心研究、精心提炼出来的剧毒。要避免中毒已经很难,要破解更不容易。"

"只不过你还是想出了破解它的法子。"

"我也想了很久,计划了很久。"

"你用的是什么法子?"

"用火攻!"班察巴那道,"只有用火攻,才能把他们全部消灭。"

他又解释:"我击落庞老二的飞斧,就因为我生怕他们影响我的计划。可是我想不到,你居然会不顾一切冲进去。"

他看着小方:"我本来以为你已经是个很冷静、很沉得住气的人。"

小方苦笑。

他本来也以为自己是这样子的。

现在小方当然已明白,地狱中的火焰并不是幻想。

火焰融化了蜡像,烧毁了房屋,藏在蜡像中的人只有逃出来。

只要一逃出来,有谁能躲得开"五花箭神"的五花神箭。

小方忽然又说:"我还是有件事想不通。"

"什么事?"

"你既然已经知道蜡像中有人,为什么不直接用你的箭射杀?"

班察巴那盯着小方,眼神中又充满讥诮,冷冷地问:"你知不知道蜡像中藏的是些什么人?"

"我不知道。"小方说。

"我也不知道,所以我不敢那么做。"班察巴那道,"如果我做了,不但我必将后悔终生,你也会恨我一辈子。"

"为什么?"

班察巴那不回答却反问:"苏苏的蜡像中也藏着一个人,你知不知道是谁?"

"不知道。"

"就是她自己。"班察巴那道,"吕三将她和那个孩子,都藏在他们自己的蜡像里,为的就是要我们去击杀他们。"

他又问小方:"那时你还不知道这个孩子是不是你的孩子,如果我将他们母子射杀在我的箭下,你会怎么样?"

小方怔住,手脚冰冷。

他本来一直认为自己已经学会了很多,现在才知道自己还应该学的地方更多。

他看着坐在他对面的这个又温柔、又粗犷、又冷酷、又热情的人,忽然对这个人生出了一种前所未有的佩服与尊敬。

班察巴那又说:"吕三不远千里将朗佛烈金请来铸作那些蜡像,不仅是为了要诱杀我们。"他冷笑,"吕三也知道我们都不是很容易就会上当的人。"

"他还另有目的?"

"当然有。"班察巴那道,"他还要制造我们之间的误会与仇恨。"

小方闭着嘴,等着他说下去。

"卜鹰是人杰。"班察巴那说,"他的武功、机智和统御属下的能力都是前所未有的。他突然被袭惨败,别人是不是会想到他是被人出卖的?"

"是。"小方承认。

"别人一定也会想到,能出卖他这种人的,一定是他最亲近的朋友。"

班察巴那又举杯一饮而尽："近十年来，他最亲近的朋友就是我。"

小方又闭上了嘴。

"也许连你都会怀疑是我出卖了他的。"班察巴那道，"有很多迹象都会让你这么想，最重要的当然还是那批黄金。"

小方沉默。

他确实这么想过。知道藏金处的只有三个人，现在黄金失踪，他自己没有动过那批黄金，卜鹰也不会盗自己的藏金，嫌疑最大的当然是班察巴那。

"如果卜鹰还活着，说不定他自己都会这么想。"班察巴那道，"如果有机会，说不定他也会将我刺杀在他的剑下。"

他再次举杯向小方："就算他相信我，你也会这么想的。在你看到那些蜡像时，你也许已经想到了这一点。"

小方不能否认。

看到卜鹰的蜡像刺杀班察巴那的蜡像时，他不但想到了这一点，甚至还怀疑那些蜡像是卜鹰的计划，用来诱杀班察巴那的计划。

同样他也会怀疑这是班察巴那用来诱杀卜鹰的。

一个安静幽美的黄昏，一间安静幽雅的小房，两个安静美丽的女人，一个刚刚睡着的孩子，两盏刚刚点燃的灯，一袋刚刚喝完的酒，一件诡秘惊人的秘密，形成了一种局外人绝对无法了解的气氛。

在这种气氛下，小方也不知道自己是醒是醉，是醉是醒。

班察巴那又问他："现在你是不是已经完全明白了？"

"是。"

"你知不知道现在已经到了什么时候？"

小方摇头。他不知道，因为他根本不明白班察巴那的意思。

班察巴那告诉他:"现在已经到了应该下地狱的时候。"

"下地狱!"小方问,"谁下去?"

"你!"班察巴那将最后几滴酒滴入咽喉,一个字一个字地说,"你下去!"

夜色深了,灯光亮了。夜色越深,灯光越亮。

——世上有很多事都是这样子的。

班察巴那取出一张图铺在桌上,一张用薄羊皮纸描出的地图。

"这是玉门关内外,包括戈壁、拉萨圣峰都在内的一张地图。"班察巴那说,"这地区之大,广及五万五千里。"

他又说:"可是在这广大的地域中,有人烟的地方并不太多。"

地图画得并不详细。并没有画出山川河岳的地形,只用朱砂笔点出了一些重要的市乡山村。

班察巴那再问小方:"你数一数,这张图上用朱砂笔点过的地方一共有多少?"

小方已经数过,所以立刻就回答:"一共一百九十一处。"

班察巴那点头,表示赞许,然后告诉小方:"这一百九十一个地方,都是吕三的秘密巢穴所在地。"

他又说:"到目前为止,我们虽然只查出这么多,可是我相信他就算还有其他分舵秘穴、暗卡,也不会太多了!"

"我也相信。"

现在他已经完全信任班察巴那的才能。

"现在我们一定要找到吕三。"班察巴那说,"无论什么事都一定要找到他才能解决。"

"不错!"

"我相信我们一定可以在这些地方找到他。"

小方也相信。只可惜他们应该要去找的地方实在太多了。

"你知不知道他究竟在哪一个分舵秘穴里？"小方问。

"不知道。"班察巴那道，"没有人知道。"

小方苦笑。

——一百九十一个市镇乡村，分布在如此广大的一个区域里，叫他们如何去找？

"我们虽然早就查出了吕三的窝在哪些什么地方，可是我们一直都没有动手去找。"班察巴那说。

"为什么？"

"因为我们知道找不到他的！"

班察巴那解释："我们没有这么多的人力，可以分成一百九十一队人，分头去找。就算我们能分出来，力量必定也已很薄弱。"

小方同意这一点。

"吕三的行踪所在之地，警卫戒备一定极森严。就算我们有人能找到他，也不是他们的对手。"班察巴那分析得很清楚，"如果我们一击不中，再想找他就更难了。"

"完全正确！"

"所以我们绝不可轻举妄动，绝不能打草惊蛇。"班察巴那道，"我们绝不能做没有把握的事。"

小方忍不住问："现在你已经有把握？"

"现在我至少已经想出了一个对付他的法子。"

"什么法子？"

"现在我们虽然还是一样找不到他，但却可以要他自己把自己的行踪暴露出来。"

小方又忍不住问："你真的有把握能做到？"

班察巴那点头，眼中又露出鹰隼狡狐般的锐光，低沉着问小方："你想不想听听我的计划？"

"我想。"小方说,"非常想!"

班察巴那的计划是这样子的——

"第一,我们一定要先放出消息,让吕三知道我们已经查出了他一百九十一个秘密藏身处。"班察巴那道,"我们甚至不妨将这张秘图公开,让他确信我们已经有了这种实力。"

"第二呢?"

"经过了这次挫败之后,他对我们绝不会再存轻敌之心了。"

"我相信他从来都没有轻视过你。"小方说,"谁也不敢轻视你。"

"所以他知道我们已经开始准备有所行动之后,一定会严加戒备。"班察巴那说,"不管他在哪里,一定会立刻调集他属下的高手到那里去。"

小方立刻明白他的意思——

"只要他一开始调动他属下的高手,我们就可以查出他在什么地方了。"

"是的!"班察巴那微笑点头,"我的计划就是这样子的。"

他凝视小方:"只不过这项行动仍然很冒险。吕三财雄势大,属下高手如云,我们还是没有必胜的把握。"

"我明白。"

"但是这次机会我们绝不可错过。"班察巴那道,"也许这已经是我们最后一次机会了。"

"我明白。"小方说,"所以我们就算明知要下地狱,也非去不可!"

"是的。"

"可是你不能去。"小方说,"你还有别的事要做,你不能冒这种险!"

"是的。"班察巴那说得很坦白,"所以我只有让你去。"

他盯着小方:"如果我们两个人之中一定有一个人要死,我也只有让你去死。"

小方的反应很奇怪。

他既没有愤怒激动,也没有反对抗议,只淡淡地说:"好!我去。"

黄金色的屋子,黄金色的墙。黄金色的地,黄金色的屋顶。

屋子里每样东西都是黄金色的。

绝对是黄金色的,和纯金完全一样的颜色。绝对完全一样。

这屋子的四壁和顶部都镀上了一层纯金,地上铺的是金砖。屋子里每一样东西都是黄金所铸,甚至连桌椅都是,连窗幔都是用金丝编成的。

因为这间屋子的主人喜欢黄金。

每个人都喜欢黄金。可是住在一间这么样的屋子里,就很少有人能受得了。

黄金虽然可爱,但是太冷、太硬,也太无情。

大多数人都宁愿住在一间挂着丝绒窗幔的屋子里,坐在一张有丝绒垫子的软榻上,用水晶杯喝酒。

这间屋子的主人却喜欢黄金。

他拥有的黄金也比这世界上任何一个人都多得多。

这间屋子的主人就是吕三。

用纯金铸成的椅子虽然冰冷坚硬,吕三坐在上面却显得很舒服。

一个人坐在这间屋子里,面对着这些用纯金铸成的东西,看着闪动的金光,通常就是他最愉快的时候。

他喜欢一个人待在这屋子里,因为他不愿别人来分享他的愉快,就正如他也不愿别人来分享他的黄金一样。

所以很少有人敢闯进他这屋子里来，连他最亲近的人都不例外。

今天却有了例外。

黄金的纯度绝对比金杯中的醇酒更纯。

吕三浅浅地啜了一口酒，把一双保养得极好的指甲，修剪得极干净整齐的赤足，摆在对面一张用纯金铸成的桌子上，整个人都似已放松了。

只有在这里他才会喝酒，因为只有他最亲信的人才知道这个地方。尤其是在他喝酒的时候，更没有人敢来打扰他。

可是今天就在他正准备喝第二杯的时候，外面居然有人在敲门。而且不等他的允许，就已经推开门闯了进来。

吕三很不愉快，但是他表面上连一点点都没有表露出来。

这并非因为敲门闯进来的人，是他最亲近的属下苗宣。

他表面上完全不动声色，只不过因为他本来就是个喜怒不形于色的人。就连他听到他独生子死在小方手里的时候，他脸上也没有露出一点悲伤愤怒的神色。

他不像班察巴那。

班察巴那的脸就像花岗石，从来都没有表情。

吕三的脸上有表情，只不过他脸上的表情通常都跟他心里的感觉不一样而已。

现在他心里虽然很不愉快，脸上却带着很愉快的微笑。

他微笑着问苗宣："你是不是也想喝杯酒？要不要坐下来陪我喝一杯？"

"不想。"苗宣说，"不要。"

他不像他的主人，他心里有了事脸上立刻就会露出来。

现在他脸上的表情看来，就好像家里刚刚失了火。

"我不想喝酒,也不要喝。"他说,"我不是为了喝酒而来的。"

吕三笑了。

他喜欢直肠、直肚、直性子的人。虽然他自己不是这种人,可是他喜欢这种人。因为他一向认为这种人最好驾驭。

就因为他自己不是这种人,所以才会将苗宣当作亲信。

他问苗宣:"你是为了什么事来的?"

"为了一件大事。"苗宣说,"为了那个班察巴那。"

吕三仍然在微笑。

"有关班察巴那的事,当然都是大事。"他指了指对面的椅子,"你坐下来慢慢说。"

苗宣这次没有听他的话,没有坐下去。

"班察巴那已经把我们一百九十一个分舵都查出来了,而且已经下令调集人手,发动攻击。"

吕三非但脸色没有变,连坐的姿势都没有变,只是淡淡地问:"他准备在什么时候发动攻击?"

"班察巴那一向令出如风。"苗宣说,"现在他既然已下令,不出十天,就会见分晓了。"

吕三也承认这一点:"这个人不但令出如风,而且令出如山。"

他又浅浅啜了一口酒,然后才问苗宣道:"你看我们现在应该怎么办?"

苗宣毫不考虑就回答:"我们现在应该立刻把好手都调集到这里来。"

"哦?"

"班察巴那属下的好手,虽然也有不少,但却要分到一百九十一个地方去。"苗宣说,"我们如果能将好手都调集到这里来,以逸待劳，以众击寡，这一次他就死定了。"

说话的时候，他脸上已经忍不住露出了得意之色。因为他认为这是个好主意，而且相信这是个好主意。

大多数的人想法都会跟他一样，都会热烈赞成他这个主意。

吕三却没有反应。

金光在闪动，杯中的酒也有金光在闪动。他看着杯中酒上的闪动金光，过了很久很久之后，忽然问出句很奇怪的话。

他忽然问苗宣："你跟我做事已经有多久了？"

"十年。"苗宣虽然不懂吕三为什么会忽然问他这件事，仍然照实回答，"整整十年了！"

吕三忽然抬起头来看他，看着他丑陋诚实而富于表情的脸。

吕三看了很久之后才说："不对。"

"不对？什么地方不对？"

"不是十年。"吕三说，"是九年十一个月，要到下个月的十三才满十年。"

苗宣吸了口气，脸上露出了佩服之色。

他知道吕三的记忆力一向很好，可是他想不到竟然好得如此惊人。

吕三轻轻摇荡着杯中的酒，让闪动的金光看来更耀眼。

"不管怎么样，你跟着我的时日已经不算太短了。"吕三说，"已经应该看得出我是个什么样的人。"

"我多少总能看得出一点。"

"你知不知道我最大的长处是哪一点？"吕三又问。

苗宣还在考虑，吕三已经先说了出来："我最大的长处就是公正。"

他说："我不能不公正。跟着我做事的人最少时也有八九千个，如果我不公正，怎么能服得住人？"

苗宣承认这一点。吕三确实是个处事公正的人，而且绝对赏罚分明。

吕三忽然又问他："你还记不记得刚才我进来时说过什么话？"

苗宣记得："你说，任何人都不许走进这屋子的门，不管什么人都一样。"

"你是不是人？"

"我是。"

"现在你是不是已经进来了？"

"我不一样，"苗宣已经有点发急，"我有要紧的事。"

吕三沉下脸。

他的脸在闪动的金光中看来也像是黄金铸成的："我只问你，现在你是不是已经进来了？"

"是。"苗宣心里虽然不服，可是再也不敢反驳。

吕三又反问他："刚才我有没有叫你坐下来陪我喝杯酒？"

"有。"

"你有没有坐下来？"

"没有！"

"你有没有陪我喝酒？"

"没有！"

"你还记不记得我曾经说过，我说出来的话就是命令？"

"我记得。"

"那么你当然也应该记得，违背我命令的人应该怎么办？"

说完了这句话，吕三就再也不去看那张诚实而丑陋的脸了。就好像这屋子里，已经不再有苗宣这么样一个人存在。

苗宣的脸色已经变成像是张白纸，紧握的双拳上青筋一根根凸起，看起来好像恨不得一拳往吕三的鼻子上打过去。

他没有这么做，他不敢。

他不敢并不是因为怕死。

他不敢只因为他三年前已经娶了妻，他的妻子已经为他生了个儿子。

一个又白、又胖、又可爱的儿子，今天早上刚刚学会叫他"爸爸"。

一粒粒比黄豆还大的冷汗，已经从苗宣脸上流下来。

他用那双青筋凸起的手，从身上拔出一把刀。刀锋薄而利，轻轻一刺就可以刺入人的心脏。

如果是三年前，他一定会用这把刀往吕三的心口上刺过去，不管成败他都会试一试。

可是现在他不敢，连试都不敢试。

——可爱的儿子，可爱的笑脸，叫起"爸爸"来笑得多么可爱。

苗宣忽然一刀刺出，刺入了自己的心脏。

苗宣倒下去，眼前仿佛忽然出现了一幅美丽的图画。

他仿佛看见他的儿子在成长，长成为一个健康强壮的少年。

他仿佛看见他那虽然不太美丽，但却非常温柔的妻子，正在为他们的儿子挑选新娘。

虽然他也知道这只不过是他临死前的幻象，可是他偏偏又相信这是一定会实现的。

因为他相信"公正的吕三"一定会好好照顾他们。

他相信他的死已经有了代价。

吕三还是没有抬头，还是连看都没有去看他这个忠心的属下。

直到苗宣刀口上的鲜血开始凝结时，他才轻轻地叫了声："沙平。"

过了半晌门外才有人响应:"沙平在。"

他响应的虽然不快,也不算太慢。门虽然开着,可是他的人并没有进来。

因为他不是苗宣。

他和苗宣是绝对完全不同的两个人。吕三说过的话,他从来没有忘记过一句,也没有忘记过一次。

吕三还没有下令要他进去,他就绝不会走进这屋子的门。

每个人都认为他的武功不及苗宣,看来也没有苗宣聪明,无论做什么事都没有苗宣那么忠诚热心。

可是他自己一直相信他一定会比苗宣活得长些。

沙平今年四十八岁,身材瘦小,容貌平凡,在江湖中连一点名气都没有。

因为他根本不想要江湖中的虚名。他一直认为"名气"能带给人的只有困扰和麻烦。

他不喝酒,不赌钱,吃得非常简单,穿得非常简朴。

可是他在山西四大钱庄中,都已经存了五十万两以上的存款。

虽然大家都认为他的武功不及苗宣,可是吕三却知道他的劲气内力、暗器掌法都不在武林中任何一位名家之下。

他至今还是独身。

因为他一直认为,就算一个人每天都要吃鸡蛋,也不必在家里盖个鸡棚。

一直等到吕三下令之后,沙平才走进这屋子。走得并不太快,可是也绝对不能算是太慢。

吕三看到他的时候,眼中总是会忍不住露出满意的表情。

无论谁有了这么样一个部下,都不能不满意了。

他们却没有提起苗宣的死,就好像世界上根本就没有这样一个人生存过。

吕三只问沙平:"你知不知道班察巴那已下令要来攻击我们?"

"我知道。"

"你知不知道我们现在应该怎么做?"

"不知道。"

应该知道的事,沙平绝不会不知道;不该知道的事,他绝不会知道。

——在吕三面前,既不能显得太笨,也不能表现得太聪明。

"现在我们是不是应该将人手都调集到这里来?"吕三又问。

"不应该。"沙平回答。

"为什么?"

"因为班察巴那现在还不知道你在哪里。"沙平说,"如果我们不告诉他,他永远都不会知道的。"

他又说:"如果我们这么样做,就等于已经告诉他了。"

吕三微笑。

"你既然明白这一点,就应该知道我们现在应该怎么做了。"

"我不知道,"沙平说,"我想过,可是我不知道要怎么做才是对的。"

第三十七章

制造陷阱

吕三笑得真愉快。

"看来你虽然比苗宣聪明得多,却还是不能算太聪明。"

沙平完全同意。

他这一生从来就不想做一个聪明人——至少在十三岁以后就没有再想过。

"班察巴那故意公开宣布发动攻击,为的就是要我自己暴露出自己的行踪。"吕三说,"所以我们绝不能这么样做,绝不能让他如愿。"

"是的。"

"可是我们也不能放弃这个机会,"吕三说,"班察巴那是头老狐狸,我们要抓这条老狐狸,就不能放过这次机会。"

"是的。"

"所以我们一定要另外制造个陷阱,让他自己往下跳。"

"是的。"

杯中的酒已空了,吕三自己又斟满一杯。

他从来不要任何人为他斟酒,别人为他斟的酒他从来没有喝过一口。

"班察巴那的属下,虽然全都是久经训练的战士,但是其中并没有真正的高手，"吕三沉吟着道，"只有一个人是例外。"

"谁？"

"小方。"吕三道，"方伟！"

他说："我本来一直低估了他。现在我才知道，这个人就像是颗橡皮球一样，你不去动他，他好像连一点用都没有。如果你去打他一下，他说不定就会突然跳起来，你打得越用力，他就跳得越高，说不定一下子就会跳到你的头上来，要了你的命。"

"是的。"沙平说，"看起来他的确像是个这么样的人，所以别人才会称他为要命的小方。"

"你知不知道他的行踪？"

"我知道。"

"这两天他在哪里？"

"在拉萨。"沙平说，"在拉萨的飞鹰楼，也就是以前鹰记商号接待客户的地方。"

吕三凝视着杯中闪动的金光，过了很久又问沙平："你知不知道'三号''十三号'和'二十三号'这几天在哪里？"

"我知道。"

"你能不能找得到他们？"

"能！"沙平道，"六个时辰之内我就可以找到。"

"那就好极了。"

吕三将杯中酒一饮而尽："你一找到他们，就带他们到飞鹰楼去。"

"是。"

"你知不知道我要他们去干什么？"

"不知道。"

"去杀小方。"吕三道，"我要他们去杀小方。"

他慢慢地接着说:"可是有一点你一定要记住,你绝不能让他们三个人同时出手。"

吕三要杀人是从来不择手段的。小方绝不是容易对付的人。

三个人同时出手,力量无疑要比一个人大得多,成功的机会也大得多。

可是吕三却不要这么做。

——他为什么不要这么做?

沙平没有问。

他从来不问为什么。不管吕三发出多么奇怪的命令,他都只有服从接受。

"三号""十三号""二十三号",当然不是三个数字,是三个人。

三个杀人的人。随时都在等待吕三的命令去杀人的人。

他们活着,就为了要替吕三去杀人。

从另外一个观点去看:他们能活着,就因为他们能替吕三去杀人。

在某一个非常秘密的地方,在一个用花岗石筑成的地下室中,在一个只有吕三一个人可以开启的铁柜里,有一本记录。

那本记录是绝不公开的。

在那本记录上,有关这三个人的资料是这样子的——

二十三号。

姓名:胡大麟。

性别:男。

年龄:二十一。

籍贯:浙江,杭州。

家世：父，胡祖昌；母，孙永。

兄弟姐妹：无。

妻子儿女：无。

在那份资料里，有关于"二十三号"胡大麟的记录就是这样子的。

替吕三做事的人，永远只有这么样一份简单的数据。

可是在另外一份只有吕三一个人可以看得到的记录里，有关"二十三号"胡大麟的资料又不同了。

在这份记录里，才把胡大麟这个人是什么样子的人写出来。

每个人都有另外一面，胡大麟的另外一面是这样子的。

胡大麟，男，二十一岁。父为"永利镖局"之厨师，母为"永利镖局"之奶妈——胡大麟之妈。

有关胡大麟的资料就是这么多。虽然不太多，可是已经够多了。

够多的意思就是说，如果一个人够聪明也够经验，就不难从这些资料里挖出很多事！

——吕三的组织庞大而严密，要加入这个组织并不容易。能够列入这份秘密数据编号的，更全都是一流高手中的高手。

——胡大麟在十七岁的时候，已经是高手中的高手。掌中一柄剑已经击败过很多别人认为他绝无可能击败的人。

——一个厨师和奶妈的儿子，能够在十七岁的时候，成为江湖中的一流高手，他当然吃过很多苦，做过很多别人不会做、不敢做，也做不到的事。而且有一份百折不挠的决心。

——可是一加入吕三的组织后，他就变成一个只有编号没有姓名的人了。

——谁也不愿将自己用血泪换来的名声地位放弃。胡大麟这么做，当然有他不得已的苦衷。

——他杀了太多不该杀的人，做了太多不该做的事。因为他始终不能忘记自己是个厨师和奶妈的儿子。

——就因为他始终不能忘记自己出身的卑贱，所以才会做出很多不该做的事，所以才会加入吕三的组织。

世上有很多事都是这样子的。有前因才有后果，有后果必有前因。

就因为他的身世如此，所以才会拼命想出人头地。无论对任何人任何事，都充满了反叛性。在别人眼光中，他当然是个叛徒。

他的剑法也跟他的人一样，冲动、偏激，充满了反叛性。

杜永的家世就和胡大麟完全不同了。

不管根据哪一份数据的记载，杜永都应该是个非常正常的人。家世和教育都非常良好。

十三号。

姓名：杜永。

性别：男。

年龄：三十。

籍贯：江苏，徐州。

父：杜安。

母：陈素贞，早殁。

妻：朱贵芬。

有子女各一人。

杜永的父亲杜安，是江北最成功的镖师和生意人。白手起家，二十七岁时就已积资千万。

杜永的母亲早逝。他的父亲从未续弦，而且从未放松过对儿子的教养。在杜永七岁的时候，就已请了三位饱学通儒、两位有名的武师和一位武当名宿教导他，希望他成为一个文武全才的年轻人。

杜永并没有让他的父亲失望。早年就已文采斐然，剑法也得到了武当的精粹。被江湖中人公认为武当后起一辈中的佼佼者。

杜永的妻子也是世家女，温柔贤惠美丽。十五岁的时候就嫁给他，所有认得他的人都羡慕他的福气。

杜永的儿子聪明孝顺、诚实规矩，从来没有做过一件让父母伤心讨厌的事。

像杜永这么样一个人，怎么会放弃所有的一切加入吕三的组织？

这问题当然有人问过他，有一次他在大醉之后才回答："因为我受不了。"

这样的生活，这样的家庭，这样的环境，他还有什么受不了的？

如果你更深入了解他的一切，你就会明白他受不了的是什么了。

他的父亲太强、太能干、太有钱，也太有名。在他十几岁的时候，就已经把他一生都安排好了，这世界上已经没有什么能够让他操心的事。

他从小就被训练成一个规规矩矩的孩子，也从来没有做过一件让他父亲操心的事。

他这一生好像已经注定是个成功幸福的人。有幸福的家庭，有成功的事业，有地位，有名气。

可是这一切都不是靠他自己奋斗得来的，而是依靠他的父亲。

江湖中有很多人妒忌他，有很多人羡慕他，可是真正尊敬他的人却不多。

所以他才想做几件令人注目的事,让大家改变对他的看法。

——如果你急着想去做这种事,你一定会做错的。

杜永也不例外。

也许他并不是真的想去做那些事,但他却还是去做出来了。

所以他只有加入吕三的组织。

他的剑法也跟他的人一样,出身名门,很少犯错。可是一错就不可收拾!

三年前他才加入吕三的组织。经过这三年的磨炼后,他犯错的时候更少了。

胡大麟和杜永,无疑是两种典型完全不同的人。为什么他们现在会加入同一组织,做一种同样性质的事?

这问题谁也没法子答复。

也许这就是命运。

命运通常会使人遭遇到一些奇奇怪怪,谁也无法预料到的事。

命运也常常会使人落入某种又可悲又可笑的境遇中,使人根本完全没有选择的余地。

只不过真正有勇气的人,是永远不会向命运屈服的。

他们早已在困境中学会忍耐,在逆境中学会忍受。只要一有机会,他们就会挺起胸膛,继续挣扎奋斗。

只要他们还没有死,他们就有抬头的时候。

林正雄无疑又是另外一种完全不同类型的人。

他是闽人。

在闽南,林姓是大族。林正雄也是个非常普通、非常普通的名字。每一个城,每一个乡,每一个镇,每一个村都有姓林叫正雄的人。

他生长在闽境沿海一带,倭寇出没最多的地方。据说在他十六岁的时候,就曾以一柄长刀刺杀倭寇的首级一百三十余个。

在倭语中,他的名字被称为"马沙"。提起马沙来,倭寇莫不心惊胆战,望风而逃。

后来倭寇渐被歼灭,他也远离了家乡,浪迹天涯,去闯天下。

在江湖中,他混得很不得意。

因为他既没有显赫的家世背景,也不是出身于名门正派的子弟。无论他走到哪里,无论他做什么,都会受到排挤。

所以几年之后马沙这个人就从江湖中消失了,林正雄这个人也消失了。

然后江湖中就出现了一个冷酷无情的职业杀手。虽然以杀人为业,并不以杀人为乐。

在吕三的记录中,是以加入组织的先后为顺序的。"三号"的历史无疑已非常悠久,记录却最短。

三号。

姓名:林正雄(诨号马沙)。

性别:男。

年龄:四十三。

籍贯:闽。

家世不详。

二十五岁之后,林正雄就开始用剑了。

当时他已非少年,已经没有学剑少年们的热情和冲动。

他当然也没有杜永那么好的师资和教养。剑法中的精义他很可能完全一窍不通。

可是他有经验。

他的经验也许比胡大麟和杜永两个加起来都多得多。他身上的刀疤，也比他们加起来多得多。

他以少年时与倭寇贴身肉搏的经验，创造了一种独特的剑法，一种混合了东瀛武士刀法的剑法。他的剑法虽然并不花俏，变化也不多，但却绝对有效。

三号、十三号、二十三号，无疑都是吕三属下中的高手。

三个人代表了三种绝对不同的人格和典型。三个人的武功和剑法也完全不同。

吕三下令派他们三个人去刺杀小方，这命令绝对下得很正确。

——吕三下的命令一向不会不正确的。

奇怪的是，他为什么不让他们三个同时出手？三个人同时出手的机会远比一个人大得多。

他的用意是什么？

没有人知道他的用意是什么，也没有人知道他的计划。

没有人知道，也没有人问。

非但沙平不问，胡大麟、杜永、林正雄也不问。

沙平找到了他们三个人，用最简单的字句将吕三的命令下达。

"老板要你们去杀方伟！"沙平说，"要你们三个人单独分别去杀他。"

他们三个人的回答同样只有一个字。

"是。"

然后他们就在最短的时间里找到了小方。

虽然还是没有人知道吕三的计划，可是行动已展开。

班察巴那的属下无疑也开始行动。

于是计划的时期已结束，行动的时期已开始——当然是全面行动。

暗夜、无星、无月、无雨，有风。

暗室、昏灯。

室暗，是因为灯昏。

灯昏，是因为小方特意将灯芯拧到最小处。

他一向是个明朗的人，可是现在他却宁愿在黑暗中独处。

这不仅是因为他有很多事要去想，也不仅是因为现在他有一件决定性的计划即将开始行动。

有些很开朗很不甘寂寞的人，在某种时候也会忽然变得宁愿寂寞孤独自处。

小方现在的心情就是这样子的，这几天他都是这样子的。

他有很多话要告诉阳光，也有很多事要问苏苏。

可是他没有问，也没有说。他根本没有和她们单独相处过。

——也许他是在逃避。

——逃避并不能解决任何事。

——可是无论任何人的一生中，总难免有逃避的时候。

在某一方面说，逃避就是休息。

无论谁都需要休息。尤其是在一次决定性的计划，即将展开行动的时候。

就在这个无星、无月、无雨的暗夜里，风中忽然传来一阵呼吸声，在往这里移动。

一种只有小方这种人才能听到的呼吸声——当然是人的呼吸声。

绝不是一个人的呼吸声。小方可以断定来的最少有三个人，最多也只有四个。

只有呼吸声，没有脚步声。

这至少证明了两件事。

——不管小方的心情怎么样，他的耳朵还是很灵。

——来的不管是三个人还是四个人,都是身手极矫健的武林高手!因为他们的脚步声比呼吸声还轻。

小方住的是家客栈。

自从班察巴那已经将计划决定之后,他就住进了这家客栈。

一家很僻静的客栈。他住的是这家客栈中一个很僻静的后院。

客栈中的掌柜、伙计、客人、小厮,都随时可以到这个后院里来。

在附近一带山野田郊里闲逛的人,也随时可以逛到这里来。

只不过现在夜已深,大多数人都已经睡着了。没有睡着的人,一定有特别的原因才没有睡。

如果不是因为某种特别原因,一个人走路时的脚步声,一定不会比呼吸声还轻。

这至少又证明了一件事。

——来的这几个人,一定是因为某种特别目的才会来的。

在这种时候,在这种地方,谁也不会来找小方喝酒下棋、聊天谈情。

就算有人会来找他谈情,也不会找三四个人一起来。

他们是找小方干什么?

最正确的答案只有一种——他们都是来杀小方的。在这个无星、无月、无雨、有风的暗夜中,将小方刺杀在一个昏暗的斗室里。

小方想到了这一点。

他应该立刻跳起来,握紧他的魔眼。

可是他没有动。

呼吸声渐渐近了,他已经可以听到他们的脚步声,一种只有他这种人才能听到的脚步声。

一种只有曾经苦练过轻功或剑术的人,特有的脚步声。

小方已可以听出,来的有多少人了。

来的是四个人,绝对只四个人。四个曾经苦练过轻功和剑术的高手。

他的掌心沁出了冷汗。

因为他没有把握对付这四个人。如果他们同时攻击他,他连一点把握都没有。

令人想不到的是,脚步并没有一直往这里走过来。远在二十丈外就已停顿。

等到脚步声再响起时,来的已经只剩下一个人了。

这个人的脚步声和呼吸声,都比刚才重得多。显见他的心情也很紧张,甚至比小方还紧张。

——如果他是来杀小方的,为什么要一个人来?

——他的同伴为什么不跟他一起出手?

小方想不通。

他也没有时间去想了,这个人的脚步声已经来到他的窗口。

从高原那边吹来的风,吹过这一片富饶而肥沃的平地。窗纸被吹得簌簌地响。却不是被这阵风吹动的,而是被这个人的呼吸吹动的。

他站的地方距离窗户太近。

小方立刻判断出一件事——这个人无疑是个很容易冲动的人。身手虽然不弱,做这种事也绝不是第一次,却还是很容易冲动。

以逸待劳,以静制动。

经过了无数次的出生入死的经验后,小方已经非常明白这八个字的要领。

所以他仍然保持安静,绝对的安静。

安静不是冷静。

小方也不能保持绝对的冷静。因为他本来也是个很容易冲动的人。

他的心跳也已加快,呼吸也变得比较急促。

窗外的人忽然叫他的名字:"小方,方伟!"

他虽然在冷笑,声音却已因紧张而沙哑:"我知道你没有睡着,而且知道我来了。"

小方保持安静。

"我是来杀你的!"这个人说,"你也应该知道我是来杀你的!"

他问小方:"你为什么还不出来?"

小方仍然保持安静。

不仅安静,而且冷静。他已经发现这个人远比他以前更冲动。

苍白的窗纸已经被打湿了一块,而且动得更厉害。因为这个人的呼吸更急促。

——你要杀我,我当然也不能不杀你。

——在这种时候还这么冲动,实在是件很不好玩的事。

"砰"的一声,窗户终于被打开,露出了一张铁青色的脸。非常英俊,非常年轻。

"我叫胡大麟!"他说,"我要杀你!"

他用一双虽然明亮锐利,却已充满血丝的眼睛瞪着小方:"你为什么还不出来?"

小方笑了。

"是你要来杀我,又不是我要杀你。"他反问这个年轻人,"我为什么要出去?"

胡大麟说不出话了。

他已经准备拔剑,已经准备冲进去。

就在这时候,他忽然看见剑光一闪。他从未看见过如此明亮、耀眼、迅疾的剑光。

他得后退、闪避，同时也得拔剑反击。

他的动作绝不能算太慢，只不过慢了一点而已。

剑光一闪，刺的是他的咽喉。可是忽然一变，就刺入了他的心脏。

这才是真正的要害，必死无救的要害。

你要杀我，我就不能不杀你！

胡大麟心跳停止前，终于明白了一件事。

——做一个平凡的人，并不可悲也不可耻。

他本来就不该来杀人，因为他本来就不是个杀人的人。

因为他太冲动。

——一个本来很平凡的人，一定要去做他不该做的事，才是值得悲哀的。

风还在吹。

远方的黑暗中，还有三个人静静地站在那里。

他们是和胡大麟一起来的。可是胡大麟的死，却好像跟他们连一点关系都没有。

他们的眼盯着小方。

刚才小方一剑刺杀胡大麟，每一个动作他们都没有错过。

第三十八章

全面行动

过了很久之后,三个人中才有一个人走过来。

这个人走路的姿势非常奇怪。

他当然是要来杀小方的。

可是他走过来的样子,却好像是一个学生来见他的师长。不但文雅规矩,还带着一点畏缩。

小方一眼就看出他是个受过良好教养的人,而且从小就被约束得很紧。

可是从另一方面去看,他无疑又是个非常可怕的人。

他的脚步虽然稳重,可是全身上下都充满了戒备,随时都保持着一种战斗的姿态,绝不给人一点可乘之机。

他的手臂虽然一直是放松的,可是他的手都在他的剑柄附近。

他的眼睛一直在盯着小方握剑的手。

有很多人都认为高手对决时,一个人如果总是盯着另外一个人的手,绝不是件明智之举。

因为这些人都认为任何人都不能从另外一个人的手上看出什么。

部分人认为决战时最应该注意的是对方的眼神,也有一部分的人认为最应该注意的是对方脸上的表情。

这些人的观念并不正确。因为他们忽略了几点。

——杀人是要用手的。

——手也有表情,也会泄露出很多秘密。

——有很多人都可以把自己的情感和秘密掩饰得很好,甚至把自己变得像一枚硬壳果一样,让任何人都无法从他的脸色和眼神中,看出任何一点他不愿让别人知道的秘密。

但是手就不一样了。

——如果你看见一个人手上的青筋凸起,血管暴露,就可以知道他的心情一定很紧张。

——如果你看见一个人的手在发抖,就可以知道他不但紧张,而且恐惧、愤怒、激动。

——这些都是无法控制掩饰的,因为这完全是一种生理上的反应。

所以一个真正的高手,在生死对决时,最注意的是对方的手。

来的这个人无疑是个身经百战、经验丰富的高手。不但动作正确,观念也非常正确。

小方也在盯着他,却没有盯着他的手。因为小方知道这种人绝不会先出手的。

小方只问:"你也是来杀我的?"

"是。"

"你认得我?"

"不认得。"

"我们有仇?"

"没有。"

"你为什么要杀我?"

这不是个好问题,有很多人杀人都不需要任何理由。

小方却还是要这么问,因为他需要时间来缓和自己的情绪,也需要时间来把这个人了解得更多一点。

这个人无非因为同样的理由所以才回答——

"我要杀你，只因为你是小方，要命的小方。你可以要别人的命，别人为什么不能要你的命？"

他反问小方："这理由够不够？"

"够了。"小方说，"绝对够了。"

说完了这句话，小方就已先出手。

因为这个人是绝对不肯先出手的，他的同伴已经给了他一个很好的教训。

他也想学小方，要以逸待劳，以静制动。

只可惜他还是算错了一点——小方动作实在太快了，远比他想象的快得多。

剑光一闪，鲜血飞溅。魔眼已经刺入了这个人的咽喉。

不是胸膛，是咽喉。

——剑是死的，人才是活的。完全同样的一剑刺出去，往往会有完全不同的后果。

——一个学剑的人如果要想活得比别人长些，就要先学会活用自己掌中的剑。

小方无疑学到了这一点。

所以他活着，他的对手却倒了下去。连还手的机会都没有，就已倒了下去。

看着这个人倒下去，小方忽然发觉自己的心，跳得比平时快得多。

因为他已看出对方并不是容易对付的人，从未想到自己一剑就能得手。

他出手之迅速，判断之正确，竟连他自己都已经想象不到。

他的剑法无疑已往前迈了一大步。

黑暗中仿佛有人在叹息,就好像掌声那样的叹息,充满了赞赏之意。

"你们当然也是来杀我的。"小方看着站在黑暗中的两个人,"你们不妨同时出手。"

一个人还是站着没有动,另外一个人却已经开始慢慢地往前走。

他走得比刚才死在小方剑下的那个人还慢。

他没有直接向小方走过来。

小方盯着他,盯着他的每一个动作,盯着他一双发亮的眼睛。

忽然间,小方发现自己错了。

这个人并不是来杀他的,另外一个人才是攻击的主力。

这个人只不过在转移小方的注意而已。

他没有剑,也没有杀气。

另外一个人呢?

就在这一瞬间,那个人居然就已不见了。

一个有血有肉的人,绝不会忽然消失的。只不过谁也不知道他到哪里去了。

对面那个人已经走到一株树下,很悠闲地站在那里,完全抱着一种旁观者的态度,在那里观察着小方的反应,一双发亮的眼睛里,甚至还带着种漠不关心的笑意。

这个人虽然是跟另外三个人一起来的,却好像根本没有把他们的死活放在心上,只不过想来看看小方怎么样应付他们而已。

他当然不会是小方的朋友,但是也不像是小方的仇敌。

这是种很奇怪的态度,奇怪而暧昧,就好像他身上穿着一身灰色的衣服一样。

小方的态度也很奇怪。

他一直在注意着站在对面树下的这个人,对那个忽然不见了的可怕对手,反而好像并不在意。

他居然还对这个人笑了笑。这个穿灰衣的人居然也对他笑了笑,居然还向小方问好:"你好。"

"我不好。"小方说,"我好好地睡觉,却有人无缘无故地要来杀我,我怎么会好?"

灰衣人叹了口气,不但表示同意,而且还表示同情。

"如果我好好地躺在床上,忽然有三个人要来杀我,我也会觉得很倒霉的。"

"只有三个人要来杀我?"

"只有三个。"

"你呢?"小方问,"你不是来杀我的?"

灰衣人又对小方笑了笑。

"你应该看得出我不是。"他说,"我们无冤无仇,我为什么要杀你?"

"他们也和我无冤无仇,他们为什么要来杀我?"

"他们是奉命而来的。"

"奉谁的命?"小方又问,"吕三?"

灰衣人用微笑来回答这个问题:"不管怎么样,现在他们三个人里已经有两个死在你的剑下。"

"第三个呢?"

"第三个人当然是最可怕的一个。"灰衣人说,"比前面两个人加起来都可怕。"

"哦?"

"第一个去杀你的人叫胡大麟,第二个叫杜永。"灰衣人说,"他们的剑法都不弱,杀人的经验也很丰富。我实在想不到,你能在一招内就取了他们的性命。"

他叹息，又微笑："你的剑法实在比他们估计中高得多。"

小方也微笑："那也许只因为他们的剑法比他们自己的估计差多了。"

"可是第三个人就不同了！"

"哦？"

"第三个人才是真正懂得杀人的人。"

"哦？"

"前面两个人死在你的剑下，就因为他们不能知己知彼。"灰衣人说，"他们不但高估了自己，而且低估了你。"

他说："可是第三个人对你的出身家世和武功经验都已了如指掌。因为他没有到这里来杀你之前，已经把你这个人彻底研究过，而且刚才还把你杀人出手的动作看得清清楚楚。"

小方承认这一点。

"可是你呢？"灰衣人又问小方，"你对他这个人知道多少？"

"我一点都不知道。"

灰衣人叹了口气："所以你在这一方面已经落了下风！"

小方也承认。

"现在你站着的地方，是个很空旷的地方，"灰衣人说，"从四面八方都可以看得到你。"

他又问小方："你知不知道他在哪里？看不看得见他？"

"我看不见，"小方说，"只不过我也许可以猜想得到。"

"哦？"

"他一定已经到了我的身后，"小方说，"就在我刚才全神贯注在你身上的时候，他就从另一边绕到我后面去了。"

灰衣人看着他，眼中露出了赞赏之色："你猜得不错。"

"现在他说不定就站在我后面，说不定已经距离我很近，说不定一伸手就可以杀了我。"

"所以你一直不敢回头看。"

"不错，我的确不敢回头。"小方叹息，"因为如果回头去看，身法上一定会有破绽露出来，他就有机会杀我了。"

"你不想给他这种机会？"

"我当然不想。"

"可是你就算不回头，他也一样有机会可以杀你的。"灰衣人说，"从背后出手杀人总比当面刺杀要容易些。"

"虽然容易一点，也不能算太容易。"

"为什么？"

"因为我还没有死，还不是死人。"小方说，"我还有耳朵可以听。"

"是不是可以听出他出手时的风声？"

"是！"

"如果他的出手很慢，根本没有风声呢？"

"不管他的出手多慢，我总会有感觉的。"小方淡淡地说，"我练剑十余年，走江湖也走了十余年，如果我连这一点感觉都没有，我怎么会活到现在？"

"有理。"灰衣人同意，"绝对有理。"

"所以他如果要出手杀我，就一定要考虑后果。"

"后果？"灰衣人又问，"什么后果？"

"他要我的命，我也会要他的命。"小方的声音还是很冷淡，"就算他能把我刺杀在他的剑下，我也绝不会让他活着回去。"

灰衣人盯着他看了很久，才轻轻地问道："你真的有把握？"

"我当然有！"小方说，"不但我自己相信自己有这种把握，连他都一定相信。"

"为什么？"

"如果他不认为我有这种把握，为什么直等到现在还不出手？"

"也许他还在等。"灰衣人道，"等到有更好的机会才出手。"

"他等不到的。"

"那么你就不该跟我说话。"

"为什么？"

"无论什么人在说话的时候，注意力都难免会分散。"灰衣人道，"那时候他就有机会了。"

小方微笑，忽然问这个灰衣人："你知不知道刚才附近发生了什么事？"

"不知道！"

"我知道。"小方说，"就在你走到这棵树下的时候，树上有一只松鼠钻进了洞穴，震动了六片叶子。我们开始说话的时候，左面荒地里有一条蝮蛇吞下了一只田鸡，一条黄鼠狼刚从前面的山脚下跑过去；后面客栈里有一对夫妇醒了，客栈老板养的一只馋猫正在厨房里偷鱼吃。"

灰衣人吃惊地看着小方，吃惊地问："你说的是真的？"

"绝对不假。"小方说，"不管我在干什么，附近一二十丈内的动静，都逃不过我的耳目。"

灰衣人叹了口气。

"还好我不是来杀你的。"他苦笑，"否则现在我说不定也已经死在你的剑下。"

小方并不否认。

灰衣人又问小方："你既然明知他要杀你，既然明知他在你的身后，为什么不先出手杀了他？"

"因为我不急,急的是他。"

小方微笑:"是他要来杀我,不是我要杀他。我当然比他沉得住气。"

灰衣人又叹了口气。

"我佩服你,真的佩服你。如果我们不是在这种情况下相见,我真希望交你这么样一个朋友。"

"现在我们为什么不能交朋友?"

"因为我是跟他们一起来的,"灰衣人道,"你多少总不免对我有些提防之心。"

"你错了!"小方摇头,"如果我看不出你的用心,怎么会跟你说话?"

"现在我还是可以交你这个朋友?"

"为什么不可以?"

"但是你根本不知道我是个什么样的人。"灰衣人说,"你甚至连我的姓名都不知道!"

"你可以告诉我吗?"

"当然可以。"

灰衣人又笑了,笑得很愉快:"我姓林,叫林正雄,我的朋友都叫我马沙。"

"马沙。"

这个名字当然不会引起小方惊讶和怀疑。小方的朋友中有很多人的名字,都远比这个人的名字更奇怪得多。

"我姓方,叫方伟。"

"我知道。"林正雄说,"我早就听见过你的名字。"

他慢慢地向小方走过来。

他的手里还是没有剑,全身上下还是看不出一点杀气。

他向小方走过来,只不过想跟小方亲近亲近。这本来就是件很自然的事,因为小方已经把他当作朋友。

小方本来就是个很喜欢交朋友的人,本来就没有提防他,现在当然更不会。

就在他快要走到小方面前时,脸色忽然变了,忽然失声低呼:"小心,小心后面。"

小方忍不住回头——无论谁在这种情况都忍不住要回头的。

就在小方刚回过头去的那一瞬间,林正雄忽然从袖中抽出一柄剑。

一柄百炼精钢铸成的软剑,迎风一抖,毒蛇般地刺向小方后颈。

左后颈。

小方是从右面扭转头往后去看的。在这种情况下,他的左后颈当然是一个空门。

"空门"是一种江湖人常用的术语。那意思就是说他那个部位,就像是一扇完全未设防的空屋大门一样,只要你高兴,你就可以走进去。

每个人的左颈后都有条大血管,是人身体上最主要的血脉流动处。如果这条血管被割断,必将流血不止,无救而死。

一个有经验的杀手,不等到绝对有把握时绝不出手。

林正雄无疑已把握最好的机会。这是他自己制造的机会,他确信自己这一剑绝不会失手。

就因为对这一点确信不疑,所以根本没有为自己留退路。

所以他死了,死在小方的剑下!

小方明明已经完全没有提防之心,而且已经完全没有招架闪避的余地。

林正雄看准了这一点。

他一剑刺出时，心里的感觉就好像一个钓鱼的人已经感觉到钓竿在震动，知道鱼已上钩。

想不到就在这一刹那间，小方的剑忽然也刺了出来。从一个他绝对想不到的部位刺了出来。

他的剑还未刺入小方的后颈，小方的剑已经刺入了他的心脏。

小方的剑刺入心脏时，他的剑距离小方后颈已经只有一寸。

——仅仅只有一寸，一寸就已足够。

——生死之间的距离，往往比一寸更短。胜负成败得失之间，往往也是这样的。所以一个人又何必计较得太多？

冰冷的剑锋贴着小方的后颈滑过去，林正雄握剑的手已完全僵硬。

小方身后忽然又响起一声叹息，一阵掌声。

"精彩！"一个很平凡的声音叹息着道，"精彩绝伦！"

声音距离小方很远，所以小方转过身。

小方刚才扭回头时，并没有看见后面有人，当时他眼中只有林正雄和林正雄的剑。

现在他看见了。

一个人远远地站在黑暗中，和小方保持着一种互相都很安全的距离。

因为沙平从不愿让任何人对他有一点提防之心。

"我本来以为你一定活不成了。"他叹息道，"想不到死的居然是他。"

"我自己也想不到。"

"你什么时候才想到他才是真正第三个要杀你的人？"

"他走过来的时候。"小方说。

"那时候连我都认为你已经愿意交他这个朋友了，你怎么会想到他要杀你?"

"因为他走路走得太小心了,就好像生怕会踩死蚂蚁一样。"

"小心一点有什么不好?"

"只有一点。"小方说,"像我们这样的江湖人,就算踩死七八百只蚂蚁也不会在乎的。他走路走得那么小心,只不过因为他还在提防着我。"

"有理。"

"只有自己心里想去害人的人,才会去提防别人。"

"哦?"

"我有过这种经验。"小方说,"吃亏上当的,通常都是不想去害人的人。"

"为什么?"

"就因为他们没有害人之意,所以才没有防人之心。"小方说,"如果你也曾有过这种经验,你就会明白我的意思了。"

"我明白你的意思,可是我没有这种经验。"沙平说,"因为我从来都没有相信过任何人。"

他看着小方微笑:"也许就因为你曾经有过这种经验,已经受到过惨痛的教训,所以现在你还没有死。"

"也许是的。"小方说,"愚我一次,其错在你;愚我两次,其错在我。如果我受到过一次教训后,还不知警惕,我就真的该死了。"

"说得好。"

"你呢?"小方忽然问,"你是不是来杀我的?"

"不是。"

"你是不是吕三的人?"

"是。"

"是不是跟他们一起来的?"

"是。"沙平说,"我们都是奉吕三之命而来的,只不过我们得到的命令不同而已。"

"哦?"

"他们三人是奉命来杀你,我只不过奉命来看看而已。"

"看什么?"

"看你们是怎样杀人。"沙平说,"不管是他们杀了你,还是你杀了他们,我都要看得清清楚楚。"

"现在你是不是已经看得很清楚?"

"是。"

"那么现在你是不是已经应该走了?"

"是。"这个人说,"只不过我还要求你一件事。"

"什么事?"

"我要带他们回去。"沙平说,"不管他们是死是活,我都要带他们回去。"

他问小方:"你肯不肯?"

小方笑了。

"他们活着时对我连一点用处都没有,死了还有什么用?"他问沙平,"我为什么要留下他们?"

沙平点头。

"只不过我也希望你能替我做一件事。"

"什么事?"

"我希望你回去告诉吕三,请他多多保重自己。等我去见他时,希望他还是活得安然无恙。"

"他会的!"沙平说,"他一向是个很会保重自己的人。"

"那就好极了。"小方微笑,"我真希望他能活着等到我去见他。"

沙平也同样微笑:"我可以保证他暂时还不会死。"

吕三当然不会死。

他一直相信他绝对可以比任何一个跟他同样年纪的人,都活得长久些。

他一直相信金钱是万能的,一直认为世界上没有金钱买不到的事,甚至连健康和生命都包括在内。

不管他想的是对是错,至少他直到现在一直都活得很好。

三号、十三号、二十三号都死了,都死在小方的剑下。

——他明知他们三个人必死,为什么还要叫他们三个人去送死?为什么不让他们同时出手?

这一点连沙平都不太明白了。

沙平只明白的是:吕三交给他做的事,他就要做到,无论多困难的事他都要做到。

——吕三要他将他们三个人带回去,不管死活都要带回去。

沙平做到了。

——如果他们都已死在小方剑下,吕三一定要在四个时辰内看到他们的尸体。

这是件非常不容易做到的事,可是沙平做到了。他们死在凌晨之前,正午后吕三已经见到了他们的尸体。

——无论在任何情况之下,都不能被人追查出他的行踪。

要做到这一点当然更困难。班察巴那和小方当然绝对不会放过任何一个可以追查出吕三藏身处的机会,何况这个机会很可能已经是最后一次机会。

连这一点沙平都做到了。他确信没有任何人能从他这里追查出吕三的下落。

他甚至可以用他自己的头颅来作赌注。

他为什么如此有把握？

这件事他是怎么做到的？

班察巴那当然不会放过任何一次机会。小方还没有将马沙刺杀在剑下时，班察巴那已经将他属下中轻功最优秀、经验最丰富的追踪好手全都调集来了。在每一条路上都布置好了埋伏和眼线。

沙平将尸体带走之后，所到过的每一个地方，所做过的每一件事，他们都调查得很清楚。甚至连一些看来无关要紧的小地方，都没有放过。

每一点他们都作了极详细的报告。

沙平是用一辆从菜场口雇来的大车，将胡大麟他们三个的尸体带走的。

在头一天晚上，他就已雇好了这辆大车，付了比平常一般情况多出五倍的车资，要车夫通宵守候在附近。

车夫老王干这行已经干了二三十年，跟他们之间绝对没有任何关系。

——从这一点看来，表示他心里早就有了准备，也已想到这三个人恐怕是不会活着回去的了。

城里最大的一家棺材铺叫"柳州张记"。

第三十九章

第二步行动

凌晨时,沙平就已将他们三个人的尸体带到了张记。出了比平常多两倍的价钱,买下了三口别人预订的上好楠木棺材。

他亲自监督张记的伙计,将三具尸体入殓。虽然用最好的香料防腐,却不准任何人触动他们的尸体,甚至连寿衣都没有换。

然后他亲自押运这三口棺材到城外山脚下最大的一个墓场去。带着城里最有名的一位风水师,选了一块墓地。

墓地就在山脚下的向阳处。挖墓的人都是这一行的老手,不到一个时辰棺材已入土。

这一个时辰中,墓碑也刻好了,而且刻上了胡大麟、杜永和林正雄三个人的名字。

沙平又亲自监督立碑安厝,还替他们上了香,烧了纸钱才走的。

他自己还站在坟前,喝了三杯酒,好像还掉了几滴眼泪。

他离开那墓场的时候,还不到正午。

他做的每件事都很正常,都是一个人为死去的朋友们该做的事,连一点可疑之处都没有。

但是午时刚过一刻,吕三就已经见到胡大麟他们三个人的尸体了。

班察巴那静静地听完了他属下的报告，沉思了很久，才抬头问坐在他对面的小方："吕三既要那三个人来杀你，为什么又不要他们同时出手？"

"本来我也想不通这一点。"小方说，"可是现在我已经明白了！"

"你说。"

"第一，吕三的属下高手如云，那三个人并不是他攻击的主力。他们的死活，吕三并不在乎。"

"不错。"

"第二，就算他们三个人同时出手，也未必杀得了我，何况我也可能有帮手。"

"不错！"班察巴那道，"这一点吕三一定也想得很清楚。他一直不愿主动来攻击我们，就因为他一直估不透我们的实力，而且根本找不到我。"

班察巴那这个人就像是一阵风，他的行踪远比吕三更难捉摸。

"吕三最主要的目标虽然是我，不是你。"班察巴那又说，"但是现在他一定想到你是我攻击他的主要人手，所以他一定要先查明你的武功深浅。"

"不错。"小方道，"他派那三个人来，一定就是为了试探我的武功。"

他又补充："那三个人的武功剑法路数完全不同，杀人的方法也不同。"

"他派他们来，就是为了要看看你是怎么出手杀他们的。"班察巴那道，"再从你的出手，看你的剑法家数。"

"因为他一直都想亲手杀了我。"小方苦笑，"为了达到他的目的，牺牲三个人他当然不在乎。"

"如果他真是为了这个目的才派他们来的,那么他一定要在半天内看到他们的尸体。"

"为什么?"

"因为他一定要看到他们的致命伤口,才能完全明了你的出手。"班察巴那道,"时间如果相隔太久,伤口就会收缩变形了。"

"我也想到了这一点。"小方说,"昔年白云城主叶孤城一剑削断了一段花枝,西门吹雪从花枝的切口上,就已看出了他的剑法深浅。"

"这不是传说,也不是神话。"班察巴那道,"一位真正的剑法高手,绝对可以做到这一点。"

"我相信。"小方说,"可是我不信吕三的剑法已经到达这种境界。"

"你自己也说过,他属下高手如云。就算他自己做不到,他身边一定有人能做到。"

小方沉吟:"那么我就更不懂了。"

班察巴那问道:"你不懂什么?"

"吕三既然急着要看他们三个人的尸体和他们致命的伤口,他属下另外一个人,为什么急着要将他们的尸体埋葬?"

这是个很重要的问题,也是个很难解释回答的问题。

班察巴那却仿佛已经知道了答案。

他忽然又问刚才向他报告这件事经过的人:"那三个人埋葬在哪里?"

"在城外墓地的山脚向阳处。"

"那块地是谁选的?"

"是一个姓柳的,叫柳三眼的风水师父。"

"这个人平常喜欢干什么?"

"喜欢赌,他总认为自己不但赌得精,而且看得准,只可惜偏偏十赌九输。"

"他是不是一直很需要钱用?"

"是的。"

班察巴那冷笑,忽然回头问小方:"你愿不愿意跟我打赌?"

"赌什么?"

"我敢赌这个叫柳三眼的人现在一定已经死了。"

班察巴那从未见过柳三眼,甚至从来没有听过这个人的名字。

可是他不但敢赌这个人现在已经死了,而且敢赌这个人是在一个时辰之前的那段时候死的,随便小方赌什么都行。

他赌得实在很荒谬。

小方居然没有赌。

小方虽然不知道他怎么确定柳三眼已经死了,可是小方知道他从来不做没有把握的事。

小方相信班察巴那肯跟别人打赌,就一定不会输的。

班察巴那果然没有输。

柳三眼果然已经死了,死在他自己的床上。

还不到半个时辰,出去调查的人就已经回来了,证实了这件事。

"柳三眼是被人用一根竹筷刺穿咽喉而死的,杀死他的人手法干净利落,没有留下一点痕迹线索,附近的人也没有听见一点动静。"

班察巴那一点都不惊奇,这本来就是他预料中的事。

惊奇的是小方。

他忍不住要问班察巴那:"你怎么知道他一定会死?"

班察巴那不回答,只淡淡地笑了笑:"还有件事我也可以跟你赌,随便你赌什么都行。"

"这次你赌的是什么事?"

"我敢赌胡大麟他们三个人的棺材现在已经不在他们的坟墓里。"

班察巴那问小方："你信不信？"

小方不信。

死人已经入棺，棺材已经入土，怎么会忽然不见了呢？

班察巴那凭什么敢打这种赌？小方实在忍不住要跟他赌一赌。

幸好他总算忍住了。

因为他若真的赌了，他就真的输了。赌多少就输多少。

胡大麟他们三个人的棺材，居然真的已经不在他们的坟墓里。

坟墓已经是空的。

三口装着三个死人的上好楠木棺材，当然不会忽然凭空消失。

这三口棺材到哪里去了？

世上有很多看来很复杂玄妙的事，答案往往都很简单。

这件事也一样。

——棺材是在地道中被人运走的。

——山脚边这块向阳的坟地下面，早已挖好了一条很长的地道。

班察巴那问小方："现在你总该已经明白，我为什么能确定柳三眼已经死了？"

小方不开口。

就算他已经明白，他也不会开口。因为他已经发现，在班察巴那面前还是闭着嘴比较好。

所以班察巴那只有自己解释。

"埋葬这三口棺材的人，名叫沙平。在江湖中虽然没有名，却是吕三属下最得力的助手之一。"

小方已经看出了这一点。

"他早已准备好这块墓地，早已在下面挖好了这条地道。"班察巴那又解释，"为了避免我们怀疑，所以才找柳三眼做幌子。"

他又补充："柳三眼正需要钱用，沙平就用钱买通了他。等到事成后，当然就杀了他灭口。"

用一根竹筷将人刺杀于不知不觉中，沙平的出手无疑比马沙更快、更准、更狠。

班察巴那道："可是他的智谋远比他的出手更可怕，因为他能想得出这个法子。"

这个法子无疑是唯一能逃过班察巴那属下追踪的法子。也只有用这个法子，才能尽快地把他们三个人的尸体送到吕三那里去。

小方终于开口："不管怎么样，三口装着三个死人的楠木棺材，绝不会凭空飞走的。不管这三口棺材到哪里去了，总要有人去抬。"

"不错。"

"抬着这么重的三口棺材，不管走到哪里去，多少总会留下一点痕迹来。"

"按理说应该是这样子的。"

"我们为什么不去追？"

"如果你要去追，我们就去。"班察巴那道，"只不过我还可以跟你再打一次赌。"

"赌什么？"

"我敢赌我们一定追不到的。"

这一次小方还是没有赌。

地道的出口在山阴。

出口外当然有痕迹留下来。无论出口外面是草地、干地，还是泥地，要将三口棺材运走，地上都一定会有痕迹留下来。

无论他们是用人抬还是用车载都一样。

可是小方这一次如果和班察巴那打了赌，输的还是小方。

因为这地道出口外不远处，就有一条小小的河流。水流虽然湍急，要用羊皮筏子运走三口棺材，还是可以做得到的。

无论是河水是湖水还是海水，水上都绝不会有任何痕迹留下来。

被追踪的人只要一下了水，就算是品种最优秀，训练最严格的猎犬，都追不到了。

蓝色的苍穹，苍翠的山脉，湍急的河流。河滨有一排叶子已开始凋零的大树。

树下有人，很多人——只有人，没有棺材。

小方和班察巴那一走出地道，就有一个人向他们走了过来。

一个非常有规矩的人。走路的样子规规矩矩，穿的衣服规规矩矩，言语神态也规规矩矩，无论做什么事都不会让人觉得过分。

小方以前见过这种人，但从未想到会在这种地方见到这种人。

——名门世家中的仆役总管，历史悠久的酒楼店铺中的掌柜，通常都是这种人。

因为他们通常都是小厮学徒出身，从小就受到别人无法想象的严格训练，历尽艰苦才爬升到现在这种地位。

所以他们绝不会做出任何一件逾越规矩的事，绝不会让任何人觉得讨厌。

这么样一个人，怎么会在这种地方出现？

现在这个人已经走过来了，向班察巴那和小方微笑行礼。

"小人吕恭。"他说，"双口吕，恭敬的恭。"

他的微笑和态度虽然恭谨有礼，却不会让人觉得有一点谄媚的感觉："三爷特地要小人在这里恭候两位的大驾。"

"三爷？"小方问，"吕三？"

"是。"

"你知道我们是谁？"

"小人知道。"

"他要你在这里等我们干什么?"小方问,"是不是要你带我们去见他?"

"不瞒两位说,小人虽然已跟随三爷多年,可是三爷的行踪,连小人也不清楚。"

他说得很诚恳,就算是疑心病最重、最会猜疑的妇人,也不会认为他说的是谎话。

——奇怪的是,最会猜疑的妇人,有时候反而会偏偏相信一些别人都不信的事,最不可靠的事。

小方和班察巴那没有疑心病。

他们也不是妇人。

可是他们都相信吕恭说的不是谎话。因为说谎的人在他们面前,一眼就会被看出来。

所以小方又问:"吕三要你来找我们干什么?"

"三爷跟两位神交已久,已经有很久未曾相见。"吕恭说,"所以特地要小人到这里来等候两位,替他招待两位一顿便饭。"

"他要你替他请我们吃饭?"

"是的。"吕恭说,"只不过是一顿不成敬意的家常便饭。"

——吕三为什么要请班察巴那和小方吃饭?

——难道这又是个陷阱?

——饭菜中是不是又下了能杀人于无形之中的剧毒?

小方看看班察巴那,班察巴那也看看小方。

"你去不去?"

"我去。"班察巴那说,"我一定要去。"

"为什么?"

"因为我已经很久没有吃过家常便饭了。"

吕恭没有说谎。吕三请小方和班察巴那吃的的确是顿很普通的家常便饭。

可是从另外一方面看来,这顿很普通的家常便饭又很特别。

班察巴那是个很特别的人,他喜欢孤独,喜欢流浪。

他通常都是一个人独处在那一片寂寞冷酷无情的大漠里,以苍天为被,以大地为床,只要能充饥的东西,他都能吃得下。

因为他要活下去。

可是他最喜欢吃的,并不是他经常吃的干粮、肉脯、青稞饼。

他最喜欢的是葱泥,一种风味极特殊的葱泥。用葱泥来拌的饭,刚出锅的白饭。

对一个终年流浪在大漠里的人来说,白饭远比任何食物都难求。

吕三要吕恭为他们准备的就是葱泥拌白饭。

小方是个浪子。

——个没有根的浪子,就像是风中的落叶,水中的浮萍。

但是当他午夜酒醒,不能成眠时,他最想的就是他的家、他的母亲。

他也曾有过家。

他的家简陋清贫,几乎很难得有吃肉的日子。

但是一个母亲对一个独生子的爱心,却永远不会因为任何原因而改变的。

他的母亲也像别的母亲一样,总希望自己的儿子能够长得高大健康强壮。

所以只要有机会,他的母亲总会做一点可口而有营养的家常小菜给他吃。

——韭黄炒蛋、烂糊白菜肉丝、八宝炒辣酱、红烧圈子、咸蛋蒸肉饼等。

这些都是很普遍的江南家常小菜，也是小方小时候最喜欢吃的。

吕三要吕恭为他们准备的就是这些。

除此之外，吕三当然还为他们准备了酒。

虽然每个喝酒的人都有某种偏嗜，可是真正的好酒，还是每个人都喜欢的。

吕三为他们准备的是一种真正的好酒。只要是喝酒的人，都不会不喜欢的好酒。

班察巴那先喝了一杯，才问一直站在旁边侍候的吕恭。

"你是不是很奇怪？"

"奇怪什么？"

"奇怪我为什么不怕酒中有毒？"

"小人不奇怪。"吕恭说，"如果三爷会在酒中下毒来暗算五花箭神，那么他就未免太低估了自己。"

"完全正确。"

班察巴那又喝了一杯："你确实不愧已跟随吕三多年，只不过你还是想错了一件事。"

"什么事？"

"你真的认为吕三只不过想请我们吃顿便饭？"

"难道不是？"

"当然不是！"班察巴那道，"他请我们吃这顿饭，只不过要我们明白，他对我们每一点都完全了解。甚至连我们喜欢吃什么，他都知道得清清楚楚。"

他叹了口气："别人都说卜鹰是人杰，吕三又何尝不是？"

小方忽然问他："你呢？"

"我？"班察巴那又叹了口气，"如果你要问我是个什么样的人，你就问错人了。"

"为什么？"

"因为我自己从来都没有了解过自己。"

班察巴那不让小方再问，反问小方："你呢？你知不知道你自己是个什么样的人？"

小方没有开口，班察巴那已经替他回答："你是个怪人。"他说，"是个非常奇怪的人。"

"哦？"

"你是个江湖人，是个浪子，常常会为了别人的事去流血拼命。"

小方承认。

"你好酒、好色、热情、冲动。"班察巴那道，"可是刚才我三次要跟你打赌，你都没有赌。"

"我不喜欢赌。"

"就因为你不喜欢赌，所以我才奇怪。"班察巴那道，"像你这种人，没有一个不喜欢赌的。"

"我也喜欢赌。"小方说，"不过我只和一种人赌。"

"你的朋友？"

"不对！"小方说，"我只和朋友喝酒。"

"你只和哪种人赌？"

"仇人！"

"你们通常都赌什么？"

"赌命。"

班察巴那笑了："我明白你的意思，却还是不明白你这个人。"

小方问他："难道我还有什么奇怪的地方？"

"当然有。"班察巴那说，"有很多男人都会把女人看得比朋友重，可是你不同。"

"哦？"

"你对你的朋友实在不错，可是你对你的女人就实在太错了。"班察巴那说，"不管是你喜欢的女人，还是喜欢你的女人都一样。"

"哦？"

"譬如说阳光。她应该可以算是你的朋友。"

小方承认。

"可是这两天你一直避免和她相见。"班察巴那说，"就因为她是个女人，而且你多多少少有一点喜欢她。"

小方没有否认。

"还有苏苏，"班察巴那说，"不管她是个什么样的女人，她总算为你生了个孩子，不管她是为什么来的，现在她总算来了。"

他问小方："可是你对她怎么样？你看见她简直就好像看见活鬼一样。只要你一看见她走过来，你就落荒而逃了。"

小方沉默。

可是他并没有闭着嘴，因为他一直在喝酒，闭着嘴就不能喝酒了。

"还有齐小燕，"班察巴那又说，"不管怎么样，我看得出她对你不错，可是你对她呢？"

他叹了口气："她走了之后，你连问都没有问过，你根本就不关心她到哪里去了，根本就不关心她的死活。"

小方忽然放下酒杯，盯着班察巴那："就算我关心她们又有什么用？"他问，"我能对她们说什么？我能为她们做什么？"

"可是你至少应该表示一下。"

"表示什么？"

"表示你对她们的关心。"

"你要我怎么表示？"小方又饮一满杯，"你要我跪下来，跪在她们面前，求她们原谅我？还是要我用脑袋去撞墙，撞得头破血流？"

班察巴那不说话了。

小方仿佛已有了酒意："就算我这么做了，又能表示什么？"

他又问班察巴那："是不是我一定要这么样做，才能表示出我们对她们的感情？"

班察巴那无法回答，小方又问他："如果你是我，你会不会这么做？"

"不会！"班察巴那终于叹了口气，"我不会。"

"你会怎么做？"

"我也会跟你一样，什么都不做。"班察巴那也饮满一杯，"到了必要时，也许我们会为她们去死。可是这种时候，我们什么都不会做。"

他的表情也很沉重："一个男人，一个真正的男子汉，有时无论什么事都要去做，有时无论什么事都不能做。"

"不错！"小方说，"就是这样子。"

班察巴那又长长叹息，举杯饮尽："也许这就是我们这种人的悲哀。"

一直站在他们旁边侍候着他们的吕恭忽然也长长叹了口气。

"其实每种人都有他们自己的悲哀。"他说，"像小人这种人，虽然在混吃等死，过一天算一天，可是也一样有悲哀的。"

"那么你不妨也说出来。"

"小人不能说。"

"为什么？"

"因为像小人这种人，无论做什么都是身不由己的。就算心里有什么难受的事，也只有闷在心里，不能说出来。"吕恭道，"也许这就是我们这种人最大的悲哀。"

他脸上忽然露出种很奇怪的表情,仿佛忽然下了决心!

"但是无论哪种人,偶尔都会做出一两件连他自己都觉得莫名其妙的事,说出一些连他自己都觉得莫名其妙的话来。就算他明明知道说出来之后一定会后悔的,他也非说出不可。"

"你想说什么?"小方问。

"两位刚才是不是提起一位齐姑娘?"

"是的。"

"两位说的那位齐小燕齐姑娘,以前是不是很喜欢打扮成男孩的样子?"

"是的。"

"如果两位说的是她,那么两位现在已经可以不必再为她担心了。"

"为什么?"小方又问。

"因为她现在活得很好。"吕恭笑了笑,笑得很勉强,"也许远比两位想象中好得多。"

小方盯着他,过了很久才问:"你知道她在哪里?"

"小人知道。"

"你能不能说出来?"

吕恭又沉吟了很久,终于叹了口气:"小人本来不想说的,可是现在好像已经非说不可了。"

他说:"那位齐姑娘现在已经被三爷收做义妹了,而且三爷已经做主为她定了亲。"

"定亲?"喝下三杯酒之后,小方才问,"她跟谁定了亲?"

"小人也不清楚。"吕恭说,"小人只知道那位未来的新姑爷是位剑客,剑法之高,据说已经可以算是天下第一。"

"丁"的一声响,小方手里的酒杯碎了。

"独孤痴?"他问,"你说的是不是独孤痴?"

"好像是的。"

小方没有再问下去,也没有再开口。

他的嘴好像忽然被一只看不见的手,用一根看不见的针缝了起来,连酒都不再喝。

班察巴那却忍不住问:"独孤痴现在也跟吕三在一起?"

"他们本来就是好朋友。"吕恭说,"三爷对他一向都敬重得很。"

他想了想,又说:"这位独孤先生一向是个怪人。这次回来之后,好像变得更怪了。一天到晚总是痴痴呆呆地坐在那里,连一句话都不说。直到见着齐姑娘之后,他才好了些。"

班察巴那冷笑,转脸问小方:"现在我才明白了。"

"哦?"

第四十章

木屋里的秘密

"吕三要胡大麟他们三个人来试你的剑,就因为有独孤痴在那里。"

"哦?"

"如果说世上还有一个人能从他们致命的伤口上,看出你的剑法来,这个人无疑就是独孤痴。"

"哦?"

班察巴那忽然又长长地叹了口气:"你不能去,绝对不能去了。"

小方茫然问:"不能到哪里去?"

"我本来已经决定,只要有吕三的下落,就叫你率领我的属下发动攻击,"班察巴那道,"但是现在你已经不能去了。"

"为什么?"小方问。

"你应该知道是为了什么。"

"我不知道。"

"有齐小燕和独孤痴在那里,你去岂非是送死?"

小方沉默,又过了很久很久,忽然笑了,忽然问班察巴那:"像我们这种人,死了之后会不会下地狱?"

班察巴那不能回答,也不愿回答。但是他说:"我只知道我们一定有很多的朋友在地狱里,所以如果我死了,我情愿下地狱去。"

小方大笑。

"我也一样。"他说,"既然我们已经准备下地狱,还有什么地方不能去?"

很多人都喜欢笑。

有很多被人喜爱,受人欢迎的人都喜欢笑。

因为笑就像是最珍贵的胭脂花粉香料,不但能使自己芬芳美丽,也能使别人愉快。

可是笑也有很多种。

有的人以狂歌当哭,有的人以狂笑当歌,有些人的笑甚至比痛哭更悲伤,有些人的笑也许比怒吼更愤怒。

等到小方笑完了,班察巴那忽然问吕恭,"你平常是不是常常笑?"

"我不常笑。"

"为什么?"

"因为我常常都笑不出。"吕恭说,"就是有时我想笑,也不能笑,不敢笑。"

班察巴那看着他,看了很久,忽然说出句很奇怪的话:"那么我希望你现在赶快多笑笑,"他说,"就算你不想笑,也应该笑一笑。"

"为什么?"

"因为你现在如果不笑,以后就算真想笑,恐怕也笑不出了。"

吕恭确实想笑一笑,但是他脸上的肌肉已忽然僵硬。

"为什么?"他又问。

班察巴那反问他:"你有没有看见死人笑过?"

"没有。"

"你当然没有。"班察巴那的声音冰冷,"因为只有死人才是真正笑不出的。"

"但是现在我好像还没有死。"

"不错,现在你当然还没有死,"班察巴那道,"可是你有没有想过,我还会让你活多久?"

吕恭的脸色没有变,因为他的脸色已经没法子变得更难看了。

变色的是小方,他忍不住问班察巴那:"你要他死?"

"每个人都会死的,"班察巴那淡淡地说,"迟一点死又有何益?早一点死又有何妨?"

"可是我想不通你为什么要杀他?"

"因为有些事我也想不通。"

"什么事?"

"有很多事我都想不通。"班察巴那说,"最主要的一点是,我想不通吕三为什么要派他这么样一个人来把我们留下来?"

"你认为是他把我们留下来的?"

"当然是。"班察巴那道,"只有他这种人才能把我们留下来。"

"为什么?"

"因为他不但规矩有礼,而且偶尔会说些真心话。"班察巴那道,"只有真诚的人,才能把我们留住。"

他问小方:"但是吕三为什么要把我们留在这里呢?是因为他生怕我们再追踪下去,还是因为他已经在这里布下了埋伏?"

河滨的确有很多人。有的在生火,有的在烧水,有的在打杂。炒菜的人更多,因为每一样家常菜都是由一个特别会炒这样菜的人炒出来的。

班察巴那环顾左右:"杀人如麻的武林高手并不一定会生火打杂烧水,也不一定会炒烂糊的菜肉丝。可是会生火打杂烧水炒肉丝的人,也未必就不是杀人如麻的武林高手。"他问小方,"你说对不对?"

小方不能说不对。

班察巴那看看一个正在用火钳夹炭的青衣秃顶中年壮汉。

"这个人也许就是位武林高手。他手里的火钳子说不定就是种极厉害霸道的外门兵器。"他说，"替我做葱泥烤肉的那个人，平时经常烤的说不定是人肉。"

小方也不能说不可能。

"这些人说不定随时都可能对我们发动攻击，说不定随时都能将我们切成肉丝，烤成烤肉。"班察巴那又问小方，"你说对不对？"

小方怎么能说不对。

班察巴那忽然又笑了笑："可是他们也未必一定会这么做的。这地方也许根本不是个陷阱，那三口棺材也许早已远去，根本不怕我们去追，所以我才更奇怪。"

"奇怪什么？"

"奇怪吕三为什么要派这么样一位规规矩矩、恭恭敬敬，而且还会说真话的人来把我们留在这里？"班察巴那道，"所以我一直都想问问他。"

"你认为他知道？"

"也许他也不知道。"班察巴那说，"就算他知道，他也不会说。"

无论谁都相信，吕三的属下，绝对都是守口如瓶的人。

小方相信。

"所以我只有杀了他。"班察巴那叹了口气，"不管他知道也好，不知道也好，反正他不说，我就不能不杀他。"

他转过头盯着吕恭："吕三要你来的时候，一定也想到了这一点。"

吕恭居然承认："三爷确实想到了这一点。"

"那他为什么还要派你来？"班察巴那也有点惊奇，"你为什么还肯来？"

"三爷要我来，我就来。"吕恭说，"三爷要我去死，我就去死。"

班察巴那举杯："我佩服他。"他举杯一饮而尽，"无论谁能够让别人为他去死，我都佩服。"

吕恭却笑了笑。

本来他平时常常笑不出来的，这种时候他反而能笑出来了。

"可是三爷算准我不会死的。"

"哦？"班察巴那好像更奇怪了，"他真的能算准你不会死？"

"真的！"

"他凭什么如此有把握？"

"因为三爷算准，像两位这样的大英雄、大豪杰，一定不会杀我这样一个小人的。"吕恭说，"而且两位就算杀了我也没有用。"

"你活着对我们又有什么用？"

"也许没有用。"吕恭说，"也许还有一点。"

"哪一点？"

吕恭忽然闭上了嘴，连一个字都不肯说了。

——他活着也许已经没有用了，也许还有一点用。

——现在他虽然不说出来，以后也许会说出来。

——可是现在他如果死了，以后就永远不会说出来了。

班察巴那又举杯："我也佩服你，因为你实在是个聪明人。我一向很佩服聪明人，从来都不愿杀聪明人。"他叹了口气，"只不过我偶尔也杀过几个。"

他忽然问小方："你猜我会不会杀他？"

就在班察巴那问这句话的时候，几乎同一瞬间，也有一个人用这个同样的问题问另外一个人。

问这个问题的人,这时候正站在河流对岸山坡上,岩石间,树丛里,一栋很隐秘的小屋里,一扇很隐秘的小窗前。

这个人距离班察巴那很远很远。

班察巴那看不见他。可是班察巴那的一举一动他都看得很清楚,甚至连班察巴那说的话他都好像能听得见。

这个人就是吕三。

河流对岸的山坡上,岩石间,树丛里,有一栋隐秘的小屋。

一栋别人很难发现的小木屋。

就算有人发现了,也没有人会注意的。因为从外表上看来,这栋小木屋绝没有一点能够让人注意的地方。

就算有迷路的旅客猎人,在无意间闯了进去,也不会发现这间小木屋有什么特别之处,更不会想到富贵神仙吕三会在这里。

但是吕三就在这木屋里。

不但吕三在,齐小燕也在。

木屋是用坚实而干燥的松木板搭成的,没有漆。有一个小小的窗户。

木屋里有一张木板床、一张木板桌、三张木板凳、一个木板柜,后面还有一个小小的厨房。

如果你常常在山野丛林间走动,你一定常常会看到一些这样的木屋。

一些樵夫、猎户、隐士和被放逐的人,住的地方通常都是这样子的。

可是这木屋不同。

这间木屋不是樵夫、猎户的居所,也不是任何人的隐居处。

这间木屋是吕三的秘窟,甚至可以算是吕三最主要的秘窟之一。

木板桌也没有漆。

齐小燕坐在木桌旁一张没有漆的木板凳上，看着吕三。

她觉得很奇怪。

她一向认为自己是绝顶聪明的人，这世界上很少有她不懂的事。

事实上也确实是这样子的。

可是她看不懂吕三在干什么。

吕三正站在这间小木屋唯一的一个小窗前，手里拿着个小圆筒。

一个大约有两尺长的小圆筒，粗的一头比酒杯粗一点，细的一头比酒杯细一点。

这个圆筒是吕三刚从那个没有漆的木板柜里拿出来的。

木柜里本来只有几件粗布衣服，但是吕三伸手也不知在什么地方一按，木柜里忽然弹出了一块木板，木板后忽然又出现了一个小柜子。金光闪闪的小柜子，上面有七道锁。

这个小圆筒就是从这个小柜子里拿出来的。

吕三站在窗口，闭起了左眼。把这个小圆筒比较细的一头对在右眼上，把这个小圆筒比较粗的一头对住小窗外。

他就这么站在那里，保持着这种姿势，已经站了很久。

他一向是个喜怒不形于色的人，脸上一向很少有什么表情。

可是现在他脸上却有了很多种表情。就好像能从这个小圆筒里，看到很多能够让他觉得非常有趣的事，就好像一个小孩子在看万花筒一样。

吕三已经不是小孩子了。

这个小圆筒当然也绝不会是万花筒。

齐小燕实在看不出他在看什么，也想不通他在干什么。

吕三忽然回头对她笑了笑，把手里的小圆筒递给她。

"你也来看看。"

"看什么？"小燕问，"看这个小筒子？"

她摇头拒绝："我不看。"她想不出这个小圆筒有什么好看的。

但是吕三却坚持。

"你一定要来看看。"他说，"我保证你一定可以看到一些很有趣的事。"

小燕不相信，但是她也不再坚持。

她离开小方决定来投奔吕三时，就已经决定不再坚持任何事。

她已经决定要做一个又聪明又听话的女孩子，因为这种人是绝不会吃亏的。

这个小圆筒是用金属做成的，做得极精致。两头都镶着手工极精妙的黄金花纹，看来无疑是件极贵重的东西，却又偏偏看不出它有什么用。

吕三要小燕用他刚才同样的姿势拿住它，用两只手拿住它的前后两端，举在右眼前，对准窗口，闭上左眼。

"我知道你是个非常非常聪明的女孩子。"吕三微笑，"可是我保证你一定想不到你会从这个圆筒里看到什么事的。"

小燕果然想不到。

她做梦也想不到她会从这个圆筒里看到小方。

——小方，要命的小方。

她一直认为自己是个无情的女人，绝对比任何一个像她这种年纪的少女都无情。

因为她的确非常非常聪明，多年前她就已知道多情是件多么令人痛苦的事。

她一直想忘记小方。

可是这世界上又有哪个少女能这么快就忘记她的第一个男人？

自从她看见小方对阳光和苏苏的态度，看到他对她们流露出的那种感情,她就已下定决心,要离开这个男人。

——这个要命的男人,仿佛无情,却又偏偏多情;仿佛多情,却又偏偏无情。

她悄悄地退出了那间小屋,退出了他们那个复杂的圈子。因为她知道如果再留下去,只会变得更痛苦、更烦恼、更伤心。

她一向不愿折磨自己。

从那时开始,她就不想再见到小方了。

——相见不如不见。纵然有情,此情也只有留待追忆。

可是现在她举起了这个小圆筒,这个既多情又无情的小方竟忽然出现了。

圆筒的中间是空的,两头都嵌着一种仿佛像是水晶的透明物。

她举起这个圆筒,把较细的一头对住自己的右眼,把较粗的一头对着窗。这个要命的小方就忽然出现在她眼前。

吕三一直在看着她,也不知是不是想从她脸上的表情和反应上,看出她对小方的感情。

他知道她现在一定已经看见了小方,可是她连一点反应都没有。

她的手还是和刚才同样稳定,她的脸色也完全没有改变。

——齐小燕今年才十七岁,可是她已经把自己训练得像七十岁一样。

她只问吕三道:"这是什么?"她问的是她手里的这个小圆筒。

"我也不知道这是什么。"吕三说,"这是从比英吉利国更远的一个国度得来的。到目前为止,这种东西还没有名字。因为这种东西以前从来都没有被传入到中土,到目前为止,除了我之外,只有你看见过。"

"哦?"

"可是现在它已经有一个名字了,"吕三得意微笑,"因为我已经替它取了一个名字。"

"什么名字?"

"我本来准备叫它千里眼镜。"吕三说,"可是这名字太俗,而且听来好像是神话中的法宝。"

他说:"这不是神话,这是真真实实的东西。它唯一的用处,就是能望远,所以我才决定正式为它命名为'望远镜'。"

"望远镜?"小燕说,"这是个好名字。"

"这样东西也是样好东西。"

小燕同意:"所以这样东西和这个名字都一定可以流传千古。"

她虽然在说话,可是她的眼睛一直都没有离开过她手里这个望远镜。小方的每一个动作,她都没有错过。

吕三忽然又说:"我知道你还学过一样很少有人能学得会的事。"

"什么事?"

"读唇语。"

这也是个非常新奇的名字,吕三解释:"只要你能看见一个人在说话时的口形,你就能知道他在说什么。"

"你对我的事好像知道很多。"

说这句话的时候,齐小燕并没有表现出一点不愉快的样子,而且还笑了笑:"你当然应该知道得很多,否则你怎么会收容我?"

吕三也笑了笑。

"看来我们彼此都很了解。所以我相信我们以后一定会相处得很好。"

然后他又问她:"现在是谁在说话?"

"是班察巴那。"

"他在说什么?"

"他在奇怪。"齐小燕说,"他想不通你为什么要派吕恭这么样一个人去把他留在那里。"

吕三微笑:"他还说了些什么?"

"他说你派去替他们炒菜烤肉的那些人,每一个人都可能是武林高手。"小燕说,"他还说连那个正在添火的人用的那把火钳子,都可能是件很厉害的外门兵器。"

吕三叹了口气:"别人都说卜鹰是人杰,依我看,班察巴那绝不比卜鹰差。"

他忽然又问:"你猜他会不会杀吕恭?"

齐小燕又笑了笑:"现在他也正在问小方,同样也是在问这句话。"

"小方怎么说?"

"小方连一个字都没有说。"

"你呢?"

"我也跟小方一样。"齐小燕说,"你和班察巴那这种人做的事,我们永远都猜不透的。"

吕三用一双柔软纤长、保养得非常好的手,轻轻慢慢地整理着腰上的金色缎带,过了很久才问:"你认为我和班察巴那是同一种人?"

齐小燕没有回答这问题,吕三好像也不想要她回答这问题。

他接着又说:"如果我是班察巴那,我绝不会杀吕恭这么样一个人的。"

"为什么?"

"第一,因为吕恭这种人根本不值得他出手。"吕三说,"第二,因为吕恭以后对他也许还有用。"

"刚才吕恭自己也这么说。"

"但是另外还有更重要的一点。"

"哪一点?"

"班察巴那不杀吕恭,因为他也不想冒险。"

"冒险?"小燕问,"冒什么险?"

"班察巴那没有看错。我派去替他们炒菜烤肉添火的人,确实都是武林高手。"

"哦?"

"替他们添柴生火的那个人外号叫螃蟹。"吕三说,"他用来添柴生火的那个铁钳子,的确是件独创的外门武器。不但可以钳死对方的兵刃,护手的把子上还另有妙用。"

"哦?"

"只要你的兵刃被他钳住,那铁钳的手把立刻就会弹出。"吕三道,"只要他一反手,就可以刺穿你的心脏。"

他又说:"这是他独创的武器,江湖中见到过的人还不多。因为他出道还不及一年,就被我收容了。我实在想不到班察巴那居然能看出来。"

"替他烤肉的那个人平常烤的真是人肉?"

"那个人的外号叫叉子,无论什么人只要一被他看上,就好像被叉子叉住了一样。"

"然后他是不是就会把被他叉住的那个人,送到火上去烤一烤?"

"是的!"吕三道,"如果你被他叉住了,也许他并不是真的会把你送到火上去烤,可是你自己的感觉却一定是那样子的,甚至很可能比被火烤还难受。"

"另外那些人呢?"

"那些人也跟他差不多。"吕三道,"几乎每一个都是心狠手辣、杀人如麻的角色。"

"他们为什么服你?"

"就因为他们太狠，所以才会服我。"吕三道，"因为他们除了来投奔我之外，根本也无处可去，在江湖中根本已无法立足。"

齐小燕叹了口气。

"要杀人的人，别人当然也不会放过他们的。"

"完全正确。"

"班察巴那不杀吕恭，就因为在顾忌他们这些人？"齐小燕问。

"这一点绝对很重要。"吕三道，"班察巴那一向是个非常谨慎的人，不必要的事他绝不会做，没把握的事他更不会做！"

"那么你呢？"齐小燕又问，"你一直想除去班察巴那，为什么不乘这个机会动手？"

"因为这个机会还不算太好。"

"为什么？"

"班察巴那在附近很可能也有埋伏。凭螃蟹和叉子那些人，也未必能将班察巴那和小方置于死地。"

吕三又补充："因为那地方根本不是死地，四面都有退路。他们就算不能取胜，也可以退走。"

"你既然明知如此，为什么要选择这么样一个地方请他？"

吕三叹了口气。

"班察巴那是什么样的人物，"他说，"如果不是这种地方，他怎么会去？"

齐小燕也叹了口气："那么我就更不懂了。"

她不懂的是："你自己根本不想乘这个机会动手除去他，又知道他也不会出手的。"

"不错！"

"那么你为什么要派吕恭和那些人，去把班察巴那和小方留在那里？"

"因为我要观察他。"吕三说,"班察巴那的行踪飘忽,神出鬼没,而且一向独来独往,可以说是近百年来江湖中最神秘的一个人。"

这一点谁也不能否认。

"所以我只有制造这么样一个机会,再加上这架我用一对纯种的大宛汗血马,和一柄汉末时曹操想用来斩杀董卓的宝刀,从波斯大贾胡塞那里换来的望远眼镜,才能观察到他的言语神态行动。"

齐小燕叹了口气:"你付出这么大的代价,为的只不过是看看他而已?"

第四十一章

致命的伤口

"是的。"吕三说,"知己知彼,才能百战百胜。他是我生平唯一的对手,如果我连他是个什么样的人都不知道,怎么能战胜他?"

"你真的认为他是你生平唯一的对手?"

"真的。"

"卜鹰呢?"

"卜鹰?"吕三笑了笑,"卜鹰不足虑。"

"为什么?"齐小燕忍不住问,"别人都说卜鹰是当世人杰,你为什么会如此看轻他?"

吕三沉思了很久之后才回答这问题:

"卜鹰和班察巴那不同。"吕三说,"卜鹰虽然有枭雄之才,天性却是爱好和平的。他杀人,只不过是为了防止更多人被杀;他战斗,只不过是为了要消弭更大的战争。他外表看来虽然冷酷无情,其实却是个心肠很软的人。"

"班察巴那呢?"

"班察巴那就不同了。"吕三说,"他天生就是个战斗者,而且一定要战胜。不惜任何代价,不择任何手段,都要战胜。只许胜,不许败。不能胜,就是死,其间绝无选择的余地。"

他忽然长长叹息:

"其实我一直都很喜欢卜鹰这个人,而且一向都对他十分尊敬。如果他不死,以后我们说不定会变成朋友。"

"如果他不死?"齐小燕又忍不住问,"难道你认为他已经死了?"

吕三点头。

齐小燕又问:"是你杀了他?"

吕三摇头。

"要杀卜鹰并不容易,连我都做不到。"他又在叹息道,"因为我是他的仇敌,不是他的朋友。"

"你认为只有他的朋友才能杀得了他?"

"班察巴那!"吕三说得斩钉截铁,"只有班察巴那,再无别人!"

"你为什么会这么想?"小燕问,"他们一向是最好的伙伴,班察巴那为什么要杀他?"

吕三慢慢地伸出手,他的手里握着的是一块十足纯金。

"就因为这样东西。"

"黄金?"齐小燕说,"你认为班察巴那是为了黄金而杀卜鹰的?"

吕三凝视着掌中的黄金。

"千古以来,为了这样东西杀人的人也不知道有多少。"他看着齐小燕点了点头道,"难道你认为这个理由还不够?"

这理由当然已足够,齐小燕却还是不懂。

吕三又解释:"黄金是他们两个人共同计划从我这里盗走的,但是他们的目的却不同。"

"有什么不同?"

"卜鹰盗去我的黄金,是为了要阻止我利用这些黄金实现我的理想。"吕三说,"所以他只想将那些黄金永远埋藏于地下。只要他活着,绝对不会让任何人去动用它。"

吕三又说:"但是班察巴那却想利用那些黄金来打击我、战胜我。他认为将黄金埋在地下而不加利用,实在是件愚蠢至极的事。"

"可惜他也没法子说服卜鹰。"齐小燕终于渐渐明白,"卜鹰的命令,他也不敢反抗。"

"所以他只有把卜鹰杀了,而且让别人认为是我杀的!"

"如果卜鹰不是你杀的,你为什么不公开否认?"

"我为什么要否认?"吕三冷笑,"要杀卜鹰并不容易,并不是人人都能杀得了他的。如果别人认为是我杀了他,岂非是件很光彩的事,我为什么要否认?"

他的笑容中忽然露出种说不出的萧索之意:"何况,不是我杀的人而算在我的账上来的,本来已经够多了,再增加一个又何妨?"

齐小燕的眼睛本来一直没有离开过她手里的望远镜,直到这时才回头,盯着吕三。仿佛想从他的表情中看出他说的这些话,究竟是真是假?

但是她一点也看不出来,所以她又问:"你怎么知道班察巴那是为什么要杀卜鹰的?你怎么知道他的想法?"

这是个很难回答的问题,很少有人愿意回答这种有关一个人内心思想秘密的问题。

吕三居然愿意,而且很快就回答:"因为你说得不错,我和班察巴那确实是同一类的人。"吕三说,"本来连我自己都不知道,直到我仔细观察过他之后才发现的。"

"其实你早就应该知道你们有很多相同的地方。"齐小燕说,"连我都早就看出来了。"

"哦?"

"你们都是人中之杰，都有称霸一方的雄心。"齐小燕说，"而且你们都是孤独的人。虽然都能让别人为你们去死，却连一个朋友也没有。因为你们从来都没有信任过任何人。"

吕三淡淡地笑了笑："也许就因为这缘故，所以我们才能活到现在。"

齐小燕也淡淡地笑了笑。

"也许就因为这缘故，所以你们虽然活着，虽然拥有一切，可是活得并不快乐。"

"你呢？"吕三盯着她，"难道你不是这种人？"

齐小燕避开了这问题，反问吕三："你已经观察他很久，而且观察得很仔细，你看出了什么？"

吕三也没有回答她这个问题，也反问她："如果一个人终年流浪在那一片无情的大漠上，没有水，也没有同伴，你想他应该是个什么样的人？"

"是个很孤僻的人。就像是野兽一样，看起来一定很瘦很脏。"

谁都会这么想的。

食粮的缺乏，无疑会使人瘦弱。连饮用的水都视如珍宝，当然会使人脏。

"班察巴那看起来是不是这样子的？"

"不是！"齐小燕说，"他看起来绝对不是这样的。"

班察巴那看起来英俊雄伟而健康，绝对没有一点营养不良的样子。

他的衣服永远都保持光洁笔挺。就连京城里最讲究穿着的人，都未必能比得上他。

甚至连头发和指甲都能修得很干净。

"还有最奇怪的一点。"

"哪一点？"

"刚才你说得不错。"吕三道，"一个人如果终年单独流浪，他的行为举动看起来就难免会和野兽一样，变得散漫而粗野。"

"不错。"

"但是班察巴那却不同。"吕三道，"刚才我仔细观察了他很久，发现他的一举一动都极有节制，连一点小节都不疏忽。就算是最有教养的世家子，在吃饭的时候也不会比他更有礼。"

齐小燕叹了口气："你看出来的事倒真不少。"

"这些事我相信你一定也看出来了。你也不必否认。"

齐小燕没有否认，也不能否认。

"现在我只问你。"吕三道，"从这些小事上面，你能不能看出班察巴那的秘密？"

"什么秘密？"齐小燕连眼睛都没有眨，"从这些事上能看出什么秘密？"

吕三盯着她，盯着她看了很久，仿佛也想看看她是不是在说谎。

可是他也看不出来。

对这一点他显然觉得很不满意，但他却还是继续说：

"他的衣着整洁、身体健康，表示他虽然经年流浪在沙漠里，但却从来没有缺乏过粮食和水。"

——在那一片荒芜的大地上，班察巴那怎么能得到充足的食粮和水？

这无疑是件怪事，齐小燕没有问，只是静静地听吕三接着说下去。

"他的行为举动都极有节制，看来不但彬彬有礼，而且很有威严。"吕三道，"这就表示他并不是像别人想象中那么寂寞孤独。"

"哦？"

"就在别的人都以为他孤独一个人像一匹野狼般在流浪时,他说不定正和另外一些人在一起。"

齐小燕问:"另外一些什么人?"

"一些佩服他,依靠他,随时都愿意为他去死的人。"

"哦?"

"就因为他跟这些人在一起,所以他的一举一动都必须节制。"吕三道,"因为他一定要以自己的行为作这些人的表率。"

"这又表示什么?"

"这表示他在沙漠中一定还有个秘密的藏身之地。"吕三说,"沙漠中的地势情况,天下绝没有任何人能比他更熟悉。只有他才能找到那么一个地方,也只有他知道这秘密。"

"连卜鹰都不知道?"

"卜鹰当然不知道。"吕三说,"他利用那地方,训练了一批随时都肯为他去死的人。卜鹰就是死在那些人手里的。"

他抬头:"现在他一定也同样想要我死在那些人的手里。"

有种人的感触、情绪和想法,好像时时刻刻、分分秒秒都会改变的。

吕三无疑就是这种人。

他忽然又笑了,真的笑了。

"班察巴那虽然时时刻刻、分分秒秒都想杀我,可是我并不恨他。"吕三说,"因为我也想杀他,时时刻刻、分分秒秒都想杀他。"

吕三笑得仿佛很愉快:"他想杀我,我也想杀他,但是我们之间并没有仇恨。我不恨他,他也未必恨我。"

杀人本来就不一定是因为仇恨。

齐小燕了解这一点。

"我知道你恨的不是班察巴那,你恨的是另外一个人。"

"我恨的是谁?"

"是小方!"齐小燕说,"不但你恨他,独孤痴也恨他,甚至连班察巴那说不定都在恨他。"

"为什么?"

"因为你们都知道另外有些人非常喜欢他。"

齐小燕说:"大家都知道,可怜之人必有可恨之处。从另一方面来说,可爱的人也一定会有很多人恨他的。"

吕三当然也了解这道理,爱与恨之间的差别本来就很微妙。

但是他脸上的笑容忽然间就消失不见了。

"我知道你恨的是小方。"齐小燕说,"班察巴那当然也知道。"

"哼。"

"所以这一次班察巴那下令发动攻击,一定要你知道他一定会以小方为攻击的主力。"

"为什么?"

"因为他知道就算你明知他这次攻击的目的是为了要找你的下落,你也同样会上当的。"齐小燕说,"因为你也同样想利用这次机会将小方置于死地。"

她淡淡地接着道:"所以这一次小方已经死定了。"

吕三是个非常谨慎仔细的人。

一个人如果能从白手起家,而变为富可敌国,那么他通常都会是个非常谨慎仔细的人。

对身旁的每个人每样事都会观察得非常仔细。

可是现在他却好像完全没有去注意齐小燕对这件事的反应,好像也完全不知道她和小方之间的感情。

他只不过忽然改变了话题。

"现在小方和班察巴那是不是已经走了？"

"是的。"

"他们有没有杀吕恭？"

"没有。"

"他们也没有把吕恭带走？"

齐小燕摇头："我本来也以为班察巴那会把吕恭带走，因为吕恭以后很可能还有用。想不到他居然没有这么做。"

吕三微笑。

"班察巴那这种人做事，通常都是任何人想不到的。"

"可是你已经想到了。"齐小燕说，"他做的事只有你能想得到。"

吕三笑得更神秘、更愉快，也更暧昧。

他忽然问齐小燕："我做的事你猜他是不是也能想得到？"

班察巴那没有醉。

他平常很少喝酒，也很少有人看过他喝酒。今天他喝的酒，却比大多数人都多得很。大多数人都认为他一定会醉的。

可是他没有醉。

他清醒得就像是个刚刚从树上摘下来的硬壳果。

小方就没有他这样清醒了，在微醺中还带着几分忧郁。

他们走在一条很幽静的山坡小路上。风中充满了青山的芬芳和干草的香气。

班察巴那忽然问了小方一个很绝的问题。

"吕三是不是条猪？"

"他不是。"小方说，"他比鬼都精。"

"那么他为什么要平白无故地费那么大的事，让我们大吃一顿？"

"我不知道。"

"本来我也不知道。"班察巴那说，"但是现在我已经想通了。他把我们留在那里，一定是因为他要好好地看看我，看看我究竟是个什么样的人。"

"他能看得到你？"

"我们虽然看不见他，可是我相信他一定能看得见我们。"班察巴那说，"躲在一个很远的地方，偷偷地看，而且不是用他的眼睛看。"

"不用眼睛看用什么看？"

"用一种特别的镜子。"

"镜子？"

"那当然不是我们平常用的那种镜子，甚至不能算是个镜子。"班察巴那说，"可是我只能这么样说，因为我实在想不出别的名称。"

他问小方："你还记不记得制作那些蜡像的人，是从什么地方来的？"

"是从一个非常非常遥远的国度中来的。"

"我敢说在一个更遥远的国度里，有一个更聪明更奇特的人，已经创造出一种神秘的魔镜，能够在很远的地方看到一些别人看不见的事，就好像我们神话中的千里眼一样。"

班察巴那说："他一定是用这种镜子在偷偷地看我们。"

"看我们干什么？"

"看我们的神态，看我们的行动，看我们究竟是个什么样的人。"班察巴那说，"因为知己知彼，才能百战百胜。他一定已经把我们当作他的对手。"

他看着小方："尤其是你，因为他恨你！"

小方沉默。

"就因为他恨你,一定要亲手杀你,所以他这次一定会中我们的计,一定会暴露他的行踪。"班察巴那道,"因为仇恨往往会让人造成一些不可原谅的疏忽和错误。"

"哦?"

"吕三不是猪,他比鬼都精。我们故意宣布要发动全面攻击的命令,他应该想得到我们是要利用这法子找出他的行踪。"班察巴那说,"这种事连你我都应该能想得到。"

小方承认。

"但他却还是一样会中计的。"班察巴那说,"因为他也想将计就计,利用这机会亲手杀你。"

"哦?"

"所以他一定会将手下的精锐全部调集到那里去。"班察巴那说,"他想以逸待劳,把我们一网打尽。"

"我想也是这样子的。"

"只可惜他对你恨得太深,所以难免计算错误。"班察巴那道,"他至少算错了两件事。"

"哪两件事?"

"第一,他一定会低估我们的实力。"班察巴那说得极有把握,"这几年来我精心训练出的人,远比他想象中厉害得多。如果我们倾巢而出,和他的属下放手一搏,我们占的胜算远比他们多得多。"

"第二呢?"

"他一定认为我也会去的,但是我不会去。"班察巴那道,"因为我们已胜算在握,我正好乘他集中力量来对付你的时候去做一些别的事,让他战败之后连退路都没有。"

"你真的认为这一次我们已经胜算在望?"小方问,"难道你忘了独孤痴？"

班察巴那反问小方："难道你真相信吕恭的话？真的认为齐小燕和独孤痴都已经投奔他？"

班察巴那又问："吕恭是跟随他多年的奴仆，为什么要把他的秘密告诉我们？我们对吕恭有过什么好处？"

小方沉默了。

"本来我也曾经想到过，独孤痴很可能又已经投靠他。"班察巴那道："可是我听吕恭这么样说了之后，我反而不这么想了。"

他微笑："所以我算计你这次一定会成功，所以吕三这次已是死定了。"

他们刚走到一个三岔路口，忽然有蹄声响起，一匹快马自斜路上疾驰而来。

远在数丈外，马上的青衣骑士就已飞身下马。

久经训练的快马骤然停下，久经训练的骑士已拜倒在班察巴那面前，双手奉上一个纸卷。

这个人的身手行动极矫健，看来却很肥胖。

小方仿佛见过这个人，又好像没有见过。等到他抬起头来时，小方才想起他就是那天在那条热闹的长街上，用最有效的手法扼杀绸缎庄伙计的肥胖妇人。只不过他今天穿的是男装而已。

这个人当然也就是班察巴那近年来精心训练出的杀手之一。

他带来的纸卷就跟班察巴那给小方看过的那纸卷简图一样，上面画着吕三所有的秘密巢穴，只不过这张图上用朱砂特别圈出了一点。

还用朱砂画出了很多箭头。

所有的箭头都指向这一点。

——在图上的一点，很可能就是一个很大的市集，也有可能是一条河、一片丛林、一道山脉。

班察巴那展开纸卷:"吕三是不是已经将他属下所有的精锐全部调集到这里?"

回答是绝对肯定的!

"是。"

班察巴那立刻下令:"那么我们的人一定也要在后天子时前赶到那里去。"

"是!"

"子时前你们一定要在镇外那片枣林里集合。"班察巴那道,"缺一个人,我就取你身上一样东西。也许是眼,也许是鼻,也许是手,也许是脚。"

他冷冷地接着道:"也许就是你的头颅。"

"是!"

接到班察巴那的命令后,这个人立刻又飞身上马,扬鞭疾驰而去。

小方当然要问:"那个地方是什么地方?"

"是个很热闹的小镇,叫胡集。"班察巴那道,"后天的子时前,你一定也要赶到那里去,否则……"

"否则你是不是也要取我身上一样东西?"

班察巴那摇头:"如果你不去,恐怕我就要取下我身上一样东西给你了。"

班察巴那苦笑:"那样东西也许就是我的头颅。"

第四十二章

神秘的通道

天色还没有暗,可是这简陋的木屋里已经显得很暗。

吕三坐在黑暗的一个角落里,没有表情的脸上露出种正在沉思的表情。

"现在班察巴那一定已经接到了他属下的报告,已经知道我已经将精锐全部调集到胡集去。"吕三慢慢地说,"他一定认为我也在胡集。因为我恨小方,正好将计就计,利用这次机会亲自将小方置于死地。"

他笑了笑:"班察巴那一向算无遗策,但是我保证他这次一定会算错一件事。"

"什么事?"

吕三说道:"他一定不会相信独孤痴真的在我这里。"

"独孤痴真的在这里?"齐小燕不等吕三回答,继续又问,"你真的要我嫁给他?"

"婚姻是件很奇怪的事,有时不仅是男女间的结合。"

"那是为什么?"

"是种手段。"吕三道,"贫穷人家的子女以婚姻作手段,来取得以后生活的保障;富贵人家的子女也会以婚姻作手段,来增加自己的地位和权力。"

他盯着齐小燕,眼睛里带着种尖针般的笑意:

"你自己也该知道,我要你嫁给独孤痴,对你对我都一样有好处。"

齐小燕说:"但是我一直到现在还没有见过他。"

"你想见他?"吕三霍然站起来,"好,你跟我来。"

简陋的木屋里有个简陋的木柜。打开这个木柜,按动一个秘密的钮,立刻就会现出另一道门。

走进这道密门,就走入了另外一个世界。

一个辉煌富丽的黄金世界。

有三个人在这金光灿烂的屋子里,一个仍然年轻,一个年纪比较大,一个双鬓斑白,已近中年。

年轻的身材修长,装饰华丽。看来不但非常英俊,而且非常骄傲。

年纪比较大的一个风度翩翩、彬彬有礼,无疑是个极有教养的人。

两鬓已斑的中年人,却和你在任何一个市镇道路上所见到的任何一个中年人,都没有什么两样。

只不过身材比一般中年人保持得好一点,连肚子上都没有一点多余的脂肪。

这三个人是绝对不同类型的,只不过有一点相同之处。

——三个人都有剑,三个人的佩剑都在他们的手边,一伸手就可以拔出来。

独孤痴居然不在这屋子里。这三个人,齐小燕都没有见过。

吕三为她引见："他们都是我的好帮手,也都是一等一的剑客。"

吕三说："可惜他们在我这里只有代号,没有名字。"

他们的代号是:四号、十四号、二十四号。

和"三号、十三号、二十三号"只差一号。

因为他们每一个人和吕三派去刺杀小方的那三个人,都分别有很多相同之处。不但性格身世相同,连剑法的路子都差不多。

吕三说："我要他们在这里待命,只因为我也要他们去杀一个人。"

齐小燕道："杀谁?"

吕三没有直接回答这问题。

他又按动了另一个秘密的钮,开启了另一个秘密的门。

门后是一条长而阴暗的通道。

"你一直往前走,走到尽头处,也有一道门,门是虚掩着的,有个人就坐在门后,只要一开门就可以看见他。"

"我要你去杀了他。"

吕三的命令直接而简短:"现在就去。"

四号也和吕三属下其他那些人一样,只接受命令,从不问理由。

他当然更不会问吕三要他去杀的那个人是谁?

"是。"他只说,"我现在就去。"

说完了这句话,他就已经像一根箭一样蹿进了那条阴暗的地道里。

他的行动矫健而灵敏。

只不过显得有一点点激动而已。

连苍白的脸上都已因激动而现出了一点红晕。

呼吸好像变得比平常急促一些。

这就是人们最后一次看到他的样子。

一蹿入这条阴暗的地道,他就没有回来过。

现在每个人都已经知道他不会活着回来了。

他已经去了很久,太久了,像他们这样的人,无论是杀人还是被杀,都不必这么久的。

在这么长久的时间里,无论什么事都已经应该有了结果。

——死!

这就是唯一的结果。

没有人开口说话,也没有人的脸上露出一点兔死狐悲的伤感。

因为这根本就不是件值得悲伤的事。

——每个人都要死的,何况是他们这种人?

——对他们来说,死就好像是个女人。一个他们久已厌倦的女人,一个他们虽然久已厌倦却又偏偏无法舍弃的女人。所以他们天天要等着她来,等到她真的来了时,他们既不会觉得惊奇,更不会觉得兴奋。

因为他们知道她迟早一定会来的。

——对于这件事,他们几乎已完全麻木。

吕三居然又等了很久。

也不知是出于他对一个人生命的怜悯,还是因为他对死亡本身的畏惧和尊敬。

吕三的脸色远比齐小燕和另外两个人都严肃得多。

他甚至还在一个金盆里,洗了洗他那双本来已经非常洁净的手,在一个金炉里燃上一炷香。

然后他才转向十四号。

"我要做的事，一定要做成。"吕三说，"四号做不成，现在只有让你去做。"

"是。"

十四号立刻接下了这个命令。

他一直在控制着自己，一直控制得很好。

可是在接下了这个命令之后，他的身体、他的脸色，还是难免因激动而有了改变。

一些很不容易让别人察觉到的改变。

然后他才开始行动。

开始时他的行动很缓慢，谨慎而缓慢。

他先开始检查他自己。

——他的衣服、他的腰带、他的靴子、他的手、他的剑。

他拔出他的剑，又放进去，又拔出来，再放进去。

直到他自己认为每一样东西都结束妥当。

直到他自己认为已经满意的时候，他才蹿进那条阴暗的通道。

他的行动也同样矫健灵活，而且远比他的同伴更老练。

可是他也没有回来。

这次吕三等得更久，然后才用金盆洗手，在金炉燃香。

而且居然还在叹息。

他面对二十四号，脸上的表情更严肃，发出的命令更简短。

因为他知道对二十四号这种人来说，任何一个多余的字都是废话。

他只说了两个字："你去！"

二十四号默默地接下了这道命令，连一个字都没有说。

他当然不会像四号那样。

一接下命令就立刻像火烧到眉毛一样开始。

他也没有像十四号那样先检查他的装备是否利落，再检查他的剑是否顺手。

已经有两个人一走入这条阴暗的地道后，就永不复返。

这两个人都是杀人的人，都是使剑的高手。

这两个人都是他的伙伴，他已经跟他们共同生活了很久。

他知道他们都不是容易对付的人。

可是他接下这个要命的命令之后，就好像接到一张别人请他去吃饭的帖子一样。

而且是个很熟的朋友请他去吃家常便饭。

通道里还是那么阴森黑暗。

听不到一点声音，看不见一点动静。

就像是条上古洪荒时的巨蟒，静静地吞噬了两个人，连咀嚼的声音都没有发出来。

二十四号已经准备走进去。

他的神情还是那么镇静，非但脸色没有变，也没有一点准备的动作。

他走得不快也不慢，看起来也像是要到附近的老朋友家里去吃便饭一样。

——他有没有想到这次要被人连皮肉一起吞下去的，也许就是他自己？

现在他已经走到通道的入口，无论谁都认为他会一直走进去的。

想不到他忽然停了下来，慢慢地转过身，抬起头，凝视着吕三。

他的眼睛里完全没有表情，也没有感情，可是他居然开口说话了。

"我从七岁学剑，十三岁时学剑未成，就已学会杀人。"他的声音平凡单调，"而且我真的杀了一个人。"

"我知道。"吕三微笑，"你十三岁的时候，就已将你家乡最凶横的陆屠户刺杀在当地最热闹的菜市口。"

"可是我这一生中杀的人并不多。"二十四号说，"因为我从不愿惹是生非，也从来没有跟别人结仇。"

"我知道。"

"最主要的是，我根本就不喜欢杀人。"

"我知道。"吕三说，"你杀人只不过为了要活下去。"

"我杀人只不过为了要吃饭而已。每个人都要吃饭，我也是人。"二十四号说，"为了吃饭而杀人虽然不是件愉快的事，但是另外还有一些人为了吃饭而做出的事比我做的事更痛苦。"

他淡淡地接着道：

"我既然为了要吃饭而杀人，所以我每次杀人都要有代价的，从来都没有一次例外。"

"我知道。"

"你虽然在我身份暴露、被人追杀时收容了我，可是你也不能例外。"二十四号说，"你当然也应该知道我杀人的价钱。"

"我知道。"吕三仍然在微笑，"我早就准备好了。"

他走过去，把那块他一直握在手掌里的十足纯金塞入二十四号手里。

"我也知道你的规矩，杀人前只要先付一半。"吕三说，"这块黄金应该已经够了。"

"这已经足够了。"二十四号说,"这块金子不但成分极纯,而且金质极好,一般市面上是绝对买不到的。只不过一个人如果死了,黄金对他又有什么用?"

他嘴里虽然这么说,还是将黄金藏入怀里,忽然又说:"我还要求你一件事。"

"什么事?"

二十四号淡淡地说:"如果我死了,求你千万不要为我洗手上香,因为你已经付出了代价。"

这句话他好像还没有说完,可是他已经转身走入了那条阴森黑暗的通道。

他的背影看起来远比他的正面挺拔得多,但是也很快就已消失在黑暗中。

他是不是也会同样一去不返?

齐小燕看着他,直到他的背影完全消失在黑暗中,才轻轻叹了口气。

"这个人真是个怪人。"

"哦?"

"他好像已经明白这一去非死不可,而且也明明知道一个人死了之后,成分再纯的黄金对他都没有用了。"齐小燕说,"但他却偏偏还是要先收下你这块黄金,他这是为了什么?"

"这是为了他的原则。"

"原则?"

"原则就是规矩。"吕三说,"他自知必死也要去做这件事,既然要去做就得先收下这块黄金,因为这是他的规矩。"

他的声音里绝没有丝毫讥诮之意:"一个有原则的人,规矩是绝不可破的。不管他是死是活都一样。"

他说得很严肃,甚至还带着三分尊敬。

齐小燕却问他:"你觉得这种人是笨?还是聪明?"

"我不知道。"吕三说,"我只知道现在这种人已经越来越少了。"

"你是否很喜欢这种人?"

"是的。"

"那么你为什么还要他去送死?"

"你怎么知道他是去送死?"吕三反问,"你怎么知道死的不是我要他去杀的那个人?"

他盯着齐小燕:"莫非你已经知道我要他杀的是谁?"

齐小燕不说话了。

在这段时间里,她沉默得就像是那条阴森黑暗的通道一样。

通道仍然听不到一点声音,看不见一点动静。

二十四号也没有回来,过了很久很久很久都没有回来。

吕三忽然说:"我们好像应该吃饭了。"

"吃饭?"齐小燕好像很惊讶,"你要吃饭?"

"吃饭并不是件怪事,每个人都要吃饭的。"吕三说,"应该吃饭的时候就要吃饭,不管事情怎么样发展都要吃饭。"

"这就是你的原则?"

"是的。"

酒是用金樽盛来的,斟在金杯里。

从波斯来的葡萄美酒斟在金杯里,虽然发不出琥珀光,却仍然有一种淡淡的郁金香气,而且别有一种情趣。

——有谁能说富贵不是一种情趣?

菜肴装在纯金的器皿里。

——极精美的手工器皿，极精美的烹饪。

也许还不仅是精美而已，而是完美。

吕三在饮食时的风度也优雅得几乎到达完美。

能够和他这样的人共享一顿精美的晚餐，应该是件很愉快的事。

齐小燕却连一点胃口都没有。

她并不是在为二十四号担心。

也不是为二十四号要去杀的那个人担心。

她只是觉得在别人去杀人的时候，还能够坐下来享受佳肴美酒，实在是件不可思议的事。

阴森黑暗的通道里，仍然全无动静。

吕三终于结束了他的晚餐，在一个金盆里洗了洗手。

金盆里装的不是水，而是清茶。

吕三解释："今天我们吃了虾和蟹，只有自己亲手剥虾和蟹，才能真正领略到吃虾和蟹的乐趣。"

他说："只有用清茶洗手，才能洗掉手上的腥气。"

齐小燕忽然问："杀人呢？"

"杀人？"

吕三显然还没有了解这句话的意思。

齐小燕说："杀人是不是也跟吃虾和蟹一样？也要自己亲手去杀，才能领略到其中的乐趣？"

这句话问得很绝，吕三回答得也很妙。

吕三说："那就得看了。"

齐小燕说："看什么？"

"看你要杀的是什么人？"吕三说，"有些人你不妨要别人去杀，有些人却一定非要自己亲手去杀不可。"

"杀完了之后呢？"齐小燕又问，"如果你亲手去杀，杀完了之后要用什么才能洗掉你手上的血腥气？"

没有人能回答这问题，也没有人愿意回答。

吕三用一块纯洁的白巾擦干了手，慢慢地站起来，也走入了那条阴森的通道。

他没有招呼齐小燕。

因为他知道齐小燕一定也会跟他一起进去的。

通道里究竟发生过什么事？

通道的入口门户，建造得就像是一个长形的米斗。

越到底端越小。到了真正的入口处，已经收缩成一个两尺见方的洞。

像齐小燕这种身材的人，要钻进去都不太容易。

所以外面的灯光虽然辉煌明亮，却根本照不进这条通道里。

一走进去就什么都看不见了，甚至连自己的手指都看不见了。

——吕三为什么要把这条通道建造得如此神秘？

吕三已经隐没在黑暗里。

齐小燕正想摸索着往前走。

忽然听见他的声音："你最好不要一直再往前走。"

齐小燕问："为什么？"

"因为这条通道不是直的。"吕三说，"这条通道一共有三十三曲。如果你一直往前走，一定会碰到墙上，碰扁你的鼻子。"

他淡淡地接着说："我知道你也许不信。从外面看，这条通道确实是笔直通到底的，如果你不信，不妨试一试。"

齐小燕没有试。

因为她知道黑暗总是会让人造成很多错觉。

会让人认为"直"是"曲"，"曲"是"直"。

会让人曲直不分，会让人碰扁鼻子。

她虽然年轻，可是她也知道这世界上还有更多别的事也和黑暗一样。

也会让人造成错觉，让人不分曲直。

第四十三章

宝　藏

譬如说，一种似是而非的伪君子的道德观，就是这样子的。

她没有这种观念，她不想做这种事。

她既不想让人碰扁鼻子，也不想碰扁自己的鼻子。

所以她作了个最聪明的选择。

她点亮了一个火折子。

火光亮起时，立刻有金光耀眼。

这条通道的两壁，竟都是用巨大的金砖砌成。

前面不远处就有个转曲。

吕三正站在那里。

用一种很奇怪的态度看着她。

"想不到你身上居然带着火折子。"

"你当然想不到。"齐小燕微笑，"虽然你已经派人把我彻底搜查过，可惜那些人还是没想到我会把一个火折子藏在一根发簪里。"

精美的碧玉簪，精巧的火折子。

这个火折子本身的价值也许已远超过碧玉簪。

吕三叹了口气。

"你身上是不是还藏了些什么别的东西？一些让人想不到的古怪

东西?"

"如果你想知道,你最好就自己来彻底把我搜查一遍。"

她盯着吕三,伸开双手。

她身上的衣服穿得并不多,她的身材已渐渐成熟。

她眼睛里露出的表情也不知是诱惑?还是挑战?

"不管怎么样,我都可以跟你保证,"齐小燕说,"我身上带着的最古怪最有趣的一样东西,绝不是这个火折子。"

吕三笑了,有点像是苦笑。

"我相信。"吕三说,"我绝对相信。"

通道里的转曲处虽然很多,吕三又继续往前走。齐小燕在后面跟着,两壁的金砖在火光下闪耀不息。

这条通道无疑已经可以算是世上价值最昂贵的一条。

她没有问吕三。

为什么要建造这样一条通道?

她知道这条通道一定隐藏着一些不可告人的秘密。

如果吕三不说,谁也问不出来。

所以她什么话都没有问。但是她忽然觉得很不舒服,而且越来越不舒服。

她一直想不通这种不舒服的感觉是怎么来的?

通道里虽然阴森黑暗,可是点着的火折子并没有熄灭,走在通道里的人呼吸也很畅通。

由此可见,在这条通道里某一些秘密的地方,一定用某种很巧妙的方法留下了一些通风处。

所以通道里的空气永远都保持干燥流畅,而且非常干净。

非常非常干净，干净得让人嗅起来就像是一件已经在肥皂里泡过三天，又搓洗过十七八遍的衣服。

齐小燕忽然发觉她那种不舒服的感觉，就是这么样来的。

干净是件好事，是件令人愉快的事。

本来绝不会让人不舒服的，可是这地方实在太干净了。

简直干净得让人受不了。

这是怎么回事？

齐小燕还是想不通。

吕三忽然问她："你是不是觉得有点怪怪的？是不是觉得有点不舒服？"

齐小燕说："是。"

吕三又问："你知不知道你为什么会有这种感觉？"

"不知道。"齐小燕坦白承认，"我怎么想都想不通。"

她本来以为吕三会解释这件事的。

想不到吕三又问了一个好像和这件事完全无关的问题："你知不知道天下万事万物中，最纯最干净的是什么？"

这次吕三自己回答了这问题：

"是黄金。"吕三说，"世上万物，绝没有任何一种比黄金更纯更干净。"

这条通道就是用黄金建成的。

齐小燕不能不承认这里确实非常干净。

可是吕三又接着问了她一个更绝的问题：

"世上也有很多种人，你知不知道最干净的是哪一种？"

他又自己回答："是死人。"吕三说，"世上最干净的一种人，就是死人。"

齐小燕也不能不承认。

所有的死人都要被清洗得干干净净之后才装进棺材。

就算是最肮脏的人也不例外。

她承认了这一点。

也就想通了她刚才想不通的那件事。

"你觉得这里有点怪怪的,就因为这里太干净了。"吕三也同时解释,"因为这里通常都只有黄金和死人。"

黄金确实是世上杂质最少的一种东西。

最纯净的一种东西。

而且大多数人也认为它是最可爱的一种东西。

死人本来也是人。

不管多可怕的人,死了之后就没法子再伤害到任何人了。

一条用黄金建造成的通道。

一些再也不能伤害到别人的死人。

本来并没有什么让人觉得害怕的地方。

但是齐小燕忽然觉得这地方有种说不出的诡秘恐怖之处。过了很久才能开口问:"这地方是个坟墓?"

"坟墓?"吕三大笑,"你怎么会想到这里是坟墓?你怎么会想到我肯用黄金替别人建造坟墓?"

他很少这么样大笑过。

要他这种人用黄金来替别人建造坟墓,确实是件很可笑的事。

——不管要什么人用黄金来替别人建造坟墓,都同样不可思议。

奇怪的是,如果这里不是坟墓,怎么会经常有死人在这里?

齐小燕又想不通了。

齐小燕问:"这里究竟是什么地方?"

吕三说:"是个宝库。"

吕三的回答使得齐小燕更惊奇。

"你说这里是个宝库？"齐小燕问，"是你藏宝的宝库？"

吕三说："是的。"

吕三用指尖轻抚通道两壁的金砖。

就像是一位骄傲的母亲在抚摸她的独生子一样。

神情中甚至还带着些因得意满足而生出的感触。

"我可以保证我这里储存的黄金，至少比世上任何一个地方都多三倍。"吕三说，"如果我将这里的黄金抛售出去，世上每一个国度里黄金的价格都会下落。"

"我相信。"齐小燕也忍不住用指尖轻抚壁上的金砖，"我这一生中从未见过这么多黄金。"

吕三说："非但你没有见过，见过这些黄金的人恐怕还没有几个。"

齐小燕说："因为这里通常都只有死人？"

"是的。"吕三说，"除了很特别的情况之外，这里通常都只有死人才能进来。"

齐小燕问："你通常都用死人来看守你的黄金？"

吕三又笑了。

这个问题问得确实很可笑。

吕三说："自古以来，世上只有一种人会用死人来看守他的黄金。"

齐小燕说："哪种人？"

"死人。"吕三说，"只有死人才会用死人看守他的黄金，因为他已经死了。黄金是不是会被盗走，对他都已不重要。"

他的回答并不可笑。

因为这样的例子非但以前就有过，以后也一定还会有。

——古往今来的王侯贵族死了之后,通常都会以黄金殉葬。

再以他属下最英勇忠心的卫士陪葬。

来看守他的黄金和灵魂。

——他自己当然不会知道他这种做法有多么愚蠢。

因为他已经死了。

"可是我没有死,至少现在还没有死。"吕三说,"所以我还不会做这种事。"

齐小燕也笑了。

但她却还是忍不住要问:"既然这里是你的宝库,你的宝库里怎么会经常有死人?"

这个问题就不是可笑的问题了。

大多数人都会这么样问的。

吕三的回答却是大多数人都不能明了的。

"就因为这里是宝库。"吕三说,"所以这里才会有死人。"

齐小燕说:"为什么?"

"因为有种死人的价值远比黄金还大得多。"吕三说,"我这里的死人都是这一种。"

人死了之后还有什么价值?

还有什么用?

吕三自己大概也知道这种说法很难让人了解。

可是他不等齐小燕再问,就忽然改变了话题。

"在极西的西方,也有一些历史极悠久的古老国家。"他说,"在那些国家里,也有一些学识极渊博的智者。"

"我知道。"齐小燕道,"我也听说过一些。"

"那些国家也跟我们一样,也有法律和宗教。"

吕三说:"在他们信奉的宗教里,也有德高望重的长老。就好像我们少林武学的护法长老一样。我知道其中有一位'德长老',就是个极有智慧、极受人尊敬的人。就好像昔年少林的护法大师心眉一样。"

齐小燕当然也听说过心眉大师这个人。

吕三道:"听说他的师父是被毒死的。所以他除了精研佛学和武道外,对毒药也研究得极透彻。甚至不惜以肉身遍试百毒,甚至有人说,他到晚年时竟已练成百毒不侵的金刚不坏之身。"

"德长老的情况也和心眉大师一样。"吕三说,"所以我才会提起他这个人。"

齐小燕说:"为什么?"

吕三说:"因为他曾经说过一件非常有趣的事。"

吕三不等齐小燕再问他,这件有趣的事和她的问题有什么关系,就已经把这件事说了出来。

吕三说:"那位德长老有个非常好的果园,园里种满了各种花卉、水果和蔬菜。他曾经在他的果园里做了一次非常有趣的试验。"

"他在果园里选了一种最普通的蔬菜,譬如说是一棵卷心菜,然后他就用一种含有剧毒的蒸馏水,去浇这棵卷心菜。一连浇了三天,卷心菜的叶子就变黄了,而且渐渐枯萎。"

"然后他又用这棵卷心菜,去喂一只兔子。三个时辰之后,这只兔子就死了。""他叫他的园丁把这个死兔子的内脏,掏出来去喂一只母鸡,第二天母鸡就死了。"

"就在这只母鸡作垂死挣扎时,恰巧有一只老鹰飞过。在德长老居住的地方,老鹰是很多的。"

"老鹰把死鸡抓到岩石上,当点心吃了后,就觉得很不舒服。三天后正在空中飞翔时,突然掉了下来。"

"德长老又要他的园丁找到了这只老鹰,抛入鱼塘里。塘里的鳗鱼、鲤鱼和梭子鱼,都是很贪吃的,当然会把老鹰的肉大吃一顿。"

"如果说第二天有一尾梭子鱼,被送上你的饭桌去招待你的贵客,那么这位客人在第八天或者第十天之后,就会因肠胃溃烂而死。就算是最有经验的名医和仵作,也绝对检查不出他的死因,更不会想到他是被仇人毒杀而死的。"

"这个秘密也许永远都不会有人知道,除非……"

说到这里,吕三忽然不再往下说了。

可是听到这里的时候,齐小燕已经忍不住要听下去,忍不住问:"除非怎么样?"

吕三微笑说:"除非这个死人被送到这里。"

齐小燕说:"难道你能找出他的死因?"

吕三道:"如果我能及时剖开他的尸体,找到他肠胃中残存的梭子鱼,那么我非但能找出他的死因,而且还能找出毒杀他的人。"

他悠然接着道:"那么这个死人的价值,就远胜于黄金了。"

齐小燕还是不太懂。

又忍不住问:"为什么?"

吕三道:"因为我不但从这个死人身上发现一件本来不会有人知道的秘密,还因此而知道了一种能在不知不觉中将人毒杀致死的巧妙方法。"

齐小燕道:"毒杀他的那个人的秘密被你发现后,当然也不能不听你的话了。"

"是的。"

吕三笑得更愉快!

"事情的结果一定就是这样子的。"

他接着又说:"这个世界上有很多死人都是这样子的。有的中了秘密的毒，有的中了秘密的暗器，有的被人用一种秘密的手法所伤。只要他们的尸体在这里，我就能找出他们致死的秘密。"

吕三又笑了笑："对我来说，每一件秘密迟早都会有用的，有时甚至远比黄金有用。"

齐小燕已经听得愣住，手心脚底背脊都已沁出冷汗。

吕三在说这些事的时候，言辞态度还是那么斯文优雅。就好像一位伟大的诗人，在低诵一首他生平最伟大的杰作，一首任何人都确信可以流传千古的情诗。

可是在齐小燕眼中看来，这世界上绝不会有比他更可怕的人了。

吕三也在看着她，眼中还是充满了温柔的笑意，悠然问："你愿不愿意去看看我的宝藏？"

齐小燕忽然也笑了，眼睛里又发出了光，就像是一条雌豹，在接受挑战时所发出的那种光一样。

"我当然愿意。"齐小燕说，"难道你认为我不敢去？"

无论多曲折漫长的路，总有走完的时候。

他们终于走到通道的尽头。

通道的尽头处是一扇门。

一扇没有门环也没有手柄的门。

可是他们一走过去，门就开了。

齐小燕又怔住了。

在这一瞬间她所看见的，竟是她在这一瞬间之前从未梦想能见到的奇景。

门后是一个宽阔的山窟，看来仿佛有七八十丈宽，七八十丈长，七八十丈高，可是谁也不知道究竟有多宽多长多高。

山窟的上下左右四壁，都砌满了巨大的金砖。

山窟里摆满了一口口用纯金铸成的棺材。

谁也想不到会在同一个地方，看见这么多棺材，而且是用纯金铸成的棺材。

——是不是每一口棺材里都有一个死人？

——一个秘密？

用纯金铸成的油灯里，闪动着金黄色的火焰。

门一开，齐小燕就走入了一个说不出有多么灿烂辉煌，也说不出有多么神秘诡异的黄金世界。

因为这是个世人梦想难及的黄金世界。

又偏偏是个死人的世界。

——棺材是人人厌恶的，黄金是人人喜爱的。

一口用纯金铸成的棺材给人的感觉是什么呢？

齐小燕好像连一点感觉都没有。

她整个人都似完全麻木了。

吕三的脸上却在发光。

他伸开双臂，深深吸了口气。就好像世上只有这里的气息才是他所喜爱的，也只有这里才是他真正喜爱的地方。

他带着齐小燕走到最前面一排。

最右首的三口棺材前，用纯金铸成的棺材，还没有合起。

刚才他派来杀人的三个人，已经死在棺材里。

三个人都死得仿佛很平静。脸上既没有狰狞惊恐的表情，身上也没有鲜血淋漓的伤口。

甚至连衣服都好像他们刚走进来时一样完整干净。他们死的时候，显然并没有痛苦。

但是他们确实已经死了。

第四十四章

看死人

——他们是怎么死的?

——是谁杀死了他们?

——杀人的人呢?

吕三一直站在这三口棺材旁,聚精会神地看着棺材里这三个死人。

他的脸上一向很少有表情。

一个有修养的绅士本来就不该把心里的感觉,表露在脸上让人看出来。

现在他脸上却有了种人人都可以看得出来的表情。

奇怪的是,他的表情既不是悲痛感伤。

也不是惊讶愤怒。

反而好像觉得十分愉快欢喜。

过了很久之后,他才长长叹了口气,喃喃道:"你们都是学剑的人,能死在这么样一个人的剑下,也应该死而无憾了。"

他自己大概也知道自己脸上的表情和说话的口气很不配合。

所以忽然改变了话题,忽然问齐小燕:"你有没有看出他们致命的伤口在哪里?"

齐小燕当然看出来了。

三个人致命的伤口都在必然致命的要害处。

是剑伤。

杀他们的人一剑命中后，就没有再多用一分力。

所以伤口并不大，流的血也不多。

杀人的这个人剑法无疑已出神入化。

一剑刺出非但绝对准确致命。

力量也拿捏得恰到好处，绝没有虚耗一分力气。

齐小燕无疑已经知道这个人是谁了。

可是吕三没有说出来，她也没有说。

吕三忽然又将她带到后面一排，另外三口棺材前面。

棺材里也有三个死人。

一个年轻，一个年纪比较大些，另一个已近中年。不但装束年纪和刚才那三个人差不多，而且身上也没有鲜血淋漓的伤口。脸上也没有什么痛苦的表情。

显然也是被人一剑刺伤，立刻致命的。

唯一不同的是：

这三个人都已死了很久，最少已经有一两天了。

齐小燕从来都没有见过这三个人。

也不想问他们是谁。

吕三却主动告诉她："他们也是我的属下。他们活着时的代号是'三号''十三号''二十三号'。他们本来也可以算是一流的剑客。所以我才会派他们去刺杀小方。"

齐小燕说："他们都是死在小方剑下的？"

"是的。"吕三淡淡地说，"我派他们去刺杀小方时，也正如我刚才派那三个人到这里来一样，早已知道他们必死无疑。"

他淡淡地说出这句话,连一点内疚的意思都没有。

齐小燕忍不住问:"他们都是你忠心的属下,你明知他们必死,为什么要他们去送死?"

吕三又淡淡地笑了笑!

接着说道:"他们反正迟早要为我死的,他们自己都觉得死而无憾,我又何必为他们难受?"

齐小燕道:"可是你绝不会无缘无故让你六个得力的属下去送死的。"

两人互相凝视,眼中都露出一种互相了解的表情。

吕三却又改变了话题问:"你看不看得出这三个人的致命伤口在哪里?"

这三个人的致命伤口也在必然致命的要害处。

伤口很小,流出的血也不多。

"我知道你一定也看出来了。"吕三说,"只不过我还是希望你再多看几眼,看得仔细些。"

他又补充:"你最好把这边三个人和那边三个人致命的伤口都仔细再看看,看得越仔细越好。"

齐小燕毕竟是个女孩子。

对死人多多少少总有几分憎厌恐惧。

心里虽然知道吕三叫她这样做必有深意,却还是摇了摇头说:"我不看。人已经死了,还有什么好看?"

吕三叹了口气:"别的死人当然没什么好看,这里的死人却好看得很。想来看看他们的人也不知有多少,你若真的不看,实在是痛失良机。"

这些话听来虽然荒谬,吕三却说得极诚恳。

齐小燕却还是摇头道:"我不信。"

吕三说:"你去问问独孤痴就会相信了。"

齐小燕道:"我为什么要问他?"

吕三说:"独孤痴人如其名,不但一向独来独往,一向痴得很,而且痴的只是剑,不是人。所以不管你是他的什么人,跟他有什么交情,都休想说动他为你去做一件小事。"

齐小燕说:"我也听说过他的脾气,可是他却做了不少件大事。"

吕三微笑:"你知不知道他为的是什么?"

齐小燕道:"不知道。"

"他为的就是要看看这里的死人。"吕三道,"他本来离我而去,现在又去而复返,为的也是要看看这里的死人。"

齐小燕心里虽然已经相信他说的不假,嘴里却还是说:"我不信。死人有什么好看的?他为什么要来看这些死人?"

吕三又叹了口气:"你心里明明已经明白,为什么偏偏还要说不信?"

吕三苦笑:"女人们为什么总是要口是心非呢?"

齐小燕忽然也笑了笑。

"因为女人就是女人,总是跟男人有点不同的。何况男人们说话口是心非的,也不见得比女人少。"

吕三大笑:"好,说得好,说得有理。"

他忽然拉住齐小燕的手:"来,我再带你去看一个人。"

这个人的棺材在后面第三排的中间,紫面白髯,身材雄伟。

虽然已经死了很久,尸体却仍然保持得非常完好。

依稀可以看出他活着时那种不可一世的威猛桀骜的气势。

尸体下垫满了上好的防腐香料。

在他手旁边放着条巨大的狼牙棒。

寒光闪闪。

就像是狼口中的森森白牙。这显然就是他生前擅使的兵器。

齐小燕只看了一眼,就知道这件兵器至少也有七八十斤重,臂上若没有千斤神力,休想将它运用如意。

吕三问她:"你知不知道这个人是谁?"

齐小燕摇头。

"你当然不会知道的,你的年纪太小了。"吕三叹息道,"可是十年之前,'天狼'郎雄以掌中一条狼牙棒纵横天下,江湖中谁人不知,哪个不晓?尤其是使剑的人,听到了他的名字更是谈狼色变,比孩子们怕老虎还要怕得厉害。"

齐小燕问:"为什么你要说尤其是使剑的人?"

"因为他的父母都是死在别人的剑下的,所以他特地打造了这根分量奇重的狼牙棒,而且练成了一套特别的招式,专破天下各门各派的剑法。"吕三说,"剑走轻灵,他这件兵器正是剑的克星。"

吕三又说:"当年公认的前十五位剑法名家中,至少有十个人是死在他这条狼牙棒之下的。连武当四剑中的清风子都难幸免。"

齐小燕居然还是说:"我不信。"

她冷冷地说:"他若真的这么厉害,为什么也会死在别人手里?"

吕三也不回答。

却将他旁边的十口黄金棺材一一打开。

露出了十个死人的尸体。

这些人的尸体虽然也都保存得极好。

但是死得却极惨。

大多都是头颅已被击碎。

还有两个前胸的肋骨都已被击断。

所以尸体保持得越完美,看来反而越诡异可怕。

"这就是死在他手下的十大剑法高手。"吕三指着其中一个黄冠道人,"这就是武当四剑中,出手最毒辣犀利的清风子。"

他问齐小燕:"现在你信不信?"

齐小燕闭上了嘴。眼睛却瞪得大大的,盯着天狼咽喉上致命的伤口。忽又冷笑道:"我还是不信。"

吕三说:"现在你为什么还不相信?"

齐小燕说:"他的狼牙棒如果真的能破天下各种剑法,他自己为什么也会死在别人的剑下?"

郎雄咽喉上的伤口无疑是剑伤。

无疑是被人一剑刺杀而死的。

齐小燕这句话无疑正问在节骨眼儿上。

令人无话可答。

吕三不得不承认:"好,问得好,问得有理。"

齐小燕道:"问得如果真有理,答得恐怕就未必能有理了。"

吕三道:"未必。"

齐小燕说:"未必什么?"

"有理的未必就是有理,无理的也未必就是无理。"吕三淡淡笑道,"世上本来就没有必然不变的事。所以专破天下剑法的天狼,也未必就不会死在别人的剑下。"

齐小燕问:"他是怎么会死的?"

吕三道:"他会死在别人的剑下,只因为有个痴于剑的人已经到了这里,将死在他手下的十位剑法高手的尸体仔细研究了三年。已经从他们致命的伤口上,看出了天狼那致命一击的出手方位和招式变化,再从他们本身的剑法变化中,悟出了天狼克制他们剑法用的方法。"

吕三说:"所以三年之后他再找天狼决战时,不出十招,就已将天狼刺杀于剑下。"

齐小燕不说话了。

她当然已经知道吕三说的那个"痴于剑"的人是谁了。也已经知道独孤痴为什么要到这里来，看这些已经不好看的死人。

吕三却还是解释："一个有经验的人，就不难从一个致命的伤口上看出这个人对手的武功路数。甚至连他招式的变化、出手的部位、刺击的方向，所用的力量和速度都不难看得出来。"

他又问齐小燕："你信不信？"

"我不信。"齐小燕嫣然一笑，"你明明知道我心里就算一千一万个相信了，嘴里也还是要说不信的，你为什么还要问？"

独孤痴是剑痴。

如果他知道世上有"天狼"郎雄这么样一个人。

当然会不惜牺牲一切都要击败他的，而且要用剑击败他。

所以他甚至不惜破坏自己的原则，来为吕三这种人做事。

只不过事成之后，就立刻飘然而去。

在两年前那次空前未有的风暴中，黄金失劫、铁翼战死，小方也几乎被困在沙漠里。

风暴后小方初遇卜鹰，立刻又被水银和卫天鹏所擒，送到绿洲上那个神秘的帐篷里。

第一次见到独孤痴的时候，也正是独孤痴心愿已了，准备要走的时候。

所以他虽然一直在冷眼旁观，最后还是救了小方。

卫天鹏和水银当然不敢阻拦。因为那时候他们就已知道这个人的可怕，也知道他根本就不属于吕三金手的组织。

不管他要做什么事，都没有人能够制止管辖他。

——那次他既然已经走了，为什么又去而复返？

——他这次回来？

——难道真的还是为了要看看这里的死人？

——从这些死人致命的伤口上，看出另外一个人武功的变化，好去杀那个人。

——上次他要杀的是"天狼"，这次他要杀的是谁？

——小方，要命的小方。

——你看着别的女人时，为什么也是那种抛不开放不下的样子？

——你为什么要去看着她们？

——为什么不肯多看我一眼？

齐小燕看着吕三，嫣然道："其实你早就应该明白，我嘴里虽然说不信，心里早就一千一万个相信了。"

吕三也笑了！

"我说的话你都相信了？"

"不相信。"齐小燕眨了眨眼，笑得更甜，"连一句都不信。"

吕三故意叹了口气："那么你也不必听我的话，去看那六个死人了。"

齐小燕也故意板起脸："我当然不会去看，绝不会再去看一眼，因为……"她忽又嫣然而笑，"因为我早就看得清清楚楚了。"

吕三道："什么时候去看的？"

齐小燕道："就在我嘴里说绝不去看的时候。"

吕三说："我怎么不知道？"

齐小燕说："女孩子要看男人的时候，怎么会让别的男人知道？"

吕三说："可是他们已经死了。"

"死了也是男人。"齐小燕吃吃地笑道，"在我们女孩子眼里看来，男人就是男人，不管死活都一样。"

吕三大笑。

"好，说得好，也骂得好。"

吕三在笑。

齐小燕却不笑了，神色忽然变得很严肃。

齐小燕说："我真的已经仔细看过那六个死人，而且已经发现了一件很奇怪的事。"

吕三说："什么事？"

齐小燕说："那六个死人身上致命的伤口竟是完全一样的。"

齐小燕说出了这句话，立刻又加以修正："不是六个人都一样，而是三号和四号的一样，十三号和十四号的一样，二十三号和二十四号的一样。不仅伤口的部位在一样的地方，而且连刺杀他们那致命的一击所用的招式和力量都一样。绝对是同样一种手法，从同样一个方向将他们刺杀于剑下的。"

吕三问："是不是同一个人呢？"

"不是。"齐小燕道，"绝对不是。"

齐小燕又说："就因为杀他的不是同一个人，所以我才觉得奇怪。就因为我觉得奇怪，所以现在我才会恍然大悟。"

吕三说："你悟出了什么？"

齐小燕说："你要三号他们那组去刺杀小方，不过是为了要试探小方的剑法。"

吕三说："哦？"

"独孤痴这次去而复返，为的就是小方。"齐小燕道，"因为我已将他剑法中的精要传给了小方，他对小方的剑法所知却不多。"

齐小燕接着又道："可是他仔细研究过这三个死人身上致命的伤口后，情况就不同了。"

吕三道："你的意思是不是说，现在他对小方的剑法已经完全了解？"

齐小燕没有正面回答他这句话，只说："你派四号这一组人来杀的就是独孤痴，因为这一组人和刺杀小方的那一组人武功出手都极相似。"齐小燕说，"独孤痴既然能用小方一样的手法，将这一组人刺杀于剑下，要杀小方好像也不太难了。"

吕三一直在盯着她看。

刚才已经看了很久，现在又看了很久。

从她乌黑的头发、宽广的前额，一直看到她穿双缎子鞋的纤巧的脚，然后才长长地叹了口气。

"像你这么样一个女人，小方居然会让你走。"吕三摇头叹息，"他究竟是个浑蛋，还是条猪？"

齐小燕居然还在笑："本来我也不知道他究竟是个什么东西。"

吕三问："现在呢？"

"现在我总算想通了。"齐小燕说，"他根本就不是东西，他是个人，死人。"

第四十五章

尾　声

她淡淡地接着道:"就算现在他还没有死,和死人又有什么分别?"

吕三说:"你想不想知道这个人在哪里。"

"我不想,我对死人一向没有什么兴趣。"齐小燕说,"我只想知道独孤痴在哪里?"

吕三说:"他已经走了。"

齐小燕说:"他为什么要走?难道不想见我?"

吕三道:"不是不想,是不敢。"

齐小燕道:"我有什么可怕的?他为什么不敢见我?"

"他怕的不是你,是他自己。"吕三盯着她,"其实你自己也应该知道他为什么会害怕。"

"你也知道?"齐小燕也在盯着吕三,"你也知道他已经不是个真正的男人?"

吕三道:"我知道。"

齐小燕道:"那你为什么还要我嫁给他?"

吕三说:"因为我已知道他的病根很快就会好的。"

齐小燕说:"要等到什么时候?"

"要到他亲手将小方刺杀在他的剑下之后。"吕三说,"我相信他现在一定已经很有把握。"

齐小燕说："他能找得到小方？"

吕三道："他根本不必去找，他只要坐在那里等就行了。"

齐小燕说："为什么？"

吕三道："因为小方一定会去找他的。"

齐小燕说："你有把握？"

吕三笑了笑："你几时看见我做过没有把握的事？"

齐小燕道："小方是不是能找得到他呢？"

"如果小方不太笨，就一定能找得到。"吕三微笑，"否则他就一定不是个浑蛋，就一定是条猪了。"

齐小燕道："到哪里才能找得到他？"

吕三道："胡集。"

齐小燕道："你自己为什么不到胡集去？"

"你的想法一定也跟班察巴那一样，认为我一定会到胡集去，等着亲手杀死小方。"吕三道，"所以他才会安排这一战。因为这一战的结果必将是两败俱伤，败的一方固然必死无疑，胜的一方也必将付出极大的代价。等到那时候他再出手，无论是我杀死了小方也好，是小方杀了我也好，剩下的一个还是会死在他手里。"

吕三又说："只可惜班察巴那也跟你一样，你们的想法都错了。因为我根本就不会到胡集去，根本就不想亲手杀死小方，而且我根本就不恨他。"

齐小燕当然很惊奇："难道你忘了你亲生的儿子是死在谁手里的？"

她问的是个很伤人的问题，吕三冷冷地看着她，居然又笑了："难道你以为小方杀死的吕天宝真是我亲生的儿子？"

齐小燕怔住了。

她想不到吕三居然会说出这么样一句话，也想不到吕三居然又带她去看另外一口棺材。

这口棺材里居然有两人的尸体，一个是丰胸大乳结实健康的妇人，身旁还躺着个只有几个月大的婴孩。

只要略有经验的人都能看得出这个妇人刚刚生过孩子，这个婴儿却不是她生的孩子。

"这个女人是这个孩子的奶妈。"吕三道，"她吃得太好，吃得太多，一睡就像是死人一样。所以现在她就真的是个死人了。"

齐小燕道："为什么？"

"因为这个孩子就是被她睡着了的时候，压在身子下面活活闷死的。"吕三道，"他也不是我亲生的儿子。可是如果他能活下去，我一定会比谁都宠爱他。他要什么，我就给他什么。等到十七八年之后，他一定也会死在别人的剑下，因为那时候他一定也会像吕天宝一样被我宠坏了。"

齐小燕没有再问："这个孩子是谁的孩子？"

也不必再问。

她忽然觉得手脚冰冷，冷汗又湿透了衣裳。

现在她当然已经知道这个孩子就是小方的孩子，但却永远不知道这个孩子的夭折究竟是他的幸运，还是不幸？

"我知道你一定会认为我这个人做的事太可怕。"吕三道，"幸好也只有你会这么想。因为我做的事除了你之外，从来没有别的人会知道，甚至连想都想不到。"

齐小燕道："所以班察巴那一直认为你恨死了小方，一心想要亲手杀了他。"

"所以他才会安排这一战，等到我和小方两败俱伤时，他就可以坐收渔利了。"吕三道，"只可惜我比他想象中还要聪明一点，所以上当的不会是我,而是他。"

吕三又说:"现在班察巴那一定也会到胡集去等着看这一战的后果。"

齐小燕道:"你知道他会在什么地方等?"

"不但我知道,独孤痴也知道。"吕三说,"等到独孤痴杀了小方后,就一定会去找他的。"

"那时独孤痴就算已经杀了小方,也必定付出了极大的代价。等到他们交过手之后,不管是独孤痴杀了班察巴那也好,还是班察巴那杀了独孤痴也好,等到那时候才出手,他们两人之中剩下来的一个还是必将死在我手里。"齐小燕道,"所以,这一战不管是谁胜谁负,只有你是绝对不会败的。"

在大多数人心目中,胡集只不过是边陲上的一个小镇。

根据官方最近调查的记录,这里一共只有七十三户人家。包括妇孺在内,一共也只有三百一十一名人口。

其中大多数是做小生意的人。因为这地方的土壤既不肥沃,天时也不正,而且非常偏僻。既不适于农耕,也不适于做其他任何事。

大多数人甚至从未听说过这地方的名字。

事实上却不是这样子的。

这地方的人口远比官方记录上多得多,重要性也远比大多数人想象中大得多。

市面的繁荣,更不是那些人所能想象得到的。

就因为这地方太偏僻,不会引起官方的注意,所以一些无路可走的人,都会投奔到这里来。

市面上到处都充斥着从四面八方投奔来的流民、浪子、罪犯和流莺。这些人通常也正是最舍得花钱的,所以才会造成这地方畸形的繁荣。

住在当地的七十三户人家中,竟有一大半是经营客栈、酒馆和饭铺。

这里虽然只有七十三户人家,客栈酒楼和饭铺却有一百零五家。

其中生意最好的一家叫作"达记"。

从早到晚都挤满了人,要进去吃顿饭都得排队等上半天。

据说这家饭铺里卖的奶油和葱泥绝对是附近八百里之内最好的。

虽然有很多人都会觉得这两种食品臭不可闻,可是只要尝试过一次之后,也许就会上瘾了,没有它也许连饭都吃不下。

班察巴那告诉小方:"吕三的秘密就在这地方最热闹的一条街上。"

这条街上一共有九十六家店铺。除了一家卖脂粉针线的"远香斋"和一家米店、两家油坊外,其中大多数都是酒楼饭铺和客栈。

连一户住家都没有。

班察巴那问小方:"你猜不猜得出吕三的秘窟是哪一家?"

小方毫不考虑就回答:"是达记。"

班察巴那道:"你为什么会猜吕三在那里?"

"因为那里的人最多。"

小方的回答很简单,也很正确。

吕三随时都要听取他属下传来的消息。他的属下来自四方,每一个到"达记"来吃饭的人,都可能是他的属下,都会拼命保护他的安全。

而且大隐隐于市,这道理吕三当然也明白,班察巴那也明白。

所以他们在镇外的枣林会集之后,班察巴那就告诉小方:"今天午时,你也到那里去吃饭。只要听见有人喊一声'这奶油是臭的',你就冲进后面的厨房去，把大灶上那口蒸青稞饼的大饭锅掀开，泼一盆冷水把灶里的火浇灭，再跳进去。钻入灶口旁边的一个两尺见方的洞，你就可以找到吕三了。"班察巴那道，"你只要这么样做，别的事你都不必管。就是外面打翻了天你也不必管，就算天塌下来也有别人会替你去顶住。"

远远地看到小方走进达记，听见有人大喊一声"这奶油是臭的"之后，班察巴那就走了。因为这以后的每一步发展、每一个变化，都已在他预料之中，他已经用不着再听再看。

他从一条偏僻的小路上绕过他们刚才聚会的枣树林，走上一个山坡，在一块凸起如鹤颈的危石上坐下来。这里距离那条热闹的老街虽然已很遥远，但却恰巧刚好能看见那家卖奶油葱泥的饭铺。

虽然看不清楚，可是以他的眼力，还是能看得见。

这地方当然也是他早就选好的。这时候那饭铺里果然已打得天翻地覆，老街上的人都已拥到这里来。有的在看热闹，有的也加入了战斗，整条老街都已乱得像是锅煮烂了的热粥。

班察巴那觉得很满意，外面越乱越好。

外面越乱，里面越静。杀人的人需要安静，被杀的人也同样需要安静。不管是谁杀了谁，对他来说都没有什么分别。

因为他已立于不败之地。

这一切当然都是他早已安排好的，他已计划了多年。他相信每一个细节、每一个行动，都精密准确如西洋自鸣钟内的机件。

就在他正准备躺下去歇一口气的时候，他忽然听见他身后有人用一种极诡秘的口气轻轻地对他说了句非常奇怪的话。

"完了？"这个人说，"现在是不是已经快完了？"

班察巴那没有回头,连一点反应都没有。因为他早就知道这个人会来,也知道来的是谁。

"是的。现在已经快完了。"他只淡淡地说,"所有的事现在都已经到了应该结束的时候。"

"是一种很圆满的结束。"班察巴那说,"吕三这里的秘窟在地下,虽然有三个出口,可是我们如果能把他三个出口都封死,那里就是个死地。"

就在他说完这句话的时候,附近三十里之内的人都可以听见一声震耳的爆炸,都可以看见一道浓烟从达记升起。接着的两声爆炸来自另外两个不同的地方,然后又有两道浓烟升起。

班察巴那微笑:"现在那里的三个出口都已被封死,那里的人绝没有一个人能活着出来了。无论独孤痴或小方是谁胜谁负,都必将被活埋在地下。"

"是独孤痴和小方?吕三呢?"

"吕三不会在那里。"班察巴那说,"他一向认为只有我才是他的对手,也知道我绝不会到那里去的,他怎么会去?"

来的这个人叹了口气:"你实在很了解他,比他自己想象中还要多得多。"

"现在卜鹰和波娃都已经死了。苏苏离开了吕三之后,已经是个无足轻重的人,死活都不重要了。阳光是我的新人,她会了解我。虽然她心里也会觉得我的手段太过分,也会为卜鹰和小方悲伤,但是她一定会假装什么事都不知道的。"班察巴那说,"以后她说不定会嫁给我。"

"她一定会嫁给你。"来的这个人说,"因为她也是个非常聪明的女人,应该知道只有嫁给你才是最聪明的做法。"

他居然没有问吕三和齐小燕的下场,因为他就是吕三身边最亲信的属下吕恭。

"这次三爷确实已将他属下的精锐大多数全部调集到这里。他这么做有两种用意。"吕恭说，"第一，他当然是要你相信他到了这里，要你将你属下的精锐也调集到这里来。第二，他的属下本来都是江湖中的亡命徒，他从来都没有真正信任过他们，根本就没有把他们的死活放在心上，所以卫天鹏断臂之后，很快就失踪了。因为他已没有用。"

"我明白他的想法。"班察巴那道，"留着这么样一批人在身边，就好像养着一批虎狼在身边一样，随时都得提防着他们反咬一口。他养着他们只不过是要用来对付我的，现在正好利用我来除去他们，让我们同归于尽。他就可以高枕无忧了。"

"你呢？"吕恭问，"你的想法是不是也跟他一样，也想利用这次机会来除去一些你觉得有问题的人？"

"是的。"班察巴那居然承认，"我的想法也跟他一样，只不过比他好一点而已。因为我的身边没有像你和沙平这样的人。"

"你也知道沙平的事？"

"我早就算准他会走的。"班察巴那说，"这几年来他为自己留下的钱财，已经足够让他的重孙子坐吃一生，为什么还要替吕三卖命？"

吕恭忽然笑了笑："如果你真的认为沙平能走，你就错了。三爷也早就算准他做完那件事之后就会走的。他在胡大麟他们的坟前喝的那三杯酒中，就有一杯是必死无救的断肠毒酒。"

"你怎么会知道？难道是你在酒中下的毒？"

"当然是我。"吕恭也不否认，"只有我才能做这种事。因为我只不过个没有用的奴才而已，我的武功在江湖中只能算是第八流的，随便什么人用一根手指头就可以杀了我。直到现在为止，我私人的积蓄只有三百二十两银子,所以从来也没有人怀疑过我。"

"但是现在你已经是个非常有钱的人了。"班察巴那说,"我已经按照你的意思,将五十万两银子用你的名义分别存入了你指定的那十八家钱庄,存折也已摆在你指定的地方。"

"我知道。"

"你答应我的事呢?"

吕恭反问:"如果我告诉你吕三此刻在哪里,你有把握能杀他?"

"你也应该知道我从来都不会做没有把握的事。"班察巴那道,"在这一战中,我的损失本来就比他少,何况我还有个最好的助手。吕三根本不知道我已先一步网罗了齐小燕。"

班察巴那微笑解释:"齐小燕也是个聪明的女人,现在她的剑法已不比小方差。"

吕恭什么事都不再问了,从袖子里抽出个纸卷:"这张图标明的,就是三爷的根本重地。那条噶尔渡金鱼,就是开启那地方秘密枢纽的钥匙。"

班察巴那接过纸卷,又盯着他看了很久,忽然问道:"你为什么肯如此轻易就把这秘密交给我?难道你不怕我杀了你?"

吕恭笑了笑:"那十八个存折都已被我藏在一个绝对没有别人能找得到的地方。那十八家钱庄都是只认存折不认人的。对你来说,五十万两银子只不过是九牛一毛而已,你以后说不定还有用得到我的时候。你要成大事,何苦杀我这么样一个无举足轻重的小人物?"

走出了很远之后,吕恭忽然又回过头来问:"你真的有把握,能确定这件事绝对一定能这么样结束?"

班察巴那眼中忽然露出种很奇怪的表情。

"这件事我已经计划了很久,当然已经很有把握。"他又用这种奇怪的眼神盯着吕恭看了很久,"只不过我还有个秘密要告诉你。"

"什么秘密？"

"这个世界上根本就没有绝对的事。"班察巴那道，"以后的事谁也没法子预测。"

吕恭也盯着他看了很久，眼中忽然露出前所未有的尊敬之色。

"你说得对极了，"吕恭道，"我一定会把你这句话永远记在心里。"

说完了这句话，他就头也不回地走了。班察巴那果然没有阻拦，只不过轻轻地叹了口气："我还有个秘密要告诉你。"他说，"有时候我实在也想做一个你这样的小人物。你的日子过得实在比我们快活得多。"

班察巴那实在是个人杰，说出的话实在对极了。

这世界上确实没有绝对的事。他的计划虽然精确周密，可惜他毕竟还是人，还是无法将人类的思想和感情计算得完全准确。

尤其是小方和独孤痴这种人。

他们虽然"痴"，却不"蠢"。如果有人认为可以将他们像傀儡般摆布，那个人就无疑犯下了致命的错误。

等到班察巴那眼看着他要做的每件事，都几乎已按照他的计划完成时，忽然发现小方和独孤痴并没有死，而且已经出现在他面前，他才知道自己犯下的错误多么可怕。

可是他并没有怨天尤人。

他临死的时候，只说了一句话："这是我自己找的，我死而无怨。"

是自己做错的事，自己就要有勇气承担。既不必怨天尤人，也不必推诿责任。就算错得没有别人想象中那么多，也不必学泼妇骂街、乞丐告状的，到处去向人解释。

所以班察巴那还是不愧为人杰,不管他人是死是活,他至少还没有做过丢人现眼、让人看不起的事。

《大地飞鹰》完

古龙经典

第一辑

古龙经典 01　《绝代双骄》（一）
古龙经典 02　《绝代双骄》（二）
古龙经典 03　《绝代双骄》（三）
古龙经典 04　《绝代双骄》（四）
古龙经典 05　《七种武器：长生剑·孔雀翎》
古龙经典 06　《七种武器2：碧玉刀·多情环》
古龙经典 07　《七种武器3：离别钩·霸王枪》
古龙经典 08　《七种武器4：愤怒的小马·七杀手》
古龙经典 09　《欢乐英雄》（上）
古龙经典 10　《欢乐英雄》（下）
古龙经典 11　《三少爷的剑》
古龙经典 12　《英雄无泪》
古龙经典 13　《大地飞鹰》（上）
古龙经典 14　《大地飞鹰》（下）
古龙经典 15　《彩环曲》
古龙经典 16　《剑客行》（上）
古龙经典 17　《剑客行》（下）

第二辑

古龙经典 18　《小李飞刀：多情剑客无情剑》（上）
古龙经典 19　《小李飞刀：多情剑客无情剑》（中）
古龙经典 20　《小李飞刀：多情剑客无情剑》（下）
古龙经典 21　《小李飞刀2：边城浪子》（上）
古龙经典 22　《小李飞刀2：边城浪子》（下）
古龙经典 23　《小李飞刀3：九月鹰飞》（上）
古龙经典 24　《小李飞刀3：九月鹰飞》（下）
古龙经典 25　《小李飞刀4：天涯·明月·刀》（上）
古龙经典 26　《小李飞刀4：天涯·明月·刀》（下）
古龙经典 27　《流星·蝴蝶·剑》（上）
古龙经典 28　《流星·蝴蝶·剑》（下）
古龙经典 29　《圆月弯刀》（上）
古龙经典 30　《圆月弯刀》（下）
古龙经典 31　《七星龙王》
古龙经典 32　《绝不低头》
古龙经典 33　《苍穹神剑》
古龙经典 34　《月异星邪》
古龙经典 35　《飘香剑雨》（上）
古龙经典 36　《飘香剑雨》（下）

第三辑

古龙经典 37　《陆小凤传奇：金鹏王朝》
古龙经典 38　《陆小凤传奇2：绣花大盗》
古龙经典 39　《陆小凤传奇3：决战前后》
古龙经典 40　《陆小凤传奇4：银钩赌坊》
古龙经典 41　《陆小凤传奇5：幽灵山庄》
古龙经典 42　《陆小凤传奇6：凤舞九天》
古龙经典 43　《陆小凤传奇7：剑神一笑》
古龙经典 44　《白玉老虎》（上）
古龙经典 45　《白玉老虎》（下）
古龙经典 46　《名剑风流》（上）
古龙经典 47　《名剑风流》（中）
古龙经典 48　《名剑风流》（下）
古龙经典 49　《碧血洗银枪》
古龙经典 50　《猎鹰·赌局》
古龙经典 51　《血鹦鹉》（上）
古龙经典 52　《血鹦鹉》（下）
古龙经典 53　《游侠录》
古龙经典 54　《失魂引》

第四辑

古龙经典 55　《楚留香新传：借尸还魂》

古龙经典 56　《楚留香新传2：蝙蝠传奇》

古龙经典 57　《楚留香新传3：桃花传奇》

古龙经典 58　《楚留香新传4：新月传奇·午夜兰花》

古龙经典 59　《萧十一郎》

古龙经典 60　《火并萧十一郎》

古龙经典 61　《武林外史》（上）

古龙经典 62　《武林外史》（中）

古龙经典 63　《武林外史》（下）

古龙经典 64　《大人物》

古龙经典 65　《风铃中的刀声》

古龙经典 66　《护花铃》（上）

古龙经典 67　《护花铃》（下）

古龙经典 68　《剑毒梅香》（上）

古龙经典 69　《剑毒梅香》（中）

古龙经典 70　《剑毒梅香》（下）

扫二维码，关注"卖书狂魔熊猫君"，
并回复"古龙"，
试读更多精彩章节！

图书在版编目（CIP）数据

大地飞鹰 / 古龙著. -- 上海：文汇出版社，2017.9
（古龙文集）
ISBN 978-7-5496-2302-0

Ⅰ. ①大… Ⅱ. ①古… Ⅲ. ①侠义小说－中国－当代 Ⅳ. ①I247.5

中国版本图书馆CIP数据核字（2017）第215075号

著作权合同登记号：09-2017-710

大地飞鹰

作　　者／古　龙

责任编辑／竺振榕
特邀编辑／周奥扬　闵　唯
封面装帧／李子琪

出版发行／文汇出版社
　　　　　上海市威海路755号
　　　　　（邮政编码200041）
经　　销／全国新华书店
印刷装订／北京中科印刷有限公司
版　　次／2017年9月第1版
印　　次／2017年9月第1次印刷
开　　本／890mm×1270mm　1/32
字　　数／517千字
印　　张／20.75

ISBN 978-7-5496-2302-0
定　　价／106.00元

古龙著作管理发展委员会　侵权必究
装订质量问题，请致电010-85866447（免费更换，邮寄到付）